KB117623

돈의 철학

진정한 경제적 자유를 위한 궁극의 물음

일러두기

1. 띄어쓰기와 외래 인명·지명 등은 한글 맞춤법, 외래어 표기법을 따른다.
2. 달러($), 파운드(£), 엔(¥), 위안화 등 외화에 대한 한화 가치를 표기한 경우가 많은데 그 비율이 일정치 않다. 이는 날마다 환율이 변하는 변동환율제로 시장상황에 따라 환율이 적용되기 때문이다. (달러는 1,200원으로 적용)
3. 도서명은 《 》로 표시한다.

돈의 철학

진정한 경제적 자유를 위한 궁극의 물음

임석민 지음

THE PHILOSOPHY OF MONEY

다산
북스

돈을 알면
삶이 흔들리지 않는다!

The Philosophy of money

33년 전1987년에 게오르그 짐멜의 《돈의 철학》한길사, 1983을 읽다가 중
도에 책을 덮고 말았다. 너무도 난해하고 재미가 없어서였다. 주제와
제목이 흥미로워 기대를 품고 책을 손에 잡았지만 도통 무슨 말을 하고
있는지 알 수가 없었다. '돈에 대한 책이 이래서는 안 된다.'는 생각을 했
고, 내가 한번 쉽게 읽히는 《돈의 철학》을 써보기로 결심했다. 난해한
논리를 걷어내고, 읽으면 머릿속에 그림이 그려지는 책을 쓰고 싶었다.

나는 무명의 경영학도이다. 따라서 '철학'이라는 제목이 좀 부담스
러웠다. 그러나 고교 시절 국어교과서에 실린 김진섭의 수필 〈생활인
의 철학〉에서, 철학은 철학자들의 전유물이 아니라는 글을 떠올리면
서 용기를 냈다. 더욱이 철학을 체계적으로 배우지 않은 사람도 철학
이 가능하다는 전문철학자들의 역설에 힘을 얻었다.* 나는 엄밀한 철
학적 토대를 닦음이 없는 이른바 에세이스트, 통속철학자의 자격으로

---

* 철학은 스스로 깨닫는 학문이다. 그러므로 철학을 하기 위해서 구태여 대학의 철학과에 입학할 필요도 없다. 인간에 대
한 연민과 자연의 신비에 대한 경외감, 그리고 현실에 대한 안타까움 같은 감정을 가지고 있으면 누구나 철학자가 될 수 있
다. 철학은 평범한 사실을 보고 놀라움을 느낄 수 있는 사람의 학문이다. 놀라움 외에도 의문, 슬픔, 불안, 두려움 등 모든 감
정이 철학의 출발이 될 수 있다. (엄정식)

이 책을 썼다.

내 나이 70古稀이 넘었다. 온갖 삶의 풍파를 직간접으로 겪고 보고 듣고 느끼면서 오늘에 이르렀다. 세상과 사물을 바라보는 안목도 있고 나름대로 통찰력도 있다고 자부한다. 또한 책 읽기를 좋아해 제법 많은 책을 읽어 지평도 넓혔다. 비록 철학을 훈련받지 않은 경영학도이지만 《돈의 철학》을 쓸 수 있는 최소한의 자격을 갖추었다고 자위하며 집필에 임했다.

이 책은 돈의 본질을 탐구한다. 일찍이 짐멜이 시도했지만 극소수의 전문학자만 읽을 수 있는 난해한 책이 되고 말았다. 난해하지 않은 방법으로 돈을 분석하고 서술하려고 노력했다. 이 책은 나의 독서·사색·통찰·관조의 결과물이다. 돈에 대한 나의 사유를 펼친 것이다. 나의 사유를 사람들과 공유하고 그들의 삶을 좋은 방향으로 이끌기 위한 책이다.

책은 모름지기 재미興味, 교양知識, 감동敎訓이 있어야 한다는 명제를 염두에 두고 그에 부응하기 위해 고심했다. 지루한 관념론을 버리고 구체적인 경험론·유물론적 접근법을 취했다. 읽으면서 머릿속에 그림이 그려지는 글이 될 수 있도록 최선을 다했다. 몽테뉴의 《수상록》을 읽은 니체는 "몽테뉴 같은 분이 글을 써준 덕택으로 이 세상에 사는 즐거움이 더 많아졌다."고 말했다. 나도 이 책이 그런 책이 되기를 바라는 마음이다.

철학은 현실인식에서 출발하며 그 인식을 토대로 '어떻게 살 것인가?'가 철학의 과제이며 대상이다. 돈은 현실적인 문제이며 이 시대에 진정으로 필요한 철학의 주제라고 믿고, 가장 세속적인 돈을 철학으로 끌어들여 해부해보았다. 우아한 철학은 아닐지라도 이보다 중요하고 흥미로운 철학은 없을 것이다. 돈은 아주 훌륭한 철학의 대상이다.

그러나 돈은 파악하기 힘든 대상이다. 돈은 천변만화의 카멜레온이다. 지금까지 돈의 속성을 명쾌하게 파헤친 저작은 거의 없다. 많은 사람들이 기대를 하면서 이 책을 읽을 것이다. 그러나 이 책도 독자들의 욕구를 모두 충족시킬 수는 없을 것이다. 돈은 한 권의 책으로 시원하게 파헤칠 수 있는 대상이 아니다. 이 책은 돈이라는 거대한 건물의 한 모퉁이에 벽돌을 한 장 쌓아올리는 역할에 그칠 것이다.

공자는 술이부작述而不作, "있는 것을 그대로 기록할 뿐 새롭게 지어낸 것은 없다."고 했다. 아난존자는 항상 여시아문如是我聞, "이와 같이 들었다."로 경전의 서두를 장식했다. 이 책도 술이부작, 여시아문의 결과이다. 모두가 보고 듣고 읽은 것들이다. 그러나 공허한 글로 독자들의 귀중한 시간을 빼앗지 않기 위해 메시지가 있는 내용을 담으려 노력했다. 이 책은 난해하지 않은 방법으로 돈을 탐구·분석·서술하는 철학적 에세이다. 나의 삶에서 느껴온 돈에 대한 문제의식과 철학 및 사상을 담아낸 책이다.

이 책은 2010년 '경영학자가 쓴 《돈의 철학》'으로 처음 세상에 선을 보였다. 책을 읽은 대학 후배 삼성경제연구소 전무가 "아들에게 물려주고 싶은 책"이라며, 대학에서 교양과목으로 강의를 하라는 적극적인 권유로 《돈과 삶》으로 제목을 바꿔, 오랫동안 '돈과 삶'이라는 온오프라인 강의를 하였고, 수많은 학생들의 마음가짐과 생활태도, 그리고 삶 자체가 달라졌다는 리포트를 읽으면서 느끼는 보람은 내 삶의 기쁨이었다.

아직 생생하고 팔팔한데도 나이를 이유로 이처럼 많은 젊은이들의 삶에 큰 도움이 되는 강의를 못하게 되어 몹시 아쉬워하던 중에, 마침 이 책이 스테디셀러로서 충분한 가치가 있다고 본 다산북스와 인연이 닿아, 10년 만에 다시 《돈의 철학》으로 출간하게 되었다. 좋은 콘텐츠임에도 마케팅의 부재로 그동안 빛을 보지 못한 이 책이 '돈의 철학'이 부재한 이 시대에 보다 많은 사람들의 삶에 도움이 되는 멘토가 되어주면 좋겠다.

《돈의 철학》은 돈에 대한 갖가지 삶의 이야기를 통해 돈과 인간의 관계를 탐구한다. 돈을 둘러싸고 일어나는 천태만상의 다양한 인간의 행태를 조명해본 책이다. 우리의 삶에 돈이 차지하는 위상position을 천착하여, 인간과 돈의 관계를 순화靜化시키기 위한 책이다. 많은 사람들이 한 권의 책을 읽고 인생의 새로운 전기轉機를 맞는다. 바라건대 이 책이 그러한 책이 될 수 있기를 희망한다. 이 책이 돈에 대한 지혜를 찾을 수 있는 디딤돌이 되고, 돈에 대한 마음의 병을 해소하여 살아갈 용기를 주고, 나아가 영혼을 충만하게 해주기를 소망한다.

2020년 3월

임석민

돈과 삶의
지혜를 찾아서

The Philosophy of money

돈은 교환의 매개수단으로 탄생했다. 그러나 돈은 탄생할 때부터 막강한 권세가 되어 인간세상을 지배해왔다. 돈은 수단 이상의 것이다. 짐멜은 "수단이 목적으로 상승한 가장 완벽한 예가 돈"이라고 규정했다. 니체는 "세상이 '신을 위하여'에서 '돈을 위하여'로 바뀌었다."고 개탄했다. 돈은 이제 세상을 지배하고 세상의 의미와 방향을 결정하는 하느님의 경쟁상대가 된 것이다.

돈이 인간의 삶_{심리}에서 차지하는 비중이 상상외로 크다. 돈은 인간과 세상을 완벽하고 독특하게 표현한다. 스피노자_{1632~1677}는 "돈은 모든 것의 축소판"이라고 규정했다. 매일의 뉴스를 보라. 돈과 얽힌 사건들이 대부분이다. 온갖 사건의 뒤에는 돈이 도사리고 있다. 수시로 쇠고랑을 차고 고개를 숙인 사람들이 TV에 등장한다.

돈은 생과 사를 좌우하는 권세로 자리 잡았다. 우리의 삶에서 돈이 점하는 비중이 막대한데도, 우리는 대부분 돈을 알지 못한다. 돈을 바로 알 수 있는 교육도 없다. 돈이 인간 위에 군림하는 병폐를 바로잡지 않으면, 우리의 삶은 황량한 사막길 내지는 험난한 진창길이 될 수밖에 없다. 이에 돈의 본질과 개념을 파악하고 정립할 수 있는 '돈에 대한 탐구' 즉, '돈의 철학'이 필요한 때이다.

전문 철학자들은 철학이 철학자나 철학 자체에 대한 지식이 아니고, 철학적 사고력이라고 말한다. "철학에는 전제도 재능도 필요 없고 오직 진지한 사색만이 필요하다." 빈델반트1848~1915의 말이다. 사유능력을 타고난 인간은 태생적으로 철학적이다. 철학은 삶에 중요하다고 생각되는 것을 탐구하는 학문이다.* 러셀1872~1970은 철학을 "세상에 대한 하나의 종합적 소견"으로 정의했다. 철학은 인간·세상·사물을 탐구한다. 그래서 우리의 삶은 철학 아닌 것이 없다. 돈을 벌고 쓰고, 돈에 울고 웃는 우리에게 돈은 훌륭한 철학의 대상이다.

우리는 철학을 통해 지식이 아닌 관점viewpoint을 배운다. 관점은 행동과 밀접히 관련되어 있다. 돈을 어떻게 보느냐에 따라 행동이 달라진다. 관점에는 정신적 틀frame이 필요하다. 정신적 틀이 철학이고 가치관이며 인생관이다. 인간과 사물에 대한 통찰력과 판단력을 가지고 있는 이상, 모든 생활인은 특유의 인생관과 가치관, 즉 통속적 의미의 철학을 가질 수 있다. 철학의 목적은 바람직한 인생관과 가치관을 수립하는 데 있다. 이 책《돈의 철학》은 돈에 대한 가치관, 즉 바람직한 금전관재물관의 정립을 돕기 위한 책이다.

철학은 삶에 대한 반추reflection이다.《돈의 철학》은 돈에 대한 반추이다. 돈의 다양한 측면을 되새겨보는 책이다. 철학은 단순한 지적 만

---

* 철학을 한다는 것은 스스로 생각하는 것이다. 그러나 타인의 생각을 참고한다. 철학은 그 무엇을 탐구하는 것이며 기존의 내용에 대한 새로운 문제의 제기이다. 철학은 이미 주어진 지식에 대한 반성이다. 철학은 경험적 자료에서 출발한다. 지혜 또는 지식에 대한 뜨거운 사랑이 철학하는 정신의 근본이다. 물음에 대한 해답을 찾는 것이 철학이다. 철학은 의문이다.(후지사와)

족이 아니라 인간과 세계를 변화시킬 수 있는 강력한 엔진이다. 철학은 개념적 유희가 아니라 시대의 불행을 치유하기 위한 지침이어야 한다. 호적胡適, 1891~1962은 "철학이 외면당하는 이유는 현실문제를 다루지 않기 때문이며, 다룬다 해도 추상적인 사변철학으로 끝나고 만다."고 지적하고, "인생의 절실한 문제를 근본에서부터 생각하여 해결을 찾는 것이 철학"이라고 정의했다. 《돈의 철학》은 인생의 절실한 문제, 즉 돈의 해법을 찾으려는 책이다.

철학은 현실의 심층深層을 응시하고, 있는 그대로의 사실을 추구하며, 계몽을 목표로 한다. 철학은 홀로 빛을 본 사람이 아직도 어둠 속에 묶여 있는 우매한 이웃에게 떠드는 설교요 법문이다. 나는 감히 이 책을 돈에 대한 나의 설교요 법문으로 규정한다. 철학자는 자기의 사상을 보여주고, 독자들이 자기와 같이 생각할 것을 소망한다. 철학자는 사람들의 사고방식을 바꾸려 한다. 나도 이 책을 통해 많은 사람들이 돈에 대한 생각을 바꾸기를 희망한다.

철학은 불편함disease을 편안함ease으로 전환시켜, 우리의 생활을 변화시킬 수 있다. 철학은 삶에서 만나는 문제를 하나의 시각이 아닌 여러 각도에서 고찰하는 것이다. 철학은 지혜를 찾는 것이다. 철학은 지혜로운 삶을 살게 해준다. 지식은 철학을 통해 지혜가 된다. 다른 학문은 객관적 사실에 관한 정보를 제공하지만, 철학은 그러한 정보들이 지니고 있는 의미 혹은 가치를 규명하고 지혜로 전환한다. 지혜는 불가에서는 법法, 도가에서는 도道라 한다.

"철학을 한다는 것은 사는 방법을 배우는 것이다." 스피노자의 말이다. 《돈의 철학》은 돈으로 사는 방법을 배우는 책이다. 돈에 대한 지혜를 찾으려는 책이다. 돈에 대한 지혜란 돈을 지혜롭게 지배하는 것을 의미한다. 지혜는 자아의 인식에 근거한다. 철학은 인식을 문제로 삼는다. 인식이란 느껴서 판단하는 것이다. 이 책은 우리가 돈을 어떻게 인식하고 있고, 어떻게 인식해야 하는가를 탐구한다. 돈의 본질을 파악하여 돈의 개념을 건설적으로 정립해 보려는 것이다. 철학은 사물 자체와 사물과 인간의 관계를 탐구하는 것이다. 이 책은 돈 자체와 함께 돈과 인간의 관계를 탐구한다. 돈을 축軸으로 인간, 삶, 세상을 들여다보려는 것이다.

철학할 때는 개념을 전환시키는 것이 문제의 해결에 도움이 될 수 있다. 이 책은 돈의 개념을 전환시켜 돈 문제를 해결하려고 한다. 철학적 훈련이 잘 된 사람은 명백한 기준을 가지고 무엇이 옳고 그른지, 또 무엇이 아름답고 추한지 판단할 수 있는 일관된 기준을 가지고 있다. 철학은 우리들의 정신세계를 혼란으로부터 구해준다. 《돈의 철학》은 돈으로 혼란을 겪는 사람들을 구하려는 책이다. 사람들이 돈에 대해 건강한 태도를 취한다면 많은 사회적 병리현상들이 사라질 것이다.

돈은 쉽게 논의되는 주제가 아니다. 돈은 왠지 말하기가 껄끄러운 대상이다. 그렇지만 사람들은 항상 돈을 생각한다. 돈은 무엇인가? 왜 우리의 삶을 돈이 지배하는가? 돈이 뭐기에? 돈이 없는 사람은 어떻게 돈을 벌까? 돈을 가진 사람은 어떻게 돈을 쓸까? 각자가 처한 여건에 따라 의문疑問도 다르고 그 대법對法도 다르다.

이 책은 돈은 무엇이며 왜 필요하고, 어떻게 벌어 어떻게 써야 하는가를 생각해보는 책이다. 돈의 이모저모를 파헤쳐 돈에 얽힌 인간들의 다양한 삶의 모습을 조명해볼 것이다. 돈은 우리의 중요한 관심사이며 삶을 조명할 수 있는 요체要諦이다. 돈의 개념을 건설적으로 정립하여 독자들과 공유해보려고 한다.

돈에는 엄청난 힘이 내재되어 있다. 돈이 인간의 마음과 영혼을 흔들고 있다. 돈은 인간의 모든 행동에 영향을 미친다. 돈은 인간의 삶에서 수단이자 목표가 된다. 돈은 세속적이며 대중적인 주제이다. 이 책은 사변적 서술을 지양하고 우리 주변의 인물과 사건을 중심으로 돈을 추적해볼 것이다. 돈의 참모습을 추적하여 돈에 상처받은 인간의 심경心境을 다독이고, 돈을 섬기는 주인이 아니라 자유롭게 부릴 수 있는 하인手下으로 만들려는 시도이다.

이 책은 돈에 대한 나의 그림이다. 사람들이 돈을 제대로 볼 수 있도록 돈의 참모습을 보여주려 한다. 이 글을 보고 떠오르는 생각들은 사람마다 다 다를 것이다. 나는 이 책에서 어떻게 하라는 권고보다는 독자들이 각자 성찰하면서 자기의 기질대로 끌리는 삶을 살도록 하나의 이정표를 제시할 것이다. 내가 이러이러한 삶이 좋다고 해도 절대적인 것이 되지 못한다. 독자들은 각자 구미口味에 맞는 그림을 선택하고, 또한 각자가 나름의 그림을 그리기 바란다.

이 책은 돈에 대한 나의 사유와 관조의 편린을 집성集成한 것이다. 돈에 대한 내 나름의 해부이며 통찰이다. 짐멜의 책이 문제가 있다고 보고 시작한 책이므로 추상적·관념적인 서술이 되지 않도록 애를 썼다. 재미, 지식, 감동을 염두에 두고 썼다. 이 책에는 내가 살아오면서 보고 듣고 읽고 겪고 느낀 것들 가운데 사람들과 공유하고 세상 사람들에게 들려주고 싶은 이야기가 담겨 있다. 사람들이 인간과 세상을 이해하고 삶을 긍정하게 하는 것을 목표로 삼았다.

많은 사람들에게 지혜를 옮겨 살아갈 용기를 주고, 따뜻한 마음의 양식이 되어 영혼을 충만하게 하는 전령사를 목표로 했다. 이 책은 돈에 대한 여행자이며 안내인이다. 돈에 상처받은 인간의 감성과 이성을 다독이고, 돈의 주인이 되기 위한 책이다. 근면한 빈자에게는 희망과 용기, 게으른 빈자에게는 각성과 분발, 선량한 부자에게는 긍지와 자부심, 악독한 부자에게는 반성과 회개, 건실한 중산층에게는 안도와 평안을 주는 길잡이가 되었으면 좋겠다.

철학은 세상을 직접 바꿀 수는 없지만 세상을 변화시킬 행동의 기초를 열어준다. 철학은 모든 것으로부터 자유로울 것을 목표로 한다. 이 책으로 돈의 암호가 풀려 돈으로 억눌린 마음이 자유로워지기를 기대한다. 사람들이 이 책을 통해 삶의 지혜를 터득하길 희망한다. 이 책이 인간과 세상을 변화시킬 수 있는 조그만 계기가 될 것을 소망한다.

| 차 례 |

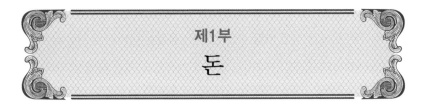

제1부
돈

제2부
우리의 삶을 좌우하는 돈

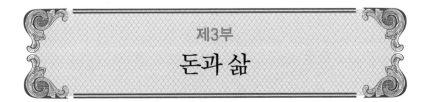

제3부
돈과 삶

THE PHILOSOPHY OF MONEY

제1부

돈

가치체계의 꼭대기에 돈이 올라앉은 지 이미 오래이다. 돈이 인간에게 봉사하는 도구가
아니라 인간의 지배자로 바뀐 것이다. 돈이 인생의 희로애락을 좌우하는 권세(權勢)가
되었다. 돈의 위력은 상상을 초월한다. 사람들은 돈을 경외한다. 삶에 대한 돈의 지배는
다양한 형태로 이뤄진다.

우리네 삶 모두가 돈과 연결되지 않은 것이 없다. 우리는 지금 돈의 감옥에 갇혀 살고
있다. 인간이 만든 돈 앞에서 인간이 자유롭지 못한 것이다. 온 세상이 돈의 전쟁에 돌
입해 있다. 돈을 탐하지 않은 시대는 없었다. 오늘도 사람들은 돈을 좇아 동분서주한다.

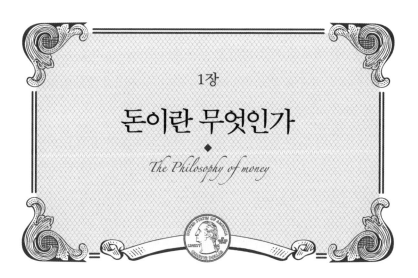

1장

돈이란 무엇인가

◆

The Philosophy of money

돈은 우리를 비추는 거울이다. 우리의 그림자도 비춰주고 영혼도 보여준다. 삶의 많은 부분이 돈으로 표현된다. 돈이라는 단어에는 어떠한 단어나 개념을 갖다 붙여도 말이 된다. 돈은 축복, 저주, 슬픔, 기쁨, 행복, 불행 …. 돈은 영광이며 치욕이다. 돈은 천사이며 악마이고, 천국이자 지옥이며, 폭군이며 성군이다. 돈은 유용한 하인이며 무자비한 주인이다.

돈은 건강, 직업과 함께 현대인들의 가장 중요한 관심사이다. 돈은 인간사회의 공통분모가 되었고 삶의 목적이 되어버렸다. 수단이 목적으로 바뀐 것이다. 돈은 사람들의 공공연한 욕망이다. 사람들은 끊임없이 돈을 갈망한다. 인간은 아무리 돈이 많아도 더 많은 돈을 원한다. 돈에 대한 욕심은 끝이 없다. 돈을 둘러싸고 기상천외한 일들이 벌어졌고 지금도 끊임없이 벌어지고 있다.

돈은 인간관계의 기본 고리이다. 자본주의 사회에서는 모든 관계가 돈을 통해 맺어진다. 돈은 사람과 사람을 이어주는 끈이고, 부자와 빈자를 나누는 벽이다. 이 사회의 모든 문제의 근원은 돈이다. 돈은 행복의 원천인 동시에 불행의 근원이다. 누구는 돈이 있어 호사를 누리지만, 누구는 돈이 없어 눈물을 흘린다.

인간은 돈이 있든 없든 돈으로부터 자유롭지 못하다. 돈은 타인을 지배하고 자신의 의지를 관철하며 세상을 움직인다. 돈은 부자와 권력자를 만들어내고 가난한 자, 소외된 자, 굶주린 자를 만들어낸다. 영원한 삶, 천국, 영혼의 평안과 같은 정신적인 것들도 돈으로 매매되는 상품으로 변모해버렸다. 돈이 있어야 천당도 간다.

돈에 끌려다니는 우리의 일상을 보면 돈의 위력은 대단하다. 돈이 없어 쩔쩔매본 사람이라면 돈의 무서움을 절감한다. 돈은 왕이다. 돈은 사람들을 움직이게 하는 동력動力이다. 돈이 없으면 아무것도 할 수 없다. 돈으로 행복을 살 수는 없다. 그러나 돈은 불행의 고통을 덜어줄 수는 있다. 돈은 삶이고 죽음이다. 돈은 가장 통속적通俗的인 동시에 가장 철학적哲學的이다.

돈은 인격이다

◆

"인간이 가장 원하는 것은 다른 사람의 존경과 우대를 받는 것이고, 가장 싫어하는 것은 무시와 경멸을 당하는 것이다. 사람들은 지혜와 덕이 아니라 부와 권세를 가진 사람을 존경하고, 가난하고 힘없는 사람을 업신여기기 때문에 사람들은 부와 권세를 얻으려는 것이다." 원래 도덕철학 교수였지만 경제학자로 더 유명한 애덤 스미스의 말이다.

◆ 경제학의 아버지라 불리는 영국의 정치경제학자이자 도덕철학자인 애덤 스미스는 10년 동안 《국부론》을 쓰고, 1776년에 완성했다. 이 책은 자유방임주의를 표방한 최초의 경제학서이자 경제학의 영원한 고전으로 알려져 있다.

돈을 가지면 덕스럽고 존경스럽고 고결하게 보이며, 돈이 없으면 비천한 하류취급을 받는다. 사람은 돈이 없으면 아무것도 아니다. 돈이 없으면 인격도 없다. 돈은 사람의 귀천貴賤을 결정한다. 태생, 행태, 사상이 아무리 저급하고 천박해도 돈만 있으면 우러러본다. 모두가 돈 앞에 굴복한다. 돈을 추구하면서 인격을 버리는 사람들이 너무도 많다.

온갖 것이 돈으로 평가되고 측정된다. 돈은 여러 부분에서 성공 여부를 판단하고 측정하는 기준이다. 사회가 사람을 돈으로 평가하고 측정하기 때문에, 우리도 자신과 타인을 그렇게 평가하고 측정할 수밖에 없다. 돈은 자신과 타인을 판단하는 척도이다. 그러나 돈이 많다고 해서 인간이 더 나은 것은 아니다.

조용헌1961~의 글이다. "돈에 의해 흔들리지 않으면 그 사람은 도통한 군자이다. 수행의 정도를 돈으로 점검할 수 있다. 거래를 해보고 마음에 분노심이 일거나 억울한 생각이 들면 아직 공부가 덜되었고, 그런 마음이 생기지 않고 담담하면 공부가 된 것이다."《백년을 살아보니》의 저자 김형석1920~ 교수는 "재산은 자기의 인격 수준만큼 가지는 것이 좋다. 분에 넘치는 재산은 감당할 수 없는 짐이 되어 인격이 손상되고 고통과 불행을 초래한다. 살아보니 경제적으로는 중류층으로, 정신적으로는 상류층으로 사는 사람들이 더 행복해 하더라!"고 회고한다.

◆ 마르탱 나으리

사람은 금고의 돈에 비례하여 존경받는다. 돈은 아첨과 찬사를 불러모은다. 돈은 하찮은 인간에게 영예를 가져다주고 비천한 자도 고상하게 만든다. 돈이 있으면 개도 멍첨지가 된다. 한 도시에 거지아이가 나타났다. 사람들은 그에게 르 갈뢰le galeux; '붉어로 더러운 사람'라는 별명을 붙였다. 아이는 푸줏간에서 배달을 했다. 적은 수입을 모아 고리대금을 시작했다. 재산이 늘면서 그의 별명은 성姓이 되어 사람들은 '마르탱 갈뢰'로 부르기 시작했다. 더 부유해지자 '마르탱 씨'로 불렸고, 재력가가 되자 '마르탱 님'이라고 불렸다. 그가 도시 제일의 부자가 되었을 때, 사람들은 '마르탱 나으리'라고 부르면서 영주처럼 존경해 마지않았다. 고프

돈은 감정적 실체

◆

돈이 슬픔, 분노, 증오, 기쁨을 결정한다. 돈은 최악의 고통과 최고의 기쁨이라는 모순된 감정을 불러일으킨다. 돈이 없으면 인간은 무기력해지고 비굴해진다. 지갑이 가벼우면 마음이 무거워진다. 돈은 정신을 지배한다. 돈은 단순한 경제적 개념이 아니다. 돈은 감정적 실

체이다. 마사 누스바움(1947~)은 《감정의 격동(Upheavals of Thought, 2001)》에서 "인간은 희로애락이라는 감정의 대양 위에 떠 있는 한 점의 섬일 뿐이다. 감정이 곧 인간"이라고 말한다.

돈은 평안과 함께 근심을 낳는다. 돈이라는 먹구름이 끼어 있는 한 결코 행복할 수 없다. 돈에 시달리는 사람은 온 정신이 돈에 사로잡힌다. 돈은 곤궁한 때에 최대의 유혹이 된다. 돈으로 고통받고 시달릴 때 사람들은 비애를 느낀다. 돈은 영원한 긴장이다.

우리는 마음으로 느끼는 행복, 사랑, 아름다움, 진실, 안정을 돈과 교환할 수 없다고 말한다. 교환된다. 행복, 사랑, 아름다움, 진실, 안정은 심리적 요소이다. 돈은 생활수준은 물론 정신상태를 좌우한다. 돈은 자신감의 형성에 결정적 작용을 한다.

◆ **돈의 어원**

우리나라 화폐를 '돈'이라 부르게 된 유래에 대해 여러 설이 있다. 한자의 전錢이 화폐를 뜻하는 말로 쓰였고, 錢을 '전'과 '돈'으로 읽었는데, 고려 말까지 '전'과 '돈'이 같이 쓰이다가, 한글창제 후 '돈'으로 통일되었다는 설이 가장 신빙성이 있다. 약제나 귀금속의 무게를 재는 중량단위※인 '전'이 '돈'으로 변하여 사용되어 오다가 '돈'으로 정착된 것이다. 금 1돈=3.75g이라 할 때의 '돈'이다.

영어의 'money'는 라틴어 'moneta'에서 유래된 것이다. 로마의 유노 모네타Juno Moneta 신전 근처의 조폐소에서 만들어진 돈을 '모네타'라고 불렀고, 모네타가 옛 프랑스어 'moneie'를 거쳐 영어의 'money'가 되었다.

※ 돈의 명칭은 무게를 나타내는 말에서 나왔다. 우리의 경우 1냥=10전(=돈)=100푼(分=文)=37.5g이다. 프랑스의 옛 화폐단위인 리브르(490g. 1803년 나폴레옹이 '프랑'으로 변경)와 영국의 파운드(453.6g) 등도 무게단위의 호칭이다.

돈은 자유다

◆

돈은 육체적·심리적 자유를 보장한다. 자유는 인간 가치의 최고봉이다. 자유는 매사를 스스로 결정할 수 있는 주권主權이다. 자유는 선이며 행복이다. 많은 경우에 돈은 개인의 자유를 신장한다. 돈은 독립된 생활과 안정된 삶을 보장한다. 돈은 궁핍과 고뇌를 면하게 하고 비천한 노역勞役을 면해준다. 돈이 있어야 자신의 시간과 재능에 대한 주권을 보유하며, 아침마다 '오늘도 나의 것'이라고 말할 수 있다.

돈은 인격적 자유이다. 돈은 힘들고 더럽고 위험한 일을 하지 않아도 될 자유, 반복적이고 기계적인 일을 하지 않을 자유, 온갖 제약에서 벗어날 수 있는 자유를 준다. 돈은 해방과 독립을 뜻한다. 돈이 있으면 날품팔이를 하지 않아도 되고 빈민가에서 살지 않아도 된다. 돈은 선택의 폭이다. 돈은 삶의 균형을 잡아준다. 돈은 자아를 확대한다.

돈은 여성에게 독립과 자유를 선사한다. 버지니아 울프1882~1941는 《자기만의 방》1929에서 "역사적으로 여성이 빛을 발하지 못했던 것은 돈과 자기만의 방이 없었기 때문이다. 사색하고 글을 쓰려면 누구나 휴식과 한가로움이 필요하다. 여성이 자기계발을 위해서는 1년에 500파운드와 자기만의 방이 필요하다."고 썼다.

돈의 부재不在는 부자유이다. 모멸감, 좌절감, 자괴감, 수치심, 불편함 등을 하나로 묶어주는 단어가 부자유이다. 내가 나의 스케줄을 통제할 수 없을 때 인간은 부자유를 느낀다. 자유는 돈의 속박에서 벗어날 때에 가능해진다. 돈은 개인의 자유를 신장하는 최고의 수단이다. 돈은 쓰기 위한 것, 호의호식을 위한 것, 과시하기 위한 것, 타인을 지배하기 위한 것이 아니라 내 마음의 평화와 자유를 위한 것이다.

돈은 평등이다

◆

　돈은 만인에게 평등하다. 돈은 귀천을 가리지 않는다. 돈은 부자라고 해서 더 잘 붙고, 가난한 사람이라 해서 안 가는 게 아니며, 지식의 많고 적음에 따라 움직이지도 않는다. 돈은 한 인간의 재능 또는 활동의 결과이다. 불평등을 낳는 것은 각자의 재능, 노력, 인간관계, 사회적 제도 등의 상호작용의 결과이지 돈의 속성이 아니다.

　돈은 어떤 차이도 알아보지 못한다. 돈은 성별, 혈통, 학력, 나이를 묻지 않는다. 돈은 모든 차이를 교환 가능한 것으로 만드는 매개자이다. "돈은 절대적인 힘이다. 동시에 평등의 극치이다. 돈은 모든 불평등을 평등하게 한다." 평생 동안 돈에 시달리며 돈을 모든 작품의 키워드로 삼고, 돈을 깊이 통찰했던 도스토옙스키1821~1881의 말이다.

　자본주의 사회에서는 누구나 돈 앞에서 평등하다. 돈만 있으면 고급저택, 값비싼 음식, 좋은 차 등 원하는 모든 것을 사고 누릴 수 있다. 신분이 낮다거나 학력이 보잘것없다고 고급식당에서 내쫓길 일도 없다. 돈은 일체의 차이를 제거해버린다. 그래서 신분제의 봉건사회는 돈이 사회의 경제적·도덕적 질서의 파괴자라고 비난했다.

　근세까지 왕실과 귀족들은 권력을 이용하여 호사생활을 했다. 그들은 백성들의 눈물과 땀 위에 호사를 누리면서, 백성들의 욕구를 저세상에서 충족시키도록 유도했다. 가난한 백성들은 내세來世에서나 그들의 욕구가 이루어지기를 소망했다. 그러나 이제는 누구나 돈만 있으면 현세에서 호사와 쾌락을 누릴 수 있게 되었다. 왕족과 귀족들의 특권이 대중화되었고, 그것은 돈에 의해 가능해졌다.

돈은 힘(力)이다

◆

"왜 돈이 필요하냐고 물었나요? 돈이 전부 아닙니까?" 돈에 시달렸던 도스토옙스키의 외침이다. "나는 젊은 시절에 돈이 인생에서 가장 중요하다고 생각했다. 오늘날 나는 확실히 깨달았다. 그 생각은 틀리지 않았다." 오스카 와일드1854~1900의 말이다. 돈은 힘이요 권력이며 에너지이다. 돈은 기회이고 경쟁력이며 추진력이다. 돈이 없으면 많은 것을 포기해야 한다. 사회 발전의 동력은 돈의 파워에서 나온다.

돈은 선을 악으로, 악을 선으로 만든다. 돈은 수명을 늘린다. 돈은 색정色情을 돋우고 시들게 한다. 돈은 은폐도 하고 폭로도 한다. 우정과 로맨스를 나누는 파트너도 돈이 결정한다. 돈은 추남을 미남으로 만든다. 돈 있는 사람의 말에는 누구나 귀를 기울인다. "돈이 없으면 음악도 없다Ka Geld Ka Music." 집시와 악사들이 즐겨 썼던 말이다.

돈은 우리의 삶과 사회에 막대한 영향을 미친다. 돈이 생기면 콧김이 세진다. 돈은 많은 사람의 무릎을 꿇게 한다. 돈은 사람을 미치게 하고 좌절시키며 용기를 준다. 돈은 사람을 겁먹게 하고 불안하게 한다. 돈은 공포이며 혐오의 대상이다. 돈은 평화를 실현시키고 전쟁의 씨도 뿌린다. 적을 매수하고 동맹을 깨뜨리며 새로운 동맹을 만들어낸다.

셰익스피어1564~1616는 아테네의 부유한 귀족 타이먼의 입을 빌려 돈의 위력을 이렇게 묘사했다. "돈은 검은 것을 희게, 추한 것을 아름답게, 늙은 것을 젊게 만들고, 심지어 문둥병도 사랑스러워 보이도록 만들며, 늙은 과부에게도 젊은 청혼자들이 몰려들게 만든다."

돈은 풍요의 은총과 궁핍의 저주를 통해 행복과 불행을 좌우한다. 돈은 명예와 친구를 만든다. 돈은 아첨과 찬사를 불러모은다. 《사기》 화식열전貨殖列傳의 문구이다. "상대의 부富가 열 배면 헐뜯고, 백 배면 무서워 꺼리며, 천 배가 되면 심부름을 기꺼이 하고, 만 배가 되면 노복이 된다."

돈은 정치, 경제, 사회, 문화 등 모든 분야를 지배하는 최고의 권력이다. 돈은 승자이고 왕이며 통치자이다. 오래전부터 돈은 권력과 동의어였다. "병사와 돈, 두 가지는 권력을 창출하고 유지하며 확장한다. 그리고 병사는 돈만 있으면 살 수 있다." 율리우스 카이사르B.C. 100~B.C. 44의 말이다. 돈은 전쟁의 버팀목이다. 루이 12세가 전쟁에 가장 필요한 것이 무엇인가를 물었을 때 자문관은 답했다. "세 가지입니다. 돈, 돈, 돈."

김삿갓1807~1863은 〈전錢〉이란 시에서 돈의 위력, 돈의 힘에 대해 다음과 같이 읊었다.

"천하를 두루 돌아다녀도 모두가 환영하네. / 나라를 일으키고 집을 흥하게 하니 그 힘 어찌 가볍다 할까? / 갔다가 다시 오고 왔다가 다시 가며 / 살 사람을 죽이고 죽을 사람을 살리기도 하네."

돈은 능력의 징표이다. 돈과 권력을 가진 자를 공경할 때, 그 인간을 존경하는 것이 아니라 그의 돈과 권력에 경의를 표하는 것이다. 당신은 주변사람들을 위해 돈을 사용하는가? 아니면 억압하고 지배하고 착취하기 위해 돈의 힘을 이용하는가?

돈은 신(神)이다

◆

돈은 단순한 부富가 아니다. 돈은 인간 사회의 모든 것을 지배하는 전능의 신神이다. 돈은 덕행을 제외한 속세의 모든 것을 지배한다. 인간이 도구로 만든 돈이 신으로 승격하고, 인간이 돈을 위한 도구로 전락하여, 인간이 돈을 신으로 떠받드는 대반전大反轉이 일어난 것이다. 모든 것을 형제처럼 친하게 만드는 것신적인 힘은 돈의 본질이다. 인간의 힘으로 이룰 수 없는 것을 돈은 가능하게 한다.

"황금이 삶의 유일한 지배자가 되었다. 돈은 모든 사람들이 숭배해야 하는 신이 되어 버렸다. 이제 천상의 신들은 구석으로 처박히고, 맘몬=돈이라는 우상이 그 자리를 차지해 버렸다." 히틀러의《나의 투쟁》에 있는 구절이다. "돈은 선을 악으로, 악을 선으로, 불의를 정의로 만드는 전능의 힘이 있다. 하느님도 못하는 일을 돈이 한다." 마르크스가 묘사한 돈의 권능이다. 마르크스는 인간이 돈을 숭배하고 돈이 인간을 지배하는 현상을 물신주의fetishism, 物神主義로 표현했다.

"돈은 신과 통한다錢能通神. 돈은 만능이다錢是萬能." 그러나 돈이 만능은 아니다. 돈의 위력만큼 과장된 것도 없다. 사람들은 돈만 있으면 무엇이나 가능하다고 생각한다. "물품이나 서비스는 살 수 있지만 사람의 마음은 살 수 없네, 침대는 살 수 있어도 잠은 사지 못하네, 책은 살 수 있어도 지식은 사지 못하네, 음식은 살 수 있어도 식욕은 살 수 없네!" 돈은 원하는 모든 것을 가져다주지는 못한다.

◆ 인간은 목숨을 걸고 돈을 탐한다

신유한의 《조선 선비의 일본견문록》에 있는 내용이다. 1719년_{숙종 45년} 역관 권흥식의 행장 속에서 인삼 12근, 은_銀 2,150냥, 황금 24냥이 나왔고, 오만창의 행장에서 인삼 1근을 찾아내었다. 두 사람을 묶어서 큰칼을 씌우고 대마도에 이르면 처단하기로 의결하였다. 사신행차에 인삼과 화물을 몰래 무역하는 것은 국법에서 금하고 있으므로, 사신을 따라온 역관이 금령을 범하면 10냥 이상은 목을 베기로 경연에서 허락을 받았던 것인데, 이들이 죽음을 무릅쓰고 법령을 어겼던 것이다. 12월 28일 역관 권흥식은 대마도에서 독약을 마시고 자살했다.

이들이 목숨을 걸고 밀무역을 한 까닭은 허준의 《동의보감》이 일본으로 전해지면서, 당시 일본에서 인삼은 만병통치약으로 알려져 엄청난 가격으로 거래되었기 때문이다. 1707년 기록에 인삼 1근_{600g}이 금 24냥이었다. 금 1냥은 37.5g으로 2019년 7월 시세는 190만 원인데 24냥은 약 4,500만 원이다. 빚을 얻어 인삼을 사먹고 병이 나았는데 그 빚을 갚지 못해 자살했다는 기록도 있다.

1667년 일본 규슈_{九州}의 거상 이토고자 에몬_{伊藤小左衛門}이 조선에 무기와 유황을 밀수출한 죄로 극형을 당했다. 관련자 43명이 사형당하고, 50명이 추방된 대사건이었다. 당시 재산이 은_銀 1,000관_{3.75톤}이면 큰 부자로 여겼고, 이토의 재산은 7,000관_{26.25톤}에 달해 동아시아 최고의 부자였다. 탐욕으로 인한 패가망신의 전형이었다. "탐욕한 사람은 재물에 목숨을 걸고, 열사는 명예에 목숨을 걸며, 과시하려는 사람은 권세에 목숨을 바친다." 한_漢나라 가의_{賈誼}의 말이다.

돈은 악(惡)이다

◆

　돈은 만인을 만인의 늑대로 만든다. 돈은 온갖 범죄와 싸움과 부정부패를 일으킨다. 돈을 탐하다가 감옥에 갇히고 친구를 배반하며 형제가 반목한다. 돈 때문에 살인, 사기, 배신 등이 난무하고 가정이 깨진다. 돈은 사회의 곳곳을 속속들이 파고들어 도덕을 훼손하고 윤리를 흔든다. 돈에는 사기, 횡령, 뇌물, 부패, 절도, 강도, 살인, 자살, 매춘, 밀수, 마약, 도박, 사치 등의 부정적 요소가 많다. 돈은 인간을 파멸시키고 사회를 부패시킨다.

돈은 사람을 타락시키며 게으르게 만든다. 돈은 재앙을 부르고 질투와 시기의 대상이며 가족 간 화목을 깨뜨린다. 돈은 사랑도 상품으로 전락시키고 현숙한 여인을 창부로 만든다. 돈은 형제를 원수로 만든다. 돈은 부자지간을 원망과 불평으로 바꾸어버린다. 돈은 금실 좋던 부부를 갈라놓고, 죽마고우竹馬故友도 견원지간犬猿之間으로 만들고, 신앙공동체도 부순다. 돈은 재판을 매매하고 순결도 매매한다.

"오! 돈, 독과 같이 무서운 돈, 영혼을 말려 죽이는 돈! 돈은 모든 잔인함과 비열함의 원인이며, 무시무시한 악 ….." 에밀 졸라1840~1902의 소설 《돈》의 한 구절이다. 그리스의 비극시인 소포클레스B.C.496~406는 "돈은 도시를 약탈하고 사람들을 고향과 가정에서 쫓아내며 선천적 순박성을 없애고 부정직한 습관을 기른다."고 썼다.

◆ 돈이 문제인가? 인성이 문제인가?

1994년 도박 빚에 몰려 부모를 무참하게 살해한 박한상25세 사건을 비롯하여 이른바 살인공장까지 차려놓고 부유해 보이는 사람들을 무자비하게 살해한 1994년의 지존파 사건과 1996년의 막가파 사건이 있었다. 1998년에는 보험금을 타기 위해 아버지가 어린 아들의 손가락을 잘랐고, 2004년에는 보험금을 노리고 자신의 발목을 철로에 묶어 열차에 발목이 잘린 60대 남자가 발목만 잃고 보험금도 받지 못했다. 1999년에는 롯데그룹 신격호 회장 부친의 묘를 파헤쳐 유골을 담보로 돈을 요구했고, 2004년에는 한화그룹 김승연 회장 조부의 묘를 파헤쳐 거액을 요구한 사건도 있었다.

2006년 어머니 명의의 집을 팔아 카드빚 400만 원을 갚기 위해 어머니를 살해한 아들, 2007년 보험금을 노린 수원의 부모 살해범, 2008년 보험금을 노리고 노부모 집에 불을 질러 부모를 사망케 하고 2년 뒤 처와 딸을 살해한 충북 옥천의 40대 가장, 그리고 보험금을 노려 아내와 장모를 불태워 죽이고 연쇄살인을 하여 사형제도를 재론하게 한 2009년의 강호순 사건 등 모두 돈 때문에 생긴 사건들이다. 이런 패륜적이고 잔인한 만행은 모두 사악한 인성에 돈이라는 마귀가 붙어 저질러지는 것이다. 오늘도 돈은 도처에서 인간의 악마성을 부추기고 있을 것이다.

돈은 선(善)이다

◆

돈은 명예와 친구를 만든다. 돈에 대한 믿음이 확고할 때, 즉 돈의 위력을 확신할 때 돈은 행복의 상징이 된다. 돈은 행복 조건의 하나가 아닌 행복 자체가 되었다. 돈은 어려운 때에 도와주는 소중한 친구와 같다. 돈은 험난한 인생행로의 단비와 같은 존재이며 미래의 안전망이다. 믿음직한 후원자요, 야망의 자극제이다.

인간은 돈이 있다는 사실만으로 지극한 행복감을 느낀다. 돈이 우리를 즐겁고 여유롭게 한다. 돈이 있으면 어떤 곤란한 상황에도 대처할 수 있기 때문에 마음의 평안을 얻을 수 있다. 물질적으로 충족되지 않으면 정신적으로 편안하지가 않다. 돈은 영혼을 안주하게 한다. 돈은 안정을 준다. 돈은 활기를 불어넣고 마음의 문을 열게 한다.

돈은 힘과 능력을 키워주고 용기와 배짱을 높여주는 원동력이다.

한결 나은 생활로 가는 섬돌이다. 희망의 건축가이다. 돈이 있으면 유쾌해지고, 자신감이 높아지며 안정감이 생긴다. 돈은 강력한 인간적인 에너지이다. 돈은 자존심이다.

◆ 돈의 마력(魔力)

푸시킨1799~1837은 《인색한 기사》에서 돈의 존재가 주는 정신적 만족감을 다음과 같이 표현한다. "늙은 남작은 굳은 빵과 물만 먹으면서 돈을 모은다. 그는 돈 불어나는 재미에 빠져 도무지 쓸 줄을 모른다. 지하실에 황금 궤짝을 쌓아두고 수시로 바라보면서 그는 최상의 희열을 느낀다. 그는 행복하다. '나는 로스차일드다.'라는 자부심만 가지면 한 조각의 빵과 햄만으로도 행복감을 느낄 수 있다. 백만장자라는 사실만으로 행복감을 느낀다. 그의 영혼은 세상을 지배하는 힘을 느낀다."

20대 초의 카이사르가 로도스로 정치적 망명을 가던 중 해적에게 붙잡혔다. 해적이 매긴 몸값20달란트이 적다며 스스로 몸값을 2.5배20→50달란트, 1달란트=은32.3kg로 높이고 몸값이 도착할 때까지 두목처럼 굴었다. 낮잠을 자면서 "조용히 하라!"고 소리치고, 말귀를 못 알아들으면 면박을 주었다. "풀려나면 반드시 돌아와 처형하겠다."는 그의 호언에 해적들은 폭소했다. 그는 풀려나자 함대를 편성하여 해적들을 소탕하고 몸값도 되찾았으며 해적들을 모두 십자가에 매달아버렸다.

돈은 야누스
◆

사람을 울리고 웃기고 미워하고 사랑하게 만드는 돈, 희로애락이 묻어 있는 돈. 돈은 진실과 허위, 희망과 절망, 행복과 불행을 동시에 갖는 야누스Janus이다. 돈은 두 얼굴을 지니고 있다. 악마적 속성과 천

◆ 야누스는 그리스에는 없는 로마 고유의 신이며, 출입문의 수호신으로 사각(死角)이 없도록 두 얼굴을 새겼고, 문(門)의 성격인 처음과 끝, 시작과 변화를 상징하여 1월(January)의 어원이 되었다. 일반적으로 겉과 속이 다른 이중성격을 의미한다. 여신(女神)이 아닌 남신(男神)이다.

사의 모습이 공존한다. 탐욕에 사로잡혀 감옥에 가는 사람이 있고, 적은 돈을 나눠 쓰며 온정을 베푸는 사람도 있다.

돈은 인간을 인색하거나 호탕하게, 게으르거나 부지런하게, 매력적이거나 구질구질하게 만든다. 돈은 사회생활의 필수품이요, 인간행위의 동력이며 소유욕의 대상이면서 파멸의 길로 유혹하는 마신魔神이다. 돈은 인간에게 불행과 행복이라는 대립된 감정을 일으키고, 경멸적 무관심과 복종적 헌신 등 무수히 많은 이중감정을 유발한다.

짐멜은 돈이 수단이면서 목적이기 때문에 돈의 이중성 내지 양면성은 필연적이라고 주장했다. 19세기 말 한 프랑스 은행의 붕괴를 다룬 실화實話 소설《돈》1891에서 에밀 졸라는 "돈은 저주이며 축복이다. 모든 악惡이 돈에서 비롯되고 모든 선善도 돈에서 비롯된다. 그러나 돈은 내일의 인류를 성장시킬 퇴비이다."라는 결론에 이른다.

돈은 죄가 없다

◆

돈은 인간에게 많은 혼란을 준다. 사람들은 부자가 되고 싶어 하면서도 '돈은 천한 것, 돈벌이는 고상하지 못한 것'이라는 생각 속에서 갈등을 느낀다. 사람 수만큼이나 돈에 대한 생각과 감정은 각양각색이다. '돈을 모든 악과 불행의 근원'으로 보는 사람도 있고, '돈만 있으면 행복할 수 있어, 돈이 최고야!'라는 사람도 있다. 그러나 돈 자체가 나쁘거나 좋은 것이 아니다.

돈은 결코 모든 것을 좋게 만들지는 않는다. 그렇다고 모든 것을 썩게 하지도 않는다. 돈의 실체를 이해하지 못하고, 각자 돈에 대해 자의적이고 비현실적인 기대, 희망, 감정을 품고 있다. 돈을 경외하거나 경멸할 이유도 없다. 돈은 물과 같다. 무색이며 무취지만, 벌고 쓰는 사람에 따라 얼음도 되고 폐수도 되고, 은총도 되고 저주도 된다.

돈은 선과 악, 찬미와 증오, 기쁨과 슬픔의 근원이다. 그러나 돈은 좋지도 나쁘지도 않다. 돈만큼 오해받는 것도 없다. 돈은 중립적이다. 돈은 아무 죄가 없다. "왜 돈이 모든 오명을 뒤집어써야 하는가?" 에밀 졸라의 지적이다. 돈에 대한 부정적 믿음들은 돈에 대한 편견 때문이다. 돈에 대한 인간의 집착이 문제이지 돈이 악한 것이 아니다.

사람의 지위를 높이거나 낮추고, 상금을 주거나 벌금을 물리며, 생명을 구하거나 죽이는 것은 돈이 아니라 바로 인간이다. 악의 뿌리는 돈에 대한 인간의 집착執着이다. 돈에 집착하는 사람은 돈으로 만족할 수가 없다. 양날의 칼과 같은 돈의 실체를 제대로 인지해야 한다.

돈은 모든 것을 품는다

◆

사람들은 무슨 문제가 생기면 인간성이나 집안환경 등을 문제 삼는다. 그리고 불평불만을 늘어놓는다. 하지만 대부분의 문제는 돈으로 해결할 수 있는 것들이다. 이혼이나 부부갈등에도 돈이 문제인 경우가 많다. "아들아, 100가지 문제 중 99가지 문제의 해답은 돈이란다." 〈포브스〉의 발행인 버티 포브스1880~1954가 아들 맬컴에게 한 말이다. 돈은 문제를 사전에 막아낼 수 있는 안전판 역할을 한다.

돈은 모든 것을 품고 있다. 돈을 거부하는 것은 세상의 다양성을 거부하는 것이다. 보편적 등가물等價物인 돈은 교환을 통해 모든 사물의 가치를 표현한다. 돈은 가치에 대한 감각을 정돈하여 교환을 수월하게 한다. 돈은 비교 불가능한 것을 비교 가능하게 한다.

그 자체로는 아무리 사소하고 무의미한 것일지라도 사물, 사건 또는 심지어 의견에 돈을 결부시키면, 마치 마술처럼 사물과 의견 등은 돈으로 가치가 결정된다. "신은 사람을 창조하고 사람은 옷을 만들지만 모든 것을 완성하는 것은 돈이다." 영국 속담이다.

돈은 모든 존재에 가치를 매긴다

◆

모든 존재는 가치를 지니고 있고 그 가치는 돈의 양으로 표현된다. 가치는 수요의 효용성과 공급의 희소성에 의해 결정된다. 가치는 곧 가격이 된다. 짐멜은 가치와 가격은 동어반복이라고 규정했다. 워런 버핏은 가격은 지불하는 것이고, 가치는 얻는 것으로 정의했다.

가격은 존재의 상대적 가치를 나타낸다. 가치는 그것을 인정하는 사람에 의해 달라지는 것으로서 언제나 상대적이다. 특히 자본주의 체제에서는 모든 가치가 돈으로 측정되고 평가된다. 사물은 물론 사람의 가치도 돈으로 환산된다. 곧 연봉이 사람의 가격이 된다.

가치는 욕구desire와 직결된다. 그러나 사물의 가치는 우리가 그것을 얼마나 원하는가에 비례하지 않는다. 가장 얻기 어려운 물건이 가장 큰 가치를 갖는 경우가 많다. 즉, 희소성이 가치를 결정한다. 사람들은 '세상에 단 하나뿐'이라는 말에 정신을 잃는다.

'세상에 단 한 권뿐인 책'을 소장했다고 의기양양하던 유럽의 한 수집가는 뉴욕 서적상의 재고목록에 또 한 권이 있음을 발견하자 곧장 뉴욕으로 날아갔다. 그는 엄청난 값을 치르고 그 책을 구입하여 자기가 보는 앞에서 그 책을 불태우게 했다. 그는 비로소 흐뭇한 마음으로 집으로 돌아갈 수 있었다. 자기가 다시 한 번 '세상에 단 1권뿐인 책'의 소장자가 되었다는 사실에 안도하면서 ….

2000년 미국에서 암 유전자가 제거된 생쥐의 특허권이 5,800만 달러에 팔렸다. 또 비만연구를 위해 유전자가 조작된 생쥐는 2,000만 달러, 치매모델 생쥐는 600만 달러에 팔렸다. 이 쥐를 이용해 신약을 개발할 경우 많은 돈을 벌 수 있기 때문이다. 월가 펀드매니저들은 상상할 수 없이 많은 연봉을 받는데, 그들의 효용성, 즉 돈 버는 능력이 반영된 것이다.

개인의 소득은 그가 제공한 가치에 정비례하며, 그 가치는 자신이 아니라 타인이 인정하는 것이다. 2000년대 초 경기도 화성군 군민 위안잔치에 초대된 성악교수는 30만 원, 태진아는 300만 원, 보아는 3,000만 원이었다. 외국유학을 하고 박사 학위를 받은 40대 성악교수가 20세가 채 안된 소녀가수_{1986~} 출연료의 1/100을 받는 세상이다. 그러나 이것이 시장의 논리인 것을 어찌하랴? 가치는 내가 아닌 남이 결정하는 것이다.

◆ 노동가치론(Labor Value Theory)

재화의 가치는 그 재화의 생산에 투여된 노동시간, 즉 노동량에 따라 결정되며 그 가치에 따라 상품의 교환이 이뤄진다는 이론이다. 애덤 스미스_{1723~1790}는 교환가치의 척도를 노동이라 규정했다. 노동가치설은 칼 마르크스_{1818~1883}의 잉여가치설로 발전되었다. 마르크스는 오로지 노동만이 가치를 창출하며 유일한 이윤의 원천이라고 보았다. 마르크스경제학에서는 노동가치론이 부동의 원리이다. 아리따운 여인이 파리의 어느 카페에 앉아 있던 피카소_{1881~1973}에게 다가와 자신을 그려달라고 부탁했다. 물론 그 값을 치른다는 조건이었다. 피카소는 몇 분 만에 이 여인의 모습을 스케치해주고 50만 프랑_{8,000여 만 원}을 요구했다. "아니, 고작 몇 분 밖에 안 쓰셨잖아요." 여인은 항의했다. "천만에요! 40년이 걸렸습니다." 피카소의 응답이었다. 1장의 스케치에 40년의 노고가 담겼던 것이다. 故 임원택_{1922~2006} 서울대 경제학과 교수는 경제학자들의 사상을 독자적으로 해석한 평생의 역작 《제2자본론》은 적어도 권당 10만 원을 받아야 한다고 말했다_{그 책의 가격은 8,000원이었다.} 나도 이 책을 쓰는 데 많은 시간과 노력을 기울이고 있다. 권당 얼마가 되어야 할지 가늠도 못할 정도로 힘든 작업임을 독자들은 모를 것이다. "자네는 몇 시간에 그걸 읽겠지만 나는 그 책을 쓰느라 머리가 하얗게 셌다네." 몽테스키외_{1689~ 1755}가 친구에게 한 말이다.

◆ 돈으로 환산한 섹스의 가치

학문적 기법이 정교해져 섹스의 가치까지 돈으로 환산하는 세상이다. 어떻게 측정했는지는 몰라도, 미국 플라워 교수와 영국 오스왈드 교수가 1988~2002년에 미국인 1만 6,000명의 라이프스타일을 분석한 '돈, 섹스, 그리고 행복'이라는 논문에서 기혼자와 독신자의 교육수준과 직장 내 지위가 동일하다면, 기혼자가 연 10만 달러, 성관계를 월 1회에서 4회로 늘리면 연 4만 9,000달러의 행복가치가 증가하고, 이혼, 실직, 중병重病은 각각 1년에 6만 6,000달러, $6만, 20만 달러의 행복 감소와 같다고 산정했다. 이들은 "성생활이 행복에 미치는 영향은 통계적으로 명확히 증명할 수 있고 그 영향이 크다."고 주장했다.

통계학자 찰리 크로커는 영국인은 일생 동안 총 4,230회의 섹스를 즐기고, 시간으로는 28일672시간이며, 오르가슴은 남성이 9시간 18초, 여성은 1시간 24분을 경험한다고 계산해냈다. 일상생활에서 남녀 모두 가장 좋아하는 것은 섹스였고, 가장 싫어하는 것은 출근이었다.

돈은 신(神)과 통한다

◆

돈은 재력이다. 재력은 권력과 함께 영향력을 행사할 수 있는 힘의 원천이다. "불을 쓰면 돼지머리가 익고, 돈을 쓰면 공무가 해결된다." "돈은 귀신도 부릴 수 있다."는 등 돈의 권능에 대한 속담이 많다.

전가통신錢可通神은 "돈은 신과 통한다."는 말이다. 중국 당唐대의 장연상張延賞이 하남河南 부윤府尹으로 있을 때, 황제의 친척을 비롯해서 전직 고관과 지방유지들이 연루된 커다란 의혹사건을 처리해야 했다. 장연상이 혐의자를 모두 잡아들이도록 명령하자 누군가가 말렸다. 그러나 장연상은 단호하게 말했다. "임금의 녹을 먹는 자는 임금의 근심을 덜어야 한다는 말이 있소. 황제의 친척이나 거물급 소물급 할 것 없이 모두 엄하게 다스릴 것이오."

명령이 내려진 다음날 부윤의 책상 위에 쪽지 한 장이 날아들었다. "3만금을 바칠 테니 더 이상 이 사건을 추궁하지 말아 달라!"는 것이었다. 장연상은 쪽지를 마룻바닥에 팽개쳤다. 다음날 또 장연상의 책상에는 쪽지 한 장이 놓여 있었는데 '10만금'이라 적혀 있었다. 그 돈을 은밀히 전해 받은 장연상은 사건을 흐지부지 끝내버렸다.

뒷날 어떤 사람의 추궁에 그는 말했다. "10만금은 신하고 통할 수 있는錢可通神 액수인데, 세상에 못할 일이 어디 있겠는가? 게다가 받아들이지 않으면 내가 큰 화를 입을 판이었는데 …." 그래서 "돈다발로 쳐대는 매질 앞에 끝까지 버텨낼 장사壯士가 없다."고 말한다.

유전유효(有錢有孝), 무전무효(無錢無孝)

"아비가 누더기를 걸치면 자식들은 모르는 척하지만, 아비가 돈주머니를 차고 있으면 자식들은 모두 효자가 된다." 셰익스피어의 통찰이다. "돈 없는 젊은이는 되어도 돈 없는 늙은이는 되지 마라!"《욕망이라는 이름의 전차》로 퓰리처 상을 받은 미국의 극작가 테네시 윌리엄스1911~1983가 한 말이다. "사람은 관 뚜껑을 덮을 때가 된 다음에야 자손과 재물의 무익無益함을 안다."《채근담》의 글이다.

'효의 나라'였던 한국이 노인들이 가장 살기 힘든 나라가 되었다. 2016년 기준 한국의 노인65세 이상 빈곤율은 45.7%로 36개 OECD 회원국평균 12.6% 중 1위이다. 게다가 노인 4명 중 1명25%은 학대에 시달리고 있으며 75세 이상 노인들이 10만 명당 160명이 자살하고 있다. 이는 OECD 평균의 8배가 넘는다. 한국의 자살률이 높은10만 명당 25.6명 것도 노인자살이 많기 때문이다.

2011년 4월 서울가정법원은 60대 어머니가 성형외과 의사 아들을 상대로 낸 부양료 청구소송에서 "어머니가 돌아가실 때까지 매달

부양료 50만 원을 지급하라!"고 판결했다. 부양료 청구소송 담당판사는 부모 자식 간 소송이 벌어지는 법정 분위기를 "아버지를 아버지라 부르는 사람은 드물고 '○○씨'라고 호칭하는 경우가 대부분"이라고 한다. 궁박한 처지에 내몰린 부모들이 막판에 내는 소송이라 이긴다 해도 큰 상처를 남긴다. "등 돌린 가족은 남보다 못하다." 앙드레 말로_{1901~1976}의 말이다. 셰익스피어는 말했다. "은혜를 모르는 자식을 둔 부모의 고통은 살모사에 물린 아픔보다도 더 고통스럽다."

특히 한국에는 자식에게 퍼주고 노후에 버림받는 상속 빈곤층이 많다. 부모들은 자녀 교육비·결혼비용 등에 재산을 다 써버리고, 노후에 생계를 걱정하는 신세가 된다. 자녀가 2명만 되어도 노후 준비를 전혀 못하게 된다. 노년층에서 회자_{膾炙}되는 씁쓸한 문구가 있다. "자식들에게 재산을 안 주면 맞아 죽고, 반만 주면 졸려 죽고, 다 주면 굶어 죽는다." 노후에 서러움을 당하지 않으려면 재산을 미리 증여해서는 안 된다. 부모들은 자식들에게 퍼줄 것이 아니라 노후를 대비해야 한다.

무자비한 돈

◆

2000년 7월 〈주간조선〉의 '검은돈 검은손 사채_{私債}'라는 기사가 내 마음을 아프게 했다. 사채는 '써서는 안 될 돈'이다. 그렇다면 왜 아직까지 사채는 건재하는가? "하다하다 안 될 때 신용대출이란 문구가 눈에 들어온다."는 것이 사채를 써본 사람들의 공통된 말이다.

서울 중곡동의 한 카페에서 만난 이동수_{66년생} 씨는 왼쪽 눈을 안대로 가린 채 인터뷰에 응했다. 외환위기로 실직당한 이 씨는 아내의 출산비용과 급한 생활비 때문에 일주일에 10% 이자 조건으로 400만 원을 빌렸다. 이자를 갚지 못해 일주일 단위로 해결사들에게 시달렸고 이자는 눈덩이처럼 불었다.

출장비, 손해보상 등 갖가지 명목이 붙어 빚은 한 달 만에 800만 원이 되었다. 해결사들은 산후조리중인 아내를 협박하고, 이 씨의 처가를 찾아 험한 말로 압박했다. 6개월 넘게 시달리는 동안 빚이 2,000만 원이 넘자 해결사가 이 씨에게 장기매각을 요구했다. 결국 왼쪽 안구를 포기한다는 각서에 도장을 찍었다.

2008년 11월 사채업자의 마수에 걸려들어 빚더미에서 헤어나지 못한 딸을 죽이고 아버지가 자살한 사건이 있었다. 대학생 딸이 친구와 쇼핑몰을 하려고 빌린 300만 원이 1년 반 만에 6,700만 원으로 불어났다. 이른바 꺾기수법_{갚지 못한 이자를 원금에 포함}으로 눈덩이처럼 불어나는 빚을 갚아보려고, 사채업자의 강요로 성매매로 내몰렸던 딸과 그 아버지의 죽음이 많은 사람들의 가슴을 아프게 했다.

돈의 마성과 인간의 잔인성이 합쳐진 무자비의 결과이다. 흡혈귀^{吸血}鬼란 바로 이들 사채업자들을 두고 한 말이다. 신용이 부족한 서민들이 문턱 높은 은행 대신 사금융^{私金融}에 내몰려 피해가 속출하고 있다. 그리고 대명천지 법치국가에서 눈을 빼앗긴 자의 무지와 어리석음에 혀를 찼다. 동네 파출소만 찾아가도 보호받을 수 있었을 텐데, 해결사들의 협박에 굴복하는 무지몽매가 안타까웠다. 2020년 1월말부터 대부업체나 불법사채업자에게 과도한 채권추심을 당하는 채무자들을 위해 정부가 변호사(채무자 대리인)를 무료 선임할 수 있도록 해준다.

사채업자들은 전주錢主를 모아 사업을 한다. 전주는 1~2억 원에서 10억 원 이상에 이르기까지 주주 형식으로 돈을 위탁한다. 그 돈을 사채업자가 굴려 얻은 이익을 배분하는 방식이다. 전주의 돈은 대부분 탈세나 뇌물 등 불법으로 조성된 자금이다. 과거 고위 정치인이나 공무원들로부터 은밀히 흘러나온 자금이 사채시장으로 흘러든다.

6공의 황태자 박철언1942~이 무용과 여교수1961~에게 178억 원을 맡겨 관리하다가 돈을 떼인 사건이 있었다. 돈이 흘러넘쳐 거금을 여자친구에게 맡겼던 것이다. 2008년 인터뷰에서 그는 그 돈이 1980년 타계한 선친의 유산 등 23억 원을 사채시장에서 월 2~3.5부로 굴려 키운 것이라고 변명했다. 그는 이 시기에 검사, 대통령 정무비서관, 안기부 특보, 청와대 정책보좌관, 정무장관을 지냈다.

한편으로는 채무자들의 책임도 크다. 1997년 이후 노숙자, 파산한 기업가들, 채무자 등 숱한 사람들이 외환위기를 탓하지만, 그 뿌리는 각자 자기관리의 부실이다. 평소에 검약이라는 미덕을 외면한 결과이며 자업자득인 면도 크다. 사람도 정글에 사는 동물과 다름이 없다. 각자의 책임하에 치열하게 삶을 살아야 한다. 없는 돈이지만 저축을 하여 비가 올 때를 대비하는 자세가 필요하다. 신神은 달콤한 마시멜로를 아껴 먹는 사람들에게 미소를 보낸다.

당신은 돈의 주인인가, 노예인가

◆

돈은 사람이 생활의 편의를 위해 고안해낸 도구이다. 그런데 사람이 돈의 노예가 되어 돈을 얻기 위해 사람으로서 해서는 안 될 온갖 불법과 비리를 서슴지 않는다. 돈 때문에 갈등이 끊이지 않고 살인도 불사한다. "돈은 독약보다 더 많은 살인을 한다." 셰익스피어의 지적이다.

돈을 좇는 사람은 평생 가난하다. 사람들은 흔히 원하던 것을 얻고 나면, 그것이 내가 원했던 것이 아님을 알게 된다. 원하던 것은 환상이나 감상의 뒷면에 숨어 있던 것에 지나지 않는다. 돈은 분명 중요하지만, 그러나 돈이 없는 사람들을 제외하고는 가장 중요한 것은 아니다. 우리 대부분이 돈보다 중요한 것이 있다는 것을 안다.

돈을 극복했을 때 무엇이든지 할 수 있다. 돈을 극복한다는 것은 돈이 있으나 없으나 삶의 자세가 흐트러지지 않는 것이다. 빈자로도 살수 있고 부자로도 살 수 있어야 한다. "돈이 없어도 살기 힘들지만, 돈이 있어도 살기 좋은 것은 아니다." 유대 속담이다.

돈은 태어날 때부터 갖고 오는 것이 아니며, 죽을 때 가져갈 수도 없다. 돈은 정의롭게 얻으면 기쁘고, 정의롭게 썼을 때 기쁨을 준다. 그러나 돈을 위해 살고, 돈을 위해 인간으로서 차마 해서는 안 될 일까지 일삼는다면, 인간은 돈의 노예가 되고 만다. 돈의 노예로 사는 것만큼 비참한 것은 없다. 평생 돈이 없어서 세상과 사회를 탓하며 사는 것이나, 돈에 눈이 멀어 죽을 때까지 돈에 매달려 수전노守錢奴로 사는 것은 곧 돈의 노예로 사는 것이다.

단 한 푼이라도 쓰기를 두려워하고, 돈을 지키기 위해 의리를 저버린다면, 이미 돈의 노예가 된 것이다. 사람이 돈의 노예가 되어서야 되겠는가? 차라리 돈이 없느니만 못하다. 돈으로 타인을 노예로 삼지는 않는지? 돈으로 인해 타인의 노예가 되는 것은 아닌지? 진지한 성찰이 필요하다.

돈! 돈! 돈! 나는 돈의 철학을 알았소이다!

◆

1926년 9월 20세의 조선여성 최영숙이 스톡홀름 경제대학에 입학했다. 5년이 지난 1931년 영숙은 스톡홀름 대학 경제학사가 되어 금의환향했다. 영숙은 귀국 후 계획을 묻는 질문에 이렇게 대답했다. "조선으로 돌아올 때, 노동운동과 여성운동에 몸을 던져 살아있는 과학인 경제학을 실천해보려 했다. 공장직공이 되어 노동운동을 할 마음도 있었다. 그러나 집에 와보니 형편이 어려워 당장에 취직이 급하다. 신문기자에 관심이 많다. 조선의 실정을 아는 데도 제일이라 생각한다."

경제학을 제대로 공부했고 영어, 스웨덴어, 독일어, 중국어, 일본어 등 5개 국어에 능통하고, 국제감각까지 갖춘 최영숙은 조선에 보석과 같은 존재였다. 그러나 조선의 어느 곳도 영숙을 받아주지 않았다. 외국어 선생을 하려고 애썼으나 아무도 받아주지 않았다. 교사로 취직하려 했으나 문부성에서 교원면허를 내주지 않아 불가능했다.

신문사 여기자를 지원했지만 여의치 않았다. 조선총독부가 방해했기 때문일 것이다. 조선총독부가 마르크시스트 신여성 최영숙을 교사나 기자를 하게 했을 리 만무하다. 요시찰 인물로 그녀의 일거수일투족을 감시하고, 이곳저곳에 압력을 넣어 취직을 방해했을 것이다.

할 수 없이 서대문 밖 큰 거리에 조그만 점포를 빌려 장사를 벌였다. 배추, 감자, 콩나물을 파는 것이 경제학사 최영숙의 직업이 되었다. 그러나 가게에서는 한 가족의 생활비가 나오지 않았다. 영숙은 살을 깎는 경제적 곤궁을 겪었다.

5개 국어에 능통한 경제학사 최영숙의 직업은 콩나물 장수였다. 그것도 오래 할 수 없었다. 임신 중이었던 영숙은 귀국 후 5개월 만에 태아에 탈이 생겨 동대문부인병원에 입원했다. 인도청년 로이 로우^{Roy Row}와의 관계가 드러난 것은 그때였다. 산모라도 구하려고 낙태수술을 받고 세브란스병원으로 옮겼지만 병세는 돌이킬 수 없었다. 1932년 4월 최영숙은 귀국 5개월 만에 26세의 짧은 생을 마감했다.

스웨덴에서 돌아온 영숙이 조선을 위해 일할 기회를 달라고 호소했을 때, 관심을 보인 사람은 아무도 없었다. 영숙이 홍제동 화장장에서 한 줌의 흙으로 돌아간 후에야 사람들은 관심을 보였다. 그러나 쏟아진 관심은 뜻을 펴지 못하고 요절한 인텔리 여성을 향한 안타까움이 아니었다. 사람들은 스웨덴 유학까지 마친 인텔리 여성이 어떻게 인도에서 사생아를 임신하고 돌아왔는지가 궁금할 뿐이었다.

1906년 경기도 여주에서 태어나 총명했던 영숙은 1919년에 이화학당에 입학했다. 1923년 이화학당을 졸업한 영숙은 독립운동에 투신하기로 결심하고, 임시정부가 있는 중국 남경_{南京} 회문_{匯文}여학교에 편입했다. 이곳에서 사회주의 사상에 심취해 마르크시스트가 되었다. 회문을 졸업한 영숙은 스웨덴 유학을 결심했다.

1927년 스톡홀름대학에 입학한 뒤에는 황태자 도서실에서 연구 보조원으로 일하면서, 1931년 경제학과를 졸업했다. 영숙은 유럽, 아프리카, 아시아를 들러 귀국하기로 했다. 귀국길에 오를 때 수중에는 600원 남짓한 돈이 있었다. 600원은 여행비용으로 충분치 않았지만 모자라는 돈은 도중에 벌기로 했다. 친부모처럼 아끼던 _{그 이름을 밝히지 않은} 유력인사가 도움을 주려 했지만 영숙은 완곡히 사양했다.

유력인사는 대신 "돈이 떨어지면 언제든 전보를 치라!"고 당부하고, 여행의 편의를 부탁하는 소개장을 써주었다. 영숙은 덴마크, 러시아, 독일, 프랑스, 스위스, 이탈리아, 그리스, 터키를 거쳐 이집트에 도착했다. 유력인사의 소개장 덕분에 가는 곳마다 극진한 환대를 받았다. 그러나 긴 여정에 덥고 건조한 이집트의 기후를 접하자 몸에 이상이 생겼다. 병원비로 돈이 들어갔다. 인도까지의 뱃삯밖에 남지 않았다.

◆ 최영숙의 스웨덴 유학생활

영숙이 스웨덴을 택한 이유는 여성운동가 엘렌 키Ellen Key, 1849~1926 때문이다. 1910~20년대 동아시아의 자유연애와 여성운동은 엘렌의 사상에 뿌리를 뒀다. 그녀가 저술한 《연애와 결혼》1911, 《연애와 윤리》1912는 신여성의 필독서였다. 그러나 엘렌은 영숙이 도착하기 3개월 전에 죽어 만나지 못했다.

스웨덴에서는 스스로 학비를 벌어야 했다. 영숙은 시골학교 청강생으로 낮에는 스웨덴어를 익히고, 밤에는 자수를 놓았다. 베갯잇 하나를 수놓으면 5~6원의 수입이 생겨 힘들지 않게 공부할 수 있었다. 나중에는 저축까지 할 여유도 생겼다.

또한 마침 고고학에 관심이 많은 아돌프 황태자가 1926년 조선 등 아시아를 돌면서 수집해온 자료의 목록을 작성하고 스웨덴어로 번역하는 일이 영숙에게 주어졌다. 조선어, 일본어, 중국어, 한문에 능통하면서 스웨덴어도 할 줄 아는 영숙은 아돌프 황태자의 총애를 받았다.

그리고 친부모처럼 아끼던 유력인사는 5대 150년에 걸친 명가로 현재도 스웨덴 경제의 1/3을 점하고 있는 발렌베리Walenberg 가문일 것이다. 창업자 앙드레 오스카1856년 창업의 아들 크누트가 1917년에 발렌베리 재단을 설립하고 스톡홀름 경제대학을 설립하였다. 황태자를 돕는 동양의 여학생이 설립자의 눈에 띄었을 것이다. 발렌베리 가문은 인맥과 튀지 않는 처세술을 중시하고, 옷을 대물림할 정도로 검소하다. 가훈은 "돈을 벌면 반드시 사회에 환원하라!"이다.

◆ (좌) 1대 앙드레 오스카 발렌베리(André Oscar Wallenberg, 1816~1886)
(우) 2대 크누트 아가톤 발렌베리(Knut Agathon Wallenberg, 1853~1938)

스웨덴에서 가장 존경받는 발렌베리 가문(Wallenbergs)이다. 유럽 최대(最大 ; 연매출 1,000억 달러), 최고(最古 ; 1856년 창업)의 기업집단으로 금융·건설·항공·가전·통신·제약 등, 스웨덴은 물론 세계적인 100여 개 기업의 지분을 소유하고 있다. 스웨덴 GDP의 30%, 스웨덴 노동인구의 40%를 고용하고, 스웨덴 주식시장 시가총액의 40%를 점하며, 수입의 80%를 사회에 환원하고 있다. 최영숙은 스톡홀름 경제대학을 설립한 2대 크누트의 사랑을 받았을 것이다. 삼성그룹이 150년 이상의 존속과 국민의 존경을 받는 발렌베리의 비결을 벤치마킹하기 위해 2003년부터 교류하고 있다.

　아픈 몸을 이끌고 인도행 배를 타려 했지만 부두로 가는 도중 사고가 생겨 배를 놓치고 말았다. 사나흘 지체하는 동안 인도행 3등실 뱃삯마저 부족했다. 스웨덴 유력인사에게 전보를 쳐 도움을 청할 생각도 했지만 끝내 하지 않았다. 영숙은 인도에 가서 집에 전보를 칠 계획이었다. 남은 돈으로 노동자들이 타는 화물칸 표를 샀다.

　영숙은 인도까지 가는 동안 주로 갑판에서 지냈다. 영숙은 일등실 승객 인도청년 로이와 말동무가 되었다. 그러나 여행 도중 영숙의 건강은 더욱 나빠졌다. 로이의 도움으로 일등실로 옮긴 영숙은 봄베이에 도착하여 즉시 집으로 전보를 쳤다. 그러나 집에서는 소식이 없었다.

　영숙은 인도의 뜨거운 기후를 이기지 못하고 다시 입원했다. 병원비는 로이가 치렀다. 로이는 외조모가 재산을 관리했기 때문에 더는 돈을 쓸 수 없었다. 숙박비를 장기간 체불하자 여관주인은 한밤중에 영숙을 내쫓았다. 영숙은 하는 수 없이 로이의 집으로 갔다. 영숙은 인도에서 4개월을 머물고 1931년 11월 귀국했다.

귀국해 보니 집안 형편은 말이 아니었다. 고무신을 전당포에 잡혀 끼니를 때우기도 했다. 그러나 영숙은 누구에게도 곤궁을 말하지 않았다. 절친한 친구가 도와주려 해도 한사코 거절했다. 자존심과 결벽증 때문이었다. 생활은 어려웠지만 사회를 위한 일에는 발벗고 나섰다. 자금을 변통해 곤란을 겪는다는 낙원동 여자소비조합을 인수했다.

영숙이 콩나물 장사에 나선 것은 생계유지가 아닌 소비자운동을 위해서였다. 이화학당 은사 김활란1899~1970이 공민학교를 세운다고 하자 만사를 제쳐두고 《공민독본》 편찬에 나섰다. 밥을 굶어가며 도서관에 다녔다. 임신한 몸으로 취직자리 알아보랴, 콩나물 장사하랴, 공민독본 편찬하랴, 몸이 성할 리 없었다.

영양실조, 소화불량, 임신중독에 각기병까지 겹쳐 두 다리가 부어올랐다. 정신적 육체적 고통으로 몸은 망가졌다. 영숙은 실신해 동대문부인병원에 입원했다. 낙태수술을 하고 세브란스병원으로 후송되었지만 회복될 가망이 없다는 진단을 받고 홍파동 집으로 돌아갔다. 영숙은 26세의 꽃다운 나이에 홍제동 화장장에서 재가 되었다.

로이에게 보내는 마지막 편지에 영숙은 "돈! 돈! 돈! 나는 돈의 철학을 알았소이다!"라고 썼다. 그러나 편지를 부치지는 않았다. 영숙이 세상을 떠난 며칠 뒤, 로이로부터 여비를 보내니 인도로 오라는 편지가 왔다. 돈에 시달리다 죽어간 26세의 신여성이 알았다는 '돈의 철학'

이 무엇인지는 알 길이 없다. 그녀가 뼈저리게 깨달은 것은 돈의 위력과 무서움이었을 것이다. 돈에 한을 품고 돈을 저주하는 절규였을 것이다.

그녀는 '돈의 철학'을 안 것 같지는 않다. '돈의 철학'을 알았다면 스웨덴의 유력인사에게 도움을 청했을 것이다. 도움을 요청하는 전보는 그 유력인사를 기쁘게 했을 것이다. 부자에게 베풂은 자족적自足的 선행이다. 사람은 누군가를 도움으로써 행복을 느낀다는 사실을 26세의 처녀가 알 리가 없다. 유력인사가 그녀의 불행을 알았다면 얼마나 가슴아파했겠는가? 그녀의 자존심과 결벽증이 문제였다. 자존심과 결벽증만 없었더라도 여성운동과 노동운동으로 그녀의 꿈을 이루었을지도 모른다. 최영숙은 '돈의 철학'을 몰랐기 때문에 요절한 것이다. "자존심은 어리석은 자가 가지고 다니는 물건이다." 헤로도토스의 말이다.

돈에 대한 속담과 금언

◆

돈에 관한 속담과 금언은 많고도 다양하다.

"돈을 너무 가까이하지 마라. 돈에 눈이 멀어진다. 돈을 너무 멀리하지 마라. 처자식이 천대받는다." "돈으로 열리지 않는 문은 없다." 탈무드

"여자는 돈 없는 남자보다 남자 없는 돈을 더 좋아한다." "돈은 바닷물과 같다. 많이 마시면 마실수록 더 목이 마르게 된다." 그리스

"돈이 말하면 진실이 침묵한다." 로마

"돈이 있으면 두렵고, 돈이 없으면 슬프다." "가벼운 주머니는 마음

을 무겁게 한다." "지갑에 돈이 있으면 목이 잘릴 수 없다." _{영국}

"돈을 받으면 자유를 잃는다." _{독일}

"돈이 없으면 사람도 아니다." _{이탈리아}

"돈이 많으면 죄가 크다. 그러나 돈이 없으면 죄는 더욱 커진다." "주머니에 돈이 있는데도 교수형을 당한 사람은 없다." _{러시아}

"돈이 있으면 용이 되고 돈이 없으면 벌레가 된다." "돈 앞에서는 부모자식도 남남이다." "남자는 돈이 생기면 나쁘게 변하고 여자는 나쁘게 변하면 돈이 생긴다." "돈은 귀신에게 맷돌을 갈게 한다." _{중국}

"돈이 앞장을 서면 문이 열리고 길이 뚫린다." "돈은 악마의 시중도 받게 한다." "지옥으로 굴러 떨어져도 돈만 있으면 살아 나온다." _{일본}

"돈이 없으면 적막강산이요, 돈이 있으면 금수강산이라." "돈이 양반. 돈이 장사壯士. 돈이 제갈량." "유전무죄有錢無罪 무전유죄無錢有罪," "유전천국有錢天國 무전지옥無錢地獄," "유전장수有錢長壽, 무전단명無錢短命." _{한국}

유명무명의 인사들도 돈에 대해 한마디씩 했다.

"인간은 금화를 먹고 사는 돼지다. 금화만 던져주면 마음대로 주무를 수 있다." _{나폴레옹}

"돈은 최선의 하인이자 최악의 주인이다." _{베이컨}

"돈은 많아질수록 더 많이 가지려는 초조와 탐욕이 뒤따른다." _{아리스토텔레스}

"돈과 시간은 인생의 가장 무거운 짐이다. 어느 것이든 자기가 사용할 줄 아는 범위 이상의 것을 가진 자는 불행하다." _{새뮤얼 존슨}

"돈은 사랑보다도 더 인간을 바보로 만든다." _{글래드스턴}

"오직 선한 의도만을 가졌더라면 선한 사마리아인을 아무도 기억하지 않을 것이다. 그에게는 돈이 있었다." 마거릿 대처

"인생은 게임이다. 돈은 우리가 얻은 점수이다." 테드 터너

"돈이 전부는 아니다. 가진 자들에 따르면 …." 포브스

"훌륭한 친구 셋이 있다. 오래 함께한 아내糟糠之妻, 오래 키운 개, 그리고 언제든지 쓸 수 있는 돈이다." 프랭클린

"돈은 사람의 제6의 감각과 같아서, 그것 없이는 나머지 다섯 감각이 제대로 작동되지 않는다." 서머싯 몸

"돈은 남자들의 한 부분이야. 돈이 있으면 그 남자도 사랑하게 되지." 에바 페론

무명의 인사들이 한 말이다.

"돈에 봉사하는 자는 스스로의 노예의 노예이다." 15세기 무명시인

"돈이 없으면 다른 것들은 생각하지 않고, 돈이 있으면 다른 것들을 생각한다."

"무수한 사람들을 사지死地로 내몬 범인은 돈이다."

"돈 있는 사람 말에는 누구나 귀를 기울인다."

"돌같은 마음도 황금망치면 열린다."

"부자들의 치부恥部는 돈으로 가려진다."

"돈의 노예가 되라. 그러면 모든 것의 주인이 될 수 있다."

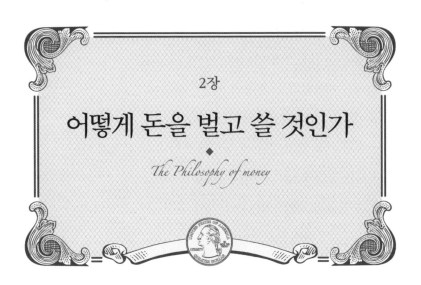

2장

어떻게 돈을 벌고 쓸 것인가

The Philosophy of money

누구는 돈을 쓰는 데 행복을 느끼고 누구는 돈을 모으는 데 행복을 느낀다. 행복한 삶을 위해서는 따뜻한 옷, 좋은 음식, 아늑한 집, 그리고 휴식과 여가도 필요하다. 정신적으로 편안한 삶을 위해서는 책을 읽고, 여행을 통해 다양한 경험을 쌓아야 하며 지적인 교류도 해야 한다. 여기에 가정도 화목해야 한다. 이런 것을 가능하게 하는 것이 돈이다. 그래서 우리는 돈을 벌기 위해 부단히 노력하고, 돈이 모이면 그 돈을 잘 쓰기 위해 머리를 짜낸다.

돈을 어떻게 볼 것인가

◆

우리의 무의식 세계에는 '돈은 나쁜 것'이라는 관념이 자리잡아 많은 사람들이 돈을 혐오한다. 그러나 대부분의 경우 이런 혐오는 위선일 뿐이다. 돈은 인간의 욕망 추구에 필요한 자원이며 행복의 중요한 촉매제이다. 돈은 세상을 풍요롭게 만드는 강력한 원동력이다.

사람들은 무엇에 대해서건 생각을 갖고 있다. 그런데 그 생각들이 대부분 남들의 체험에서 나온 것들이다. 사람들은 마치 거대한 복사기와 같이 남의 생각을 복사해 살아간다. 자신의 체험에서 나온 생각은 극히 적다. 스스로 설정한 인생관 및 가치관에 기초한 생각은 더욱 적다. 세상은 사람들의 마음을 조작한다.

돈에 대한 생각이 전형적인 예이다. '돈은 나쁘다'는 사람들의 생각은 '돈은 좋다'는 체험과 다르다. 그리하여 '돈이 좋다'는 자신의 체험을 감추고 '돈이 싫다'고 거짓말을 한다. 돈을 싫어하면 돈이 가까이 오지 않는다. 돈이란 좋은 것이며 많이 벌고 많이 가질수록 존경받는다. 돈을 사랑하면 돈이 가까이 온다.

돈에 대한 언급은 일종의 문화적 금기이다. 그 배후에는 불경, 성서, 코란, 유교경전 등에 근거를 두고 있어 수백 년 동안 크게 달라지지 않았다. 돈을 천하게 여기는 유교, 불교, 기독교의 영향을 받은 우리 사회도 돈에 대해 이중감정을 갖고 있다.

사람은 자신이 생각하는 그대로의 존재이다. 생각은 행동을 낳고, 행동은 생각을 낳는다. 생각이 곧 현실이 된다. 생각이 부정적일 때 악순환이 된다. 그 악순환에서 벗어날 길을 찾아야 한다. 비결은 생각을 바꾸는 것이다. 내 마음을 내가 조작造作해야 한다. 특정의 생각을 가지려고 반복적으로 노력하면 생각이 바뀔 수 있다.

돈에 대한 생각을 바꿔야 한다. 돈을 어떻게 보느냐에 따라 부자와 빈자로 향방이 달라진다. 남들의 생각이 아닌 자신의 생각으로 바꿔야 한다. 돈의 실체를 올바로 이해하고 정당하게 돈을 벌어, 그 돈으로 많은 사람들에게 혜택을 줄 수 있다면, 그것은 대단한 영광이요 축복이다.

조지 오웰1903~1950이 1936년에 발표한 소설 《엽란葉蘭의 비상飛翔 Keep the Aspidistra Flying》에서 주인공 '고든 콤스톡'은 결혼식에 인용하는 〈고린도서〉의 구절을 그 시대에 빗대어 인용하기를 즐겨했다. 그는 다음과 같이 '사랑'을 '돈'으로 바꾸었다.

"내가 어떠한 말을 하더라도, 돈이 없으면 나의 말은 요란한 꽹과리와 같습니다. 내가 하느님의 말씀을 전하고, 온갖 신비를 꿰뚫어 보고 모든 지식을 가졌더라도, 돈이 없으면 나는 아무것도 아닙니다. 믿음, 희망, 돈, 이 세 가지는 언제까지나 남아 있을 것입니다. 이 중에서 가장 위대한 것은 돈입니다."

84년이 지난 지금에도 그는 똑같은 말을 하고 싶을 것이다. 고든은 돈과 물질주의를 포기하기로 결심하고, 고통스럽고 비천한 삶을 살아온 뒤, 가난한 자는 결코 축복받을 수 없다는 것을 뼈저리게 체험하고, 응접실의 엽란이 상징하는 부르주아적 삶으로 돌아갈 수밖에 없었다.

옛사람들은 돈을 어떻게 보았나

◆

중국에서 돈의 최초 기록은 《관자管子, B.C.26》에 나온다. "돈은 입을 수는 없지만 따뜻하게 하고, 먹을 수는 없지만 배를 채울 수 있게 한다. 옛 임금들은 재물을 비축해서 세상을 평화롭게 했다."

1700년 전의 노포魯褒는 《전신론錢神論, 300》에서 다음과 같이 돈을 묘사했다. "돈은 정신적인 것이다. 돈은 인간의 마음을 지배한다. 돈은 계급이 없지만 존경받고, 지위가 없어도 환영받는다. 돈은 전쟁을 평화로, 죽음을 삶으로 바꾼다. 돈이 없어지면 사람은 비천해진다."

돈에는 인간관계를 변화시킬 힘이 있고, 사회의 기존질서를 뒤흔드는 파괴력이 있다는 것을 간파한 옛 중국의 많은 학자와 관리들은 돈에 관한 우려를 표명했다. 그들은 주화鑄貨의 사용을 반대했고 곡물과 옷감 등의 물물교환을 선호했다.

공우貢禹, B.C. 124~B.C. 44는 주화의 폐해를 다음과 같이 지적했다. "70년 전에 오수전五銖錢; B.C. 118년 한무제 때에 주조하여 A.D. 621년 당고조 때에 없앴다이 등장한 이래 많은 사람들이 불법 주조의 죄를 지었다. 부자들은 집안 가득히 주화를 쌓아놓고도 결코 만족할 줄 모른다. 가난한 사람들에게 땅을 주어도 머지않아 부자들에게 싸게 팔아버리고 마침내 도적이 된다. 돈에 대한 탐욕 때문에 악이 끊이지 않는다."

남태평양의 조그만 섬나라 통가섬 추장도 같은 취지로 돈의 폐단을 역설했다. "다른 용도로 쓸 수 없는 주화는 오래 두어도 썩지 않기 때문에, 사람들이 그것을 음식처럼 다른 사람들과 나누려 하지 않고, 혼자서 간직하며 인간성을 버린다." 돈의 저장성으로 인한 돈의 폐단을 간파한 옛 중국인들과 통가섬 추장의 혜안과 통찰이 뛰어나다.

연암燕巖 박지원朴趾源, 1737~1805의 《허생전許生傳》에서 허생은 과일과 말총의 매점매석으로 100만 냥을 만들어 변산邊山의 도적떼를 데리고 무인도로 들어간 뒤, 배를 모조리 불태우고 돈 50만 냥을 바다에 쏟아버린다. 공동체의 유무상통有無相通에 필요한 돈보다 많으면 빈부의 차이가 생기고 다툼이 생길 것을 염려한 조치였을 것이다.

유대인은 돈을 어떻게 볼까

◆

유대인 중에 부자가 많은 이유는 돈에 대한 확고한 신념과 철학이 있기 때문이다. 유대인은 돈을 멸시하거나 죄악의 대상으로 생각하지 않는다. 예수교는 돈이나 재물을 더러운 것으로 여기고 멀리한다. 예수교는 돈을 줄곧 악으로 가르쳤다. 예수교는 청빈淸貧을 미덕으로 삼고 돈, 섹스, 재물에 대한 유혹을 물리치라고 가르친다. 부나 쾌락이 정신을 흐리게 한다는 이유에서다.

유대인은 이런 견해를 자신감의 부족으로 여긴다. 유대인은 지나침을 경계하는 가르침토라으로 자신을 통제하여 부나 쾌락을 두려워하지 않는다. 자신을 다스려 부나 쾌락을 지배할 수 있다고 믿기 때문이다. 탈무드는 "해변에서 발을 단단히 딛고 있으면 파도에 쓸려가지 않는다. 발이 불안하면 파도에 쓸려간다."고 가르친다.

유대교에는 예수교나 유교, 불교처럼 청빈이라는 관념이 없다. 돈은 기회를 제공하고 인간은 돈으로 많은 것을 실현할 수 있다. 유대인은 예수교가 돈을 더러운 것으로 여기는 건 잘못이라고 생각한다. 돈은 더러운 것도 깨끗한 것도 아니다. 돈은 찬양이나 멸시의 대상이 아니다. 돈은 사용방법에 따라 좋은 것도 되고 나쁜 것도 된다.

세상에는 돈을 인간보다 귀하게 여기는 사람도 있고, 지나치게 천하게 여기는 사람도 있다. 이는 유대인에게 그릇된 생각이다. 돈은 더러운 것이니, 관심이 없노라고 경멸하는 유대인은 없다. 가난은 시詩에서는 아름답지만 생生에서는 추하다. 설교에서는 가난을 좋은 것으로 찬양하지만 생활에서는 싫은 것이다.

돈을 벌 수 있는 만큼 최대한 많이 번다는 것이 유대인들의 지론이다. 그리고 돈을 벌었으면 그것을 잘 써야 한다고 생각한다. 유대인은 어떤 사람을 평가할 때 '돈이 많다' 또는 '인간성이 좋다' 등이 아니라 '기부를 얼마나 하느냐'를 따진다. 유대교는 소득의 20%를 가난한 사람에게 베풀라고 가르친다.

탈무드에는 돈에 관한 가르침이 많다. 사람을 상처 입히는 것이 세 가지 있다. 빈천, 언쟁, 빈 지갑이 그것이다. 그중에서 가장 크게 상처 입히는 것은 텅 빈 지갑이다. 몸은 마음에 의존하고, 마음은 돈에 의존한다. 돈은 사람을 축복해주는 것이다. 성서는 빛을 비추어주고, 돈은 따뜻함을 베풀어준다. 금화소리가 울리면 욕하던 입도 다물어진다. 부귀는 요새이며 빈곤은 폐허다.

돈에 관한 유대인의 사고방식은 철저히 현실적이다. 탈무드에 일관되게 나타나는 것은 현실에 밀착한 합리정신과 현세철학이다. "이웃을 사랑하라!"는 예수교와 달리 탈무드는 먼저 "자신을 사랑하라!"고 가르친다. 자기를 사랑하는 사람만이 남도 제대로 사랑할 수 있다는 것이다. 인생에 대한 비관주의나 이상주의와 거리가 멀다. 가혹한 현실과 인생을 정면으로 응시하고 살아가는 태도이다.

왜 돈을 버는가

◆

돈이라는 먹구름이 끼어 있는 한 결코 행복할 수 없다. 돈은 행복한 삶을 받쳐줄 든든한 지원군이다. 돈으로부터 자유로워야 행복해질 수 있다. "돈은 모든 문제에 대한 해답입니다. 그러니 돈을 버십시오!"프로권투 프로모터 돈 킹1931~이 하버드 MBA 학생들 앞에서 한 말이다.

유럽에서 70년 동안 투자를 하여 큰돈을 번 헝가리 출신 코스톨라니1906~1999는 돈을 벌어야 하는 이유를 "꼴 보기 싫은 놈들 앞에서 마음대로 행동할 수 있기 때문이다. 돈만 있으면, 나를 좋아하지 않는 놈들 앞에서, 또 내가 싫어하는 놈들 앞에서, 마음놓고 괴테의 책을 읽을 수 있는 자유를 만끽할 수 있어서 좋다."고 표현했다.

한 기업가의 고백이다. 그는 고리대금으로 엄청난 돈을 벌었다. 그러나 이자를 뜯어먹고 사는 일이 떳떳하지 못해 항상 불편했다. 고리대금업을 청산하고, 청계천에 양복지 도매상을 냈다. 양복지가 잘 팔려 또 돈을 많이 벌었지만, 그것도 떳떳한 사업이 아니라는 생각이 들었다. 남이 만든 양복지를 파는 것은 거간꾼에 불과했다.

많은 사람들에게 일자리를 주고, 제품을 수출하여 달러를 벌어들여, 국가와 국민에게 도움이 되는 사업을 해야겠다는 생각이 들었다. 가진 돈을 모두 들여, 한국에서 제일 큰 오디오 회사를 만들었다. 수천 명에게 일자리를 주고, 제품도 잘 만들어 미국에도 수출하게 되었다. 그제서야 마음이 편해졌다. 처음에는 닥치는 대로 돈을 버는 데에 집중하지만, 부자가 되면 명분 있게 돈을 벌고 싶다는 생각이 든다.

고 이병철1910~1987 회장은 1960년대에 대한민국 최고의 부자가 되었다. 이때까지 그의 목표는 부의 축적이었다. "춥고 배고픈데 무슨 명분이냐?"는 요지의 말도 가끔 했다. 그런데 사업이 어느 정도 자리를 잡자, 이 회장은 국가와 사회를 거론하기 시작했다. '사업보국事業報國, 수출보국輸出報國'은 삼성의 기업정신이 되었다. 마침내 이 회장은 삼성과 국가를 동일시하고, "삼성의 사장은 삼성의 사장이 아니라 국가의 사장으로 생각하고 일하자!"고 역설했다.

이렇듯 구 재력가들은 새 사업을 펼치고 어디선가 강연할 때에 "국가와 민족을 위해!"라는 말을 빠뜨리지 않았다. 나라와 기업을 공동운명체로 생각했던 것이다. "기업가의 본령은 돈벌이가 아니다. 나는 장래성이 있는 사업을 기획하고 성취하는 데서 보람을 느낀다." 이병철 회장의 말이다.

그러나 신세대 벤처기업 사장들은 국가나 민족 등의 단어들을 입에 올리지 않는다. 이들이 내세우는 것은 재미다. "재미있어 일에 파묻혔다. 더 재미있고 싶어 창업했다. 직원들이 재미있게 다닐 수 있는 회사를 만들겠다 ….". 그들에게 돈 버는 일은 재미를 배가시키기 위한 행위일 뿐이다. 전하진1958~ 전 사장의 인생목표는 하루하루를 즐겁게 사는 것이다. "사람이 죽을 때 뭘 남기나요? 돈? 명예? 아무것도 아니죠. 그저 매일 매일을 즐겁게, 열정적으로 살았다는 기억 아닐까요. 저는 사업을 엔조이합니다. 그래서인지 힘든 고비도 고통이라기보다는 극복의 기쁨이 예정된 장애물 경주같이 느껴져요."

어떻게 돈을 벌 것인가

◆

돈에 대한 생각이 부정적이면 부정적인 결과를 얻고 긍정적이면 긍정적인 결과를 얻는다. 돈을 벌려면 돈에 대한 관념을 바꿔야 한다. "돈은 모든 악덕의 근원이다. 돈 가진 자들은 사악하고 부도덕하다. 행복을 돈으로 살 수 없다."는 생각에서 벗어나, "돈은 박애의 근원이다.

돈은 악독한 사람에게는 악惡의 근원일 수 있지만, 나는 세상에 선善을 베풀기 위해 돈을 사용하겠다."라는 사고의 전환이 필요하다.

돈은 좋은 것이고 중요한 것이다. 돈으로 좋은 것을 사고 좋은 일도 할 수 있다. 돈을 단순히 개인적 치부致富의 차원이 아닌 지역사회, 인류 공영을 위한 봉사의 수단으로 인식하고 선용해야 한다. "부를 구할 수 있다면 나 또한 마부 노릇을 해서라도 구할 것이다." 자주 인용되는 공자의 말이다.

부자들은 돈을 좋아한다고 말한다. 돈을 좋아해야 돈이 들어온다. 돈을 존중하고 돈에게 마음을 연 사람에게 돈은 다가온다. 부에 대한 열망이 없다면 부자가 될 수 없다. 부자가 되려면 부자를 목표로 삼아야 한다. 목표 설정은 강력한 원동력이 된다. 목표가 생기면 태도가 달라진다. 생각이 목표에 집중되고 의식을 지배한다. 인간은 목표에 집중하여 노력할 때 행복하고, 그 과정에 돈은 저절로 따라온다.

그리고 하는 일이 재미가 있어야 한다. 자기가 좋아하는 일, 잘하는 일에 열중하면 부자가 된다. 부자와 빈자의 가장 큰 차이는 일에 대한 태도이다. 부자들은 대부분 일 중독자이며 누구보다 즐겁게 일을 한다. 또한 부자들은 열정적인 학습자이다. 세계적 갑부들은 엄청난 책벌레들이다. 미국의 워런 버핏, 빌 게이츠, 제프 베조스, 대만의 왕영경, 홍콩의 이가성, 중국 하이얼의 장서민, 미래에셋의 박현주 등 모두 독서광들이다. 듣고 배우기는 부자가 되기 위한 기본 덕목이다.*

---

* 진시황(秦始皇, B.C. 259~B.C. 210)은 돌멩이로 책을 헤아려가며 읽고, 읽어야 할 책을 읽지 못하면 잠을 자지 않았다. 시저와 나폴레옹도 유명한 독서가였다. 링컨은 정규교육은 1년도 채 안되지만 지적 탐구심이 강해 도서관의 책을 모두 읽을 정도로 독서에 탐닉했다. 세종, 영조, 정조는 서연(書筵)·경연(經筵) 및 독서를 좋아했지만, 양녕대군과 연산군은 서연·경연·독서를 무척이나 싫어했었다.

돈을 버는 것은 학력이나 지능과 큰 관계가 없다. 돈은 가장 효율적인 사람에게 돌아간다. 열여섯의 나이에 끼니를 이을 돈이 없어 중학교를 중퇴하고 내몽골에서 행상으로 출발한 벽촌 출신 황광위黃光裕, 1969~는 가장 간단한 박리다매薄利多賣의 상술로 35살의 나이에 중국 최고부자가 되었다. 개인재산만 1조 원에 달하는 유명한 괴짜부자로 《부자되기How to get Rich, 2006》를 쓴 영국의 잡지왕 데니스1947 ~2014는 학교도 제대로 다니지 않은 무일푼의 히피청년이었다.

세이노라는 부자가 밝힌 돈 버는 비결이다. "돈을 번다는 것은 다른 사람들의 돈이 자발적으로 내 호주머니로 옮겨오는 것이다. 그러기 위해서는 고객을 섬기는 자세가 필요하다. 양반정신을 버리고 머슴정신을 가져야 한다. 돈을 벌지 못하는 이유는 머슴정신이 없기 때문이다." 허리를 굽히지 않으면 돈을 주울 수 없다. "부를 원하면 창피를 참아라!欲富乎 忍恥矣"는 말도 있다.

부는 창의력과 같은 재능과 함께 근면, 성실, 노력, 절약과 같은 윤리적 덕목과 밀접한 관계가 있다. 돈을 버는 것은 인격 실현의 한 과정이다. 눈앞의 이익에 급급해 도덕을 저버리는 것은 멸망으로 가는 길이다. 의롭지 못한 돈벌이는 도둑질과 같다. "재물을 만드는 데는 대도가 있다生財有大道." 《대학》의 글이다.

결코 다른 사람을 희생시켜서 부를 축적해서는 안 된다. 돈에 눈이 어두워 이익만 추구하고 양심을 저버리면 명예는 반드시 땅에 떨어진다. 명성을 해치는 것은 타인의 참소가 아니라 자신의 행동이다. 상인들이 기록해야 할 장부는 두 가지이다. 하나는 금전장부이고, 다른 하나는 도덕장부이다.

어떻게 돈을 쓸 것인가

◆

사람들은 돈 벌기는 어려워도 쓰기는 쉽다고 생각한다. 그러나 돈을 올바르게 쓰기가 훨씬 더 어렵다. 돈을 올바르게 쓰는 사람은 인생의 승리자가 된다. 돈을 제대로 쓰는 것은 버는 것 못지않게 중요하다. "사물의 진가眞價는 지닐 때보다 사용할 때에 발휘되는 법이다." 아리스토텔레스의 말이다.

소크라테스는 "부자가 돈을 어떻게 쓰는지 알기 전에는 그를 칭찬하거나 비난하면 안 된다."고 말했다. 부의 축적과정이 투명정당하고도덕성, 부가가치를 창출하여 사회에 일자리와 소득을 증대하며기여도, 부를 이웃과 사회에 나누는자선 사람을 진정한 부자라 할 수 있다.

대제국 페르시아를 건설한 키루스 2세B.C. 600~530의 말이다. "나도 재물에 대한 욕심에서 자유롭지 못하다네. 그것은 타고난 본능이라서 우리 모두는 늘 가난하네, 그러나 나는 남과 다른 점이 있다고 생각하네. 사람들은 재물을 모으기만 하네. 다 쓰지도 다 먹지도 못하면서 말일세. 나는 나의 넘치는 재물로 친구들에게 호의를 베푼다네. 나는 가장 많은 것을 소유한 사람을 가장 행복한 사람이라 생각하지 않네. 만약 그렇다면 도시의 성벽을 지키는 파수꾼이 가장 행복하겠지. 나는 정직한 방법으로 재물을 취득하고, 그것을 고상한 목적을 위해 많이 쓸 수 있는 사람이 가장 행복하다고 생각하네."

풍요에는 자유와 만족이라는 두 가지 요소가 있다. 자유는 돈이 있으면 가능하다. 그러나 아무리 돈이 많아도 만족하지 못하면 풍요롭다고 할 수 없다. 풍요를 큰 집에 자동차, 별장, 요트 등을 소유하는 것으로 생각할지 모른다. 그러나 그것들은 부의 상징일 뿐 풍요가 아니다. 현명한 부자는 부의 상징에 돈을 낭비하기보다 자신을 따르는 사람들에게 기회를 주고, 다른 사람을 행복하게 만드는 데 돈을 쓴다.

현명한 부자들에게 돈을 버는 것은 최종 목표가 될 수 없다. 그들에게는 성취감, 즉 돈을 벌어 얻는 기쁨이 더 중요하다. 돈을 많이 벌었기 때문이 아니라, 자신의 안목과 식견으로 돈을 벌었다는 사실이 기쁜 것이다. 승리의 기쁨이다. 자신의 능력, 소질, 지혜, 재능을 확신하는 즐거움이다. 자신의 재능으로 바르게 돈을 벌어 남에게 도움을 주면서 즐거움을 찾는 것이다.

기쁨은 돈을 벌어 의롭게 쓰는 것이다. 이것이 곧 부자가 되어도 돈의 노예가 되지 않는 것이다. 돈은 쓰기 위해 버는 것이다. 단지 쌓아두기만 한 돈은 언젠가 그 돈을 쌓아둔 사람을 짓눌러 버린다. 정도正道에 맞게 재물을 사용해야 한다. 미래에셋 사옥에는 "바르게 벌어서 바르게 쓸 때 돈은 아름다운 꽃이다."라는 현수막이 붙어 있다.

재산을 지키고 관리하기 위해서는 현명한 돈쓰기가 필요하다. 많은 사람들이 필요하지도 않은 것을 사기 위해서, 좋아하지도 않는 사람들에게 인상을 남기기 위해서 돈을 낭비한다. 진정한 부자는 무엇을 살 때 반드시 그것의 가치와 가격을 따진다. 가치가 있다고 판단되면 비싸도 사고 아무리 싸도 가치가 없다고 판단되면 사지 않는다. 현명한 부자들은 이렇게 말한다. "돈을 쓰고 싶으면 씁니다. 그러나 절대로 쓸데없는 것에 쓰지는 않습니다." 나는 이를 '가치소비'라 부른다.

돈 버는 건 기술이지만 돈 쓰는 건 예술이다

◆

돈으로 행복을 살 수 없다고 말하는 사람은 돈을 쓸 줄 모르는 사람이다. 부자는 가진 돈을 어떻게 쓰느냐에 따라 행복할 수도 있고 불행할 수도 있다. 치부에 성공하면 돈으로 덕행을 베풀어야 한다. 타인과 사회를 풍요롭게 하기 위해 돈을 써야 한다. 이는 가진 자의 사회적 책임이다. 재물이 모이면 사람이 흩어지고, 재물이 흩어지면 사람이 모인다. 베풀지 않으면 사람들이 모이지 않고 베풀면 모인다.

돈이 주는 진짜 즐거움은 돈을 바르게 쓸 때 나타난다. 돈을 바르게 쓰면 삶이 윤택해진다. 돈은 바르게 사용하면 좋은 것이 되고, 나쁘게 사용하면 나쁜 것이 된다. 타인과 사회를 위해 돈을 써야 한다. 돈을 얼마나 벌었는지는 잊히지만, 타인을 위해 무엇을 했는지는 오래 기억된다. 영원한 부자는 타인을 위해 돈을 쓰는 사람이다.

2018년 〈포브스〉가 집계한 부자순위에서 일본 내 17위인 2,930억엔2조 9,643억 원 재산가로 일본 최대 빠칭코회사 마루한의 한창우1931~ 회장은 찻값이 아까워 차도 마시지 않는 구두쇠이다. 한 회장은 해외 출장을 다닐 때도 비서 없이 혼자 다닌다. 공항-호텔을 오갈 때도 공항버스를 이용한다. 자신에게는 인색할 정도로 검약이 몸에 배어 있지만 기부할 때는 수백억 원을 후원금으로 내놓는다.

한 회장은 "돈을 버는 건 기술이지만 돈을 쓰는 건 예술이다. 좋은 예술이 영원히 남듯이 돈을 좋은 데 사용하면 그 돈의 가치는 계속 남게 된다."고 말한다. 한 회장은 부자가 된 비결에 대해 "뭐든지 남들보다 2배 더 한다는 생각으로 열심히 살았다. 하지만 돈이라는 게 열심히 한다고 들어오는 게 아니고 운도 따라야 한다. 지금에 와서 보니 그 운이라는 게 내가 베푼 만큼 돌아왔다. 결국 돈을 잘 쓸 줄 아는 사람이 돈을 잘 번다."고 말했다.

구국(救國)의 삼백금(三百金)

◆

역사를 읽다 보면 흥미로운 인물들이 많다. 그 중에 역관 홍순언洪順彦, 1530~1598의 일화가 압권이다. 가진 돈으로 한 여인을 도운 것이 왕조의 오랜 골칫거리를 해결하고, 위난危難에 처한 나라를 구하는 데에 결정적 계기가 되었다. 돈 쓰기의 백미白眉가 아닐 수 없다. 여기저기에 기록도 많고 KBS 〈한국사전韓國史傳〉에서도 소개한 인물로 그 스토리가 소설보다 훨씬 소설적인 사실事實이다.

홍순언은 역관으로는 드물게 광국공신光國功臣에 책훈策勳되고 당릉군唐陵君으로 봉해진 인물이다, 서얼 출신임에도 군君으로 책봉된 것은 왕조의 골치거리 종계변무宗系辨誣를 해결했기 때문이다. 종계변무란 명나라의 《대명회전大明會典》에 태조 이성계의 세계世系가 잘못 기록된 것을 말한다. 《대명회전》의 조선국 주註에 이성계가 고려의 권신權臣 이인임李仁任; ?~1388의 아들이라고 기록되어 있고, 이성계가 네 왕王씨 임금[우왕, 창왕, 공양왕, 석奭; 공양왕의 세자]을 시해하고 나라를 차지했다고 기록되어 있었다.

조선 왕가에서는 이를 시정하기 위해 여러 차례 사신을 보냈으나 매번 실패하다가 홍순언의 힘으로 해결되었던 것이다. 또한 홍순언은 임진왜란1592~1598 때 명나라가 조선에 군사를 파견하는 데에도 결정적 역할을 하여 나라를 구하는 데 큰 힘이 되었다. 홍순언이 역관의 신분으로 대신들도 하지 못한 일을 할 수 있었던 것은 명나라 대신 석성石星, 1538~1599과의 인연 덕분이다.

홍순언이 석성을 알게 된 계기가 드라마틱하다. 홍순언은 의기義氣가 넘치는 대장부였다. 연경燕京에 갔을 때 통주通州 청루靑樓에서 자태가 아리따운 여인을 보고 하룻밤 인연을 맺고자 했다. 소복차림인 이 여인을 보고 연유를 묻자 여자가 말했다.

"제 고향은 남쪽 절강浙江입니다. 연경에서 벼슬하던 부모님이 염병=장티푸스에 걸려 돌아가셨는데, 부모님의 영구를 고향으로 운구運柩할 돈이 없어 부득이 제 몸을 팔러 나온 것입니다."

여인은 말을 마치고 목메어 울었다. 순언이 불쌍히 여겨 장사지낼

비용을 물으니, 300금이면 된다고 하였다. 접대용 공금公金 300금이 든 전대錢帶를 털어주고 끝내 여인을 가까이하지 않았다. 여인이 순언의 성명을 물었지만 대답하지 않자 여인이 말했다. "대인大人께서 성명을 말씀해주지 않는다면 첩 또한 이 돈을 받을 수 없습니다."

하는 수 없이 성姓만 알려주고 나왔다. 훗날 여인은 예부시랑禮部侍郎 석성의 계실繼室이 되었고, 석성은 순언의 의로움을 높이 사 조선사신 [東使]을 볼 적마다 홍통관洪通官이 왔는지 꼭 물었다.

홍순언은 귀국한 뒤 횡령죄로 감옥에 갇혔다. 그동안 조선은 종계 변무 때문에 10여 명의 사신을 보냈으나 아무도 고치지 못했다. 선조가 노하여 교지를 내렸다. "이것은 역관의 죄로다. 이번에도 정정訂正을 하지 못하면 기필코 수석 역관의 목을 베리라." 그러자 가겠다는 역관이 없었다. 이에 역관들이 모여 "홍순언은 살아서 옥문 밖으로 나올 가망이 없으니, 우리가 빚진 돈을 갚아주고 그를 보내는 게 어떻겠소? 성공하면 살아날 것이고, 죽는다 하더라도 한恨은 없을 것이오." 그 뜻을 알리니 순언이 당장에 허락하였다.

선조 갑신년1584에 순언이 황정욱黃廷彧을 수행하여 북경에 이르렀는데, 석성과 부인劉氏이 조양문 밖에서 순언을 맞아 크게 연회를 베풀고 물었다. "동사東使는 이번에 무슨 일로 왔습니까?"

순언이 사실대로 고하자, 석성이 대답했다. "염려하지 마시오!"

객관에 머무른 한 달 남짓에 요청한 일들이 순조롭게 해결되었으니, 《대명회전》의 기록을 정정한 것은 석성의 공이 컸다. 순언은 돌아온 뒤에 광국이등훈光國二等勳에 책훈되고 당릉군에 봉해졌다.

《통문관지》는 임진왜란 때 명이 파병한 것 또한 석성의 공이라고 적었다. "명의 조정은 형세를 지켜보자는 의견이 많았는데, 병부상서 석공石公이 홀로 군대를 파병할 것을 끊임없이 요청했으니, 우리가 살육 당하는 화를 면하고 나라를 회복할 수 있었던 것은 다 석공의 힘이다."

이익李瀷은 《성호사설》에서 "명이 파병한 것은 모두 석성 한 사람의 공이며, 이는 홍순언이 한 여인에게 은혜를 베푼 데서 시작되었다. 우리는 그에게 큰 은덕을 입었건만, 나중에 심유경沈惟敬과 함께 죽음을 당한 것은 우리를 도와준 일로 죄책을 당했기 때문"이라고 썼다.

석성은 죽음에 앞서 유씨 부인과 두 아들에게 조선으로 가라고 유언하였다. 그들이 오자 선조가 해주에 정착하게 하여 해주 석石씨가 되었는데, 병자호란 때 지리산으로 이주하여 현재 함양군에 후손14대손 석덕원들이 살고 있다.

구두쇠 이덕유 천금(千金)을 쓰다

◆

이덕유李德裕는 중인中人으로 조선 제1의 갑부인데 민영휘閔泳徽, 1852~1935보다 앞선다. 젊었을 때1860년에 역관으로 북경에 가다가 요동에서 수레에 '천금사죄인千金赦罪人'이라 쓰인 죄수를 보았다. 죄수는 공금 1,000냥을 횡령했다는 누명을 쓰고 죽게 된 것이다. 1,000냥만 있으면 죽음을 면할 수 있다는 말에 덕유가 싣고 가던 인삼 보따리를 풀어 그 돈을 내주었다. 구두쇠 이덕유가 천금을 쓴 것이다. 십수 년 뒤에 다시 중국에 가는데 한 사람이 휘장을 쳐 잔칫상을 차려놓고 이덕유 오기를 기다리고 있었다.

"범인이 잡혀 천 냥을 되돌려 받아 공의 돈을 갚으려 했지만, 공이

오지 않아서 그 돈을 불려 큰 농장을 만들었습니다. 이제 해마다 들어오는 소작료만 해도 보리와 기장이 만석萬石=2,700톤, 1石=270리터이나 됩니다. 이것이 그 목록입니다." 품속에서 장부를 꺼내어 바쳤다.

중국인은 예부터 대를 이어 은혜와 원한을 갚는 전통이 있다. 이리하여 덕유는 중국에 농장을 갖게 되었다. 덕유의 창고에는 마제은馬蹄銀; 청의 은화이 가득하여 임금[高宗]이 중국에서 돈을 쓸 일이 생기면 덕유의 어음을 받아 보냈다. 청나라 장사꾼들은 우리 임금의 어음보다 덕유의 어음을 더 믿었기 때문이다.

덕유는 지극히 검소하여 가마나 말을 타지 않고 작은 나귀를 타거나 걸어 다녔다. 무명옷을 입었고 한 끼의 반찬값을 1냥으로 한정하였다. 덕유는 음죽 현감에 임명되었지만 몇 달 뒤에 사퇴하고 돌아왔다. 벼슬하여 출세하기를 바라지 않았으며, 오직 재산 모으는 것만을 즐거움으로 삼았다. 임금은 돈이 궁할 때마다 덕유를 불러 자비문差備門에서 만났다. 민영환1861~1905은 문을 닫아걸고 찾아오는 손님을 거절했지만, 이음죽李陰竹이 왔다고 하면 들어오게 하였다.《매천야록》

빈손으로 왔다가 빈손으로 간다

◆

1850년대의 프랑스는 하루 3프랑이면 처자를 부양할 수 있는 시대였다. 당시 파리로 입성한 대문호 뒤마1802~1870의 연 수입이 50만프랑이었으니 가히 왕후 못지않은 호화생활을 누릴 수 있었다. 그러나 만년에 그가 가진 것은 금화 한 닢과 몇 푼의 잔돈뿐이었다. 그런 그를 사람들은 손가락질했지만 그는 말했다. "지금 내가 가진 돈은 50년 전

내가 파리로 올 때 가지고 있던 돈과 같은 액수다. 50년 동안 실컷 썼는데도 한 푼도 줄지 않았다. 누가 날더러 낭비가 심하다 할 것인가!"

영국의 록가수 엘튼 존1947~은 '경Sir'의 작위를 가진 사람이다. 30년 동안 2억 장 이상의 레코드 판매량을 기록한 그의 재산은 1억 6,000만 파운드2,560억 원에 달했다. 스튜디오 엔지니어 출신의 미녀와 1984년 결혼했다가 3년 후 이혼하고 위자료로 1,000만 파운드160억 원을 지불하기도 했다.

1993년 미국 시애틀 타임스가 그의 돈 씀씀이를 다음과 같이 보도했었다. 각종 자선단체에 기부금을 많이 내는 큰손으로 유명한 그는 20개월에 4,500만 파운드720억 원를 썼고, 월 소비액이 200만 파운드32억 원, 월 평균 꽃값만 30만 파운드5억 원였다. 꽃값으로 그렇게 많은 돈을 쓸 수 있느냐고 묻자, "그럼요, 나는 꽃을 좋아해요, 나는 돈을 남겨줄 사람이 없어요. 나는 혼자거든요. 나는 돈 쓰는 것을 좋아해요."였다.

삶에는 정답이 없다. 절대선도 절대악도 없다. 낭비가는 낭비의 삶을 살고 검약가는 검약의 삶을 산다. 타고난 천품天稟대로 살아가는 것이다. 낭비가는 낭비를 못하면 고통스럽다. 빚을 지며 분수에 맞지 않는 낭비가 문제이지 스스로 돈을 벌어 쓰는 사람을 나무랄 일이 아니다. 자선을 하든 물건을 사든 그 돈이 사회를 돌며 여러 사람을 먹여 살린다.

초등학교 때부터 저축은 미덕이요 소비는 악덕으로 배워온 우리 세대는 낭비를 악덕으로 혐오했다. 그러나 뒤마와 엘튼 존, 그리고 "소비가 필요합니다, 부자들이여 돈을 쓰시오!"라는 한국은행의 돈 쓰기 캠페인을 보고, 낭비와 저축에 대한 인식을 달리해야 할 때임을 깨달았다. 하나만을 고집하는 편벽성은 언제나 문제이다. 세상을 외곬로만 보아서는 안 된다. 동서고금을 회통會通하는 미덕은 역시 중용이다.

돈 버는 비결

◆

경영학도로서 오랜 동안 돈을 탐구해온 저자가 독자에게 제시하는 돈 버는 비결이다. 각자 형편에 맞게 적용하여 소원을 이뤄보기 바란다.

① 품질 대비 가격가성비(價性比): 무엇이든 품질에 비해 가격이 싸야 한다.

② 차별화: 차별화는 약간의 변화인데 그 효과는 엄청나다.

③ 정성디테일: 작은 차이에서 성공과 실패가 나뉜다.

④ 직원 우대: 직원을 최우선으로 대우해야 한다.

⑤ 끈기: 실패에 좌절하지 않고 포기하지 않는다.

(1) 품질 대비 가격: 가성비(價性比)

미국 역사상 가장 위대한 기업가로 추앙받는 헨리 포드1863~1947의 경영이념은 '낮은 비용, 대량생산, 싼 가격, 높은 임금'이었다. 포드는 1908년 825달러였던 모델 티Model T를 1925년에는 260달러까지 낮춰, 1927년까지 총 1,650만 대를 팔았다. 당시의 근로기준은 1일 9~10시간 노동, 산업평균 일당은 1.80~2.50 달러였는데, 포드는 8시간 노동에 일당 5달러의 기본임금을 지불했다. 포드의 모토는 '가격은 낮게, 임금은 높게'였다.

1962년 44세의 샘 월튼1918~1992은 아칸소 주 로저스에서 월마트를 창업했다. 23년 뒤인 1985년 그는 미국의 최고부자가 되었고, 월마트

◆ 포드자동차에서 1908~1927년에 1,650만 대를 판매한 미국의 국민차 '모델 티(Model T)'. 컨 베이어 벨트 생산라인, 단일 모델, 단일 색상, 규격화 방식을 통해 대량생산의 혁명을 불러왔다.

는 2002년 창업 40년 만에 세계 최대기업이 되었다. 그는 '싸게 사고 높이 쌓아 비용을 줄여 싸게 파는' 아주 단순한 전략으로 대성공을 이뤘다. 가격이 1달러일 때, 1.20달러일 때보다 3배가 팔린다는 사실을 간파한 그는, 어떻게 하면 물건의 가격을 싸게 매길 수 있을까에 초점을 맞추었다. 언제나 가격 대비 품질이 우수한 물건을 팔기 위해 진력했다. 저가임에도 비용을 줄여 항상 30%의 최저이윤은 포함되어 있었다.

야나이 다다시柳井正, 1949~ 유니클로UNIQLO 회장은 1984년 히로시마 후미진 곳에 1호점을 연 지 24년 만인 2008년 일본의 최고부자가 되었다. 인간은 비교하며 구매한다. 비교의 근거를 '앵커'라 한다. 그는 가볍고 얇고 보온성이 좋은 방한복인 플리스를 기존 시장가격 5,000~1만 엔에서 영화 1편 관람가인 1,900엔으로 낮춰서 2,600만 장을 팔았다. 5,000~1만 엔이 앵커가격이 되어 1,900엔은 공짜 또는 거저먹기라 생각하며 2~3벌을 산다. 스페인의 자라ZARA, 스웨덴의 H&M, 미국의 갭GAP 등 패스트 패션 성공기업들은 모두 가격 대비 품질이 우수한 상품으로 대성공을 이루었다.

쇼가키 야스히코正垣泰彦, 1946~는 1973년 이탈리안 레스토랑 '사이제리야'를 오픈하고 시세보다 70% 싼 가격으로 일본 최고의 외식업체로 만들었다. 스파게티 한 그릇 가격을 150~200엔1,500~2,000원으로 내리자 하루 20명도 찾지 않던 식당에 600명이 몰려들었다. 일본 내 점포가 1,000개가 넘고 정규직만 2,000명이 넘는다. 중국, 대만, 홍콩, 말레이시아 등에 점포를 확장하고 있다. 그는 음식점으로 성공하려면 "이 가격이라면 이 정도의 가치가 필요하다."는 평가를 받아야 한다고 말한다. 즉, 가성비價性比, 가격 대비 성능를 높이는 것이다. 돈 버는 비결은 고객이 원하는 상품과 서비스를 제공하는 것뿐이다. 시장경제체제는 고객들에게 이익을 줘야 나도 승리할 수 있는 원원 게임이다.

(2) 차별화

차별화는 거창한 것이 아니고 약간만 생각을 바꾸면 된다. 수직적垂直的 사고에서 수평적水平的 사고로 전환하는 것이다. 앞만 보지 말고 전후좌우를 돌아보며 궁리를 하라는 것이다. 연구개발R&D은 대기업만의 전유물이 아니다.

입에서 불을 뿜고 죽마竹馬를 타던 곡마단의 청년, 기 라리베르테1959~가 13.7억 달러2018년의 갑부가 되었다. 그는 세계 포커대회 4위의 도박사이며 1,000억 원을 기부한 자선가이다. 2009년 376억 원3,500만 달러을 내고 우주여행을 다녀왔다. 서커스는 1980년대 캐나다에서도 사양사업으로 돈벌이가 안 된 지 오래였고 사람들로부터 외면당했다.

그는 1984년 25살 때 고향 몬트리올에 단원 10여 명의 단출한 유랑

◆ '태양의 서커스'는 창업 20년 만에 연 매출 10억 달러를 달성한 제조업에서도 찾기 어려운 성 공 사례로 MBA에서도 연구대상이다. 2020년 3월 현재 50개국 출신 4,900명의 직원에, 1984년 이후 300여 개 도시에서 공연하고 누적 관람객이 총 1억 명 이상이다.

극단 '태양의 서커스Circus of the Sun'를 조직했다. 그는 서커스의 핵심요 소를 텐트, 광대, 곡예로 보고 이 셋만 남기고 나머지는 없앴다. 연극이 나 뮤지컬처럼 스토리를 도입하고 춤, 체조, 음악, 의상, 무대 디자인을 녹여 서커스를 재창조했다. 연극, 마임, 발레, 뮤지컬, 오페라 등 다른 공연 장르의 장점을 끌어들인 혁신이었다. 어른 관객이 들기 시작하 면서 서커스가 고급스러운 종합예술로 거듭난 것이다.

　서울 명동의 중국음식점 사장이 된 안암동 중국집의 철가방 출신 번개 조태훈趙太焄, 1969~의 배달 시절의 회고담이다. 당시 많은 사무실 에서 중국 음식점에 배달주문 전화를 거는 사람은 대부분 여직원이었 다. 어느 음식점에 주문할 것인가는 순전히 여직원 마음이다. 다른 음 식점에서 병따개, 성냥 같은 판촉물을 돌리거나 군만두 서비스를 제 공할 때, 그는 판탈롱 스타킹을 여직원에게 슬그머니 건네주었다.

　대만 제일의 부자 왕영경王永庆, 1917~2008 포모사 회장은 쌀가게를 운 영하면서, 다른 가게와 달리 쌀에 섞인 돌을 골라내어 판매하고 쌀을 집까지 배달해주는 등의 차별화로 대만 최고의 부자가 되었다.

(3) 정성·디테일

작은 것에도 정성을 다해야 한다. 제품이나 서비스의 1%가 개선되면 시장점유율은 몇 배의 차이로 나타난다. 상품을 비교할 때 1%의 차이가 부각되기 때문이다. 소비자들은 1% 우세를 근거로 상품을 선택한다. 결국 1%가 100%를 좌우하게 된다. 아주 작은 결함과 부주의로 엄청난 피해가 야기될 수 있다100-1=99? 100-1=0. 입사시험에서 최고의 성적을 거두고 합격을 믿고 있었지만 결과는 낙방이었다. 이유는 구겨진 이력서 때문이었다. 이력서도 잘못 관리하는 사람에게 일을 맡길 수는 없다는 것이다.

사소한 차이가 뜻밖의 행운을 만든다100+1=101? 100+1=1,000. 유리 가가린1934~1968은 1961년 4월 12일에 구 소련이 발사한 최초의 유인우주선 보스토크 1호의 우주비행사이다. 발사 일주일 전 역사에 기록되길 원했던 20명의 후보자들에게 보스토크 호에 타볼 기회가 주어졌는데, 가가린은 조용히 신발을 벗고 우주선에 올랐다. 선발 책임자는 "양말만 신은 가가린의 모습을 보고, 그가 얼마나 우주선을 소중하게 여기는지 알 수 있었고 믿음이 갔다."고 회고했다.

소나기를 만난 노부인이 비를 피하기 위해 백화점에 들어섰다. 누구도 관심을 보이지 않았는데, 한 젊은이가 의자를 가져와 "비가 그칠 때까지 앉아 계세요!"라고 했다. 백화점을 나서는 노부인의 손에 명함한 장이 쥐어졌고, 며칠 뒤 "귀 백화점과 구매계약을 체결하고 싶습니다. 단 페리 씨가 모든 계약을 담당해야 합니다."라는 조건으로, 백화점 전체의 2년 매출액에 해당하는 주문서가 왔다. 노부인은 억만장자 강철왕 앤드루 카네기1835~1919의 어머니였다. 22세의 말단 직원 페리

는 그 백화점의 파트너가 되었다.[*]

(4) 직원 우대

고객을 최우선으로 내세우는 대부분의 경영자들과 달리 직원을 고
객과 주주보다 더 중시하는 경영자들이 있다. 스타벅스의 하워드 슐
츠1953~ 회장은 "우리 회사의 최우선 순위는 직원들이다. 그 다음이 고
객"이라는 경영 신조를 가지고 있었다. 회사가 직원들을 잘 돌보면 직
원들이 고객들을 잘 모시게 된다. 직원을 소중히 여기지 않는 기업은
곧 무너진다. 직원이 행복하면 고객도 행복해진다. 직원이 고객을 잘
대하면 고객은 다시 올 것이고 사업은 번창하게 된다.

파리바게뜨 분당 정자점은 직원들을 주인처럼 대우한다. 신입직원
에게 직원 근무복이 아닌 점주店主 근무복을 입혔다. 점주 근무복을 입
은 직원들이 주인의식을 갖고 일하여, 미스터리 쇼퍼 평가에서 100점
만점을 수차례 받는 등 고객들에게 사랑받는 1등 점포가 되었다.

1990년 단돈 300달러로 시작하여 22년이 지난 2012년 현재 연
3,000만 켤레의 신발을 팔아 연매출 2억 5,000만 달러로 인도네시아
제1의 신발왕이며, 인도네시아에서 가장 존경받는 CEO가 된 KMK
글로벌 스포츠 그룹 송창근1957~ 회장은 종업원을 가장 중요한 자산
으로 여긴다. 송 회장은 종업원들이 오래오래 근무하고 많이 가져가
고, 더 기쁘게 하기 위해 항상 심혈을 기울였고, 그에 보답하는 종업원

---

[*] 한진그룹 창업자 조중훈(1920~2002) 회장이 경인가도에서 차가 고장이 나 쩔쩔매는 미8군 사령관 부인의 차를 손봐
주고, 그 인연으로 미8군 쓰레기 처리 등 각종 용역을 맡았다. 나아가 월남전의 미군 군수물자 하역 등으로 이어져 큰돈을
벌어 대한항공을 인수하는 등 재벌그룹으로 성장한 계기가 되었다.

들의 성심誠心이 어울려 인도네시아 제1의 신발왕이 된 것이다.

건축물 구조설계 소프트웨어 기업 마이다스아이티는 2000년 설립 이후 연 30%의 성장률로 창업 7년 만에 시장점유율 세계 1위에 올랐고, 대한민국 정부로부터 국내 300만 개 중소/중견기업의 1등으로 인정받은 월드클래스 기업으로, 신입사원 공채경쟁률이 1,000대 1에 달한다. 이형우1960~ 대표는 "회사의 핵심가치를 임직원의 행복에 두고 직원들을 수단이 아닌 목적으로 대한 것이 성공의 비결"이라고 말한다.

(5) 끈기

세상만사가 예상대로 되는 경우는 거의 없다. 남의 주머니에 있는 돈을 내 주머니로 옮겨와야 하는 장사나 사업은 결코 쉬운 일이 아니다. 대부분 수많은 실패와 시행착오를 거친 뒤에야 성공에 이른다. "성공은 계속된 실패를 통해 얻어진 결과에 지나지 않는다. 성공은 내 노력의 1%만 보여줄 뿐이고 99%의 실패에서 나왔다." 혼다자동차의 혼다 소이치로本田宗一郎, 1906~1991의 경험담이다. 실패하라! 그게 성공에 이르는 길이다. 실패한 사람은 도전을 포기한 사람이다. 실패나 패배는 부끄러운 것이 아니다. 포기가 부끄러운 것이다.

개인재산 1조 6,486억 원2018년 기준의 부자 23위 장평순1951~ 교원그룹 회장은 배추장사를 하다가, 30대 초 학습지 업체에 입사하여 4개월 만에 '판매왕'에 오른 후 항상 최고였던 전설적인 영업의 거두다. "신입사원 시절 99번을 찾아가도 거절하던 사람이 100번째 가니까 사주더라고요. 99번 찾아가서 포기했다면 99번은 모두 버리는 거죠. 물이

섭씨 99도에서 100도를 넘어서야 끓지요. 목표를 세우고 끈기 있게 끝까지 포기하지 않는 것이 성공의 비결입니다."

119전順 120기起 끝에 스타 배우로 우뚝 선 장혁1976~은 "오디션에서 정말 많이 떨어졌어요. 제 성격이 긍정적인데 12번, 13번 떨어지니까 못 버티겠더라고요. '내 길이 아닌가? 나름대로 열심히 준비했고 이 정도면 되지 않겠나?'라는 생각을 했어요. 그런데 어느 날 깨달은 거죠. 아! '나름대로'와 '이 정도면'을 빼야 하는 거구나! 내가 생각하는 것과 다른 사람들이 원하는 것의 차이를 메우기 시작했고, 남이 원하는 것을 공부하기 시작했죠.." 그는 오디션에서 119번이나 떨어졌고 120번째에 붙었다.

"나는 항상 청년의 실패를 흥미롭게 지켜본다. 그는 실패를 어떻게 생각했는가? 그리고 어떻게 대처했는가? 낙담했는가? 물러섰는가? 아니면 더욱 용기를 북돋아 전진했는가? 이것으로 그의 생애는 결정되는 것이다." 이병철1910~1987 회장이 젊어서 실패할 때마다 되새겼던 프로이센의 명장 몰트케1848~1916 원수의 어록이다.

"성공을 막는 가장 무서운 병은 쉽게 절망하는 버릇이다." 키에르케고르1813~1855의 말이다. 마쓰시타 고노스케 역시 이렇게 말했다. "사업에서 실패하지 않는 유일한 방법은 성공할 때까지 포기하지 않는 것이다." "좌절을 경험한 사람은 자신만의 역사를 갖게 된다. 그리고 인생을 통찰할 수 있는 지혜를 얻는다. 강을 거슬러 헤엄치는 사람만이 물결의 세기를 알 수 있다." 쇼펜하우어1788~1860의 말이다.

3장

천(千)의 얼굴, 돈

◆

The Philosophy of money

돈 없이는 살아갈 수 없는 세상이다. 태어나서 죽을 때까지 돈을 외면하고 살아갈 수 없다. 인간은 돈의 올가미를 벗어날 수 없게 되어 있다. 끊임없이 인간을 괴롭혀 온 돈, 그래서 돈은 모든 악의 뿌리라고 말한다. "아! 돈, 돈, 이 돈 때문에 얼마나 많은 슬픈 일이 일어나고 있는가?" 톨스토이1828~1910의 한탄이다.

돈으로 인한 슬픔, 분노, 절망이 먹구름처럼 인간 세상을 어둡게 하고 있다. 세상사 모두 돈으로 귀결되어 돈에 얽힌 사연은 끝이 없다. 돈에는 무슨 단어를 갖다 붙여도 말이 된다. 돈과 예술, 돈과 문학, 돈과 사랑, 돈과 결혼, 돈과 여성, 돈과 섹스, 돈과 CEO, 돈과 범죄 등 돈에 얽힌 갖가지 주제를 조감해 보는 장章이다.

돈과 예술

♦

우리는 예술을 고상하게 여긴다. 그래서 돈에 얽매인 예술가는 경멸을 받는다. 그러나 예술도 돈으로부터 자유롭지 않다. 돈과 예술은 떨어져서 못 산다. 예술은 어느 시대나 돈을 매개로 거래되었다. 돈은 예술가들을 타락시킬 수 있고, 그들의 창의력을 자극_{고무}할 수도 있다. 순수 예술작품 중에는 금전적 동기에서 생겨난 것들이 많다. 르네상스 시대의 뛰어난 그림들 대부분은 부유한 후원자들이 제공한 돈으로 그려진 것들이다.

문인이나 예술가들에게 돈은 작품의 수준을 재는 바로미터이다. 우리의 주위에는 부자가 된 화가, 소설가, 음악가들이 있다. 이미 부자임에도 그들은 작품에 대해 최고의 값을 받으려고 한다. 그들은 자신이 얼마나 성공했는지 보여주기 위해 돈을 원한다. 돈은 곧 자신의 가치를 의미하기 때문이다. 삶의 게임에서 승자로 인정받으려는 것이다.

극작가 하워드 새클러Howard Sackler, 1929~1982는 셰익스피어에 대한 권위자로 희곡 〈햄릿〉이 돈 때문에 쓰여졌다고 주장한다. "〈햄릿〉의 창작 동기는 이 연극이 수지맞는 사업이 될 것이라는 일단의 사업가들의 전망이었으며, 셰익스피어가 사업에 합류한 것은 당시 그에게 돈이 필요했기 때문이다."

피카소1881~1973는 '예술은 돈'이라고 공언했다. 피카소는 잇속에 밝았다. 그의 소책자에 있는 글이다. "예술은 비즈니스이다. 예술은 무한한 돈의 흐름이다. 그걸 아는 건 내가 부자이기 때문이다. 돈으로서의 예술은 결코 가치가 떨어지지 않는다." 그리고 그는 다음과 같이 비꼬

◆ 1937년 히틀러가 바스크의 작은 도시 게르니카를 폭격했다는 소식을 들은 피카소는 "회화(繪畵)는 거실을 장식하기 위한 것이 아니라, 적과 대항하는 공격적이고 방어적인 전쟁의 도구"라며 파시즘에 맞선 분노의 외침과 항의로써 게르니카를 그려 '예술의 힘(power)'을 부각시켰다.

왔다. "누구나 미술을 이해하려 노력한다. 그러나 왜 참새의 노래는 이해하려 하지 않는가?"

루벤스1577~1640는 돈을 많이 벌었다. 루벤스의 호화저택은 현재 암스테르담 관광명소의 하나이다. 그는 재능을 돈으로 바꾸는 요령이 있었다. 휘하에 작업팀을 두고 그림 공장을 운영하면서 낙관落款만 찍었다. 그는 말했다. "그들은 내게 금金으로 된 족쇄를 채웠다." 그가 돈으로부터 자유롭지 못했음을 고백한 것이다.

루벤스처럼 그림 공장을 운영하면서 엄청난 부와 명성을 누렸던 상업미술의 아이콘 '팝 아티스트'pop artist 앤디 워홀1928~1987은 이렇게 말했다. "나는 사람들이 왜 예술을 고상하게 치장하는지 모르겠다. 예술도 하나의 직업일 뿐이다. 따라서 사업을 잘하는 것이 가장 환상적인 예술이다." 그는 예술가도 웨이터, 간호사, 트럭운전사 등과 같은 먹고살기 위한 직업의 하나로 보았다.

돈과 화가

◆

306년 엘비라 공의회公議會는 화가들에게 참혹한 결과를 가져왔다. 신을 그릴 수 없고 신의 아들인 예수를 그릴 수 없다는 교리를 앞세워 공의회에서 모든 교회 건물에 그림을 금지시켰다. 일거리를 잃은 화가들은 주교와 사제들이 호화로운 관복을 입고, 옷으로 돈이 몰리자 의상 디자이너가 되어 생계를 꾸렸다.

그런데 알렉산드리아의 사제 아리우스250~336가 "예수가 신이라는데, 사람이 신이 될 수 있는가?"라는 의문을 제기했다. 이것이 화가들에게는 은총이 되었다. 아리우스파의 의문에 대해 교회는 "예수가 성부, 성자, 성령의 거룩한 삼위일체"라고 선언하였다. 그러나 일반인들이 그 개념을 이해하지 못해, 예수는 사람이면서 신이라는 것을 보여줄 필요가 있어, 성화聖畫가 탄생하였고 화가들의 밥벌이가 되었다.

그러나 르네상스 초기의 화가들은 풍족하지 못했다. 미켈란젤로1475~1564는 "돈은 내가 이루어낸 업적의 동인動因"이라고 회고했다.* 그러나 그는 독신으로 살면서 평생 가족의 뒷바라지로 힘든 삶을 살았다. 아버지와 형제들은 빌붙어 사는 무능력자들로 미켈란젤로에게 끊임없이 돈을 요구했다. 레오나르도 다빈치1452~1519는 지나치게 돈을 밝혔다. 천재적 두뇌를 돈을 모으는 데 이용하였다. 그는 적의 함선을 침몰시키는 방법을 고안한 뒤, 최후까지 흥정을 벌여 전리품의 절

---

* 지금의 교황청 보물 피에타像像 제작비로 미켈란젤로는 150두카토(ducat=2,400만 원, 2018년 현재 금가격으로 환산)를 받았다. 당시 집세를 뺀 1년 도시생활비가 20~25두카토였다(1두카토=순금 3.5g으로 베네치아의 통화).

반을 챙길 만큼 모질었다.메넨

    19세기 후반의 인상파 화가 모네1840~1926는 지독한 가난에 시달렸다. 그의 가난은 전설적이다. 돈을 빌리기 위해 친구들에게 보낸 구구절절한 편지들은 그의 가난이 얼마나 절박했는지 웅변해준다. 그러나 마네, 모네, 고갱, 르누아르, 세잔, 드가, 피사로 등의 인상파 화가들이 기성 화단에 도전장을 던진 악전고투의 30년 전쟁이 끝나고 모네 등 인상파 화가들도 돈방석에 앉기 시작했다.마이덴바우어

    ◆ **미술시장의 머니게임**

어느 사회든 미술품 컬렉션은 부와 성공의 상징이다. 고가의 미술품은 명품 소비보다 한 단계 상승한 부유층의 전유물이다. 돈 가진 자들은 자신을 영광스럽게 하는 데 예술을 이용한다. 겉으로는 문화인의 냄새를 풍기고 내심으로는 돈을 의식한다. 미술품을 구입하는 것을 고결한 문화행위라고 말하지만 돈을 벌기 위해 미술품을 사고파는 사람이 많다.

미술은 돈을 좇는다. 피카소 같은 거장들의 작품은 수천억 원에 거래된다. 2015년 뉴욕 크리스티에서 피카소의 '알제의 여인들'이 1억 7,937만 달러2,152억 원에 팔렸다. 1997년 크리스티에서 3,190만 달러382억 원에 거래된 이 그림은 18년 만에 5.6배가 뛰었다. 2015년 11월 아메데오 모딜리아니의 '누워 있는 누드'는 1억 7,040만 달러2,044억 원에 팔렸다. 이러한 엄청난 가격은 시장원리에 의해 결정된 것이다. 시장가치는 예술적 가치와 일치하지 않는다. 작품가격은 브랜드 가치이다. 피카소와 모딜리아니라는 브랜드이다.

미술시장의 추동력은 탐욕이라고 말한다. 피카소는 말했다. "그림을 사며 돈을 내는 행위는 예술의 본질적 가치와는 관계없다. 그들이 알 수 없는 말로 칭송하는 것은 단지 돈에 대한 탐욕 때문이다." 투자의 대가 워런 버핏은 "사람들은 그림이 아니라 화가에게 투표하고 있다."고 비꼬았다.

2007년 5월 뉴욕 소더비 경매에서 색면 추상화가 마크 로스코1903~1970의

돈과 문학

◆

문학도 결국 돈이다. 르네상스 이후부터 문학은 공개적으로 돈에 관해 말했다. 문학은 돈이 아닐지 모르지만 원고는 확실히 돈이다. 문학은 이야기 산업이다. 죽을 때까지 가난뱅이 신세를 면하지 못했던 도스토옙스키는 글쓰기를 돈으로 바꾸어 계산했다. "나는 가난한 작가입니다. 내 작품을 원하는 사람은 나를 먼저 먹여 살려야 합니다." 그에게 가난은 창작의 원동력이었다. 돈의 부족이 그의 재능을 일깨우는 촉진제 역할을 했다.

한국 최초의 현대 장편소설 《무정無情》1917은 돈이 궁했던 가난한 일본 유학생 이광수1892~1950가 당시 〈매일신보〉126회 연재가 제시한 높은 원고료에 혹해 쓰여진 책이다. "작가도 여느 노동자와 마찬가지로 일해서 먹고살아야 한다. 돈은 작가를 해방시켰고, 근대문학을 탄생시켰다." 에밀 졸라1840~1902의 말이다.

작가의 수입은 인세印稅이다. 전업작가들에게 인세는 곧 밥줄이다. 하지만 인세로 생활할 수 있는 작가는 극소수에 불과하다. 인세는 통상 10%이지만 모두 같지는 않다. 유명작가에게는 수천만 원대의 선인세先印稅를 지불하기도 하지만, 무명이나 신인작가에게는 출판된 책 몇 십 권으로 인세를 대신하는 경우도 적지 않다. 세상 어느 분야나 그러하듯 문학에도 부익부 빈익빈은 존재한다.

1997년 〈마법사의 돌〉로 시작된 일곱 권의 해리포터 시리즈는 2018년 2월 현재 73개 언어로 번역되어 5억 권이 팔린 사상 최고의 베스트셀러이다. 이혼녀로 어린 딸과 함께 정부보조금을 받아 어렵게 생활하면서 자살까지 생각했던 작가 조앤 롤링1966~은 일약 돈방석에 올랐다. 조앤은 시리즈 7편 〈죽음의 성물〉을 출간한 2007년에는 매일 10억 원씩 총 3,960억 원3억 3,00만 달러의 수입을 올렸다. 인세는 물론 책을 토대로 제작된 일곱 편의 영화가 더해져 조앤의 재산은 계속 늘어나고 있다. 해리포터의 브랜드 가치는 250억 달러30조 원로 평가되고 있다.

또 다른 영국의 여류작가 에리카 제임스1963~가 청년 부호와 여대생이 만나 결혼하는 과정을 그린 '엄마들의 포르노'로 불리는 에로소설 3부작 《그레이의 50가지 그림자Fifty Shades of Gray》가 2011년 첫 선을 보인 후 2018년까지 52개 언어로 번역되어 1억 2,500만 권 이상이 팔렸다. 에리카는 2018년까지 인세와 영화판권 등을 합쳐 미화 1억 5,000만 달러1,800억 원 이상의 소득을 올렸다. 2015년 이 소설을 각색한 영화 3편이 제작되어 에리카의 수입은 계속 늘어날 것이다.

한국문학사상 베스트셀러 작가 1위는 이문열1948~이다. 1977년 등단한 이래 《사람의 아들》, 《우리들의 일그러진 영웅》, 《삼국지》, 《수

호지》등 총 2,800만 부가 팔렸다. 특히 1988년 출간한 '삼국지'는 2015년 말까지 1,830만 부 =10권×183만 질가 팔렸다. 2위는 조정래1943~ 작가로 2013년 출간된《정글만리》3권는 100쇄에 170만 부를 넘어섰고,《태백산맥》,《아리랑》,《한강》등의 대하소설이 1,700만 부 이상이 팔렸다.

3위는 김진명1958~ 작가로《무궁화꽃이 피었습니다》가 600만 부,《고구려》,《한반도》,《하늘이여 땅이여》등 총 1,300만 부 이상이 팔렸다. 4위와 5위는 박완서1931~2011와 공지영1963~으로 추정된다. 두 작가는 많은 책이 여러 출판사에서 출간되어 정확한 수치파악이 어렵다. 박완서는 1,000만 부 이상, 공지영은 1,000만 부에 근접할 것으로 추정한다. 그들의 인세수입은 판매순위와 일치하며 대략 70억 원~200억 원으로 추정된다.

돈과 연기자

◆

연기자들도 돈에 매우 민감하다. 늘 개런티에 상관없이 작품성을 고려해 출연한다고 말하면서, 라이벌 연기자가 자기보다 출연료를 한 푼이라도 더 받는 것을 용납하지 못한다. 개런티를 책정할 때도 출연료에 대한 분명한 기준없이 "누구는 얼마를 받았는데 …, 이전 작품보다는 더 많이 받아야 한다."는 경우가 대부분이다.

"많은 수입으로 화려한 생활을 하는 연예인은 극소수에 불과하다. 일반근로자의 최저임금도 안 되는 수입으로 힘들게 살아가는 연예인들이 훨씬 더 많다. 연예인의 95%는 생활조차 힘들다. 소득이 많더라도 지출이 많아 돈이 모이지 않는다. 개그맨의 무대수명은 5~6개월에 불과하다. 어떠한 복지혜택도, 노후보장도 되지 않는 뒷그늘에서 한숨짓는 연예인이 부지기수이다." 개그맨 엄용수1953~의 하소연이다.

자본주의 사회의 가장 큰 병폐가 부익부 빈익빈의 양극화이다. MBC 〈PD수첩〉2015.7.14.은 가난한 배우들의 생존현장을 파헤쳤다. 2015년 6월 연극배우 김운하1975~2015가 1평 남짓한 고시원에서 숨진 채 발견되었다. 10년 넘게 연극무대에 섰던 그는 '연기하는 순간이 가장 행복한 순간'이라 말하던 열정 가득한 배우였다. 그의 유품은 옷가지 몇 벌과 지병 때문에 복용하던 약 몇 알이 전부였다. 김운하의 죽음이 알려진 다음 날 배우 판영진1957~2015이 자살했다. 부산국제영화제에서 레드카펫을 밟았고, 서울독립영화제에서 특별상을 수상했던 재능있는 배우였다. 그의 집 앞에는 여러 장의 체납고지서가 쌓여있었다.

"2014년 방송일로 번 돈이 300만 원 정도였어요. 월 30만 원도 안되죠, 그걸로 도저히 살 수가 없죠. 아르바이트야 많이 했죠. 서빙도 해보고 노가다도 했고 노점상도 하고 안 해 본 게 없어요." 방송 연기경력 20년차 배우의 고백이다. 그런가 하면 배우 고현정1971~은 2008년 1회 출연료 2,500만 원, 1편 출연료가 총 4억 원이었고, 배용준1972~의 1회 출연료는 2억 5,000만 원이었다. 2018년 SBS의 드라마 〈리턴〉에 중도하차로 소란스러웠던 고현정의 1회 출연료는 7,000만 원이었다.

2015년 국세청에 신고한 연기자 90%13,881명의 연평균 소득은 700만 원월수입 58만 원이었고, 상위 1%154명의 연평균 소득은 19억 5,500만 원으로 전체 소득의 45.7%였으며, 상위 10%가 전체 소득의 86%를 가져갔다. "연예계는 잔인한 곳이고 돈이 최고인 곳이야. 나쁜 놈들이 활개를 치는 곳이고 의인은 개처럼 죽는 곳이야." 저널리스트이자 작가인 헌터 톰슨1937~2005의 말이다.

돈과 스포츠

◆

스포츠는 오락산업의 큰 부분을 차지하고 있다. 사람들은 스포츠 스타들이 재능을 발휘하는 장면을 보기 위해 기꺼이 돈을 지불한다. 수백만 달러의 돈으로 전환되는 스포츠 스타들의 재능은 그 어떤 공연예술보다 사람들을 열광케 한다. 2015년 5월 미국의 메이웨더1977~와 필리핀의 파퀴아오1978~의 싸움에서 메이웨더는 $1억 5,000만1,611억 원, 파퀴아오는 $1억1,074억 원을 챙겼다. 마이크 타이슨1966~은 1999년 4월 단 한 번의 싸움에 $2,000만200억 원을 벌었다. 잘나가던 때의 박찬호1973~는 시간당 3,000만 원을 벌었다.

수많은 축구, 야구, 농구, 테니스, 골프 선수들은 경기장에 관중들이 빽빽하게 들어차게 만들고, 스포츠 흥행사들과 구단주들은 그들에게 거액의 돈을 지불한다. 선수들은 능력에 걸맞은 돈을 벌기도 하고, 때로는 터무니없이 많은 돈을 벌기도 한다. 엄밀한 의미에서 운동선수들은 창조적인 예술가가 아니지만, 링이나 야구장, 농구코트 등에서 수년간의 훈련으로 강화된 그들의 재능은 공연예술가들의 그것과 같다.

스포츠 선수들에게 돈은 대단히 중요한 요소이다. 유명선수들 중에는 "돈 때문에 경기를 한다."고 말하기를 꺼리는 사람들도 있을 것이다. 그러나 모두가 그런 것은 아니다. 그들에게 돈이 유일한 요소는 아니더라도 아주 중요한 요소이다. 미국의 프로농구선수 데니스 로드먼은 말했다. "NBA 생활의 반은 섹스이고, 나머지 반은 돈입니다."

미식축구리그NFL에서 활약하는 한 선수가 익명을 요구하면서 돈에 대해 솔직하게 털어놓았다. "돈입니다. 어떤 선수들은 경기의 열띤 분위기와 짜릿함을 즐기지만, 우리 모두가 경기를 하는 것은 돈 때문입니다. 이건 직업입니다. 돈이 아니라면 난 틀림없이 다른 일을 했을 겁니다. 우리에게는 쇼맨십도 필요합니다. 나 자신을 연예인이자 예술가로 생각합니다."아블론스키

돈과 CEO

◆

자본주의는 야망과 재능이 뛰어난 비즈니스 리더들에 의해 발전했다. 그러나 비즈니스 리더들은 분에 넘치는 관심과 보상을 받고 있다. 금융위기 직전 2007년의 미국 최고경영자CEO의 보수는 일반근로자 평균급여의 520배에 달했다. 이에 소수가 너무 많이 챙겨가는 시스템은 잘못되었다는 비판과 함께 반자본주의 정서를 불러일으키고 있다.

하버드 경영대 마이클 젠센1939~ 교수는 1990년 CEO의 연봉이 물가상승률보다 낮게 증가하는 상황을 지적하면서, CEO의 연봉을 대폭 인상해야 한다는 논문을 발표했다. 그가 우려한 것은 CEO가 주인의식을 갖지 않고, 시키는 일이나 하는 피고용자처럼 일하는 행태였다. 젠센의 논문이 발표된 이후, 많은 기업들이 CEO들에게 스톡옵션 등을 포함한 거액의 연봉패키지를 제공하기 시작했다.

CEO는 미국에서 귀족에 해당한다. 1996년 〈타임〉은 10명의 강력한 미국인 중 7명은 CEO라고 규정했다. 증권시장의 호황과 거액의 스톡옵션은 많은 CEO들을 전면에 부각시켰다. 그들의 움직임은 대중의 관심을 끌었고, 성공한 인물로 각인되었다. CEO의 명성은 엄청난 보수와 제왕과 같은 라이프스타일을 가능하게 한다.

그들은 마치 뛰어난 리더십을 보유한 것으로 여겨진다. CEO는 자기를 회사에서 없어서는 안 될 존재로 생각하고, 어마어마한 보수를 원한다. 특히 스톡옵션은 내부정보를 이용할 수 있는 전형적인 내부자 거래이다. 그래서 CEO들은 수치관리에 관심을 기울인다. 자신의 보너스도 두둑하게 하고, 스톡옵션의 가치까지 올려놓는 최고의 유혹이다.

CEO의 연봉이 높아진 이유는 젠센의 논문과 기관투자가들 때문이다. 1960~80년대 20년 이상 캘리포니아 연기금CalPERS 등의 대규모 기관투자가의 실질 투자수익률물가상승률과 거래수수료를 제외한 수익률은 제로에 가까웠다. 기관투자가들은 실적유지를 위해 몇 백만 달러를 더 주더라도, 주가를 몇 % 더 올릴 수 있는 우수경영자를 찾아 나섰다. 1980년 이후 레이건 보수주의의 등장으로, 그동안 경영과정에 큰 힘을 발휘했던 노조가 약화된 것도 적지 않은 영향을 미쳤다.

한편 캘리포니아 대학 정책대학원 로버트 라이시1946~ 교수는 'CEO가 기업실적을 높였기 때문에 고액연봉을 받을 자격이 있다'는 주장을 헛소리로 일축한다. 그는 "그동안 주식시장 전체가 급등하여, CEO가 30년 동안 온라인 게임만 하고 놀았다 해도, 회사의 주식은 고공행진의 파도를 탔으며, 초고액 연봉을 받는 CEO를 둔 기업이 동종업계의 타기업보다 주주수익률이 10% 낮다는 조사결과도 있다."고 비판했다.

모셰 애들러1948~ 컬럼비아대 경제학 교수도 "CEO의 연봉이 적으면 전보다 일을 열심히 하지 않거나, 더 편한 자리를 찾아 회사를 떠날 거란 얘기인데 근거 없는 주장이다. 연봉수준과 근로의욕은 상관관계가 크지 않다."며 CEO의 고액 연봉을 비판하고 있다. 짐 콜린스의 《위대한 기업으로》Good to Great 2011에서도 CEO의 보수와 기업의 성공과는 그 관계가 미약하다고 주장한다.

◆ CEO와 일반근로자 및 사내직원의 임금격차

미국 노동총연맹산업별조합회의AFL-CIO에 따르면 1965년 미국기업 CEO의 보수는 일반근로자 평균임금의 44배, 1980년 140배, 1995년 212배, 2005년 475배, 2007년 520배였다가, 2008년 금융위기 이후 격차가 줄어 2014년에는 331배이다. 〈포춘〉 500대 기업 CEO의 평균보수는 1960년에는 미국 대통령 보수의 2배였지만, 2005년에는 30배였고 2014년에는 20배였다.

2014년 월트디즈니 직원들의 평균연봉은 $19,530 2,140만 원, CEO는 $4,370만 478억 원으로 2,238배였다. MS는 2,012배, 스타벅스는 1,073배였다. 미국 CEO들의 직원일반근로자 아님 대비 연봉은 1965년은 20배, 2014년은 354배였고, 스위스는 148배, 독일 147배, 한국은 27배였다.

1984년 피터 드러커는 CEO 연봉이 너무 높으면, 회사의 팀워크를 깨뜨리고 사회구조에 균열이 생긴다면서, 당시 50배였던 CEO와 직원일반근로자가 아님의 연봉차이는 20배가 적절하다고 주장했고, 미국의 경제정책연구소 CEO와 직원의 임금격차를 '사회적 불평등의 핵심원인'으로 지적한 바 있다.

CEO의 연봉을 제한하자는 여론이 높다. 2013년 12월 스위스는 '한 직장에서 최고와 최저 연봉의 차이를 12배로 제한한다'는 일명 '1:12 이니셔티브'initia- tive 법안을 국민투표에 부쳤는데 찬성 34%, 반대 66%로 부결되었다. 2014년 한국의 CEO와 직원의 연봉차이는 27배인데, 여론조사에서는 '수긍할 만한 격차'가 12배 정도가 적절하다고 나온다.

돈과 범죄

◆

《조폭의 역사》2006를 쓴 영국의 저널리스트 데이비드 사우스 웰1971~은 범죄의 근본원인이자 재발요인으로 ① 가난, ② 금지, ③ 탐욕 세 가지를 들었다. 미국의 경우 이민자의 가난과 금주법 같은 국가의 금지가 인간의 탐욕과 결합하여 마피아를 키웠다는 것이다. 인간의 탐욕은 없앨 수도 충족시킬 수도 없다. 하지만 가난과 금지는 국가와 사회가 어느 정도 제어할 수 있는 부분이다.

"기아는 많은 행위를 해명해주고 모든 비열한 행동은 배고픔을 면하기 위해 저질러진다." 러시아의 사회주의 혁명가이며 프롤레타리아 문학의 선구자였던 막심 고리키1868~1936의 말이다. "사흘 굶어 담 안 넘을 놈 없다."는 속담이 있다. 이는 기본적으로 인간은 극한 상황이 되면 누구나 범죄를 저지를 수 있다는 의미이다.

범죄 뒤에는 언제나 돈이 있다. 그러나 범죄 전문가들은 돈만을 위해 범죄를 저지르지 않는다고 말한다. 범죄는 거리의 깡패들로부터 화이트칼라 범죄자들까지 다양한 범죄자들이 즐기는 일종의 게임이다. 스릴과 서스펜스가 중요한 범죄심리의 하나이다. 또 다른 범죄의 동기는 사회적 복수와 반항이다. 사회학자들은 범죄를 단순히 돈을 얻기 위한 행위가 아니라 빈부격차에 대한 일종의 반항이라고 규정한다.

돈의 부족은 인간을 사회의 저항자로 만든다. 돈은 살인, 강도, 절도, 폭력, 기타의 범죄 및 악행 등의 결정적인 매개가 된다. 범죄자들은 대개 가난하여 돈이 되는 물건을 훔친다. 그러나 결코 입지도 않을 옷이나 쓰지도 않을 물건을 훔치는 행위에는 경제적 동기뿐만 아니라 복수라는 사회적 동기가 있다.

또한 이러한 범죄는 돈뿐만 아니라 그 이상의 것을 가져다준다. 성취감, 훌륭한 솜씨, 만족감 등도 범죄의 대가인 것이다. 훔친 물건을 그냥 버리거나 파괴하거나 남에게 주어버리는 경우가 많아 위험을 무릅쓰고 물건을 훔치는 행위를 합리적으로 설명할 방법은 없다.

이에 대해 35년 동안 범죄학을 연구한 미국 펜실베이니아 주립대의 아드리안 레인 교수는 《폭력의 해부》2015에서 범죄의 뿌리를 우리의 뇌유전자에 두고 인간은 "범죄자로 태어난다."고 주장한다. 사회적 환경도 중요하지만 생물학적 요소도 중요하다는 것이다. 범죄도 유전자와 환경이 상호작용하여 발생하며, 범죄는 의지의 문제가 아니라 뇌의 작동문제라는 것이다. 대도大盜라 불리웠던 조세형1945~은 2000년 55세의 나이에 사업가 아내를 맞아 경제적으로 여유로운데도 수시로 절도행위를 반복하여 수수께끼였는데 그가 이에 해당되는 것 같다. 2019년 6월 81세의 그는 6만 원을 훔친 죄로 16번째의 감옥생활에 들어갔다.

돈과 사랑

◆

고故 장영희1952~2009 교수의 '돈과 사랑'이라는 칼럼에 담긴 이야기이다. 2005년 6월 영작시간에 장 교수가 받은 수미의 영어일기에 "나와 내 남자친구는 정말 서로 사랑한다. 하지만 우리는 심각한 문제가 있다. 둘 다 너무 가난하다는 것이다. 친구들은 영화관도 자주 가지만 우리는 돈이 없어 못 갈 때가 많다. 남들이 롯데월드에 갈 때 우리는 노고산에 가고, 남들이 갈빗집에 갈 때 우리는 분식집에 간다. 그는 아르바이트를 해도 어머니께 돈을 갖다 드려야 한다. '가난이 앞문으로 들어오면 사랑은 옆문으로 빠진다'는 말을 들었다. 가난이 싫어서 어떤 때는 그와 헤어질 생각까지 든다 …. 선생님, 어떻게 하면 좋을까요?" 라는 물음이 있었다.

장 교수는 수미의 물음 밑에 "중요한 것은 누구와 함께 있는가이지, 무엇을 먹고 어디를 가는가는 중요하지 않단다. 오직 돈 때문에 지금 남자친구와 헤어지면 먼 훗날 후회하게 될 거야. 돈이 사람을 행복하게 하는 것은 아니니까 …"라고 힘주어 쓴 뒤 되돌아 이렇게 자문한다. "어떻게 돈 없이도 사랑만 있으면 행복하리라고 단언하는가? 나는 정말 돈 없이 행복할 수 있다고 믿는가?" 그리고 "물론 돈과 사랑, 둘 다 있으면 좋겠지만, 내가 수미라면 나는 사랑 없는 돈보다는 돈 없는 사랑 쪽을 택할 것 같다."고 결론짓는다. 〈동아일보〉, 2006년 9월 8일

장 교수의 글에 다음의 댓글이 올라 있었다. "사랑 없이 돈으로 꾸려가는 부부는 흔히 보이지만, 돈 없이 사랑으로 버텨가는 부부는 별로 안 보인다. 사랑 없이 돈으로 버텨가는 부부의 위악僞惡은 수긍이 가지만, 돈 없이 사랑으로만 버텨간다는 위선僞善은 주위를 많이 아프고 불편하게 한다. 모든 행복한 가정들은 다른 점이 많지만, 모든 불행한 가정들은 비슷한 점이 많다. 돈과 사랑과 행복은 끝내 채워지지 않는 인간의 누추한 욕망의 변주곡變奏曲이 아닐는지 …."

돈으로부터 완전히 자유로운 사람은 없다. 그것은 남녀 간의 사랑에도 통용된다. 한 여자가 돈 때문에 어떤 남자와 사랑에 빠지는 것을 비난해서는 안 된다. 돈은 성공의 표현이다. 그 여자는 바로 그 성공에

매료되는 것이기 때문이다. "평생 보장은 사랑보다 역시 돈"이라는 한 증권사의 TV광고가 있다. 몇 해 전 베스트셀러도 《나는 남자보다 적금통장이 좋다》2004였다. 부富가 여성들에게 발휘하는 위력 때문에 남자들은 돈을 강렬히 원한다. "여자들이 없다면 이 세상의 모든 돈은 의미가 없다." 아리스토텔레스 소크라테스 오나시스1906~1975의 말이다. "돈이 남아 있는 한 사랑은 유지된다."는 말과 함께 "사랑은 한곳에 머물지 않는 바람"이라는 말도 있다.

이수일과 심순애

◆

'이수일과 심순애'로 더 많이 알려져 있는 《장한몽》長恨夢은 일본 〈요미우리〈讀每新聞〉〉의 연재소설1897~1903년로 오자키 고요尾崎紅葉, 1867~1903의 《곤지키야샤金色夜叉; 황금귀신》를 1913년에 조중환1863~ 1944이 번안한 소설로 사랑과 돈의 관계를 파헤친 작품이다.

이수일李守一은 일찍이 부모를 여의고 아버지의 은혜를 입은 심순애沈順愛의 아버지 심택沈澤의 집에서 자랐다. 수일은 관비官費 유학생으로 뽑혀 고등학교를 졸업하면 도쿄東京에 유학을 가기로 되어 있었고, 졸업하는 날 순애와 혼인하기로 날도 잡혀 있었다. 어느 정월 보름날 심순애는 외숙모 김소사의 집으로 윷놀이를 갔다가, 김소사의 친정조카이며 대부호의 아들인 김중배를 만난다.

김중배는 일본 게이오 대학 경영학과慶應義塾理財科를 졸업한 24~25세의 관옥같은 얼굴과 큰 키에 흠잡을 데 없는 준수한 청년이었다. 김중배는 2캐럿 다이아몬드로 사람들의 시선을 사로잡았다. 심순애에게 매혹된 김중배는 김소사를 통해 심택 부부를 움직였고, 부모의 뜻을 따르기로 한 심순애의 마음도 점점 이수일로부터 멀어져간다.

심순애가 리토필리아lithophilia, 황금욕, 금전욕에 감염되어 사랑의 꿈이 분열되고 갈등이 생긴 것이다. 결국 돈을 선택한 순애를 수일은 달빛 가득한 대동강변 부벽루浮碧樓에서, 사랑의 가치를 내세워 달래보고 꾸짖어도 보았으나 순애의 마음을 되돌릴 수 없었다. 울분과 고통 끝에 수일은 "아, 꿈이로구나, 꿈이야! 길고 긴 꿈을 꾸었구나!"라는 장탄식을 하고, "10년 후의 오늘밤도 내 눈물로 달을 흐리게 할 테니, 달이 흐리면 수일이는 어디선가 너를 원망하면서, 오늘밤처럼 울고 있다고 생각해라!"며 사라졌다.

돈 때문에 사랑을 빼앗긴 수일은 돈에 한이 맺혀 사람의 피를 빨아 돈을 벌겠다며 황금충黃金蟲으로 돌변한다. 고리대금업자 김정연의 하수인이 된 수일의 푸념이다. "모두 돈으로 인해 이 모양이 되었소. 원통하기 그지없소. 미칠 지경이 된 놈에게는 이 장사가 적당하외다. 돈이 있으면 원통한 마음을 조금이라도 풀어볼 수 있을까 하고 …. 이제 나는 의리도, 인정도, 명예도 모르고, 단지 돈밖에 바라는 것이 없소.. 사람을 믿느니 돈을 믿기로 했소이다."

악독한 찰거머리 고리대금업자로 변신한 이수일은 린치를 당해 입원해 있던 중에 김정연이 갑작스럽게 죽어 많은 유산을 넘겨받아 거부가 되었다.* 한편 김중배의 부와 풍요에 싫증이 난 심순애의 가슴에

---

* 김정연이 19세의 채무자 이아남을 사문서위조로 징역을 보냈는데, 실성한 그 어머니가 한밤중에 김정연의 집에 방화를 하여 부부가 타죽고 금고만 남았다. 김정연의 아들 김도식은 기독교 전도사로 고리대금업을 혐오하여 아버지와 인연을 끊고 전도에 열중이었는데, "고리대금업을 그만두고 좋은 일에 쓰고 살라!"면서 금고에 남은 재산을 모두 이수일에게 준다. 그러나 수일은 고리대금업을 계속한다.

수일에 대한 사랑이 다시 살아난다. 심순애는 돈의 꿈에서 깨어나 이수일과 나눴던 사랑의 꿈을 되살리려는 것이다. 여러 번 수일에게 편지도 보내고 직접 찾아와 용서를 빌기도 하지만 수일의 가슴은 열리지 않았다.

절망한 심순애는 대동강에 투신하려다가 수일의 친구인 백낙관에게 구출된다. 결국 두 사람은 회개와 용서를 강조하는 백낙관의 끈질긴 설득으로 다시 결합하여 새 출발을 하게 된다. 이수일은 다시 "나는 길고 긴 꿈을 다시 꾸었네 그려!"라며 돈의 꿈에서 깨어나고, 돈과 보석에 함몰되었던 두 남녀가 분열된 두 꿈을 공동의 꿈으로 통일시키고 화합하는 것으로 대단원이 끝난다.

위대한 개츠비

◆

"20세기 영어로 쓰인 가장 위대한 문학작품"이라는 극찬을 받은 소설 《위대한 개츠비The Great Gatsby》1925는 가난한 남자와 돈을 좇는 여자에 대한 이야기로 당대 미국의 풍속을 가장 감각적으로 표현한 스콧 피츠제럴드1896~1940의 작품이다.

개츠비라는 남자가 일생을 걸고 데이지라는 여자를 사랑한 순애보로 1차대전1914~1918 이후 1920년대 미국의 청춘세대를 지칭하는 '잃어버린 세대'가 겪는 사랑과 돈의 관계를 드라마틱하게 묘사하고 있다. 가난한 개츠비와 부잣집 딸 데이지는 사랑하는 사이였으나 개츠비가 1차대전에 참전하면서 이별하게 되었고, 데이지는 이내 개츠비를 잊고 부유한 톰 뷰캐넌과 결혼해 사치와 향락에 빠져 살고 있다.

개츠비는 그녀를 되찾기 위해 밀주·도박 등 수단방법을 가리지 않고 많은 재산을 모은다. 과거의 사랑으로 돌아갈 수 있다고 믿고 데이지의 이웃으로 이사 온 개츠비는 그녀를 가슴에 담고 계속 성대한 파티를 연다. 5년 만에 재회한 개츠비는 "당신 집이 있는 곳, 그 끝에는 항상 초록빛 불이 켜져 있다."는 말로 여전히 데이지를 사랑하고 있음을 고백하고, 호사스러운 집을 보여주며 그녀의 마음을 사려 애를 쓴다.

개츠비는 데이지에게 옛사랑으로 되돌아올 것을 요구하고, 데이지는 어마어마한 부에 혹해 개츠비에게 기울어진다. 이를 눈치 챈 톰은 개츠비가 밀주, 도박 등으로 부자가 된 것과 그가 저지른 부정과 비리를 폭로한다. 그 와중에 개츠비의 차를 운전하던 데이지가 차에 뛰어든 톰의 정부情婦 머틀자동차 수리공 윌슨의 아내을 치어 죽인다. 개츠비는 자기가 운전한 것으로 거짓 증언을 하기로 모의한다.

그러나 아내의 죽음에 광분한 윌슨은 개츠비의 집으로 가 수영장에서 쉬고 있던 개츠비를 총으로 쏘아 죽이고 자신도 자살한다. 개츠비의 장례식 날, 데이지는 조문은커녕 전화조차 없었다. 그녀는 여자의 최상의 길은 '귀여운 바보'가 되는 것으로 믿고, 돈으로 가득 찬 목소리에 돈으로 마비되는 행복을 느끼며 사는 여자이다.

개츠비가 사랑하는 데이지는 예전의 데이지가 아니었다. 개츠비에 대한 데이지의 사랑은 이미 증발했고, 오직 그의 부만이 유혹적이었을 뿐이다. 데이지는 그의 돈을 보고 되돌아올까 망설였던 것이다. 개츠비가 켜놓은 초록색 불빛은 환상에 지나지 않았다. 사랑 때문에 검은돈을 벌어들이고, 사랑 때문에 조롱당하고, 사랑 때문에 어이없는 죽음을 당한 개츠비가 왜 위대한가?

피츠제럴드는 일찍이 소설의 제목을 《위대한 개츠비》로 정해 놓았지만 마음에 들지 않았다. 자신도 이해하기 어려운 주인공의 모습에 '위대한'이 맞지 않았기 때문이다. 그래서 《거지와 백만장자 사이에서》,《황금 모자를 쓴 개츠비》,《붉고 희고 푸른 깃발 아래》등으로 바꾸려 했지만, 출판사 편집장의 고집으로 《위대한 개츠비》로 출간되었다. 《위대한 개츠비》는 피츠제럴드의 생전에는 판매가 신통치 않았고, 그가 사망한 1940년 이후에야 고전소설의 반열에 올랐다.

돈과 사랑에 얽힌 이야기가 어찌 이것들뿐이겠는가? 무수히 많은 사연과 문학작품들이 있을 것이다. 《이수일과 심순애》와 《위대한 개츠비》가 대중의 인기를 얻었던 시점은 자본주의가 무르익어가는 시대상의 반영이며 돈에 대한 인간의 반응이다. 돈에 대한 인간의 행태는 미국, 일본, 한국 등을 불문하고 만국이 공통적이라는 사실이다. 남녀의 결혼에는 돈이 중요하다고 보았던 피츠제럴드는 이렇게 말했다. "돈을 벌게! 그리고 나서 사랑하는 사람과 결혼하게!"

돈과 여성

◆

특별한 여성을 제외하고 보통여성들은 돈에 약하다. 금광판 덕대출신 천만장자 49세의 홀아비 최창학1891~1959과 이화여고, 이화여전 음악과를 나온 24세의 수표정水標町 쌀집 딸 김정숙이 1938년 1월 조선호텔 대광장에서 화려한 결혼식을 올렸다. 최창학은 조강지처가 일찍 죽어 재취를 얻는 데 장애가 없었다. 당시의 잡지 〈삼천리〉는 가난한 시절 결혼한 부인이 일찍 죽어 주어, 꽃같은 인텔리 처녀를 아내로 맞는 최창학을 재복에 처복까지 겹친 행운의 사나이로 묘사했다.

12살에 미두*米豆* 중매점 사환으로 들어가 저축한 400원1,360만 원으로 미두꾼으로 나선 지 1년 만에 40만 원=136억 원, 1930년대 1원의 법정평가는 화폐법(明治 30년)에 의거 금 0.2돈이었다. 10원이 금 2돈이므로 1930년대 10원은 2018년의 34만 원(금 1돈=17만 원), 1원=3.4만 원을 만들어 '미두계의 패왕'으로 이름을 떨쳤던 21살 청년 반복창은 1921년 미美의 여신 김후동을 아내로 맞았다. 김후동은 경성여고보에 다닐 때 바이올린 연주를 잘해 음악회 독주를 자주 열었고, 얼굴이 꽃같이 아름다워 뭇 남성들의 시선을 모았던 뛰어난 미인이었다.

여고보까지 졸업한 미모의 신여성이 초등학교 문앞에도 가보지 못한 미두꾼 졸부와 사랑해서 결혼한다고 믿는 사람은 아무도 없었다. 돈과 미모가 아니면 도저히 어울릴 수 없는 한 쌍이었다. 구한말 〈황성신문〉은 이렇게 개탄한다. "대저 돈이 신神이 되어 하늘의 조화를 빼앗았으며 ….." 이미 시장은 맘몬=돈의 용광로였던 것이다.*

동물의 세계에서 수컷들이 암컷들의 관심을 끌기 위해 경쟁하고, 암컷들은 자원을 통제하는 승자들과 사랑에 빠진다는 것은 공지公知의 사실이다. 인간은 물론이고 다른 종種에 있어서도 암컷은 누구에게 자기의 자궁을 차지하게 할 것인지를 선택한다.

여성은 본질적으로 "당신이 내 물건을 갖고 싶다면, 그 대가로 당신이 가진 것을 내놓아야 합니다."면서 까다로운 거래를 주도한다. 가진 것은 바로 돈과 명성, 좋은 유전자, 아버지 역할을 제대로 하겠다는 보

---

* 맘몬(mammon/mamonas): 부, 돈, 재물의 뜻으로 하나님과 대립되는 개념이다. 맘몬은 신약에서 예수의 말에서만 등장한다. 예수는 맘몬이라는 말로 돈의 권세를 표현했다. 예수는 두 가지 측면에서 이 말을 사용했다. ① 하나님과 맘몬을 동시에 섬길 수 없다. 하나님만 섬겨야 한다. ② 맘몬은 불의한 것이다. 맘몬은 부패이다. 부패는 맘몬의 필연적 속성이다. 맘몬은 거짓이다. 사람을 어둠으로 인도하는 거짓권세이다.

장, 즉 번식에 적절한 자원이다.

대부분의 암컷들이 수컷들에게 바라는 것은 좋은 유전자, 좋은 매너, 많은 재산이다. 이는 곧 외모, 성격, 돈이다. 그 순서는 중요하지 않다. 만약 번식시장에 그런 조건을 갖춘 수컷의 수가 드물다면, 수컷이 무엇을 제공할 수 있는지를 근거로 삼아, 상대를 선택하는 것은 암컷에게 지극히 자연스러운 것이다. 즉, 유전자의 질, 좋은 배우자가 될 만한 능력과 의향이 있는지 등을 따져 보는 것이다.

이때 중요한 것은 수컷이 지닌 음경의 크기가 아니라 지갑의 크기이다. 일반적으로 재산이 많은 부모가 성공적인 자녀를 더 많이 둘 가능성이 크기 때문이다. 이는 왜 여성이 다른 무엇보다 부를 더 열망하는지를 설명해 준다.

돈과 섹스

◆

또 다른 흥미로운 점은 돈이 사랑의 묘약으로 작용한다는 사실이다. 유명한 시나리오 작가가 자신의 시나리오 한 편을 수십만 달러에 팔았다는 소리를 들은 한 젊은 여성의 고백이다. "밥^{작가}이 그 거액의 돈을 입에 올리는 순간, 나는 전신을 훑고 지나가는 성적 전율을 느꼈어요. 전에는 밥에게 별 관심이 없었는데, 그가 그 엄청난 금액을 말하자 갑자기 매우 미남으로 보였고 성적 흥분으로 몸이 달아올랐어요."

많은 사람들에게 돈은 성적 매력이 된다. 가난은 성적 매력을 떨어뜨리는 요인이다. 어떤 여자들은 돈 외에는 아무것도 볼 것 없는 남자들을 과대평가한다. 야블론스키의 《돈의 감성지수》에 있는 글이다.

데이트를 몇 번 했는데 할은 지루한 사람이라는 생각이 들었어요. 미남도 아니었고요. 하루는 데이트 약속을 했는데, 나는 '이번이 마지막 데이트'라고 생각했어요. 할은 사업가였는데 그날 그의 사무실에서 만나기로 했어요. 사무실에서 그를 본 건 처음이었어요. 엄청나게 큰 책상 뒤에 앉아 있는 할을 보니 그가 강력한 힘을 가진 사람이라는 생각이 들었어요. 그가 '직원들 봉급수표에 사인할 몇 분 동안만 기다리라!'고 했어요. 수표에 사인하는 동안 나는 그를 바라보고 있었고, 갑자기 에로틱한 기분이 들었어요. 이전에 본 그의 어떤 모습보다 잘생겨 보이고 섹시해 보였어요. 그날 밤 같은 침대에 들기까지 나는 그에게서 눈을 뗄 수가 없었죠. 한 달 후에 나는 그와 결혼했어요.

남성성男性性은 오랫동안 힘, 돈, 지배라는 말로 정의되었다. 돈은 성공과 성적 매력을 의미했다. 부유한 남자들은 여자들을 성적으로 매료시키지만, 가난한 남자들은 그 반대이다. 남자들의 성은 사회적·금전적 상태로부터 자유롭지 못하다. 남자들은 재정적으로 어려운 시기에는 성에 관심을 보이지 않으며, 사업이 파산상태에 처하게 되면 성적 불능상태에 빠지는 예가 많다. 남녀 모두 재정적 성공이 최음제라는 사실에 동의한다. 수많은 남성들이 정력을 수입과 연관시킨다. 수입이 곤두박질치면 정력도 함께 추락한다.

1986년 11월 23일자 〈뉴욕타임스〉의 기사이다. "월가의 투자자와 증권사 남자 직원 30명을 대상으로 성과 돈의 관계를 조사했다. 주가가 오르면 성욕이 강해졌고, 주가가 떨어지면 욕구도 약해졌다. 성욕과 다우지수의 관계는 그들의 배우자들에게도 같은 결과를 보였다. 남성의 정력은 경제활동과 관계가 있었고, 남성에 대한 배우자의 평가 또한 그러했다.”

돈이 성에 미치는 영향은 미묘하다. 이는 도박꾼들의 성생활을 보면 알 수 있다. 어떤 경마도박사는 “승률이 높을 때는 여자들에게 관심이 가죠. 하지만 돈을 잃으면 동굴 속에나 처박혀 아무도 만나고 싶지 않죠. 그럴 때는 특히 여자는 절대사절입니다.”

남자들은 경제적 성공을 거두면 성적으로 활기찬 느낌을 갖게 된다. 여자들도 “돈이 남자를 섹시하게 만든다.”고 말한다. 여자들도 돈을 벌면 성적으로 활기가 넘친다. 직장여성들은 직업이 없는 여성들보다 활기찬 성생활을 하는 것으로 알려져 있다. 그들은 일 때문에 섹스할 시간은 많지 않지만, 섹스할 때는 전업주부들보다 더 많은 성적 즐거움을 느끼는 것으로 보고되어 있다.

돈과 결혼

◆

우리 내면 깊숙한 곳에는 돈과 사랑이 연결되어 있다. 부모와 자식, 연인의 관계에도 돈이 깊이 개입되어 있다. 텍사스 주립대학 심리학자 데이비드 버스1953~는 1984년부터 5년여 동안 37개 문화권의 1만 47명을 대상으로 배우자를 고를 때 중시하는 조건 18가지를 물었다. 남자들은 여성의 신체적 매력, 여자들은 남자의 지위와 경제력을 꼽았다. 예외는 없었다. 수렵생활을 하는 아마존의 원시부족들도 마찬가지였다. 모든 여성들이 경제력 없이는 로맨스도 없다는 데 동의했다.

미국에서 1,111건의 개인광고를 분석한 결과 여자들은 남자들보다 재산을 3~4배쯤 중요하게 생각하는 것으로 드러났다. 특히 고소득 여성들이 더 바라는 게 많았다. 여성단체 지도자들도 배우자로 부유한 남성을 원한다. "결혼에는 두 가지 목적밖에 없다. 사랑 아니면 돈이다. 사랑을 위해 결혼하는 자는 극히 짧은 행복한 나날을 보내지만, 오랜 세월 힘들고 불안한 나날을 보내게 될 것이다. 돈을 노려 결혼하는 자는 행복한 나날은 없지만 불행한 나날도 없을 것이다." 영국의 정치가이자 문필가인 필립 체스터필드1694~1773의 통찰이다.

이혼 조정의 달인 손왕석 가정법원 판사가 들려주는 이혼 풍속도이다. "폭력이든 부정不貞이든 노예생활이든 경제적으로 문제가 없으면 봉합해 살아갑니다. 그러나 경제적으로 어려워지면 싸움이 시작됩니다. 경제력이 뒷받침되면 폭력도 감수하면서 결혼생활을 유지합니다. 남편이 바람을 피워도 경제적으로 문제가 없으면 '힘 빠지면 돌아오겠지' 하고 내버려두는 거죠. 이혼은 연애결혼이 더 많아요. 사랑은 유효기간이 몇년 안됩니다. 연애할 때 그럴듯하게 포장하여 본색을 드러내지 않고 결혼한 것이 문제입니다."

돈에 속은 박인덕(朴仁德)의 결혼 이야기

◆

박인덕1896~1980은 재색才色을 겸비하여 뭇 남성들의 가슴을 설레게 했던 1920년대의 인텔리 신여성이다. 그녀는 돈 많은 유부남을 이혼시키고 결혼했다가, 자신이 이혼을 하여 사람들의 입방아에 올랐던 인물이다. 비록 노모를 생각하여 결혼했지만, 결국은 불행한 결혼으로 막을 내려, 돈을 보고 한 결혼의 결말을 보여준 대표적인 예이다.

박인덕은 1896년 평남 진남포에서 출생했다. 평생 글만 읽던 아버지는 인덕이 7살 되던 해 아무 재산도 남기지 않고 남동생과 함께 콜레라로 세상을 떠났다. 어머니는 딸을 제대로 키우겠다는 신념으로 인덕을 진남포의 삼숭三崇학교에 입학시켰다. 이후 인덕은 미국의 장님 시인詩人의 장학금으로 이화학당 대학과를 마쳤다.

인덕은 졸업과 함께 이화에서 기하, 체육, 음악을 맡아 가르쳤다. 인덕은 "노래 잘하는 인덕, 말 잘하는 인덕, 잘생긴 인덕"으로 이화학당은 물론 사회적으로도 유명했었다. 3·1 운동 때에는 4개월 동안 감옥 생활을 하면서 제자 유관순의 순국을 목격했다.[*] 이화학당의 엘리스 아펜젤러1885~1950; 훗날 이화여전 교장 선생이 출옥한 인덕에게 미국 웨슬리언 대학의 장학금을 얻어 놓고 유학을 권유했다.

이때 인덕은 배재학당을 나온 잘생긴 청년부호 김운호金雲鎬의 청혼을 받고 있었는데, 유학과 결혼을 놓고 고민하다가 결혼을 택했다. 김운호는 유부남이었다. 김운호는 인덕을 아내로 맞기 위해 동대문 밖 창신동에 저택을 짓고, 다이아몬드 반지와 1만 원짜리 피아노까지 선사했다. 당시 1만 원=3.4억이면 고급주택 1채를 살 수 있는 거금이었다.

결혼으로 이화학당을 떠난 인덕은 배화학교와 여자신학교에서 영어와 음악을 가르치다가, 배화의 교사 루비 리의 주선으로 장학금을 받아 1926년 5세, 3세의 두 딸을 두고 미국으로 유학을 갔다. 웨슬리언대학 사회학과를 졸업하고, 컬럼비아 대학에서 교육학 석사학위를 받았다. 인덕은 북미와 유럽에 조선 사정을 열심히 알렸고, 동남아와

---

[*] 인덕은 서대문 형무소 6호실, 유관순은 8호실에 있었다. 유관순은 감옥에서 매번 만세를 부르며 수감자들을 고무선동하다 번번이 끌려 나가 고문을 당해 죽었다. 광복 후 당시 이화여고 교장이던 신봉조 박사가 국가와 민족에 공헌한 이화 졸업생이 누구냐고 묻자, 인덕은 유관순이야말로 민족을 위해 목숨을 바쳤다고 말해, 그 사실이 세상에 알려져 열사(烈士)로 봉헌된 것이다.

중국을 거쳐 1931년 10월 귀국했다. 귀국과 동시에 김운호에게 이혼을 요구했다.

인덕은 미국 유학 중 이혼을 결심한 것이 아니다. 미국 유학 자체가 탈출이었다. 사회적 비난과 질타 속에 시작된 박인덕과 김운호의 결혼생활은 신혼초부터 어긋났다. 결혼 한 달 만에 김운호의 사업이 몰락했다. 인사동 택시회사, 관철동 병원, 종로 요릿집이 차례로 도산했다. 결혼 후 1년이 안돼 창신동 저택과 피아노를 처분했다.

이곳저곳 전전하다가 아현리=아현동 시댁으로 들어갔다. 경제적 풍요 하나 바라보고 한 결혼은 인덕을 결혼 전보다 더 심한 경제적 곤궁에 빠뜨렸다. 인덕은 직업전선으로 나가 남편과 두 딸, 시어머니와 친정어머니를 부양할 수밖에 없었다. 배화와 신학교의 강사 수입으로 식솔을 먹일 수 없어 윤덕영 자작집의 가정교사도 했다.

인덕의 술회이다. "결혼생활은 말도 하기 싫다. 6년을 사는 동안 정신이 없었다. 배화와 신학교 시간강사, 가정교사⋯. 하루 14시간 노동으로 몸은 피로했고 마음은 그 이상으로 우울하고 괴로웠다. 날이 갈수록 결혼생활이 지옥보다 더 무섭고 싫었다. 나를 살리자! 아랫돌을 빼 윗목에 막고, 윗돌을 빼 아랫목에 막는 공허한 생활에서 뛰쳐나가자! 이렇게 결단하고 미국으로 떠났던 것이다."

인덕이 자기 한 몸 편하자고 김운호와 결혼한 것은 아니었다. 인덕에게는 자기 하나만 바라보며 살아온 어머니가 있었다. 미국 유학을 권유받았을 때, 가고 싶은 마음이 간절했지만 환갑을 넘긴 노모를 홀로 두고 발길이 떨어지지 않았다. 그러던 차에 김운호가 노모를 극진히 떠받들어 인덕의 환심을 샀고, 적극적인 청혼에 굴복했던 것이다.

오랜 고민 끝에 내린 결론이 결혼이었다. 그것은 일생일대의 패착敗着이었다. 김운호에게 기대했던 단 한 가지 경제적 여유는 결혼 후 한 달 만에 무너졌다. 기대는 무너졌어도 배우자에 대한 신뢰가 남아 있다면 행복은 아니라도 그럭저럭 참고 사는 게 결혼생활이다. 그러나 부잣집 교동驕童으로 자란 김운호는 무책임하고 무능했고 파렴치했다.

6년간 미국유학을 마치고 돌아온 아내가 이혼을 요구했을 때 김운호는 무엇이 문제인지 깨닫지 못할 만큼 아둔했다. 그러나 인덕에게는 부유한 유부남과 결혼한 원죄가 있었다. 인덕은 배우자에게 경제적으로 의지하려 했기에 어리석은 결혼을 했고, 경제적으로 독립할 수 있었기에 불행한 결혼생활에서 벗어날 수 있었다.

태어나고 죽는 것은 본인의 의지로 결정할 수 없지만 결혼만큼은 통제할 수 있다. 부귀영화가 결혼생활의 성공을 보장하지 못한다. 부유한 부부가 헤어지는 경우는 있어도, 서로 믿고 사랑하는 부부가 갈라서는 법은 없다. 돈 많고 무능한 남자처럼 위험한 배우자도 드물다.

박인덕은 일제시기에는 활자매체에 자주 등장하던 여성이었다. 그러나 불행한 결혼과 이혼이 멍에가 되었는지, 해방 후 교회나 각종 사회단체의 활동만 하고 제 기량을 펴지 못했던 것 같다. 박인덕은 1950년대를 거의 미국에서 보냈고, 1954년 뉴욕에서 발간된 자서전 《9월의 원숭이September Monkey》, 《인시寅時, The Hour of the Tiger》는 각국어로 번역되어 수만권이 판매되어, 그 인세와 강연료 등을 기금으로 1961년 인덕실업전문대학을 설립하여 인덕학원 이사장으로 있다가 1980년 84세로 타계했다.

THE PHILOSOPHY OF MONEY

제2부

우리의 삶을
좌우하는 돈

인간의 부귀영화, 희로애락, 영고성쇠가 모두 돈으로 결정되는 세상이다. 그 자체로는
사소하고 무의미한 것일지라도 사물, 사건에 돈이 결부되면, 그것들은 마치 마술처럼
돈으로 귀결된다. 그래서 돈에 얽힌 사연은 끝이 없다. 짐멜은 "돈은 전적으로 사회학
적 현상이며 인간관계의 한 형태"라고 규정했다. 만능의 힘을 가진 돈은 변화무쌍한 변
장술로 수없이 얼굴을 바꾼다. '돈은 운명'이 되어 인간을 옭아맨다. 인간은 살아가면서
돈으로부터 벗어날 수 없게 되어 있다. 돈에 얽힌 갖가지 주제를 조감(鳥瞰)해보는 장
(章)이다.

1장

가난

◆

The Philosophy of money

"군자는 가난을 잘 견디지만, 소인은 가난해지면 멋대로 행동한다."
《논어》의 글이다. "가난은 수치가 아니다. 그렇다고 가난을 명예로 생
각하지는 말라!" 탈무드의 가르침이다. "아테네에서는 가난이 절대로
치욕이 아니다. 유일한 치욕은 가난을 몰아내기 위해 열심히 일을 하
지 않는 게으름이다." 위대한 아테네 지도자 페리클레스B.C. 495~429의
연설이다.

가난에 대한 경구들이 무수히 많다. 가난은 저주이며 동시에 축복
이기도 하다. 가난한 사람이 부자보다 행복한 경우는 종종 볼 수 있다.
하지만 그 행복이 아무리 부러워도 자청해서 가난해지려는 사람은 없
을 것이다. 간디는 가난하게 살았지만 결코 돈을 경멸하지 않았다. "젊
은 친구, 가난이 있는 한 돈을 경멸해서는 안 되네!"

가난은 지독한 저주

◆

수많은 사람들이 가난에 시달리고 있다. "가난이란 육체적으로는 굶주림과 목마름과 덥고 추운 고통이고, 아플 때 보살핌을 받지도 못하고, 건강할 때는 쉴 새 없이 노동을 해야 한다. 정신적으로 가난은 억압과 멸시, 치욕, 학대, 굴욕을 인내해야 하고, 어린이의 순진함과 여성의 우아함과 남성의 의젓함을 잃는 것을 의미한다. 정신적으로 가난은 죽음을 의미한다." 야곱 벨라미1757~1786가 묘사한 가난이다.

흔히 가난은 불행이 아니라 다만 살아가는 데 불편할 뿐이라고 말한다. 그러나 가난은 견디기 힘든 굴레이다. 벗어나야 할 굴레이다. 가난뱅이는 진실을 말해도 사람들은 믿지 않는다. 가난은 억압과 모욕, 수치, 비천을 품고 있다. 가난은 자유를 박탈한다. 가난한 사람들은 어디서나 기가 죽어 있고 무시당한다. 가난은 온갖 불행의 집합이다.

나폴레옹의 어머니 마리 레테치아1750~1836는 젊은 나이35세에 미망인이 되어 "내가 두려운 것은 가난이 아니라 그로 인해 당하게 될 모욕이란다. 호화롭게 살지는 못할지라도 명예롭게 살자! 모욕과 양심의 가책에 빠지지 말자!"며 홀몸으로 5남 2녀를 키워냈다.

재산이 많으면 걱정거리도 그만큼 늘지만, 재산이 없으면 걱정거리가 더 많아진다. 가난은 사람을 겸손하게 만들기도 하지만 사악하게 만드는 경우가 더 많다. 가난하면 추해진다. 빈자들 중에는 거짓과 속임수로 살아가는 사람들이 많다. "가난은 행복의 큰 적이다. 당신이 불행한 부자라 해도 가난한 것보다는 행복하다. 돈이 없어도 행복해질 수 있다는 생각은 정신적 허영이다." 카뮈1913~1960의 지적이다. 사마천은 "가난하고 비천하면서 인의仁義를 말한다면 위선"이라고 썼다.

가난만큼 인간을 비참하게 만드는 것도 없다. 사람들은 실제로 겪는 가난보다 가난에 대한 불안 때문에 가난을 두려워한다. 불안은 사람을 절망에 빠뜨린다. 불면증, 자괴감, 불행감을 가져오는 것도 불안이란 감정이다. 그중에서도 가난에 대한 불안은 가장 파괴적이다. 가난은 인간에게 많은 고통과 굴욕을 준다. 가난은 최고의 괴로움이다.

가난의 미덕과 정직한 가난

◆

프란체스코회 수도사들은 "아무것도 갖고 있지 않으나, 모든 것을 소유한 사람들"이라고 불린다. 한 수도사에게 가난이 은혜인가 물었다. 수도사의 답이다. "가난할 줄 아는 사람에게는 은혜입니다. 가난을 참아낼 수 있는 사람은 육신은 괴롭겠지만, 영혼의 평화를 얻기 때문입니다. 가난이 영혼을 점점 더 굳세고 강하게 합니다." 춥고 배고픈 데서 도심이 우러난다飢寒發道心. 풍족하고 배부르면 번뇌와 망상이 들끓는다. 가난은 영혼의 구원이라는 신성한 가치를 매개하고, 가난은 일련의 가치가 흘러들어가 다시 흘러나오는 풍성한 저수지이다.

당당한 가난도 있다. 정직한 가난이다. 부정한 일에 굴복하지 않을 때, 돈을 위해 자신을 팔지 않았을 때 그의 가난은 존경받는다. "부귀는 사람들이 바라는 것이지만, 정당한 방법으로 얻은 것이 아니면 누리지 말라. 빈천은 사람들이 싫어하는 것이지만 부당한 방법으로 벗어나려 하지 말라." 공자의 가르침이다.

기개 있는 사람들에게 가난은 귀중한 도약대이다. 인간의 용기와 진실, 고결한 정신은 부에 비례하지 않으며, 오히려 부를 얼마나 대수롭지 않게 여기느냐에 비례한다. 가난하더라도 초라해서는 안 된다. 정직한 가난은 명예롭지만 초라함은 치욕이다. 초라함은 돈의 유혹을 떨치지 못하고 부정과 비리에 빠져들어 쇠고랑을 차고 고개를 숙이는 모습이다.

가난뱅이는 적게 가진 사람이 아니라 더 많이 탐내는 사람이다. 탐내는 자는 언제나 가난하다. 가난은 가난하다고 느끼는 것으로부터 생긴다. 부유하거나 가난하게 만드는 것은 마음이다. 빈부는 생활수준이 아닌 만족 여부로 결정된다. 빈부는 상대적인 것이다. 달동네에서는 집과 차만 있어도 부러워할 수준이지만, 부자동네에 살면 저소득층이라 느낀다. 수입이 많아지면 눈도 높아져 지출도 많아지기 때문이다.

사람들은 수입이 많아질수록 가난하다고 느낀다. 2000년대 초 중국 CCTV의 조사에 의하면 월수입 1,000위안15만 원 이하인 사람들은 대부분 "이제는 먹고살 만하다."고 답한 반면, 월수입 3,000~5,000위안45~75만 원인 사람들은 "먹고살 만한 수준에 이르려면 아직 멀었다."고 답했다.

가난은 미운 축복

◆

"부자를 부모로 두지 못한 아이들은 인생의 경주에서 상당한 부담을 안고 출발한다. 그러나 부자를 부모로 둔 아이들은 부가 주는 유혹에 저항하지 못하고, 잘못된 길로 쉽게 빠져드는 경향이 있다. 그래서 그들은 가난한 아이들의 라이벌이 되지 못한다." 억만장자 강철왕 앤드루 카네기의 말이다.

가난한 집 아이들은 일찍 철이 들고 성공할 확률이 높다. 경제적 어려움이 아이들의 성공에 대한 욕망을 자극하고 분발시키기 때문이다. 세계적 부호인 미국 에버그린 항공사의 창업자 델 스미스1930~2014는 말했다. "나는 가난하게 태어난 것에 감사했다. 그 덕에 도전하고 노력하는 방법을 배웠기 때문이다."

가난은 미운 축복이다. 가난은 경험해볼 만한 가치가 있다. 가난은 인애와 절제의 어머니가 되어 가족들을 뭉치게 한다. 또 이해하고 화합하는 능력도 키워준다. 가난은 가난을 벗어나겠다는 의지를 강화시켜 노력하게 한다. 이러한 노력을 통해 지혜가 생기고 발전하는 기쁨을 누릴 수 있다. 가난은 강력한 성공의 촉매제가 될 수 있다. 이것이 가난이 주는 최대의 자산이다.

가난은 고통이지만 성공의 원동력이 된다. 미국의 22대, 24대 대통령 클리블랜드1837~1908는 한때 연봉이 50달러밖에 안 되는 가난한 회사원이었다. 자신의 꿈을 수시로 일깨우며 가난을 발전의 원동력으로 삼았던 그는 이렇게 말했다. "혹독한 가난만큼 철저하고 냉철하며 진실한 인품을 형성해주고 지적인 자질을 향상시켜주는 것은 없다." 궁당익견窮當益堅, 곤궁할수록 더 견고해진다는 말이다.

미국의 부유한 명문가 출신의 여류시인 로웰Amy Lowell; 1874~ 1925의 가난에 대한 예찬이다. "가난하다고 스스로를 비웃지 말라! 가난은 그대가 상속받은 재산이다. 곤경에 굴하지 않는 굳센 의지, 무슨 일이든 가리지 않고 할 수 있는 용기, 가난하기 때문에 그대에게는 참을성이 생겼고, 적은 것도 고맙게 생각하는 마음을 가졌다. 슬픔과 고통을 이겨내는 인내력, 어려운 사람을 도울 줄 아는 따뜻한 마음씨, 이것들이 그대의 재산이다. 이러한 재산은 황제도 물려받고 싶어 하는 것임을 알라! 그대가 가난하기 때문에 얻은 고귀한 재산임을 알라!"

빈궁한 환경에 놓인 사람은 본능적으로 살아남는 방법을 찾게 된다. 의식의 한쪽에는 항상 "살아남아야 한다. 잘 살아야 한다."는 생각이 있고, 그것은 이 세상을 열심히 살아야 하는 동력으로 작용한다. 가난은 인생 전반에 걸쳐서 분발할 수 있는 강력한 동기가 된다. 이보다 더한 재산을 물려받을 수 있겠는가? 가난한 집 7남매의 막내로 혹독한 가난을 겪었던 박정희1917~1979 대통령은 "가난은 나의 스승이자 은인"이라고 가난을 미화했다. "나는 못생겨서 〈미운 오리새끼〉를 썼고, 가난했기 때문에 〈성냥팔이 소녀〉를 쓸 수 있었다." 안데르센1805~1875의 말이다.

환영한다, 가난이여!

◆

인간은 위기를 겪고 나면 '다른 자아'의 세계로 도약한다. 고통은 무기력한 정신에 생명을 불어넣는다. 예술가들은 배가 고플 때 전문가적인 혼을 발휘한다. 영화 〈바람난 가족〉과 〈가루지기〉에서 베드신을 찍은 배우 윤여정1947~은 이렇게 말했다. "배우가 제일 연기를 잘 할 때는 돈이 필요할 때에요. 나는 배고파서 한 건데 남들은 잘 했다고 하더라고요." 권투, 레슬링, 유도 등 격투기 선수들도 배가 고프면 잘 싸우지만, 먹고 살만 해지면 좀처럼 뛰어난 선수가 나오지 않는다.

가난하다는 이유로 아내로부터 핍박을 받고 갖은 고생 끝에 6국의 정승이 된 소진蘇秦, B.C. 382~B.C. 286은 "부귀를 누리면 친척들이 존경하고 두려워하지만, 가난하고 지위가 낮아지면 경멸하고 푸대접한다. 내가 낙양성 밑에 토지 몇 경頃만 있었더라면, 어찌 6국 정승의 인印을 찰 수 있겠는가?"라며 가난의 가치를 역설했다.

"가난과 힘겨운 싸움을 해본 사람은 느긋하게 집에서 식량을 지키고 있는 사람보다 더 강인하고 노련해질 것이다." 칼라일1795~1881의 말이다. 독일의 의사 시인 리히테1676~1711는 이렇게 말했다. "환영한다, 가난이여! 인생에서 그리 늦지 않게 찾아온 것을!" 로마의 서정시인 호라티우스B.C. 65~B.C. 27는 "가난이 나를 시詩로 인도했고, 시가 나를 알게 해주었다."고 술회했다. 가난의 경험은 풍요로움을 느끼게 한다. 많은 사람들이 가장 행복했던 시절은 가난과 싸우면서 점차로 가난을 딛고 일어섰던 때라고 입을 모은다.

인내심을 기르고 에너지를 불어넣고 인격을 고양시키는 것은 번영이 아니라 역경이고 부유함이 아니라 가난함이다. 가난, 빈천, 근심, 고통, 노고가 당신을 옥으로 만든다. 경영의 신으로 추앙받는 마쓰시타 고노스케松下幸之助, 1894~1989는 "나는 하늘로부터 가난한 것, 허약한 것, 못 배운 것 세 가지 은혜를 받았다. 가난 때문에 부지런해졌고, 허약한 몸 때문에 건강에 힘썼으며, 초등학교 중퇴 학력 때문에 세상 사람들을 모두 스승으로 여겨 배우는 데 애썼다."고 회고했다.

많은 사람들에게 가난은 정신의 굴레로 작용하여 가난이라는 사슬을 벗어나지 못한다. 가난은 머물러 있는 것이 아니라 헤쳐 나올 수 있는 것이어야 한다. 문제는 가난을 숙명으로 여기는 태도이다. 지금도 가난하고 앞으로도 가난할 것이라고 생각하면 가난에서 벗어날 수 없다. 가난하다고 체념하는 사람은 가난을 면하지 못한다.

권투는 가난하지 않으면 못해! 주희야!

◆

김주희1986~는 16살에 여자 프로복서로 데뷔하여 18살에 최연소 세계 챔피언이 되었다. 2010년 6개 기구 통합챔피언에 이어 2012년 12월 8개 기구 통합챔피언이 되었다. 자전적 에세이《할 수 있다, 믿는다, 괜찮다》2011에 있는 김주희의 가난에 대한 분투기이다.

"86년생치고 나처럼 굶어본 사람, 나처럼 운 나쁜 사람은 아마 없을 것이다. 어머니는 가난을 못 견뎌 6학년 때 집을 나갔고, 아버지는 본드 냄새 가득한 구둣방에서 일하다 마흔 전후에 치매가 왔다. 세 식구 생계는 5살 위 언니가 책임졌다. 언니는 돈이 되는 일이라면 뭐든지 했다. 주유소 아르바이트, 편의점 점원, 호프집 서빙, 학원 서무 ….

돈! 돈은 어머니가 집을 나간 19살, 14살 자매에게 가장 큰 벽이었다. 세상에서 가장 힘든 일은 굶으면서 자존심 지키기다. 너무 배가 고파 집앞 슈퍼에서 300원짜리 크림빵을 훔쳐 먹었던 날은 그 빵만큼 많은 눈물을 쏟았다. 300원 때문에 나쁜 짓을 한 게 속상해서 내 뺨을 마구 때렸다.

세계 챔피언의 꿈을 안고 언니가 쥐어준 10만 원을 들고 중2때 거인체육관 문을 두드렸다. 가난도 훈련도 혹독했다. 중3 초경때 생리대 살 돈이 없어 이웃집 산모에게 기저귀를 얻어 썼다. 건강보험료를 못 내 친구 이름으로 병원에 갔다. 세계 챔피언이 되면 집세도 내고, 대학도 가며 정상적인 삶을 살 수 있을 것이라 믿고 참아냈다.

그럼에도 너무도 힘들어 몇 번인가 포기하려 했다. 2005년19살 때 치매 아버지를 요양병원에 모신 뒤 음독자살을 기도했다. 그때마다 정

문호 관장님이 나를 일으켜 세웠다. 30분 줄넘기를 하라고 하면 1시간을 하고, 1시간 연습하라고 하면 3시간을 했다. 매일 15km를 달려 8년이면 지구를 한 바퀴 도는 거리인데 한 바퀴도 훨씬 더 돌았다. 몸이 힘든 건 견딜만하다. 마음이 힘든 것이 진짜 힘든 것이다." 김주희는 권투를 하느라 힘들었지만 권투 덕분에 행복했다고 말한다.

가난은 자생력을 길러준다. 가난은 생존능력을 배양할 기회이다. 우리의 정신은 고난에 짓눌렸을 때 아름다운 향기를 내뿜는다. "역경은 사람을 만들고 행운은 괴물을 만든다." 프랑스 속담이다. "인생은 고난의 연속이다. 그러나 성실한 마음으로 물리칠 수 없는 고난은 없다." 소크라테스B.C. 470~B.C.399의 통찰이다.

니체1844~1900는 말했다. "고통을 얼마나 감수할 수 있느냐로 인간의 위대성이 결정된다. 나를 죽이지 못하는 고통은 나를 더욱 강하게 만들 뿐이다. 풍파는 전진하는 자의 벗이다. 풍파 없는 항해 얼마나 단조로운가? 고난이 심할수록 내 가슴은 뛴다." 니체는 고난을 극복하려는 자강의지自强意志를 최고의 가치로 삼았다.

눈물 젖은 빵을 먹어보지 않은 자들과
인생을 논하지 말라!

◆

인간은 좋은 시절보다 나쁜 시절에 더욱 강한 생존능력을 발휘한다. 전쟁기간에는 자살률도 낮고 정신과 환자도 크게 준다. 2차대전의 영국과 1960~70년대월남전 미국 젊은이들의 자살률이 크게 낮았다. 9·11 테러에 미국인들은 강력한 애국심과 단결력을 보였다. 인간은 위

◆ 극심한 가난으로 종이를 살 수 없어 가죽옷을 긁어 썼다는 세르반테스의 《돈키호테》(1605)는 세계 최초의 근대소설로 평가된다. 당시 길가에서 책을 들고 울고 웃는 사람을 보고 "저 자는 미친 게 아니라면 《돈키호테》를 읽고 있는 것"이라고 말할 정도로 대단한 인기였다.

기가 되면 내면內面을 깊이 들여다본다.

가난은 분발을 촉구한다. 고난을 겪는 과정에서 영혼이 성숙하여 겸손해진다. 세르반테스1547~1616는 종이를 구할 수 없을 정도로 가난해서 가죽옷을 긁어 《돈키호테Don Quijote》1605를 썼다. 그를 도와주라는 부탁을 받은 한 부자는 이렇게 말했다. "그를 가난에서 구해주어서는 안됩니다. 그의 가난이 세상을 풍요롭게 할 것입니다."

역경은 인간을 강하게 만든다. 인간은 역경에 처하면 무궁무진한 지혜를 발휘한다. 뇌는 문제를 느끼지 않으면 지혜를 짜내지 않는다. 인간에게는 어느 정도의 긴장이 필요하다. 실패와 좌절은 아무런 긴장도 없는 안락에서 잉태한다. 강인한 정신력은 긴장 속에서 솟아난다. 그리고 억센 바람, 거센 비도 한나절이면 끝이 난다. 간난신고의 역경과 시련도 언젠가는 뿌듯한 추억거리가 된다.

봄에 농부가 한쪽 논에는 새끼 미꾸라지만 넣고, 다른 논에는 새끼 미꾸라지와 메기를 넣어 키웠다. 가을에 메기가 없었던 논의 미꾸라지는 무기력하고 움직임이 굼뜬 데 비해, 메기가 있었던 논의 미꾸라지들은 민첩하고 활기가 넘쳤다. 토인비1889~1975는 '도전과 응전'을 서술하면서, "영국인들은 살아있는 청어를 좋아하는데, 북해에서 잡은 청어의 수조水槽에 숭어를 넣어 청어의 생존율을 높였다."고 썼다.

말 못하는 식물도 역경을 극복하기 위해 분투한다. 땅에 염분이 많은 이스라엘의 복숭아는 달다. 염수鹽水를 흡수할 때의 스트레스가 단맛을 더하기 때문이다. 극한의 추위를 이겨내는 캐나다 록키산맥의 단풍나무는 가장 고가로 팔리는 명품 바이올린의 재료가 된다. 모진 바람과 추위를 견뎌낸 그 나무에서 나온 소리는 아주 청아하다. 옛사람들은 바위틈에서 자란 나뭇가지를 도끼자루로 썼다. 바위틈을 뚫고 뿌리를 내린 나뭇가지는 알차고 영글어 부러지지 않기 때문이다.

세찬 바람으로 강한 풀을 안다고 했다. "눈물 젖은 빵을 먹어보지 않은 자들과 인생을 논하지 말라!"는 말이 있다. 역경과 고난은 인간을 단련하는 용광로와 망치다. 곤경은 용광로처럼 인간을 단련시킨다. 고생을 하지 않고는 윗자리에 앉기가 어렵다. 거칠고 힘든 환경이 범인凡人을 영웅으로 만든다. 고난은 부처를 만든다. "아픔을 맛보지 않은 자는 사람이 아니다." 유대속담이다.

가난은 내 인생 최대의 자산이었다
◆

미국을 비롯해 세계적으로 동기부여 분야에서 위대한 업적을 남긴 성공철학의 거장 나폴레옹 힐1882~1970은 가난한 집에서 태어났다. 그는 탄광과 야적장에서 일하다가 변호사가 되기 위해 법대에 입학하였다. 학비 마련을 위해 글을 기고하다 잡지사 기자가 되어, 강철왕 앤드루 카네기를 만나면서 인생의 전환점을 맞게 된다.

앤드루는 힐에게 누구나 실천할 수 있는 성공의 원리가 있을 것이라며, 그 원리를 찾기 위해 성공한 기업가들을 인터뷰할 것을 권고했다. 힐은 1908~1928년까지 20년에 걸쳐 앤드루가 건네준 성공한 기업가 507명을 인터뷰하여 20세기 최고의 성공철학서로 평가받는 《생각하라, 그러면 부자가 되리라Think and Grow Rich, 1937》를 출간했다. 그는 이 책에서 가난에 대해 다음과 같이 서술하고 있다.

"나는 가난의 고통을 한 순간도 잊은 적이 없다. 그러나 소년 시절에 겪었던 경험을 다른 어떤 경험과 바꾸고 싶지 않다. 나는 돈을 번다는 것1달러가 아닌 2센트를 버는 것이 무엇을 의미하는지 잘 안다. 나는 그때 돈의 가치를 배울 수 있었다. 다른 방법으로는 그것을 결코 배울 수 없었을 것이다. 손에 단 한 푼도 없이, 부엌에 빵 한 조각 없이, 불을 지필 장작도 없이 아침을 맞이하는 것이 무엇을 의미하는지 이해할 수 없었을 것이다. 소년들에게 가난은 감추어진 축복이다."

그리고 그는 이어서 "나는 가난은 헤쳐 나올 수 있다고 믿는다. '어떻게 헤쳐 나오느냐고?' 누구도 그 답은 알려 줄 수 없다. 내게도 그것을 알려준 사람은 없었다. 스스로 알아서 찾아야 한다. 나는 가난에서 벗어나기 위해 무엇이든 최선을 다해 해냈다. 하던 일이 싫어질 때에도 그 일을 하는 동안에는 최선을 다했다. 그러한 과정을 통해 경험과 지혜가 생기고 성장하고 발전 할 수 있었다. 가난은 내 인생 최대의 자산이다. 세상에 가난만큼 소년의 꿈과 의지를 불태우게 하는 것은 없다. 가난은 젊은이에게 축복"이라고 가난의 가치를 역설하고 있다.

가난을 이겨낸 사람들

◆

가난하게 자란 사람들은 가난을 벗어나기를 열망한다. 불편과 상처를 경험했기 때문이다. 나이 든 세대들은 저마다 가난에 대한 아픈 추억을 갖고 있다. 가난은 그들의 삶에 깊이 각인되어 있고, 그들은 "가난해서는 안 된다."는 신념을 갖고 가난을 벗어나기 위해 각고의 노력을 했다. 가슴을 파고드는 눈물겨운 가난의 예는 너무도 많다.

《억만장자 도쿄대학 교수 다 주고 떠나다》의 저자 혼다 박사*가 산림학교에 입학했을 때, 그의 집은 한 해 50엔의 등록금 마련도 힘들 만큼 가난했다. 그의 형과 누나가 뼈 빠지게 농사지어 간신히 그의 학비를 댔다. 따라서 그는 아무리 용돈이 궁해도 입이 떨어지지 않았다. 끙끙 앓던 그는 묘안을 짜냈다. 당시 등록금에는 기숙사비가 포함되어

----

* 혼다 세이로쿠(本多静六, 1866~1952) 박사는 11세에 아버지를 여읜 가난한 고학생이었다. 독일유학 후 도쿄 농과대학 교수가 되었다. 월급의 1/4을 저축한 돈으로 땅을 사 억만장자가 되었다. 60세 정년 후에는 "돈이나 명예가 행복이 아니다. 많은 돈은 자신과 자녀들에게 백해무익하다."는 깨달음으로 재산의 대부분을 남몰래 기부하고, 고구마 죽에 야채 한 가지의 간이생활로 부부가 건강한 여생을 보냈다.

있었고, 외출할 때 결식계缺食屆를 제출하면 식비를 되돌려주었다.

그는 그걸 노려 일요일이면 결식계를 내고 14km 떨어진 친지 댁으로 가 밭일과 집안 청소를 돕고 세 끼를 배불리 얻어먹었다. 그는 다른 학생들이 늦잠을 즐기는 일요일에 일찍 일어나 배고픔을 참으며 먼길을 걸었다. 매주 왕복 28km를 오갔고, 하루 12전錢 5리里, 월 4번에 50전을 되돌려 받아 용돈을 쓰면서 학업을 계속했다.

그는 누군가 기숙사 창밖으로 내버린 몽당연필을 주워서 쓰고, 종이에 글씨를 쓸 때는 깨알 같은 글씨로 빈틈없이 채워 썼다. 교복은 관급官給이었으나 신발은 각자 알아서 사 신어야 했다. 그는 학창생활 4년을 단 1켤레의 구두로 버텼다. 그래서 그는 누구 집을 갈 경우, 맨발로 걸어간 다음, 그 집 앞에서 신발을 주머니에서 꺼내 신고, 그 집에서 나오면 다시 신발을 벗어 주머니에 넣고 맨발로 돌아오곤 했다.

광주일고 출신들이 자수성가형으로 꼽는 인물이 오세철1947~ 금호타이어 사장이다. 그는 지독한 가난을 딛고 국내 최고의 타이어 전문가이자 대기업 사장이 되었다. 오 사장은 전남 나주군 다시면에서 4남 2녀 중 막내로 태어났다. 초등학교 시절 갑자기 가세가 기울면서 그의 인생은 20여 년간 고생의 연속이었다.

누나와 함께 광주에서 자취하던 광주서중 재학시절, 그는 차비가 없어 학교까지 10리 길을 걸어 다녔다. 광주일고 시절에도 마찬가지였다. 등록금은 담임선생님이 내줬고, 고등학교 3학년 때는 자취방 얻을 돈마저 없어 인근 여자고등학교 뒷동산에 천막을 치고 살았다.

어려운 환경 탓에 그의 성적은 뒤처졌고 결국 대학입시에 낙방했다. 재수는 엄두도 내기 힘든 사치였지만 그래도 대학은 가야 했다. 오

사장은 재수 시절 1년 가운데 9개월은 돈을 벌고 3개월만 공부했다. 봄가을에는 건설현장의 잡역부로 일하고, 여름에는 광주 시내를 돌아다니며 아이스케키를 팔았다. 그는 "1967년 겨울 전남대 화학공학과 합격증을 받아들고는 울음을 참을 수 없었다."고 회고했다.

그를 궁핍에서 건져 올린 것은 1974년 입사한 삼양타이어_{현 금호타이어}였다. 입사성적은 33명의 공채시험 합격자 중 수석이었다. 열과 성을 다해 입사 2년 만에 연구과장 직무대리로 승진했고, 밤낮없이 연구한 끝에 1977년 항공기 및 장갑차용 타이어를 국내 최초로 개발했다. 펑크가 난 상태에서 시속 80km의 속도로 50km를 달릴 수 있는 특수 타이어는 불티나게 팔려나갔다.

지독한 가난을 겪은 그는 생활고를 비관해 누가 자살했다는 뉴스를 봐도, 남들처럼 "죽을 용기로 왜 열심히 살아볼 생각을 하지 못하나?"라는 말은 하지 않는다. 도를 넘어선 가난은 사람이 도저히 견딜 수 없다는 사실을 너무 잘 알기 때문이다.

이 시대의 젊은이들은 이들 두 사람의 이야기가 실감이 나지 않을 것이다. 그러나 내게는 이 이야기들이 가슴 깊이 와 닿는다. 1950년대의 어린 시절에 가난을 겪었던 나와 동년배들 대부분이 공감할 것이다. 나도 초등학교를 마치고 중학교 진학을 못할 만큼 가난을 겪었던 사람이다. 어린 시절의 가난의 체험이 이 책을 쓰게 된 동기의 하나로 작용했을 것이다. "우리는 가난을 예찬하지는 않는다. 다만 가난에 굴하지 않는 사람을 예찬할 뿐이다." 부유한 귀족이었던 톨스토이_{1828~1910}의 말이다.

2장

검약

◆

The Philosophy of money

세속적인 성공의 첫째 의미는 부자이다. 부자가 되려면 열심히 일하고 검약하는 방법밖에 없다. 아무리 열심히 일해도 절약하지 않으면 부자가 될 수 없다. 부는 수입보다는 지출에 좌우된다. 돈이 모자라면 필요한 것과 원하는 것을 구별해 사용해야 한다. 남들의 눈을 의식한 분수에 맞지 않는 화려한 생활은 곧 곤궁으로 이끄는 지름길이다. 곤궁에 처하는 것보다는 있는 그대로 보여주는 것이 보다 나은 삶이다.

검약의 미덕

◆

검약儉約은 철저한 자기관리, 규칙적인 생활, 신중한 결정, 낭비의 억제를 의미한다. 검약은 미래를 위해 현재의 욕구를 절제하는 능력이다. 검약은 동물적 본능에 대한 이성의 지배를 의미한다. 검약은 개인의 인격, 가정의 행복, 사회 안녕의 보호자이다. 검약은 인색과 다르다.

검소하지만 인색하지 않은 것儉而不吝이다. 검약은 돈을 우상으로 받들지 않고 유용한 수단으로 생각한다.

검약은 빈자를 부자로 만들어준다. 검약하지 않고 부자가 되는 사람이 없고, 검약하는데 가난한 사람도 없다. 검약하면 조금으로도 충분하지만, 검약하지 않으면 아무리 많아도 부족하다. 흔히 검약은 고통스러운 것으로 생각하는데 검약도 나름의 재미가 있다. 미덕을 실천한다는 자부심이 무엇보다 큰 기쁨이다. 검약은 자기절제이며 이성적 행위이다.

검소한사람은 현재보다는 미래를 대비하기 때문에 생각이 깊은사람이다. 또한 절제와 극기라는 미덕의 소유자이다. 극기와 절제는 우리의 삶에 절실한 덕목이다. 절제력이 없으면 재능도 가치가 없다. 궁핍의 주원인은 무절제이다. 무절제는 자멸의 시작이며 가장 교정하기 힘든 결점이다. 로마인들은 '자기 자신에 대한 승리'를 최고의 미덕으로 여겼다.

검약은 ① 행복의 밑천이다. ② 희망을 준다. ③ 자유로운 삶으로 인도한다. ④ 부자와 빈자 모두의 친구이다. ⑤ 온갖 방법으로 삶에 적용할 수 있는 덕목이다. ⑥ 자신감을 높여준다. ⑦ 가난과 실패에 대한 확실한 보험이다. ⑧ 건강, 능력, 복지를 강화해준다. ⑨ 극기와 자제력의 상징이다. ⑩ 수많은 가정을 망치고, 마음의 평화를 깨뜨리는 빚이라는 저주를 막아준다.

근검은 부귀와 명예의 지름길

◆

다산茶山, 1762~1836은 두 아들에게 '근검'이라는 두 글자를 남기며 이렇게 말한다. "나는 너희에게 전원田園을 남겨줄 수 있을 만한 벼슬은 하지 않았다. 그러나 삶을 넉넉히 하고 가난을 면할 수 있는 두 글자의 신령한 부적符籍을 너희에게 줄 테니 소홀히 하지 마라. 하나는 부지런 할 근勤이요, 또 하나는 검소할 검儉이다. 이 두 글자는 좋은 전답보다도 낫고 평생 써도 다 쓰지 못할 재산이다."

다산은 근검勤儉이라는 두 글자를 유산처럼 물려주면서, '어떤 문전 옥답을 물려주는 것보다 좋은 유산'이라고 역설하였다. 아무리 많은 전답을 물려주어도 낭비하면 금방 탕진하고 말지만, 근검은 쓰면 쓸 수록 더 부유해질 수 있다는 것이다.

이덕무李德懋, 1741~1793는 선비가 지켜야 할 덕목을 담은 《사소절士小節》 에 "검소한 사람은 자신을 받드는 데 절제하기 때문에 항상 넉넉하여 남에게 베풀 수 있고, 사치하는 사람은 자신을 받드는 데 풍성하기 때 문에 항상 부족하여 남에게 인색하다."고 썼다. "검소는 편안하게 사 는 길이고 사치는 패망의 길이다." 혁명가革命家이며 경략가經略家인 정도 전鄭道傳, 1342~1398의 말이다.

벤자민 프랭클린1706~1790은 검약가儉約家로 유명하다. 그는 17남매 의 15남으로 최종학력이 라틴어학교 1년에 불과하다. 10살 때부터 쇠 기름으로 양초와 비누를 만드는 아버지를 도왔고, 12~17세까지 형의 인쇄소에서 견습공으로 일했다. 그는 초라하게 시작했지만 스스로 우 뚝 일어선 자강굴기自强崛起의 입지전적 인물로, 현재 미국의 최고액권 100달러 지폐에 그의 얼굴이 새겨져 있다.

그는 "근검으로 모든 것을 이루었다."고 회고한다. 그에게 근검은 돈의 사용과 함께 건강과 활력을 유지하고 자신의 재능을 최고로 증

◆ 미국 건국의 아버지라 불리는 벤자민 프랭클린은 가난한 집에서 태어나 근면과 성실함으로 인생의 모든 분야에서 최고의 경지를 이룬 인물로 평가받고 있다.

진시키는 것을 의미했다. 그는 79세 때에 "내가 이처럼 오래도록 건강을 유지하고, 강건한 체력을 지니고 있는 것은 근검 덕분이다. 일찍부터 형편이 펴고 재산을 모으고, 다방면의 지식을 쌓아 상당한 명성을 얻을 수 있었던 것은 모두 근면과 검약 덕분이다."

그는 '나의 유일한 오락은 독서'라 할 정도로 어릴 때부터 책을 가까이 했고, 20세에는 절제, 검약, 근면, 겸손, 정직 등 13가지 덕목을 정해 두고, 날마다 하나하나 점검하며 50년 동안 꾸준히 실천한 성실과 인내의 전범典範이다. 그는 저술가, 출판인, 과학자, 발명가, 외교관, 독립운동가, 대학총장, 주지사, 체신부 장관 등 많은 분야에서 두각을 보였다. 84세에 타계한 그의 묘비에는 '인쇄인, B. 프랭클린'만 새겨져 있다.

13세부터 방직공장 얼레잡이로 일했던 강철왕 앤드루 카네기는 대부호가 된 후에도 1달러를 소중히 다뤘다. 방직공장의 주급 1.20달러, 15세 때의 전보배달부 주급 2.50달러, 17세 때의 전신기사보 월급 25.18달러, 철도회사 월급 35달러 등을 정확히 기억하며 적은 돈도 아졌다. 그는 말했다. "무엇보다 중요한 것이 절약 습관이다. 절약은 큰 재산을 안겨주는 여신女神이며, 야만인과 교양인을 나누는 기준이다. 재산을 불려주고 사람들의 품성까지 길러주는 것이 절약이다."

검약은 확고한 자립기반

◆

사람들은 자기가 원하지도 않는 것을 사기 위해, 알지도 못하는 사람들에게 인상을 남기기 위해 돈을 낭비한다. 사람들은 상품을 구입할 때 돈이 얼마나 들까보다 남들 눈에 어떻게 비칠까에 골몰한다. 낭비는 무의미한 곳에 돈을 쓰는 것이다. '돈에 무관심할수록 호쾌한 사람'이라는 말은 기만성欺瞞性을 내포하고 있다.

《채근담》의 구절이다. "집안을 다스릴 때 명심할 두 마디 말은, 용서하면 마음이 편안하고, 검소하면 살림이 넉넉해진다는 것이다. 검소하면 돈이 천해 보이고 사치하면 돈이 귀해 보인다. 사치하면 부유해도 부족하고 검약하면 가난해도 넘친다. 검약하면 여유로워진다." 검약으로 남에게 베풀 수 있는 여력도 생긴다.

《자치통감資治通鑑》을 저술한 북송北宋의 사마광1019~1086은 평생을 검약하며 깨끗하게 살았다. 그는 "검소하다가 사치하기는 쉬워도 사치하다가 검소하기는 어렵다."고 아들 사마강에게 가르쳤다. "아무도 지나치게 소박한 생활을 했다고 후회하는 사람은 없다." 러시아의 부유한 귀족이었던 톨스토이1828~1910의 말이다.

검약은 삶에 질서가 있는 상태이다. 검약은 필요한 곳에 쓰고 저축하는 것이며 돈이 있지만 절제하는 것이다. 돈을 쓰지 말라는 것이 아니라 제대로 쓰라는 것이다. "자녀에게 장사를 가르칠 게 아니라 검약을 가르쳐라." 브라만 경전의 구절이다. 검약은 자립과 안정을 보장한다. 검약은 확고한 자립기반이다. 검약은 자립정신의 실천이다.

영국의 정치가 존 호너1911~1997는 아버지로부터 이런 충고를 들었다. "나는 모든 면에서 네가 편안하게 살기를 바란다. 그러나 검약정신만은 심어주고 싶다. 검약은 모든 사람에게 가장 필요한 덕목이다. 천박한 사람들은 우습게 생각하지만, 검약은 자립에 이를 수 있는 가장 확실한 길이다."

검약은 역경과 악운을 극복할 수 있는 최선의 길이다. 버는 대로 써버리는 사람은 항상 가난하다. 경제적 위기가 닥치면 이들은 궁지에 몰릴 수밖에 없다. 적은 금액이라도 저축해 놓지 않으면 이 사람 저 사람에게 구걸해야 한다. 낭비의 폐단은 재산의 낭비가 아니라 에너지, 인격, 자존심을 손상시키는 것이다. 부자가 사치만 한다면, 비록 그의 돈이 사치를 감당해 주더라도 그는 속물의 대명사가 되고 경멸을 당한다.

저축은 기회를 만든다

◆

저축은 장래에 대비하여 소득의 일부를 적립하는 것이다. 저축은 가난을 막아주는 방벽이다. 동서고금을 통해 절약하며 저축하지 않았던 창업자는 없다. 19세부터 소득의 50%를 저축하기로 결심한 존 템플턴1912~2008은 말했다. "돈을 원한다면 돈을 소중히 여겨야 한다. 우리에게는 많은 친구가 있다. 그러나 변함없이 필요할 때 언제라도 도와줄 준비를 하고 있는 저금통장이라는 친구보다 좋은 친구는 없다."

금액의 많고 적음은 중요하지 않다. 저축하는 습관이 중요하다. 저축습관은 자제력이라는 미덕의 징표이다. 저축은 유혹을 이겨내는 것이기 때문에 저축하는 습관은 강인한 성품을 요한다. 절제력, 자신감, 극기, 용기, 인내 등 미덕의 실천이며, 그에 따라 성품도 좋아진다.

저축은 기회를 만든다. 고용주라면 저축하는 사람을 고용한다. 그가 돈을 저축해 놓고 있기 때문이 아니라 자기를 관리할 수 있는 사람이기 때문이다. 누군가가 얼마 안 되는 월급인데도 저축을 한다면 그는 성실, 절제, 정직 등의 미덕의 소유자로 신뢰할 만한 사람이다.

시카고의 한 인쇄소에서 일하던 젊은이가 인쇄소를 차려 독립하려고 인쇄기계 판매회사를 찾아가 자기의 포부를 밝히며 인쇄기를 외상으로 구매하기를 원했다. 그 회사의 매니저가 물어본 첫 번째 질문은 "저축하고 있소?"였다. 주급 30달러의 절반을 4년 동안 계속 저축해왔던 그는 외상으로 인쇄기를 구입했고, 결국 시카고 제1의 인쇄업자가 되었다.

기회는 언제 어디에나 있다. 그러나 준비하는 사람만이 기회를 붙잡을 수 있다. 모든 부는 저축에서 출발한다. 저축은 부자가 되기 위한 필수요건이다. 미국의 백화점 재벌 마셜 필드1834~1906는 인생의 전환점이 무엇이었냐는 질문에 "별로 많지 않은 월급으로 5,000달러를 처음 모았을 때가 내 인생의 전환점이었다. 그 돈이 나에게 기회를 붙잡을 수 있는 밑천이 되었다."고 답했다.

작은 것이 쌓여 큰 것이 된다

◆

부자가 되는 방법은 간단하다. 버는 것보다 덜 쓰는 것이다. 번 돈의 일부를 저축하면 반드시 부자가 된다. 저축하는 것은 힘들다. 그러나 저축하지 않으면 저축하는 것보다 훨씬 더 큰 어려움이 온다. 인생의 내리막길에 구호단체에 의지해서 연명하다가 거리에서 죽어가는 사람들은 작은 돈을 우습게 여겼기 때문이다.

100원, 1,000원을 모으지 않으면 10만 원, 100만 원을 만들 수 없다. 적소성대積小成大, 작은 것이 쌓여 큰 것이 된다는 말이다. 처음 100만 원을 모으기가 힘들고, 그 다음은 쉽게 모인다. 돈은 스스로 커가는 성질을 갖고 있다. "처음 1,000달러를 버는 것이 어려웠지, 그 이후 1만 달러를 버는 것은 아주 쉬웠고, 1,000달러가 없었다면 초라하게 죽었을 것이다." 미국의 한 성공한 사업가의 회고이다.

우리가 꿈꾸는 풍요는 작은 것에서 시작된다. 작은 도토리가 자라서 큰 상수리나무가 되듯이 작은 씨앗에서 행운이 싹튼다. 작은 돈이 놀라운 성장의 씨앗이 된다. 그 씨앗이 자라 큰 행운의 나무가 된다. 노인이 되어 그 그늘 밑에서 편안히 쉬고 싶다면, 이 순간부터 작은 동전을 행운의 씨앗으로 대접하라.

사람들은 빈곤을 자신의 문제로 생각하지 않는다. 그러나 경제는 언제나 불안정하고 소득의 변동이 커서 빈곤은 모두가 염려해야 하는 문제이다. 1968~2011년의 가계데이터를 분석한 결과 미국인의 54%가 빈곤선 아래로 떨어졌고, 25~60세 미국인의 60%는 언제인가 빈곤을 겪게 될 것으로 예측되었다. 삶에서는 생각지도 않았던 일이 많이 일어난다. 고소득자도 빈곤에 빠질 수 있다. 미래는 항상 불확실하다.

종교적으로 문화적으로 자살이 악덕인 그리스가 경제위기를 겪으면서 전직 약사 크리스탈루스 노인이 "연금 삭감으로 약값도 댈 수 없다. 내 존엄을 위해 쓰레기통을 뒤질 수 없다."며 2012년 4월 아테네 중심가 많은 사람들 앞에서 권총으로 자살했다. 35년 약사를 한 이 노인은 충분히 저축할 수 있는데도, 버는 대로 다 써버리고 노후에 궁핍을 겪은 것이다. 저축만이 나의 존엄을 지켜주는 든든한 성채城砦이다.

조조의 검약

◆

조조曹操, 155~220는 많은 장점에도 불구하고 매우 부정적인 인물로 인식되고 있다.* 진수陳壽, 233~297는 《삼국지》 말미에 조조를 '보통의 인물이 아닌 탁월한 사람[非常之人 超世之傑]'이라고 평했다. 조조도 인간이라 단점도 있었겠지만 장점이 훨씬 더 많았다. 조조에게 좋은 점이 없었다면 그렇게 많은 인재가 모일 수가 없었을 것이다.

조조는 호화 사치할 것 같은 이미지와 달리 검소하고 질박했다. "근 검하면 나라를 얻지만 사치하면 나라를 잃는다. 사치는 큰 죄악이요 검약은 만인이 지켜야 할 덕목"이라며, 평생 음식과 옷에 관심을 갖지 않았다. 배부르고 따뜻한 잠자리만 있으면 그만이었다. 나물에 조밥을 먹었고 생선이나 고기가 없었다. 옷가지는 모두 10년이 지난 것으로 해마다 세탁하고 꿰매 입었다.

조조는 진귀한 물건이 생기면 공功이 있는 사람들에게 모두 나누어 주었다. 그가 부린 사치는 가무를 펼치는 예인藝人과 15명의 처첩들아들

---

* 오(吳)의 대장군 육손(陸遜)의 손자이며 문장가인 육기(陸機)는 "온 세상이 조조를 함께 받들었다. 덕은 천지에 나누어지고 태양과 달을 도와 함께 빛나는구나!"라고 칭송할 정도인데, 소설가 나관중이 유비(劉備)를 띄우기 위해 그 상대 인물로 조조를 몹쓸 인물로 만들어, 중국학자들이 조조의 참모습을 복원시키려 노력하고 있지만, 나관중이 만들어낸 조조의 이미지를 극복하지 못하고 있다고 한다.

25명뿐이었다. 첩들에게 비단옷이나 수를 놓은 옷을 입지 못하게 하고, 휘장이나 병풍이 헤지면 기우거나 고쳐서 사용하였다. 45년을 함께한 아내 변卞씨가 적극적으로 동참했다. 그러나 아들 조비曹丕 대에는 사치가 일고 손자 조예曹叡 대에서는 더욱 심해 결국 사마司馬씨에게 나라를 빼앗겼다.

영조와 정조의 검약

임금의 사생활이 깨끗하고 덕이 있어 백성의 존경을 받던 시대는 영조1724~1776와 정조1776~1800의 재위 연간이었다. 영조1694~1776는 평생 검약을 생활신조로 삼고 몸소 실천하였다. 영조는 여름에 쓰다 남은 종잇조각을 버리지 않고 모아 두었다가 겨울이 오면 뚫어진 문을 바르거나 문풍지로 썼다. 이 사실이 궁궐 밖으로 흘러나가자 백성들이 사치를 삼갔고 관리들은 부정행위를 부끄럽게 여겼다. 왕이 무명옷을 입으니 신하들이 감히 비단옷을 입을 수 없었다. 52년의 오랜 치세를 마감했을 때, 국고에는 곡식이 가득하여 30년 먹고도 남을 정도의 풍요를 남겨주고 눈을 감았다.

정조1752~1800는 천성이 검소한 것을 좋아하여 어려서부터 기름진 음식이나 화사한 의복을 가까이 하지 않았다. 어머니 혜경궁의 회고이다. "어려서부터 화려한 것을 좋아하지 않았고, 장난감을 버리지 않고 오래 가지고 놀았다." 정조는 "비용절감은 궁궐에서 먼저 해야 한다."며 검약을 솔선수범했다. 평상시 식사에도 반찬이 세 가지를 넘지 않았고, 왕실용 고급지를 사용하는 것이 사치스러워 매년 썼던 종이로 재생지를 만들어 편지지 등으로 사용했다.

실록에 적힌 정조의 생활습관이다. "금상今上은 검소한 것을 좋아했다. 겨울에는 곤룡포 외에 늘 입는 것이 굵은 무명베옷이었고 기워서 입기도 했다. 여름철 옷은 자주 빨기 때문에 헤어진 것도 그냥 입었다. 평소에 거처하는 침전도 너무 소박하여 장이나 벽이 연기로 그을려 누추한 곳이 있어 관리가 수리할 것을 청하면, 금상은 '비용이 많이 들어서가 아니라, 내가 보기에는 그리 누추하지가 않아서 수리를 안 한다'고 했다." 정조는 가난한 선비처럼 살았다. 영조와 정조는 몸소 절약하고 백성을 사랑하는節用愛民 군주였다.

정주영의 검약
◆

2000년 3월 고 정주영1915~2001 회장이 이사를 할 때 오래된 그의 옷과 가재도구가 세간의 화제가 되었다. 30년 이상 살아온 청운동 자택 거실의 가구들이 너무도 낡았기 때문이다. 20년이 넘은 소파의 가죽은 헤져 하얗고, 의자와 테이블은 칠이 벗겨져 있거나 수리한 자국이 곳곳에 있었다. 그 흔한 그림이나 장식품도 없었고 TV는 17인치 소형이었으니, 과연 이곳이 대한민국 최고 재벌의 거실인가 의심될 만큼 초라하고 소박했다.

17년을 입은 작업복은 재봉틀로 깁고 기워 지게꾼 바지와 다름없었다. 계속 굽을 갈아가며 똑같은 디자인의 구두 3켤레를 30년 넘게 신었다. 구두굽이 닳는 것을 막으려고 굽에 징을 박아 신고 다녔다. 한번은 가정부가 낡아빠진 정 회장의 실내화를 버리려다 해고당할 뻔했다. 아직도 쓸 만한 실내화로 오랜 추억이 묻은 물건을 함부로 버리려는 가정부가 마음에 들지 않았던 것이다. 그는 국내외 귀빈들을 접대할 때나 공식적인 만찬자리가 아니면 늘 소박한 음식을 즐겼다.

정 회장은 젊은 시절부터 아끼는 데에는 누구 못지않았고 짜디짠 '왕소금 회장'으로 불렸다. "나는 대단한 구두쇠이지만 큰손이기도 하다. 돈을 써야 할 때는 아끼지 않고 쓰니까. 아낄 때 아끼고 쓸 때는 확실하게 쓴다." 회사든 개인이든 쓸데없는 데 낭비하는 것을 보면 아무리 사소한 것이라도 참지 못하는 정 회장이지만 일단 돈을 써야 한다고 생각하면 통 크게 쓴다. "돈의 중요성은 그 액수에 있는 것이 아니라 돈이 쓰이는 가치에 있다. 꼭 필요한 데 쓰인다면 그 액수는 중요하지 않다. 하지만 가치 없는 데에 쓰인다면 100원도 아까운 것이다."

도쿄 도시오(土光敏夫)의 검약

도시바 회장, 천황 다음의 영예라는 경단련經團連 회장, 일본 정부의 임시행정개혁추진심의회 회장 등을 역임한 도코 도시오1896~1988는 생전에 일본에서 가장 존경받는 인물이었다. 직함이 아니라 성실한 자세와 모범적인 생활태도로 존경을 받았다. 그는 근검하고 공사의 구분이 투철했다. 매일 새벽 4시에 기상하여 독서를 했다. 그는 '독서는 저자와의 대화'라며 문답을 하면서 책을 읽는 것으로 유명하다.

그리고는 불경을 읽고 산책과 목검 휘두르기를 한 뒤 아침식사를 하고 6시 30분이면 출근한다. 그는 회사에 가장 먼저 출근한다. 그의 회사는 직급순으로 출근한다. 그의 지론이 "임원은 사원의 10배를 일해야 한다."는 것이다. 통상 점심은 회사에서 메밀국수로 때우고, 직원들과 대화하거나 공장과 영업소를 방문하는 것이 일과였다. 그는 "일에서는 사장도 사원과 동격이고, 동격의식을 가지려면 많은 대화가 제일 좋다."며 틈만 나면 직원들과 대화를 나누었다.

퇴근 후에는 약속이 없는 한 집으로 직행하여 밥, 된장국, 정어리 한 마리, 야채 반찬의 저녁식사를 하고 독서를 했다. 그는 도쿄에서 전철로 2시간이 걸리는 가마쿠라 鎌倉 시의 20평 남짓한 목조건물에서 부인과 둘이서 살았다. 그는 텃밭에서 직접 채소를 키워 자급자족했다. 돈을 아끼기 위해 머리는 부인이 깎아주는 등 검약생활로 한 달에 5만 엔의 생활비만 남기고 모든 수입을 어머니가 설립한 학교에 기부했다.

낡은 양복 몇 벌로 평생을 지냈고 구두는 창을 갈아 신었으며 골프도 치지 않았다. 도시바 회장인데도 집에 컬러TV가 없는 걸 알고, 종업원들이 100만 대 생산기념으로 한 대를 구입해 선물할 정도였으니, 그의 검약은 상상을 초월한다. 그의 생활신조는 "생활은 낮게, 생각은 높게, 개인은 검소하게, 사회는 풍요롭게"였다.

록펠러의 검약

◆

록펠러 1세1839~1937의 어린 시절은 가난했다. 그의 가족은 도시 외곽지역 여기저기로 이사를 다녀야 했다. 록펠러는 가계를 돕기 위해 16살에 고등학교를 중퇴하고 취직을 했다. 직장생활을 하는 동안 그는 누구보다 열심히 일했고 인정도 받았다. 직장에서 보인 그의 헌신적인 태도에 고용주는 감동했다. "기회가 왔을 때 조심해야 해. 자만심에 빠지면 실패하기 쉽지. 하루하루가 나의 미래를 결정하는 거야."

록펠러는 철저한 검약가였다. 항상 검약을 강조했던 그의 어머니는 "무절제한 낭비의 결과는 무자비한 가난뿐"이라고 가르쳤다. 그는 가장 엄격하면서도 효율적이었던 학교, 즉 빈곤을 통해 검약을 배웠다. 그의 관심은 피할 수 있는 손실을 최대한 막을 수 있는 방안에 쏠려 있었다. 록펠러는 쉴 새 없이 메모를 써서 공장장들에게 절약지침을 주었다. 근무시간이 끝나면 회사를 돌아다니며 가스를 점검했다. 그는 구두쇠가 아니었다. 다만 돈을 함부로 쓰는 것을 용납하지 않았다.

록펠러는 거대한 부富의 성城을 쌓았지만, 그의 생활은 보통사람과 다름이 없었다. 그의 자식들도 부를 누리지 못했다. 록펠러 2세1874~1960는 8살이 될 때까지 누나들이 물려준 옷을 입었다. 2세는 1세의 원칙에 따라 결코 부자티를 낼 수가 없었다. 2세가 아버지가 된 후에는 5남 1녀의 아이들에게 세발자전거를 한 대만 사주고 서로 번갈아 타게 했다. 아이들은 용돈 사용명세를 철저하게 검사받았다.

록펠러는 죽기 전까지 수도승처럼 살았다. 그는 술도 담배도 하지 않았고, 파티나 극장에도 가지 않았다. 1937년 그가 98세의 나이로 죽을 때까지, 그의 생활은 오하이오 주 여느 시골 농부와 조금도 다른 게 없었다. 아침 일찍 일어나 열심히 농사일을 하고, 해 떨어지면 바로 잠자리에 들고, 일요일은 종일 교회에서 보냈다.

재벌들은 왕소금

◆

재벌은 그저 돈 많은 사람들이 아니다. 돈이 넘쳐나는 사람들이다.

사람들은 이들이 최소한 상어지느러미 요리나 바다가재는 먹고 사는 것으로 생각한다. 하지만 재벌총수들이 더 구두쇠다. 멋대로 쓰고 사는 사람은 없다. 봉급생활자보다 못한 씀씀이를 보이는 경우도 있다. 그동안 권력과 밀착하기 위해 엄청난 액수의 뇌물성 돈 보따리를 바쳐 비난을 받기도 했지만, 자린고비처럼 사는 재벌이 많다. 어떤 기업인이 화려한 파티나 호사스런 집치장으로 주위의 손가락질을 받았다는 기사가 실리면 "덜 떨어진 사람이니 그렇게 돈을 쓰지!"라고 욕을 해댄다.

김향수1912~2003 아남그룹 명예회장은 10년째 신고 있던 갈색구두의 구두코가 하얗게 변색되고 너덜너덜해 주위에서 새 구두를 사라고 권유하면 "아직 3년은 더 신을 수 있다."고 대꾸했다. 이재준1917~1995 대림산업 명예회장은 사당동 서민주택에서 살았다. "한번 늘린 살림은 줄이기 어렵다."며 양복을 맞출 때는 꼭 맞는 것보다 헐렁하게 맞췄다. 10년 이상 입기 위해서였다.

신격호1922~2020 롯데그룹 회장은 양복을 10년 이상 입는다. 수행비서나 주변사람에게 공돈을 주는 법이 없어 '소금같다'는 소리를 듣는다. 구자경1925~2019 LG그룹 명예회장은 재떨이의 장초를 골라 피우는 것으로 유명하다. 그의 자택을 방문한 사람은 남루한 옷차림에 한 번 놀라고, 꽁초를 골라 피우는 모습에 두 번 놀란다.

코오롱그룹 이동찬1922~2014 회장도 지독한 자린고비였다. 이 회장의 지독함은 '47년을 신은 전설의 슬리퍼'가 말해준다. 이 회장은 코오롱 창업 이전인 1953년부터 신어온 슬리퍼를 47년이 지난 2000년에도 신었다. 윗부분이 닳아서 너덜거리는 데다 곳곳에 얼룩이 있어, 비서실에서 새 것으로 바꿨다가 "멀쩡한 것을 왜 버렸느냐?"는 호통을 들은 뒤 쓰레기통에서 다시 찾아낸 일화로 유명하다.

아셈 정상들의 알뜰정신

◆

2000년 10월 제3차 ASEM아시아·유럽 정상회의에 참석한 유라시아의 정상들은 서민의 모습들이었다. 검소한 생활이 몸에 익은 이들은 행사 관계자들의 최고급 서비스를 마다하고, 한결같이 수수한 이미지로 행사에 임해 주위를 감동시켰다.

룩셈부르크 융커 총리, 벨기에 미셸 부총리가 묵었던 리츠칼튼호텔의 세탁관리부 서정만 과장은 세탁물을 보고 놀랐다. 정상들과 수행원들의 세탁물 소매 끝이 헤져 있는 경우가 많았기 때문이다. 옷감도 고급이 아니었다. 서 과장은 "솔직히 감동했다. 이런 지도자들이라면 국민들이 신뢰하고 국정을 맡길 수 있겠다는 생각을 했다."고 회고했다.

르네상스호텔에서 이틀을 머문 핀란드 할로넨1943~ 대통령여은 본국에서 자신이 사용하던 다리미와 다리미대를 들고 와서, 객실에서 손수 옷을 다려 입었다. 호텔 측은 미용사를 대기시켰으나 "머리손질은 내가 한다."고 거절했다. 치약도 작은 여행용을 가져와 호텔에서 제공하는 것을 마다하고, 끝까지 짜서 썼다.

부인들도 정상들의 검소함에 맞춰 살아온 이력을 그대로 드러냈다. 스웨덴 페르손1949~ 총리의 부인은 남편의 옷을 호텔 내 세탁소에 맡기지 않고, 직접 다리기 위해 호텔 측에 다리미와 다리미대를 주문했다. 그리고 그녀는 동대문시장에서 실크옷감을 샀는데 옷을 직접 만들어 입기 위해 옷감을 사는 것 같았다.

2013년 11월 영국을 국빈방문 중이던 박근혜1952~ 전 대통령이 5성급 힐튼호텔의 침대 매트리스를 새것으로 바꾸고, 욕실 샤워꼭지를 서울에서 가져간 것으로 바꿨다. 전복죽을 먹겠다고 생전복을 한국에서 공수해가고, 머리 손질과 화장을 하는 곳은 밝아야 한다며 호텔 객실에 조명등 2개와 스크린 장막을 추가로 설치했다. 국내에서는 잠깐의 행사장에 수도까지 끌어와 '전용 화장실'을 설치했다가 이틀 뒤 철거하는 등 해괴한 짓을 했다. 네티즌들은 '변기공주'라는 별명에 "내 피같은 세금"이라며 한숨지었고, 그녀는 지금 최순실의 국정농단 사건으로 2심에서 징역 25년, 벌금 200억 원을 언도받고 감옥에 있다.

검약과 인색

◆

절약과 저축이 제아무리 미덕이라 해도 지나치면 문제가 생긴다. 돈에 대한 열정은 자칫 병적인 인색이나 병적인 낭비를 초래할 수 있다. 한 부류는 더 많은 돈을 모으기 위해 집착하고, 또 다른 부류는 더 많은 돈을 쓰는 데 열정을 보인다. 특히 인색이 병으로 나타나는 경우를 흔히 볼 수 있다. 인색은 당연히 써야 할 때 쓰지 않고, 돈에 집착하여 무조건 움켜쥐고 인정머리 없이 욕심만 부리는 것이다.

인색은 도움이 필요한 타인을 외면하는 것이다. 인색吝嗇은 타인을 박대하는 것이고, 검약儉約은 자신을 박대하는 것이다. 인색한 사람을 수전노守錢奴라 한다. 수전노는 물질적·정신적인 면에서 진정한 의미의 백만장자가 될 수 없다. 그들은 돈에 지나치게 집착한다. 돈에 대한 집착은 너그러운 삶과 행실을 방해하고 마음의 문을 닫아버린다. 게다가 젊었을 때 절약하던 습관이 노년에는 탐욕으로 변한다.

백만장자는 자유와 독립을 뜻한다. 수전노는 결코 자유롭거나 독립적일 수 없다. "검소함은 미덕이지만 지나치면 인색하고 고약한 수전노가 되어, 오히려 바른 길을 해친다."《채근담》의 글이다. 가장 부유한 사람은 검약가이고, 가장 가난한 사람은 수전노이다. "돈이 없는 사람은 가난하지만 돈밖에 없는 사람은 더 가난하다." 영국 속담이다. "칼에 베여 죽는 육신보다 돈에 맞아 죽는 영혼이 더 많다."는 말도 있다.

검약과 인색은 다르다. 검이불인儉而不吝은 '검소하지만 인색하지 않다'란 말이다. 검약은 인색도 아니고 탐욕도 아니다. 검약은 가진 것을 현명하게 쓰는 것이지 무조건 움켜쥐는 것이 아니다. 검약은 써야 할 때 쓰고 인정미가 넘친다. 단지 자신에게만은 엄격하다. 검약은 만족을 알며 분수를 지키고, 낭비를 멀리하여 절제하는 생활이다. 검약은 돈을 우상으로 받들지 않고 유용한 수단으로 생각한다. 검약은 인격의 문제이며 성공의 기초이다. 검약은 찬양받지만 인색은 욕을 먹는다.

검약과 인색은 닮았으되 아주 딴판이다. 세상에서는 이 두 가지를 똑같이 여겨, 걸핏하면 검약을 쩨쩨한 구두쇠라고 비웃는다. 그 바람에 사람들은 검약을 지켜내지 못하고 포기해 버린다. 하루라도 빨리 경제적 자유를 누리려면 세상의 소문 따위에 정신을 빼앗겨서는 안 된다. 구두쇠, 짠돌이 등의 비난에 귀 기울여서는 안 된다. 쓸 때 쓰고 해야 할 일을 한 것이라면 누구의 눈치도 살필 필요가 없다. 세상 사람들이 피워 올리는 엉뚱한 연기에 휘말려 갈팡질팡할 필요가 없다.

3장

부자

◆

The Philosophy of money

부자에 대한 이미지는 좋지 않다. 부자들은 속물, 천민, 졸부 등으로 비난받는다. 그러면서도 모두들 부자가 되고 싶어 한다. 부자는 고대 그리스인들에게도 매력적이었지만, 평판은 좋지 못해 "재떨이와 부자는 모일수록 더럽다."는 말을 남겼다. 부자에 대한 비난은 정의正義를 가장한 시기심에서 나온 것이다. 땀 흘려 부자가 된 사람들을 시기하고 깎아내리는 것은 인간의 못된 속성의 발로이다.

갤브레이스1908~2006는 "인간에게는 가난의 고통보다 이웃의 새 자동차에 대한 시기심에 의한 고통이 더 힘들다."고 꼬집었다. 2004년 제프리 존스1952~ 주한 미국상공회의소 명예회장은 '외국인의 시각에서 본 한국경제'라는 강연에서 "한국이 부자나라가 되고 싶다면 우선 부자에 대한 정서가 달라져야 한다. 배고픈 것은 참아도 배 아픈 것은 못 참는다는 심리를, 노력한 만큼 대가를 받는다는 개념으로 바꿔야 한다."고 역설하여 장안의 화제가 되었고 많은 사람들이 공감했었다.

부자란

◆

〈월스트리트저널〉에 따르면, 대부분의 사람들은 부를 자산규모가 아니라 연간 100만 달러의 수입으로 규정했다. 사람들은 100만 달러를 지출에 크게 신경 쓰지 않고, 자기가 하고 싶은 것(당신의 이웃들도 하고 싶어 하는 것)을 할 수 있는 소득수준이라고 본 것이다. 한국은 예금, 주식, 채권 등 금융자산 10억 원 이상을 부자기준으로 삼는데 2018년 말 10억 원 이상의 부자들은 32만 3,000명이다. 한편 PB Private Banker 들은 부동산, 금, 골동품 등의 실물자산을 포함한 순자산 50억 원도 부자기준으로 삼는다.

부富는 이제 개인의 가치value를 재는 거의 유일한 척도가 되었다. 부자는 단순한 부의 소유자가 아니라 성공의 대명사이다. 부는 자기의 기량器量을 발휘하고 싶은 사람이 달려들 만한 훌륭한 경합장이다. 그곳에서 낙오되는 사람은 이류가 되어 주위의 물적·인적 환경에 순응해야 하고 그 속박을 받는다.

한편 돈 중심의 물질적 부와 함께 만족이라는 정신적 부가 있다. 소크라테스는 "누가 세상에서 가장 큰 부자인가?"라는 질문에, "가장 작은 것에 만족하는 사람이다. 만족은 자연이 우리에게 선사한 가장 큰 부"라고 답했다. 만족은 소유를 늘리거나 욕심을 줄이면 된다. 둘 다 어렵지만 소유를 늘리는 것보다 욕심을 줄이는 것이 더 쉬울 것이다.

재산이 적어도 스스로 부자라고 생각하면 부자인 것이다. 티베트에서는 '충분히 갖고 있다고 느끼는 사람'을 부자로 보고 있다. 사치하지 않고 검소한 생활을 하면 돈이 없어도 부자가 될 수 있다. "가진 것으로 부자가 되는 것이 아니고, 가지지 않고도 품위 있게 사는 방법을 알면 부자가 된다." 칸트1724~1804의 말이다. 간디1869~1948는 말했다. "나는 재산은 없지만 세상에서 제일 부자라고 생각한다. 나의 삶은 여유 있고 편안한 삶이다. 나는 가난한 탁발수도승이다."

부富는 마음이 좌우한다. 부는 주머니속이 아니라 마음속에 있다. 물질적 부에 정신적 부가 더해야 삶이 풍요롭고 행복해진다. 정신적 부는 세상과 인류에 대한 사랑에서 온다. 부의 기쁨은 단순한 소유나 화려한 소비에 있지 않고, 그것을 현명하게 사용하는 데 있다. 재물은 살아있는 동안 빌려 쓰다가 죽을 때는 돌려주고 가는 것이다. 인간은 그저 임시적 사용권만을 갖는다.

◆ 1억 3,000만 원과 130억 원

일정 규모 이상의 부富는 부에 대한 느낌을 무디게한다. 사람들은 말한다. "돈이 어느 수준을 넘어서면 숫자의 의미만 있을 뿐"이라고. "자기 재산이 얼마인지 아는 이는 진짜 부자가 아니다."폴 게티의 말이다. 정주영 회장은 "몇 백 만원 생길 때는 너무 좋았는데, 나중에는 돈이 뭔지도 모르겠다."고 회고했다. 상하이 부동산 개발업자 앤샤오리48세의 말이다. "1억 3,000만 원을 벌었을 때는 6달 동안 기뻤고, 13억 원을 벌었을 때는 하루만 기뻤고, 130억 원을 벌었을 때는 전혀 기쁜 줄을 몰랐다."

SK그룹 최종현1929~1998 회장은 생전에 이런 말을 했다. "재산이 30억쯤 될 때까지는 돈 모으는 게 재미가 있었어. 아내와 통장을 들여다보며 이런저런 궁리도 많이 했지. 그런데 그 액수를 넘어가고 나니 재미가 없는 거야. 서류상 숫자는 자꾸 올라가는데 정작 돈 만지는 사람은 우리가 아니라 회계사, 은행원들이거든. 사람이 돈을 쓰는 데는 한계가 있어. 30억이나 300억이나, 따지고 보면 똑같은 건지도 몰라!"

부자들에 대한 오해

◆

부자는 어질지 못하다爲富不仁. 어진 사람은 부자가 될 수 없다는 말이다. 부는 많은 사람의 원망을 산다. 성서에는 부자가 천국에 가는 것은 밧줄낙타이 바늘구멍 통과하기보다 힘들다고 쓰여 있다.* "부자가 하나면 세 동네가 망한다."는 말도 있다. 애덤 스미스는 "1인의 부자가 있기 위해서는 500명의 가난뱅이가 있지 않으면 안 된다."고 썼다.

따라서 많은 사람들이 "깨끗한 사람은 부자가 되지 못한다."고 오해하고 있다. 이러한 생각이 부자에 대한 부정적 시각으로 이어진 것이다. 그러나 부정하게 돈을 모은 부자보다 근검절약과 창의력으로 돈을 모은 부자들이 훨씬 많다. 부자들은 원칙주의자이며 근면, 검약, 절제, 노력형의 가치창조자들이다.

서울여대 한동철 교수1958~의 '부자학' 강좌를 수강한 학생들이 부자를 인터뷰한 뒤의 반응이다. "우리가 알고 있던 것과는 완전히 달라요. 부자는 엄청 짠돌이에요. 부자는 새벽 4시에 일어나요. 부자는 아내보다 일을 더 사랑하는 것 같아요. 부자는 사치를 하지 않아요."

부자들은 소비보다는 소유하는 데에서 기쁨을 얻는 사람들이다. 부자는 재산에 비해 훨씬 검소하게 생활한다. 대부분이 구두쇠이다. 한 사람이 헤프면 재산이 모이지 않기 때문에 부부가 모두 절약한다. 부자처럼 보이지도 않고 차려입지도 않고 먹지도 않고 행동하지도

---

* 성서에는 밧줄이 아닌 낙타로 표기되어 있다. 이는 아람어(aramaic; 예수 당시의 언어)의 밧줄(kamilos)이 낙타(kamelos)로 오역된 것이다. '밧줄'이어야 말이 된다. 성모 마리아의 '처녀 잉태설'도 (아기를 낳을 수 있는) 젊은 여자(almah)가 잉태했다'가 '처녀가 잉태했다'로 오역되어 '동정녀(virgin)'가 된 것이다. 미켈란젤로의 '뿔난 모세상'도 오역의 결과이다. 성서에 "모세의 얼굴에서 광채가 났다."의 광채(keren)가 뿔(horn)로 오역되어 모세가 뿔난 사람이 되었다.

않는다.

거액을 상속받아 흥청망청 소비하며 사는 부자도 일부 있지만 이는 극소수에 불과하다. 대부분의 부자들은 원칙을 지키며 평범한 생활을 하고 있다. 근면과 절약을 기초로 시간 및 노력 등의 자원배분을 잘 하고, 트렌드를 보는 눈을 기르기 위해 공부하고 노력하면 누구나 부자가 될 수 있다는 것이 미국의 부자연구가 스탠리 박사의 결론이다.

부자들은 성실하고 검소하다

◆

부자들은 돈을 버는 방법도 관리하는 방법도 남다르다. 부자전문 투자상담가PB; Private Banker가 본 부자들의 생활태도life style는 다음과 같다. "부자들은 성실하고 검소합니다. 무슨 일이건 신중하며 진지합니다. 자신의 것은 물론 남의 것도 아낍니다. 식당에서도 음식을 남기는 법이 없고 티슈 한 장을 쓸 때에도 아까워합니다."

부자는 자신의 생각과 행동을 통제하는 프로이다. 흥청망청 돈을 쓰는 사람은 거의 없다. 열심히 일하고 아껴서 부를 축적한 사람이 대부분이어서, 부자가 된 이후에도 몸에 밴 습관대로 알뜰하게 산다. 합리적인 가격대의 집에서 평범하게 산다. 자기가 부자라는 것을 드러내지 않는다. 자식들도 부모가 얼마나 부자인지 모르고 있다.[*]

부자들은 고가의 브랜드나 과시 따위에는 관심이 없다. 그들은 요

---

[*] 서울여대 한 부자학 수강생은 부자를 인터뷰하고 나서 자기 아버지를 보는 눈이 완전히 변했다. 그녀는 아버지가 한 달 용돈을 30만 원밖에 주지 않으면서 매일 공부만 하라고 해서 데이트 한 번도 못해 속이 많이 상했는데, 그녀가 인터뷰한 수백억 대의 부자와 자기 아버지가 비슷했다. 그녀는 아버지와 부자학 이야기를 나눴다. 알고 보니 아버지는 4개의 빌딩과 20개가 넘는 적금통장을 갖고 있는 부자였다.

트, 별장, 고급차, 장식품 등을 사는 데 돈을 허비하지 않는다. 부자들은 절제력이 강해 충동적인 소비를 하지 않는다. 자수성가한 부자들은 돈을 쓰는 것보다 돈을 모으는 데에 기쁨을 느낀다. 그들은 중고품을 구입할 수 있는 경우에는 신제품을 사지 않는다. 부자연구가 스탠리 박사는 부자들을 '중고차 구매집단'으로 표현한다.

부자들은 무엇이든 소중하게 여긴다. 오래된 물건이라도 반드시 수리해서 사용하며, 하다못해 볼펜도 마지막까지 다 사용하고 버린다. 그런 모습을 보고 사람들은 구두쇠로 착각하기도 한다. 부자들은 구두쇠가 아니다. 모든 것을 소중하게 여기는 것이다.

부자들은 시간을 효율적으로 쓴다. 시간이 인생에서 가장 소중한 재산이라는 것을 잘 알고 있기 때문이다. 시간은 돈과 달라서 저축할 수 없다. 그 순간을 가장 잘 쓰는 것 외에 시간을 살리는 길은 없다. 약속시간을 반드시 지키고, 다음에는 무엇을 할까를 늘 생각하며 사는 사람들이다. 부자들은 시간을 철저히 관리한다.

대부분의 부자들은 일확천금이 아니라 또박또박 재산을 불린 사람들이다. 부자들은 모르는 것을 끊임없이 묻고 배우며, 그것을 바탕으로 스스로 판단하여 투자한다. 부자들은 작은 일에도 최선을 다한다. 부자들의 기쁨은 일이다. 그들은 일을 도(道)나 종교로 여긴다.

미국의 백만장자 1,000여 명을 연구한 스탠리 박사가 그들의 생활방식life style에서 7가지 공통요소를 뽑아냈다. ① 자신의 부에 비해 훨씬 검소하게 생활한다. ② 시간, 에너지, 돈을 효율적으로 배분하여 활용한다. ③ 부의 과시가 아닌 재정적 독립을 중시한다. ④ 성인자녀에게 재정적 지원을 하지 않는다. ⑤ 성인자녀들은 경제적으로 자립한다. ⑥돈 벌 기회를 잡는 데 능숙하다. ⑦적절한 직업을 선택한다.

부자의 선행조건은 열망과 의지

부자의 선행조건은 "부자가 되겠다!"고 결심하는 것이다. 부에 대한 열망이 없으면 부자가 되기 어렵다. 부에 대한 확고한 목표가 부자의 필수요소이다. 부자들은 '돈에 대한 의식화'가 되어 있는 사람들이다. 의식화란 소망이 강렬하여 모든 관심을 돈 모으는 데에 두는 것이다.

부자들은 대부분 돈의 필요성을 절박하게 느꼈던 사람들이다. 특히 자수성가형 부자들은 돈 없는 설움을 겪고 돈에 울었던 사람들이다. "돈의 노예가 되지 않겠다!"는 각오로 부자가 된 사람들이다. 부자들은 부의 획득과 축적을 간절히 바랐고, 그 간절한 바람을 이룬 것이다.

성공학자들은 부와 성공의 비결로 '유인력'誘引力, attraction의 개념과 '생각의 현실화'를 강조한다. 만유인력의 우주법칙이 정신적 영역에도 작용하여, 생각이 자력磁力처럼 그 대상을 끌어들인다는 것이다. 붓다는 "현재의 나는 내 생각의 소산"이라고 설파했다. 모든 것은 각자의 생각이 끌어들인 것이다. '지성至誠이면 감천感天'이라고, 간절히 원하면 하늘이 돕는다. 이를 피그말리온 효과*라 한다.

---

* 옛 키프로스에 피그말리온이란 젊은 조각가가 아름다운 여인상을 조각했는데, 여인상을 사랑하게 되어 매일 신에게 조각상에 생명을 불어넣어주기를 간청했다. 그의 열렬한 기도에 감동한 여신 아프로디테가 그의 소원을 들어주었고, 조각상은 아름다운 여인으로 환생하여 피그말리온의 아내가 되었다는 그리스 신화다.

부자들은 강력한 동기를 바탕으로 목표를 구체적으로 설정한다. 언제까지 얼마를 만들겠다고 목표를 수치로 표현한다. 거기에 장기목표, 연간목표, 월간목표, 일일목표로 더욱 세분화한다. 명확하지 않은 목표는 목표가 아니다. 막연한 목표는 그저 희망사항에 불과하다.

시골 출신의 한 학생은 서울여대에 입학할 때, 졸업할 때까지 아파트를 하나 사겠다는 목표를 세웠다. 그녀는 서울에 온 이후 단 한 번도 집에서 돈을 받아본 적이 없다. 등록금과 생활비를 직접 벌었고, 3학년 2학기에는 통장잔액이 8,000만 원이 넘었다. 편의점 아르바이트, 액세서리 판매, 학교 근로장학생 등 각고의 노력을 통해 모은 것이다. 그녀는 나이가 마흔쯤 되면 큰 부자가 될 것이다. 일찍 돈에 눈뜨고 부자를 목표로 향해 갈수록, 그 속도와 크기는 그만큼 커진다는 게 부자 연구가들의 통설이다. 한동철

부자의 첫걸음은 절약과 저축

◆

"나도 부자가 될 수 있을까?" "있다. 돈을 쓰지 않는 것이다." 부자가 되기 위한 첫걸음은 절약이다. 절약하다 보면 신중해지고, 신중하면 실수가 줄고 기회포착에 능란해진다. 거부들은 하나같이 근면과 검약으로 돈을 모았다. 내일 할 일을 오늘 하고, 오늘 먹을 것을 내일 먹고, 하기 싫은 일 하고, 먹기 싫은 것 먹고, 입기 싫은 옷 입으면 틀림없이 부자가 된다. 특히 자수성가형 부자는 맨손으로 출발해 피나는 노력으로 부자가 된 사람들이다. 자수성가형 부자의 기초는 근검勤儉이다. 그들의 좌우명은 '근검, 또 근검, 계속 근검'이다.

돈을 많이 벌어야 부자가 된다는 것은 오해이다. 부자와 빈자의 최대변수는 '수입'이 아니라 '지출'이다. "소득이 많은 사람이 부자가 되는 것은 아니다. 그들은 소득에 따라 씀씀이도 늘기 때문이다. 소득이 적어도 지출을 통제해 소득의 일정부분을 저축하면 누구나 부자가 될 수 있다." 영국의 역사학자 파킨슨1909~1993 교수의 말이다.

부는 하늘이 내린 은혜가 아니고 힘써 얻은 근면과 지혜의 산물이다. 근면, 인내, 절제, 검소한 생활습관이 부자를 만든다. 특히 절제와 근면이 중요하다. 노력 끝에 부자가 되었다 해도 계속 부자로 살아가기도 어렵다. 부자가 되고 계속 부자로 살아남으려면 남다른 노력과 절제가 필요하다.

부자들은 자기 분야에서 최선을 다하고 새로운 것에 도전하고, 미래를 준비하면서 기회를 포착해 행운을 붙잡은 사람들이다. 자수성가형 백만장자들의 99%는 근검의 저축가이며 투자가이다. 학력과 부의 상관관계는 매우 낮다. 미국의 백만장자 가운데 10%는 문맹이다. 돈 버는 머리와 공부 잘하는 머리는 다르다.

대부분의 백만장자들은 열심히 일하고 검약하며, 수입의 10~20%를 저축하고, 그것을 자신의 사업, 부동산, 주식에 투자했던 보통사람들이다. 어떤 직종이든 저축하고 투자하는 원칙을 세우고 일찍 시작하면 부자가 될 수 있다. 성공지침서에는 부자가 되는 방법으로 세 가지를 제시하고 있다. ① 재산을 상속받아라. ② 부자와 결혼하라. ③ 둘 다 가능성이 없다면, 버는 것보다 덜 쓰고 그 돈을 투자하라.

아무리 세대가 바뀌어도 절약하지 않으면 부자가 되기 어렵다. 1세대의 경우 절약이 몸에 배서, 2세대는 아버지의 엄한 교육 때문에 작

◆ 2020년 현재 세계 최고부자인 제프 베조스(1964~)의 전처(左)와 여자친구(右)의 사진이다. 그는 프린스턴대학 전기공학·컴퓨터과학 전공의 독서광으로 경쟁심이 강하고 대단한 자린고비이다. 1994년 뉴욕 월가에서 자동차를 몰고 시애틀로 가서 온라인 서점 '아마존'을 창업하여 23년 뒤 2017년 세계 최고부자가 되었다. 2019년 26년을 함께 해온 소설가·자선가 아내 맥킨지(1970~)와 이혼하고 아마존 주식의 25퍼센트(356억 달러=42조 7,200억 원)를 위자료로 지불했다. 세계 3위 여성부자가 된 맥킨지는 최소한 재산의 반을 기부하겠다고 서약했다. 오른쪽은 여자친구 뉴스앵커·연예리포터·방송인·배우·조종사·기업가 등 재주꾼 산체스 로렌(1969~)이다.

은 돈도 아낀다. 현대자동차 정몽구1938~ 회장이 울산에서 서울로 오다가 고속도로 휴게소에 들렀다. 지갑에서 3,000원을 꺼내 앞자리의 과장에게 건넸다. 과장은 빵과 음료수를 사왔다. 정 회장은 빵을 먹기 전에 몇백원의 잔돈을 받아 주머니에 넣었다. 현대중공업 정몽준1951~ 회장은 설렁탕으로 손님을 접대하는 일이 흔하다. 값에 비해 맛있고 든든하다는 것이 정 회장이 설렁탕을 선호하는 이유다.

　왜 당신은 부자가 아닌지 의문이 생기는가? 수비가 엉망이기 때문이다. 부를 일구는 데 저축은 수비요, 투자는 공격이다. 많은 고소득자들이 수비에 약하다. 그러나 대부분의 부자들은 공격과 수비에 모두 능하다. 그들은 훌륭한 수비 덕분에 자신보다 소득이 많은 사람들보다 더 많은 재산을 모은다. 재산을 모으는 기반은 수비, 즉 검약이다.

부자가 되려면 좋아하는 일을 하라!

◆

일본에서만 120만 부가 팔린 《행복한 부자》 시리즈의 저자 혼다 켄本田健, 1967~은 "내가 좋아하고, 내가 잘할 수 있는 일을 하라. 그러면서 다른 사람을 기쁘게 하는 일을 하라. 그것이 부자가 되는 가장 빠른 길"이라고 역설한다. 사람들은 자기가 좋아하는 일을 할 때에는 지칠 줄을 모른다. 그러나 싫어하는 일을 할 때에는 금방 피로를 느낀다. 자기가 좋아하는 일을 할 때에, 자기가 사랑하는 사람을 위하여 일할 때에 가장 빨리 쉽게 성공할 수 있다. "일이 재미있으면 인생은 천국이고, 일이 재미없으면 인생은 지옥이다." 막심 고리키의 말이다.

진짜 부자는 돈을 위해 일하는 것이 아니라, 자신의 일을 성실히 수행한 결과로 돈이 생겼다고 말한다. 월마트의 창업자 샘 월튼은 이렇게 말했다. "이제껏 나는 최고의 유통회사를 만드는 일에 주력했다. 부를 축적하는 것은 내 관심 밖의 일이었다. 열심히 일하고 고객에게 최선을 다하면 무한한 가능성이 있을 것이라는 확신이 있었다."

회사를 그만두고 독립해 성공한 사람들은 회사에서 일을 잘하고 재미있게 일했던 사람들이다. 회사 다닐 때 신명나게 일하지 못한 사람들은 자기사업을 해도 망한다. '피자헛'을 들여와 성공한 성신제1948~는 《창업자금 7만 2,000원》에 이렇게 썼다. "수많은 아르바이트 학생들을 써봤다. 이 중에는 '나는 유명한 디자이너가 될 거야! 공인회계사가 될 거야!'라면서 대충 시간만 때우고 건성건성 일하는 학생이 아주 많았다. 그들 중에 디자이너나 공인회계사가 나온 적이 없다. 아르바이트로 접시를 닦더라도 열심인 사람이 본업에서도 열심이고 성공하게 된다.”

혼다켄은 연수입 3,000만 엔 이상의 일본부자 1,000명을 설문하여 부자들의 특성을 다음과 같이 정리했다. ① 자신이 좋아하는 것, 잘하는 것, 남을 기쁘게 하는 것을 직업으로 삼는다. ② 성실하다. ③ 스스로 '운이 좋은 사람'이라고 믿는다. ④ 어떤 위기도 극복할 수 있는 강한 정신력의 소유자이다. ⑤ 주위사람들의 믿음과 신뢰를 받는다. ⑥ 좋은 상담역mentor을 두고 있다. ⑦ 배우자와 좋은 관계를 유지한다. ⑧ 장기적인 안목을 갖고 있다. ⑨ 마지막 결단은 스스로 한다.

부자와 행운

♦

《록펠러 일가》를 쓴 콜리어와 홀로비츠는 “거대한 부는 하나의 우연으로 시작된다. 그것은 마치 짧은 한순간에 열렸다가 닫히는 문과도 같다. 그곳을 우연히 지나가던 록펠러는 그것이 닫히기 전에 비집고 들어갈 수가 있었던 것뿐이다.”라고 썼다. 록펠러 자신은 이렇게 말했다. “부자가 되기 위해서는 세 가지가 있어야 한다. 첫째도 행운, 둘째도 행운, 셋째도 행운이다. 하지만 그 행운을 활용할 줄 알아야 한다.” 그는 행운과 함께 실천력을 강조했던 것이다.

2008년 6월 〈BGT Britain's Got Talent〉에서 우승하며, 세계적으로 주목받기 시작한 영국의 오페라 가수 폴 포츠1970~는 따돌림과 교통사고 등 잇단 불운을 겪으며, 휴대전화 판매원에서 오페라 가수로 도약한 인생역전의 주인공이다. 그가 자신을 스타덤에 올려놓은 BGT에 참가하게 된 계기가 흥미롭다. 휴대폰 판매통계를 내는 중에 팝업창이

떴다. 지우려 했는데 클릭을 잘못해 창이 최대화되었다. 그의 인생을 바꾼 오디션 광고창이었다.

지원서를 써놓고도 "나를 뽑겠어? 못생겼지, 뚱뚱하지, 늙었지 …." 자신이 없었다. 1시간 동안 고민하다가 10펜스 동전에 운명을 걸기로 했다. "동전을 던져 앞면이 나오면 지원하고, 뒷면이 나오면 안하려고 했는데 …. 감사하게도 앞면이 나와 인생이 바뀌었네요."

"1온스의 행운이 1파운드의 지혜보다 낫다." 영국의 속담이다. 하지만 기적은 '만들어지는 것'이고 행운 역시 '오랜 준비의 결과'이다. 운이 없다는 것은 변명이며 핑계일 뿐이다. 행운은 누구에게나 기회로 찾아온다. 기회와 행운은 미리 준비하는 사람에게 미소를 보낸다. 행운아로 불리는 사람들은 치밀하게 행운을 맞을 준비를 한 사람들이다.

교원그룹 장평순1951~ 회장은 "부자가 된 비결은 자기가 잘 아는 일을 죽어라 하는 게 중요하고, 그 다음은 운이 따라야 한다."고 말한다. 고 이병철1910~1987 회장은 성공의 세 가지 요소로 '운運·둔鈍·근根'을 꼽았다. "운運을 잘 타고나고, 우직하게鈍 기다리며, 버티는 근성根이 있어야 한다."는 것이다.

그런데 사람들은 행운이 찾아와 문을 두드리는 소리를 전혀 듣지 못한다. 기회를 알아볼 줄 모르기 때문이다. 오직 소수의 사람들만이 기회를 알아본다. 또 어떤 사람들은 기회를 알아차리기는 하지만 결정을 내리지 못하고, 모든 것을 뒤로 미루기만 한다. 좋은 기회는 빨리 스쳐간다. 기회는 곧바로 붙잡아야 한다. 부자들은 기회를 바로 낚아챌 줄 안다. 앉아서 기회를 기다리지 않고 스스로 찾아 나서는 사람들도 있다. 행운은 다음과 같이 구성된다. ① 자금을 확보하고 있다. ② 기회를 알아본다. ③ 빨리 결정하고 곧장 실행한다.

하늘이 내린 큰 부자, 빌 게이츠

◆

1970년대에 애플, 코모도 등이 개인용 컴퓨터PC 시장의 문을 열었고 수요는 거대했다. "이 세상에 5대 이상의 컴퓨터가 존재하지 않을 것"이라고 말했던 톰 왓슨1874~1956이 사장인 IBM이 1980년 여름 시애틀의 작은 회사 MSMicrosoft; 1975,4,4, 설립를 찾아 PC에 어떤 운영체제OS; Operating System를 써야 할지 자문을 구하자, 빌 게이츠는 DRDigital Research의 게리 킬달1942~1994을 추천했다. 당시 게리의 8비트 컴퓨터 운영체제 CP/MControl Program for Microcompu -ters은 소형컴퓨터의 표준이 되어 있었다.

그러나 게리는 IBM의 구애에 의심을 품고, 아내와 변호사만 IBM에 보내 상담하게 하고, 자신은 열기구 여행을 떠나버렸다. 낙담한 IBM은 빌에게 OS 프로젝트에 관심이 있는지 물었고, 빌은 OS를 만들어 본 적은 없지만 '예스'로 답했다. 1980년 7월 IBM의 대리인이 MS를 찾았을 때, 빌과 폴 앨런은 모든 준비를 갖추고 정장에 넥타이를 매고 기다렸다. 그 자리에 빌의 어머니 메리 게이츠는 없었다. 하지만 IBM의 주문을 따내기까지 그녀는 중요한 역할을 했다. 그녀는 '유나이티드웨이'라는 자선단체 이사였고, IBM 회장 존 오펠도 그 단체의 이사였다. 그래서 오펠은 처음에 MS를 '메리 게이츠 아들 회사'라고 불렀다.

IBM은 MS에게 OS를 맡겼다. 여기까지만 해도 빌 게이츠는 행운 아였다. 하지만 존 D. 록펠러의 말처럼 "첫째도 행운, 둘째도 행운, 셋째도 행운, 그리고 그 행운을 활용할 줄 알아야 한다." 빌은 그 행운을 활용할 줄 알았다. 방법은 두 가지였다.

첫째, MS는 IBM에게 제품이 아닌 사용권licence만 팔았다. 아직 존재하지 않는 OS의 추가이용을 IBM이 아니라 MS가 결정하는 것이다. MS의 가격조건이 좋았고, IBM은 소프트웨어보다 하드웨어에 관심이 있었기 때문에 가능했다. 계약은 1981년 8월 12일에 체결되었다.

둘째, MS는 IBM PC에 맞는 OS를 찾아냈다. 폴 앨런은 얼마 전 SCP Seattle Computer Products의 팀 패터슨1956~이 찾아와 새로운 운영체제 Q-DOS Quick and Dirty OS를 개발했는데, MS가 그것을 사용할 생각이 있냐고 물었던 일을 떠올렸다. Q-DOS는 MS가 두 달 동안 작업해왔던 프로그램과 완벽하게 맞아떨어졌다.

이때 다른 기업가였다면 팀에게 "내가 큰 건을 하나 수주했는데, 당신이 마침 잘 맞는 제품을 가지고 있으니 우리 한번 잘해보자!"고 말했을 것이다. 하지만 빌은 팀에게 Q-DOS의 모든 권리를 MS에 양도하고 MS의 하청을 제안했고 팀은 동의했다.

MS는 돈을 쓸어 담고 빌 게이츠는 세계 제1의 부자가 되었다. 앞으로도 MS는 도깨비 방망이처럼 무한정의 돈을 벌어들일 것이다. 게리와 팀은 빗겨간 행운의 화살을 아쉬워했을 것이다. 이를 두고 우리는 흔히 운명이라고 말한다. "큰 부자는 하늘이 내리고, 작은 부자는 근면이 낸다.大富由命 小富由勤"는 말이 있다. 빌 게이츠는 하늘이 내린 큰 부자이다.

부자들을 비난하지 마라!

◆

　자본주의 체제는 경쟁사회이다. 부자는 경쟁에서 승리한 사람이다. 부자가 되는 데는 굉장한 노력이 필요하다. 노력도 하지 않고 불공평하다고 불평만 해서는 안 된다. 열심히 노력하면 '너도 부자가 될 수 있다'고 가르쳐야 한다. "부자들을 비난하지 마라! 가난한 사람들이 언제 당신에게 일자리를 주었던가?" 일자리를 만들고 사회를 풍요롭게 하려면 부자에 대한 부정적 시각을 없애야 한다.

　돈은 얼마나 벌었느냐보다 어디에 썼느냐가 더 중요하다. 번 돈의 사회환원을 덕목으로 여기고, 습관처럼 실천하는 미국의 부자들이 존경받는 이유도 그것이다. '부자로 죽는 것은 부끄러운 일'이라던 강철왕 카네기가 2,800개의 도서관을 지어 기증한 것이나, 록펠러가 시카고 대학을 설립하고 장학사업으로 1만 명의 장학생과 60명의 노벨상 수상자를 배출한 것은 오늘의 미국을 부강하게 만든 밑거름이다. 그래서 그들은 지금도 미국인들이 존경하는 100대 위인 명단에 올라 있다.

　물론 경멸할 부자도 있다. 그러나 그들은 극소수이다. 극소수의 일탈자들이 대중매체의 집중조명을 받으며, 전체의 이미지를 형성하는 매스컴 효과에 시기와 질투라는 못된 속성이 접합되어 부자들이 억울하게 천대받는 것이다. 진정한 부자들의 생활태도를 본받아 모두가 부자가 되도록 노력해야 할 때이다. 부자를 비난하고 적대해서는 안 된다.

시기猜忌와 질투嫉妬는 남이 잘되는 것을 시샘하고 미워하는 마음으로 가장 원시적이고 근본적인 감정의 하나이다. "시기심은 살아있는 사람한테 자라다 죽을 때 멈춘다. 시기하는 사람은 죽지만 시기하는 마음은 대대로 상속된다."는 말이 있다. "시기와 질투는 언제나 남을 쏘려다가 자신을 쏜다." 맹자의 말이다. "시기와 질투는 천의 눈을 가지고 있다. 하지만 하나도 바르게 보지 못한다." 탈무드의 글이다.

미국 켄터키 대학 심리학 교수 리처드 스미스는 《쌤통의 심리학》2015에서 히틀러의 유대인 학살이 시기심에서 비롯되었다고 주장한다. 당시 오스트리아 빈의 유대인 비율은 9%였는데 변호사·의사 등 전문직의 50~60%를 차지하여, 오스트리아 출신 히틀러가 유대인을 시기했고, 그 시기심이 증오로 이어져 대학살의 비극을 낳았다는 것이다.

히틀러가 총통이 되어 권력을 장악한 1933년 당시 독일 인구의 3%50만였던 유대인이 독일 경제의 40%를 차지하여 독일인보다 22배의 부를 누렸다. 나는 이것을 유대인 학살의 가장 큰 원인으로 보고 있다. 당시 나치당이 외친 구호는 "독일인이여! 유대인의 지배에서 벗어나자!"였다. 공자는 "부족한 것이 걱정이 아니라 고르지 못한 것이 걱정[不患寡而患不均]"이라고 역설했다. 질투와 시기는 역사의 뒤안길에서 무수히 많은 비극을 유발한 어둡고 무서운 인간의 태생적 감정이다.

한편 우리는 친구의 불행을 보면서 마음 한 구석에 뭔가 즐거움을 느끼곤 한다. 남의 불행을 보면서 느끼는 고소함을 독일어로 샤덴프로이데schadenfreude ; schaden=피해, freude=기쁨라고 한다. 쇼펜하우어는 이를 "인간 본성의 가장 추악한 면모, 천박함을 드러내는 명확한 상징"이라고 규정했다.

부자병

◆

돈이 너무 많은 것도 돈이 너무 없는 것과 마찬가지로 문제가 될 수 있다. 많은 재산을 물려받은 사람들 가운데 인간으로서 제대로 살아갈 수 없을 정도로 타락하는 예가 많다. 이를 부자병affluenza이라 한다. 부모들의 재산과 돈이 자식들에게 축복이 되지 못하고, 저주이자 파멸의 원인이 되는 것이다. 부자들은 자녀의 부자병을 경계해야 한다.

부자병은 부모의 재산이 자식들의 삶의 의욕과 능력을 감퇴시키는 질병이다. 부모들의 재산은 자식들을 무책임, 무능력, 부도덕하게 만든다. 부자병의 원인은 정서적·심리적 두려움, 소외감, 무력감, 자괴감, 그리고 역설적이지만 자신이 가치가 없는 인간이라는 자기부정의 느낌이다. 생계를 위해 돈을 벌어야 한다는 스트레스 없이 가정부와 하인들에게 둘러싸여 살아가는 삶은 황금의 게토가 될 가능성이 높다. 황금의 게토에서 아이들은 지적·정서적으로 성숙하지 못한다.

부유하게 자라 자신의 길을 개척해본 적이 없고, 항상 남에게 기대어 자라온 젊은이가 근성과 활력을 가지고 살아가기는 쉽지 않다. 인생을 너무 쉽게 살고, 더 이상 바랄 것이 없기 때문에 삶에 권태와 염증을 느끼는 경우가 많다. 고군분투해서 성취해야 할 목표가 없어서 주어진 시간을 주체하지 못하고 자칫 퇴폐적 향락에 빠져든다.

삶에 대한 통찰의 부족으로 많은 부모들은 "나는 젊었을 때 고생하며 자랐다. 자식들은 편하게 자라게 해야겠다."면서 자식들을 과보호하고 있다. 자식을 편안한 의자에 앉혀두고 인생의 훈련을 대신해주는 부모들이 있다는 것은 안타까운 현상이다. 스스로 성공한 수많은 사람들이 자식들에게는 자신과 같은 경험을 하지 못하게 애써 말리는 것은 대단히 잘못된 태도이다.

생존경쟁은 각자의 잠자고 있는 능력을 계발해준다. 많은 사람들이 인생의 초반에 치열한 생존경쟁을 강요당했기 때문에, 이 세상에서 한 자리를 차지하며 살아남을 수 있었다. 자식들이 스스로 노력할 필요가 없고, 자식들에게 필요한 것은 무엇이든지 사주고, 돈으로 자식들의 환심을 사려드는 부모들의 양육은 자식들의 성장에 무엇보다 필요한 강인한 동력의 싹을 잘라버리는 위험한 처사이다.

젊은 시절을 편하게 보낸 사람들은 삶의 현장에서 생존능력이 부족하다. 인생의 초반부터 일하도록 강요당하는 것보다 더 나쁜 것은 강요된 나태이다. 나태는 쇠퇴를 부르고 쇠퇴는 야망과 자신감을 잃게 한다. 야망과 자신감이 없는 인간은 바람에 날려 다니는 마른 나뭇잎처럼 일생을 허송하게 된다. 일함으로써, 그것도 최선을 다해 일함으로써 자제력, 의지력, 인내력, 극기, 만족 등 게으른 사람은 결코 알 수 없는 수많은 덕목을 얻는다. 부를 적절히 제어할 능력과 인간성의 균형을 이루는 것은 정말 어려운 문제이다.

먹고살 만큼만 주십시오!

◆

인간에게 두 가지 비극이 있다. 하나는 원하는 것을 갖지 못하는 것이고 하나는 갖는 것이다. "부유는 사치와 게으름을, 가난은 비열함과 사악함을 낳는다. 두 가지 모두 부도덕을 낳는다." 플라톤B.C. 427~B.C. 347의 통찰이다. 빈자는 돈이 없어 문제이고 부자는 돈이 많아 문제이다. 돈은 적어도 문제, 많아도 문제이다.

부자는 누리는 만큼 대가를 치른다. 부자는 재산에 대해 걱정이 많다. "밭이 있으면 밭을 걱정하고, 집이 있으면 집을 걱정한다." 불경의 문구이다. 불면증은 부자들의 질병이다. 돈을 벌거나 잃는 생각을 하느라 잠을 이루지 못한다. 낮에도 깨어 있고 밤에도 깨어 있다. 돈 생각만 하는 부자의 머리는 불안과 고뇌로 가득 차 있다. 하늘은 이런 식으로 부자들을 괴롭힌다.

돈을 버는 능력과 부자로 살아가는 능력은 별개이다. 사람에게는 돈의 그릇, 즉 자기가 수용할 수 있는 돈의 양이 있다. 갑자기 돈을 벌어 인생이 뒤죽박죽이 되는 사람이 많다. 로또당첨으로 거금을 쥐었지만 파산한 사람이 한둘이 아니다. 마구 돈을 쓰는 부자도 많다. 그들은 게으르고, 바람기 많고, 약속을 안 지키고, 제멋대로의 탕아적 삶을 산다.

니체는 말했다. "적절한 소유는 인간을 자유롭게 한다. 그러나 도를 넘어서면 소유가 주인이 되고 인간은 노예가 된다." 재물의 과다過多는 사치와 오만을 낳고, 과소過少는 비굴과 자학을 낳는다. 그래서 '부는 걱정 없는 가난보다 못하다'富不如貧之無慮는 문구도 있다.

가난은 일시적 결함이지만 지나친 부는 영원한 질병이다. 인간이 필요한 정도를 넘어서는 참된 부는 존재하지 않는다. "내가 원하는 것은 나의 가난이 나 자신과 타인에게 부담이 되지 않는 것이다. 궁핍하지 않고 풍족하지도 않은 것이 가장 좋은 삶이다." 스콧 니어링1883~1983의 말이다. 구약 잠언 30장 아굴의 기도가 우리가 바라는 최선의 삶이 될 것이다. "가난하게도, 부유하게도 마십시오. 먹고살만 큼만 주십시오."

4장

사치

◆

The Philosophy of money

사치는 필요한 것을 넘어선 소비이다. 사치의 동기는 과시욕과 감각의 즐거움이다. 돈의 역사는 과시와 사치의 역사였다. 사치의 본질은 "남이 못하는 것을 나는 한다."는 것이다. 뽐내고, 자랑하고, 으스대고 싶은 속물적俗物的 심리와 도착적倒錯的 욕망이 사치의 본질이다. 런던의 사위가 장모에게 부富의 상징인 마차를 사드리겠다고 하자, 장모는 "마차를 타고 다녀도 고향사람들이 보지 못하면 무슨 소용이 있겠느냐?"며 마다했다.

부유층은 부를 과시하고 허영심을 충족시키기 위해 사치를 일삼는다. 허영심은 남에게 좋게 보이고 싶은 심정이다. 허영은 자기의 실존이상을 보여주려는 행태이다. 허영은 인간의 보편적 속성으로 우리의 행태를 지배하는 강력한 감정이다. 그럴듯하게 보이려는 욕망은 자연스러운 행동을 방해한다. 북미 인디언들의 포틀래치potlatch가 그예이다.

사치의 뿌리는 과시욕

◆

헤겔은 《정신현상학》에서 타인으로부터 인정받고 싶은 인간의 강렬한 욕망을 다음과 같이 적시했다. "우리가 돈, 명예, 권력을 추구하는 것은 타인들로부터 인정을 받기 위한 것이다. 타인과의 관계를 무시한 돈, 명예, 권력은 의미가 없다. 명예, 돈, 권력은 사회가 인정하는 명예, 사회에서 유용한 돈, 사회적 관계에서 타인을 지배하는 권력이다. 자기의 만족도 타인들로부터 인정을 받음으로써 얻는 만족이다."

시카고 대학 경제학 교수였던 소스타인 베블런1857~1929은 《유한계급론有閑階級論》1899년에서 '과시적 소비'를 부자들의 사회적 지위의 상징symbol으로 규정했다. 과시적 소비는 부자연스러운 소비에 탐닉하는 부자들의 행태를 지칭하는 것이다. 가장 역겨운 예는 어떤 상품을 더 싸게 살 수 있는데도 더 비싸게 사려는 행동이다.

마케팅에서 회자膾炙되는 일화이다. 압구정동 옷가게의 마네킹이 걸친 옷값이 20,000원으로 매겨져 있었는데 팔리지 않았다. 0을 하나 더 붙여 가격이 200,000원이 되자 금방 팔렸다는 것이다. 베블런은 "유한계급에게는 가격이 지위를 상징한다. 비싸지 않은 아름다운 물건은 아름답지 않다."라고 썼다.

자본주의 사회에서 재산은 강자의 척도로 쓰인다. 강자는 존경과 복종을 유도하기 때문에, 부자들은 자신들이 얼마나 부자인지를 남에게 알려야 한다. 그것이 소비이다. 자신이 강자임을 알리려는 소비, 그것이 바로 베블런의 과시소비이다. 베블런에게 과시소비는 사치luxury이다. 사치란 부자들의 자기과시이다.

부자들은 비싼 가격이 곧 자신들의 지불능력을 광고해주기 때문에 가격이 비쌀수록 선호한다. 고급상품의 가격이 낮으면 판매가 감소될 수 있다. 피에르 가르뎅은 베블런 효과를 무시한 마케팅 전략으로 1960년대의 고급 이미지에서, 1980년대에는 저가의 이미지로 전락하면서 브랜드 효과도 크게 떨어졌다.

사치는 보편적 속성

◆

사치는 어디든 스며든다. 사람들이 먹고 입고 치장하는 것으로 상대적 지위를 부여하고, 그것이 비교되는 곳에 사치가 없는 법이 없다. 오스트리아 출신의 신학자·철학자 이반 일리치_{1926~2002}는 말했다. "소비사회에는 과시의 노예들과 질투의 노예들이 생긴다." 가진 자들의 과시 욕망과 못가진 자들의 추종 욕망을 말한다.

벤자민 프랭클린_{1706~1790}의 말이다. "우리를 망치는 것은 타인들의 눈이다. 만약 타인들이 모두 장님이라면 나는 굳이 고래등같은 집을 원하지 않을 것이다." 노예는 사람들 눈에 잘 띄어 과시할 수 있는 재산이었다. 아무리 부유해도 소용없고 흑인 노예가 뒤를 따르면 사람들이 부러워했다.

과시욕은 동서고금을 관통하는 인간의 보편적 속성이다. 인간에게는 생존이라는 원초적 욕망이 존재하고, 다른 한편에는 사치라는 도착적 욕망이 존재한다. 사회학의 고전으로 평가받는 린드 부부의 《변모하는 미들타운》₁₉₃₇은 대공황 때 극빈자를 제외한 대부분의 노동계층이 사치품을 줄이기에 앞서, 음식과 의복의 소비지출을 줄였다고 기술했다. 빈자貧者에게도 사치의 욕구가 잠재되어 있음을 의미한다.

사치풍조는 통일신라시대에도 골칫거리였다. 1200년 전 흥덕왕재위 826~836은 이런 법령까지 내렸다. "호화사치를 일삼는 백성들이 진귀한 외래품만 선호하고, 토산품을 배척하니 풍속이 문란해지고 있다. 이에 법령으로 시정하려 하니 어기는 자는 형벌을 면치 못하리라. 진골은 수레에, 육두품 이하는 가마와 침상에 자단紫檀과 침향沈香, 구수氍毹와 탑등毾㲪 서역의 모직물의 사용을 금한다 …." 그래도 신라 귀부인들은 아라비아산 최고급 장미수薔薇繡에 안달했다. 당시 해상왕 장보고張保皐, 787~846가 온갖 진귀한 외래품을 들여와 신라인들의 사치욕구를 부추기고 충족시켰던 것이다.

부유층은 과시적 소비노골적이든 은근하든를 통해 우월성을 과시하며, 여가餘暇도 대중 앞에 과시하여 만족감을 배가시킨다. 그들에게는 '더 비싼 것'이 '더 좋은 것'을 의미한다. 이웃에게 지지 않으려고 허세를 부리는 풍토에서는, 집안에서도 수공예 은식기를 사용하고, 자기磁器그릇에 음식을 담아 먹으며 "나도 가진 게 있구나!"라는 생각을 떠올리며 어깨를 추스른다.

◆ **포틀래치(Potlatch)**

포틀래치는 캐나다 북서해안 인디언어로 '접대하다'라는 뜻이다. 원래는 우리의 부조扶助처럼 결혼·장례 등의 길흉사에 상부상조의 미풍양속이 경쟁적 객기싸움 및 과시적 체면치레로 변질되어 문화인류학의 관심거리가 되어 있다. 부조행위가 경쟁적 답례와 가진 자들의 베풀기로 진화되어, 답례하지 않거나 더 많이 답례하지 않으면 체면을 잃고, 더 많이 베푸는 사람이 우위에 서게 된다. 가장 많이 베푸는 자가 명예와 권위를 얻는다.

그런 상부상조와 베풂이 경쟁적 객기싸움으로 변질되어 기름통을 태워버리고 카누를 가라앉히며 수천 장의 담요를 태워버리는 지경에 이르러, "이런 것쯤이야 얼마든지 내버릴 수 있어!" 대범함, 호쾌함, 배짱을 과시하여 호기豪氣를 부리는 것이다. 누구도 따를 수 없을 정도로 많은 것을 버리거나 주어버린 사람에게 최고의 명예와 권위가 돌아가는 것이다. 의례적 부조행위가 서열과 지위의 확인, 그리고 재물의 분배로 변질된 것이다. 인류학자들은 포틀래치가 마을주민들에게 재산과 음식이라는 자원을 재분배하여, 재財에서 발생하는 재災를 예방하는 기능을 갖는다고 해석한다.

남들의 독재

◆

사람들은 상품을 구입할 때 돈이 얼마나 들까보다 남들 눈에 어떻게 비칠까에 골몰한다. 자동차를 사거나 대학을 고를 때, 골프를 칠 때도 남의 눈을 의식한다. 에리히 프롬1900~1980은 《자유로부터의 도피》1941에서 현대인의 불안의 원인을 권위주의와 자동인형의 두 가지로 규정했다. 권위주의는 사디즘sadism과 마조히즘masochism의 두 가지 면을 동시에 가진다. 사디즘은 자기보다 열등한 위치에 있는 자는 무조건 짓밟으며, 마조히즘은 자기보다 우위에 있는 자에게 철저하게 아부하고 복종하는 것이다.

자동인형은 카멜레온처럼 외부지향적이다. 늘 외부의 색상에 자기의 몸 색깔을 맞추어 동조시키려 한다. 자신의 주체성, 주관적 판단, 인격의 독립성 등을 모두 포기하는 것이다. 유행에 뒤질세라 남이 하는 대로 따라하며, 결코 혼자 고립되려 하지 않는다. 프롬은 현대인의 대

다수가 자동인형의 특성을 품고 있다고 말한다. 모두가 자기를 상실하고 있다는 것이다. 군중 속에 끼어 다른 사람들과 똑같이 행동해야 안심이 되고, 혼자 있게 되면 불안감에 휩싸이게 되기 때문이다.

다수와 구별되면 고립되고 따돌림을 당할 위험이 있다. "인간은 개와 흡사하다. 먼 곳에서 다른 개가 짖는 것을 듣고 자기도 짖는다." 볼테르1694~1778의 일난이다. 항상 타인의 눈을 의식하며 살고 있는 현대인의 타인지향성에 의한 자기상실의 모습을 하이데거1889~1976는 '남들의 독재'로 표현했다. 우리는 유행에 따라 먹고 입고 치장한다. 유행의 감옥, 관습의 감옥, 시장의 감옥에 갇혀 살고 있다.

특히 여성들이 그 정도가 심하다. 이집트90%, 인도네시아45% 등 일부 이슬람 국가에는 의학적 근거가 전혀 없는 여성할례의 풍습으로 여아女兒들이 고통을 당하고 있다. 또한 지금은 사라졌지만 중국에는 오랜 세월 여성들을 울렸던 전족纏足이라는 남존여비의 악습과 서시빈목西施嚬目의 고사故事가 있다.

반면에 '남들의 독재'에 반기를 든 그룹도 있다. '부가가치를 깨달은 자랑스러운 사람들Proud Realisers of Added Value'이란 뜻의 프라브PRAV족이다. 남에게 보이려는 욕구보다 자신에게 필요한 물건의 쓸모를 생각해 소비하는 사람들, 개인의 취향은 반영하되 충동구매를 자제하고, 합리적인 소비를 지향하는 사람들이다. 우수한 안목을 소비의 가치기준으로 삼고 비싸지 않더라도 질 좋은 상품이나 나름의 가치 있는 상품을 찾는 사람들이다. '허세소비'가 아닌 '가치소비'를 하는 것이다.

◆ 전족(纏足)과 서시빈목(西施嚬目)

전족은 여자의 발을 작게 만들기 위해 헝겊으로 발을 묶던 중국의 옛날 풍습이다. 3~6세 여자아이의 발에 헝겊을 동여매고 엄지발가락 이외의 발가락을 발바닥 방향으로 접어 넣듯 묶는다. 발의 크기가 10cm 정도로 작아 바로 서기와 걷기가 어렵고, 발끝으로 걷는 모양이 되어 뒤뚱거리며 팔자걸음을 걷는다. 발이 작을수록 미인으로 쳤으며, 전족을 하지 않으면 시집을 못간다는 위협? 속에 어린 여자아이들은 참혹한 아픔을 견뎌야 했다.

"작은 발을 싸매니 눈물이 흘러 독이 넘치네!" 여성들은 그 고통을 노래로 호소했다. 전족은 여성을 성 노리개로 삼은 중국 남성들의 야만적 폭력이며 몬도가네mondo cane적 악습이었다. 그런데 전족은 남성들의 변태성? 사랑을 받기 위한 여성들의 자발적 선택과 유행으로 시작되었다. 5대10국五代+國의 남당南唐, 937~975 황제 이욱李煜에게 요낭窅娘이라는 빈嬪이 있었다. 그녀는 특히 춤에 능했는데, 이욱은 그녀의 발을 비단으로 묶고 발끝을 뾰족하게 만들어 황금으로 된 연꽃 위에서 춤을 추게 했다.

이렇게 묶어 만든 발이 아름답다고 소문이 나자, 궁중과 상류층 여성들이 너도나도 흉내 내기 시작한 것이다. 남송대南宋代에는 전족이 상류사회에 크게 유행했고, 명대明代에는 더욱 성행했다. 청대清代에는 전족을 수차례 엄금했지만, 오히려 더욱 극성스러웠다. 서태후西太后의 금지로 쇠퇴하였지만, 전족을 한 소각小脚에 비해 전족을 하지 않은 대각大脚은 천시되었다. 1,000년이나 여성을 울렸던 악습이 민국정부民國政府, 1912년의 금지령으로 마침내 종말을 고했다.

서시빈목은 중국 전국시대의 월越나라 나무장수의 딸로 절세미녀였던 서시가 가슴앓이로 눈살을 찌푸렸는데, 어떤 추녀醜女가 그 모습을 보고, 눈살을 찌푸리면 아름다운 줄 알고 눈살 찌푸리기를 일삼아 마을사람들이 모두 문을 닫아걸었다는 고사故事이다. 서시는 절세미녀였기 때문에 그 지방의 여자들은 무엇이든 서시의 흉내를 내면 아름답게 보일 것이라 생각하고, 서시가 병이 들어 찡그리는 얼굴까지 흉내 냈던 것이다. 남의 단점을 장점인 줄 알고 시시비비를 생각하지 않고 흉내를 내는 행태를 비유한 고사이다.

부유층의 사치행각을 흉내 내는 사람들에게 들어맞는 말이다. 프롬의 자동인형은 비단 현대인만의 문제가 아니었다. 수천 년 전부터 있어왔던 인간의 보편

베블런효과와 스놉효과

◆

비싸서 안 팔리고 싸기 때문에 안 팔린다. 소비는 이성적 합리적 판단이 아닌 감성적 비합리적 이유로 결정되는 예가 많다. 소비행위는 고도로 복잡한 심리적 활동이다. 특정재화에는 일반적인 수요법칙이 적용되지 않는다. 고가상품에서 흔한 현상으로, 고가상품은 값이 내리면 수요가 줄고, 값이 오르면 오히려 수요가 늘어난다.

고가상품, 즉 과시적 사치품은 경제원리에 벗어나 값이 비쌀수록 더 잘 팔린다. 과시욕이 수요의 법칙을 왜곡한 것이다. 가격이 오르면 부유층의 수요가 증가한다. 특별한 것을 통해 자신이 남과 다르다는 것을 과시하려는 것이다. 희귀한 것이니 가격은 당연히 비싸야 하고, 돈은 넘치니 가격은 문제가 되지 않는다. 그래서 7,000만 원짜리 TV, 100만 원짜리 휴대폰도 잘 팔린다. 이것이 베블런효과Veblen effect이다.

스놉효과snob effect는 값이 내리면 오히려 수요가 감소하는 현상이다. 가격이 낮아지면 누구나 구입할 수 있다는 이유로 부유층이 구매를 하지 않기 때문이다. 남들이 구매하는 제품을 꺼리고, 남들이 구매하기 어려운 값비싼 상품을 구매하여, 자신은 남과 다르다는 것을 과시하려는 속물적 행태의 발로이다. 명품으로 과시하고 싶은 사람에게 비싸지 않은 물건은 더는 명품이 아니다. 베블런효과와 스놉효과는 뒤틀린 도착적 욕망으로 궤를 같이하지만 약간의 차이가 있다.

된장녀와 칙릿

◆

2006년 인터넷을 달궜던 '된장녀'는 지나치게 겉치장에 몰두하고, 명품가방으로 치장하며, 테이크아웃 커피점과 패밀리 레스토랑을 즐겨 찾으며, 마치 뉴요커가 된 듯한 착각에 빠져 있는 허영심으로 가득 찬 소갈머리 없는 20대 여성을 지칭했던 말이다.

토속냄새가 물씬한 된장녀에는 칙릿chicklit이라는 영미문화가 스며들어 있다. 칙릿은 젊은 여성을 지칭하는 속어 'Chick'과 문학 'Litera-ture'의 합성어로, 20~30대 여성들을 겨냥한 영미계열의 대중소설을 의미한다. 1990년대부터 뉴욕, 런던 등 대도시를 배경으로 언론이나 패션업계에 종사하는 젊은 여성이 '일과 사랑' 사이에서 자신의 꿈을 추구해 나가는 스토리를 가볍고 솔직한 언어로 묘사한 장르소설이다.

젊은 여성들이 칙릿에 빠져드는 이유는 칙릿의 주인공이 신데렐라식의 주인공보다 훨씬 현실적이고 매력적이기 때문이다. 자신의 삶을 스스로 책임져야 하는 현실 속에서, 백마 탄 왕자를 기다리는 신데렐라는 더 이상 어필하기 어렵다. 이보다는 외모, 능력 등 자신의 재능을 적극적으로 계발해 성공을 추구하는 칙릿의 주인공들이 훨씬 더 매력적이다. 칙릿의 주인공들은 젊은 여성들에게 선망의 대상이다.

칙릿은 소비패턴의 모델이 된다. 〈악마는 프라다를 입는다〉 등을 보면 샤넬, 프라다 같은 명품에 멋진 레스토랑 등이 빠지지 않고 등장한다. 감성적 소비문화에 익숙한 젊은 여성들에게 화려한 삶이 별세계의 남이 아닌 나를 위한 구체적인 모습으로 다가선다. 뉴욕 독신녀들의 자유로운 삶을 다룬 〈섹스 앤 더 시티〉에 등장하는 패션브랜드인 '마놀로 블라닉', '지미추'는 세계적으로 돌풍을 일으켰다.

칙릿 문화는 발달된 미디어를 통해 젊은 세대의 가치관이나 소비취향으로 자리 잡고 있다. 자신이 좋아하는 드라마 주인공이 즐겨 마시는 음료와 즐겨 이용하는 패션은 호감이 가고 또 사고 싶게 마련이다. 이런 것들이 한국의 젊은 여성들에게 파고들어 급기야 된장녀 논란으로 이어진 것이다.

◆ 알파걸과 골드미스

알파걸은 엘리트 여성을 지칭한다. 하버드 대학 아동심리학 교수 댄 킨들리의 《새로운 여자의 탄생: 알파걸》2006에서 처음 사용되었다. 그는 모든 면에서 남학생을 능가하는 여학생들의 급증을 발견하고 '새로운 여자의 탄생'을 선언했다. 이후 알파걸은 리더의 재목으로 성장할 만한 여학생과 이미 리더로 자리잡은 여성의 개념으로 확대되었다. 자신의 분야에서 앞서가는 여성을 지칭하는 것이다.

자유와 독립의 정신으로 무장한 알파걸은 무엇이든 도전하면 이루어낼 수 있다는 자신감을 가지고 있다. '무엇이든 할 수 있다'는 것이 그녀들의 모토이다. 뚜렷한 주관과 '할 수 있다' 자신감, 끝까지 해내고 마는 끈질긴 노력 등이 그녀들의 특징이다. 알파걸은 페미니스트가 아니다. 페미니즘의 혜택을 받았지만, 남학생보다 뛰어나기 때문에 페미니스트가 되어야 할 필요를 느끼지 않는다. 대부분의 알파걸들은 "나는 남성에게 적대적인 여권주의자가 아니며 평등주의자"라고 말한다. 알파걸은 남학생들보다 더 씩씩하고 담대하다. 힐러리 클린턴, 미셸 오바마, 콘돌리자 라이스, 앙겔라 메르켈 독일 총리 등 강력한 여성모델이 많아진 덕분에 알파걸들은 긍정적인 자아관과 자신감을 키울 수 있었던 것이다.

미국에는 알파걸, 일본에는 하나코상, 중국에는 성뉘剩女: 잉여여성, 한국에는 골드미스가 있다. 골드미스는 탄탄한 직장에 소득이 많고, 자기계발에 적극적이며, 자신을 위해 아낌없이 소비한다. 다보스 포럼에서도 "오늘날 도시를 지배하고 형성하는 사람들은 교육수준이 높고 전문지식을 지닌 30대 독신여성"이라고 규정하고 '싱글 이코노미'를 이슈로 삼고 있다. 능력 있는 '올드미스'가 '골드미스'로 불리며 대접을 받고 있는 것이다.

골드미스는 30~45세의 연수입 4,000만 원투자수익 등을 포함한 8,000만 원 이상의 고학력 미혼여성들을 지칭하는 마케팅 용어다. 골드미스는 소비성향이 높아서 기업들은 황금시장으로 여긴다. 기업들은 경제력도 있고 소비성향이 높은 30대 독신여성, 골드미스를 잡기 위해 머리를 짜내고 있다.

아이러니하게도 한 설문조사에 따르면 골드미스가 가장 중시하는 성공의 척도는 '행복한 가정'이었다. 그러나 가정을 꾸미고 싶은 골드미스들의 욕구를 충족시켜줄 상품남성이나 서비스는 찾기가 힘들다. 알파걸은 능력, 골드미스는 라이프스타일에 초점이 맞춰져 있다.

상품의 이미지를 소비한다

◆

옷, 시계, 가방 등의 브랜드가 혈통을 대신하여 신분의 상징이 되었다. 현대를 순환시켜 주는 최대비밀은 소비이다. 프랑스의 사회철학자 장 보드리야르1929~2007의 《소비의 사회》1970는 소비라는 주제로 현대를 해부한 명저로 꼽힌다. 현대인들은 소비를 통해 성공과 지위를 과시하고 즐긴다. 상품은 지위와 위세를 나타내는 징표mark이고, 소비는 자신의 사회적 지위를 인정받기 위한 상징image이다.

소비는 욕구충족보다 개인의 사회적 위상position을 확인하는 기능을 갖는다. 보드리야르는 현대사회는 노동과 생산이 아닌 소비가 인간의 관계를 결정한다고 주장한다. 계급의 구분이 마르크스가 주장한 생산이 아니라 소비에 의해 이뤄지고, 소비가 새로운 사회적 위계位階를 만들어 내면서 지속적으로 욕망을 창출한다는 것이다.

보드리야르는 소비사회로 대표되는 후기자본주의 사회의 징후를 다음과 같이 표현했다. "우리의 삶이 진짜가 아닌 가짜, 진짜보다 더 진짜 같은 가짜의 지배를 받고 있다. 실체가 이미지와 브랜드의 안개 속으로 사라진다." 이른바 컬덕트culduct를 지적한 것이다.

문화culture와 제품product의 합성어로 문화융합상품을 뜻하는 컬덕트의 유행은 고전적 경제학으로는 설명할 수 없다. 샤넬 가방을 걸치고, 스타벅스 커피를 마시는 된장녀들에게 상품은 단순히 사용가치나 교환가치가 아니다. 상품의 이미지를 소비하는 것이다. 코카콜라는 음료가 아닌 젊음을 팔고, 나이키는 운동화가 아닌 스포츠 정신을 판다. 바로 《소비의 사회》에서 보드리야르가 주장한 '꿈의 소비'이다.

세계 최대 명품그룹 LVMH루이비통 모엣 헤네시의 베르나르 아르노1949~ 회장의 말이다. "사람들은 패션쇼를 보면서 꿈을 산다. 크리스천디오르 상점에 들어가서 립스틱을 살 때, 돈 주고 물건을 산 것에 불과한 것 같지만, 거기에는 꿈이 함께 실려 간다."

미국에서 티파니는 허영과 꿈의 상징 그 자체이다. 여성들에게 티파니는 단순한 보석 브랜드가 아니다. 이들은 반지가 아닌 티파니를 끼고, 목걸이가 아닌 티파니를 걸고 싶어 한다. 현대인은 소비를 통해 성공과 권위를 과시하고 즐긴다. 현대사회의 소비는 자신의 사회적 위상을 과시하기 위한 상징적 행위이다.

이제 상품은 효용성으로 구분되지 않고, 지위와 위세를 나타내는 이미지로 작동한다. 스타벅스에는 커피가, 롤렉스에는 시계가, 캐딜락에는 자동차가 없다. 우아한 품격과 속물적 과시와 도착적 허영이 뒤섞여 있다. 여자가 걸치는 보석이나 값비싼 의상은 남편의 재력을 증명하는 지출이다. 여성은 남편의 사회적 지위를 돋보이게 하는 화려한 장식물이다.

◆ 왜 명품을 찾는가?

① 상사의 옷차림에 업무처리시간이 달라져

존 몰로이의 《성공하는 남자의 옷차림Dress for Success》1975 은 '옷이 날개'라는 속담을 입증하는 저서이다. 100명의 실험대상자들이 고급스러운 양복과 넥타이, 구두, 액세서리를 착용하고 비서에게 타이핑과 복사를 시켰다. 비서들의 84%가 10분 이내에 업무를 끝냈지만 16%는 타이핑이 서툴러 빨리 끝내지 못했다. 이 100명이 소박한 옷을 입고 똑같은 실험을 했다. 비서들은 같은 사람에게 지시를 받았는데도, 그 시간이 2~3배나 더 걸렸다. 상사가 입은 옷에 따라 업무효율이 달랐던 것이다.

② 호텔손님의 94%가 고급 옷 입은 사람에게 양보

100명의 실험대상자들이 고급옷을 입고 호텔로 들어가는 다른 손님들과 나란히 호텔 문으로 들어갔다. 손님들의 94%가 실험대상자들에게 "먼저 들어가라!"고 양보했다. 100명이 허름한 옷을 입고 같은 실험을 했다. 손님들의 82%가 양보하지 않았다. 심지어 손님들의 5%는 실험대상자들에게 욕설을 퍼붓기도 했다.

③ 잘 입은 사람의 수입은 못 입은 사람의 4배

100명의 실험대상자들이 똑같은 양복에 각각 고급 넥타이와 싸구려 넥타이를 매고, 버스터미널에서 1시간 동안 사람들에게 "지갑을 잃어 버렸으니 차비를 보태달라!"고 요청했다. 넥타이를 매지 않고 요청하는 실험도 했다. 고급 넥타이는 1시간에 평균 34.60달러를 얻었고, 싸구려 넥타이는 9.12달러였다. 넥타이를 매지 않은 사람들은 8.42달러를 얻었다. 고가와 싸구려 넥타이의 수입이 4배 차이가 난 것이다.

암과 같은 중병, 쇼핑 중독

◆

갖고 싶은 물건에 대한 욕망을 억제하는 것이 '고문에 가깝다'고 하는 이들이 많다. 이것이 쇼핑강박증compulsive shopping 또는 쇼핑중독증shopping addiction이다. 미국 의학계는 쇼핑강박증을 정신병으로 보고 있다. 사고 사고 또 사도 무언가 허전함을 느끼는 이들 쇼핑중독증 환자들은 알코올·마약·도박 중독자들과 흡사한 양상을 보인다. 현대인에게 쇼핑은 TV 다음의 레저이다.

쇼핑강박증shopaholic은 필요하지 않은 물품을 마구 사들인 뒤 자기가 무엇을 샀는지 정확히 기억하지 못하며, 쇼핑을 못하면 불안, 두통, 우울증, 소화불량 등 심리적·육체적 부작용이 일어나는 상태를 말한다. 쇼핑중독에 걸린 사람들은 일정한 행동패턴이 있다. 사는 순간 긴장에서 풀리는 해방감을 맛보고, 사고 나서는 후련함을 느낀다. 다시 무료함과 권태감이 찾아들면 쇼핑을 반복한다.

쇼핑에서 느끼는 흥분과 설렘이 뇌의 도파민과 세로토닌의 분비를 자극해 일시적 행복감에 젖어들게 하는 것이다. 이들은 불안하거나 자존감이 낮아졌다고 느낄 때 쇼핑을 회복수단으로 삼는다. 쇼핑 중독자들은 경제력 등의 뒷걱정을 하지 않는다. 당장의 욕구를 만족시키면 그만이다. 특히 안방에서의 홈쇼핑과 인터넷쇼핑이 일반화되면서 여성들의 쇼핑중독이 더욱 심각해졌다. 닫힌 공간인 가정에서의 고독감, 상실감, 자신감의 결여를 충동구매로 대체하려 하기 때문이다.

미국 ABC 방송이 취재 보도한 쇼핑강박증 환자들의 증세이다.[*] 한 여성은, "무조건 사야 해요. 가격은 나중의 문제죠. 마음에 들면 사이즈가 맞지 않아도, 아무리 비싸도 사고 맙니다. 때로는 사지 않겠다고 다짐하고 버티려고 노력할 때도 있죠. 하지만 물건이 내 손에 들어오기 전까지는 잠도 잘 수가 없어요." 미국인의 10%가 쇼핑중독자이고 그 가운데 90%가 여성이라고 한다.

경기도의 대학교수 박 모여, 1969~ 씨는 일주일 동안 옷·구두 등을 사는 데 3,000만 원을 썼다. 박 씨는 "라벨은커녕 포장조차 뜯지 않은 제품도 많았다. 자괴감에 우울증이 걸릴 지경이지만, 입지 않을 걸 알면서도 쇼핑을 멈추기가 너무 힘들다."고 말한다. 박 씨는 '구매행위 자

---

[*] 미국 의학계는 다음의 증상에 하나라도 해당되면 환자일 가능성이 높다고 진단한다. ① 물건을 살 때마다 가족들에게 죄책감이 든다. ② 상점에 가면 필요하지 않아도 반드시 무엇인가를 사야 한다. ③ 쓰지 않은 새 물건들이 방마다 쌓여 있다. ④ 물건을 산 뒤 그 사실을 가족들에게 숨긴다.

체'에 희열을 느끼는 '쇼핑중독자'다.

　이들은 사들인 물건을 한번도 제대로 사용하지 않는다. 발 디딜 틈도 없이 집안 가득히 물건을 들여놓고도, 정작 사용하는 물건은 예전부터 쓰던 낡은 물건들이다. 이들은 새 물건을 사용하겠다는 생각보다 단지 뭔가를 새로 샀다는 것으로 만족하는 것이다. 쇼핑강박증은 처방이 없다. 앞의 환자들도 정신과에서 상담과 치료를 받았고, 가족들에게도 다시는 쇼핑하지 않겠다고 수없이 다짐했지만 끝내 완치되지 못했다. 쇼핑강박증에 한번 빠지면 좀체 헤어나기 어렵다. 회복불능의 암과도 같은 중병이다.

메리 토드 링컨의 쇼핑중독증

◆

　링컨1809~1865 대통령의 아내 메리 토드 링컨1818~1882은 걷잡을 수 없는 쇼핑중독으로 볼썽사나운 꼴을 보인 유명인사의 하나이다. 가난한 집에서 태어난 링컨은 돈을 헤프게 쓴 적이 한번도 없었다. 그러나 부유한 은행가·무역상·변호사의 딸로 자란 메리 토드는 지나친 낭비벽으로 인생의 대부분을 빚에 허덕이며 살았다.

　메리는 영부인이 되기 전에도 돈을 물 쓰듯 했다. 백악관에 입성하자 '마구잡이 쇼핑'으로 일관했다. 남북전쟁으로 국민이 모두 내핍생활을 하던 때였다. 군인들은 담요가 모자라 고생하는데 메리는 2,000달러의 레이스 숄, 2,000달러의 가운, 1,000달러의 캐시미어 숄까지 사들였다. 한 달 사이에 장갑을 84켤레나 구입하기도 했다. 당시 대통령 연봉이 2만 5,000달러였음을 감안할 때 2,000달러면 엄청난 금액이다.

메리는 친구들과 정기적으로 뉴욕, 필라델피아, 보스턴까지 쇼핑여행을 하곤 했다. 모자, 가운, 슬리퍼, 숄, 다이아몬드 귀걸이, 금박시계, 도자기 세트를 사들였다. 그리고 한두 번 사용할 뿐, 사놓기만 하고 전혀 사용하지 않은 것도 많았다.

게다가 그녀는 대단한 잔소리꾼이었다. 그녀는 하루도 거르지 않고 남편에게 불평과 비난을 퍼부었다. 그녀의 고함소리가 온 동네를 떠들썩하게 했고 어느 때는 손찌검으로 폭발할 때도 있었다. 그녀는 무척 난폭했고 질투심 또한 대단했다. 한번 폭발하면 눈이 뒤집힐 정도로 발광했다. 그녀를 동정할 수 있는 유일한 근거는 환자라는 것뿐이었다.

링컨은 메리의 낭비벽과 괴팍한 성격으로 골머리를 앓았다. 메리 토드는 최악의 아내였던 것 같다. 링컨은 일이 안 풀리면 숙명론宿命論으로 체념하는 버릇이 있었다. 아마도 아내의 낭비벽과 고약한 성격도 자신의 팔자라고 체념하며 신세를 한탄했을 것이다. 그런데 히스토리 채널의 '10 Things You Don't Know About'에 따르면 링컨은 동성애자에 매독환자였다. 메리 토드의 히스테리는 타고난 성질과 링컨의 동성애와 매독과 얽혀 있었던 것으로 추정된다.

재클린 케네디 오나시스의 낭비벽

◆

재클린 케네디 오나시스1929~1994는 쇼핑광이다. 그녀는 영부인이 되기 전은 물론 영부인 시절에도, 이후에도 쇼핑병을 고치지 못했다. 여러 목격자의 증언과 《재키라는 이름의 여인》의 작가 헤이만에 따르면, 그녀는 의상과 가구를 구입하는 데만 수백만 달러를 썼다.

1953년 부유한 젊은 상원의원 존 F. 케네디_{1917~1963}와 결혼한 지 얼마 되지 않았을 때 그녀는 비싼 옷과 가구에 엄청난 돈을 썼다. 케네디는 '아내 때문에 허리가 휠 지경'이라고 투덜거렸다. 부부는 청구서를 둘러싸고 티격태격하곤 했다. 다른 부부들처럼 아내는 쓰고 남편은 화를 냈던 것이다. 백악관에 입성했던 1961년 말 그녀의 지출은 10만 달러에 달했고 이듬해에는 12만 달러였다. 케네디는 측근에게 물었다. "어디 쇼핑중독자 치료해주는 곳은 없나?"

"오, 노!Oh, No!" 1963년 11월 케네디 대통령이 머리에 총을 맞자 재클린은 이렇게 비명을 질렀다. 하지만 5년 뒤 미국인들은 재클린을 보며 똑같은 비명을 질렀다. "오! 세상에 저럴 수가 ⋯." 미국을 놀라게 한 충격적인 소식은 바로 미국인의 사랑을 한 몸에 받았던 퍼스트레이디 재키재클린의 애칭의 재혼이었다.

낭비벽이 심한 재클린에게는 돈줄이 필요했다. "여자가 없다면 세상의 모든 돈은 전혀 의미가 없다."는 그리스의 선박왕 오나시스_{1905~1975}가 선택되었다. 62세의 돈 많은 사업가와 39세의 퍼스트레이디 출신 여인의 결합을 보는 세상의 시선은 차가웠다. 프랑스에서는 "재클린은 심장 대신 은행을 지니고 있다."는 말이 나돌았다. 재혼을 비난하는 언론의 집중포화 속에서 재클린은 1968년 10월 오나시스와 결혼식을 치렀다.

오나시스는 100만 달러 상당의 40.42캐럿 다이아몬드 반지를 재클린의 40회 생일선물로 주고, 용돈으로 매월 3만 달러를 지급했다. 그러나 그녀의 씀씀이가 3만 달러를 웃돌자 2만 달러로 삭감한 뒤 용도마저 감시하기에 이르렀다. 그렇다고 그만둘 재클린이 아니었다. 그녀의 쇼핑은 초고속으로 변했다. 상점에 총알같이 뛰어 들어가 물건을 사가지고 나오는 데 10분이면 족했다.

재클린은 손가락으로 물건을 가리키기만 했다. 뮤직박스, 옛날 시계, 모피코트, 가구, 구두 등 닥치는 대로 사들였다. 재클린은 닥치는 대로 사들인 뒤 중고상점에 내다 판다. 구두 200켤레를 6만 달러에 구입하고, 구두 30켤레를 한꺼번에 구입한 뒤 이튿날 되물린 경우도 있다. "한꺼번에 10여 개씩 구입한 핸드백, 드레스, 가운, 코트로 뉴욕 5번가에 호화 상점을 차려도 되겠다." 오나시스의 푸념이다.

마르코스와 이멜다의 사치병

◆

나는 필리핀을 생각할 때마다 그 나라 국민에 대한 짠한 마음과 마르코스 일가에 대한 경멸과 분노가 일곤 한다. 일본 다음 가던 아시아의 선진국이 정치지도자를 잘못 만나 국세가 기울고, 국민들이 고생하는 것을 보면 안타깝기가 그지없다. 21년을 집권하여 필리핀을 도탄에 빠뜨린 마르코스1917~1989는 국민의 기대를 모았던 뛰어난 인물이었다.

1917년 변호사의 아들로 태어난 마르코스는 명석했다. 어려서부터 1등을 놓치지 않았고 수영, 복싱, 레슬링 등에서 탁월한 기량을 보였으며 웅변의 달인이었다. 대학 졸업논문은 대통령상을 받았다. 아버지의 정적政敵을 살해한 혐의로 옥살이를 하던 중에 변호사 없이 혼자 법정에 서서 무죄판결을 이끌어냈고, 변호사 시험에 수석으로 합격했다.

2차대전 중에는 일본군에 포로로 잡혔다가 가까스로 풀려났지만,

주변의 만류를 뿌리치고 또 다시 게릴라 부대에 지원하는 등 훈장을 28개나 받은 전쟁영웅이었다. 32세에는 전국 최다득표로 하원의원이 되었고, 42세에 최연소 상원의장에 올랐다. 6년 뒤 그가 대통령에 선출되었을 때 필리핀 국민들은 새로운 시대가 열릴 것으로 기대했다.

그러나 그는 국민의 기대를 저버리고 부패한 독재자로 전락했다. 집권 21년 동안 마르코스 일가가 국고에서 빼돌린 돈은 최대 100억 달러로 추정하고 있다. 1986년 2월 마르코스가 쫓겨난 말라카낭 궁은 호화사치의 아방궁이었다. "지하에는 3,000켤레의 구두, 수백 벌의 의상, 장신구, 2,000여 벌의 가운, 3,500장의 팬티, 브래지어 500개, 수많은 보석상자와 골동품이 쌓여 있고, 궁전바닥은 이탈리아산 최고급 대리석, 수도꼭지는 황금, 변기는 옥玉이었다." 당시의 보도기사이다.

이러한 호화사치의 주역은 그의 아내 이멜다_{1929~}였다. 미스 필리핀 출신 25세의 이멜다는 1954년 37세의 하원의원 마르코스와 결혼했다. 가난하게 자란 그녀는 보석, 고가 옷 등 온갖 사치품에 몰두했다. 1965년 마르코스가 대통령이 되자 그녀의 사치는 가속이 붙었다. 마르코스가 21년간 음모와 술수로 정치판을 주무르는 동안, 이멜다는 호화쇼핑을 취미로 삼았다.

이멜다의 극명한 사치의 예로 구두를 3,000켤레 이상 구입하고 모두 똑같은 모양의 검정색 브래지어를 300개 이상 구입했다는 것은 아주 유명하다. 현대사에서 이멜다는 탐욕과 사치의 대명사로 꼽히고 있다. 역사에 가정은 없지만 마르코스에게 이멜다가 없었더라면, 그가 실패한 대통령이 되지 않았을 수도 있고, 오늘의 필리핀의 위상도 다를 것이다.

토마스 제퍼슨의 낭비벽

◆

188cm의 호리호리한 체구의 고상하고 기품 있는 인물이었던 토마스 제퍼슨1743~1826은 정치가, 교육자, 백과사전이라 불릴 만큼 박식한 학자이며 사상가로 미국 독립선언문의 기초위원이었고, 3~4대 대통령을 지냈으며, 철학, 자연과학, 건축학, 농학, 언어학 등 해박한 지식으로 많은 사람들에게 영향을 주어 '몬티첼로의 성인'으로 불리었다. 심지어 그는 1999년 12월 31일 영국의 타임지가 뽑은 18세기를 대표하는 인물이었다13세기 징기스칸, 17세기 뉴턴, 19세기 에디슨, 20세기 아인슈타인 등.

그런데 그에게 결정적 흠이 하나 있었다. 낭비벽이 심했다. 파리, 런던, 뉴욕 등 가는 곳마다 물건을 사들였다. 은제품, 포도주, 옷, 그림, 조각품, 심지어 경마차輕馬車에 이르기까지 닥치는 대로 사댔다. 파리에서 사들인 책만도 거의 2,000권에 달했다. 그는 어디에 살든지 호화로운 생활을 하고, 세든 집을 새집처럼 뜯어고치고, 자신의 저택을 끊임없이 수리하고 확장했다.

그에게 빚은 일종의 생활방식이었다. 대륙을 넘나들며 여기저기서 끊임없이 빚을 끌어대 그가 남긴 빚은 10만 달러에 달하여, 살고 있던 몬티첼리 저택을 포함한 소유재산 가액을 훨씬 초과했다. 그의 유족은 책임감과 자립심이 강한 딸 마사 하나뿐이었다. 그녀는 모든 재산이 경매로 팔려나가는 고통을 견디며 살았다.

높은 지성과 식견, 탁월한 리더십으로 독립선언서를 기초하고 국무장관, 부통령, 대통령 등을 역임했던 그가 낭비벽을 이겨내지 못해 전전긍긍했다는 사실이 의외이다. "아무리 많은 미덕을 갖추었다 하더라도 일단 허영심에 사로잡히는 날엔 모든 것이 흔들리고 만다. 허영과 진실은 결코 부부가 될 수 없다."라 로슈푸코1613~1680의 말이다.

그처럼 다방면에서 훌륭했던 인물도 이처럼 허약한 면이 있다는 사실이 부족한 우리 보통사람들에게 조금은 위안일종의 샤덴프로이데?이 될 수도 있을 것이다. 참으로 인간이란 불가사의한 존재이다. 세상만사가 인간의 노력이나 능력으로 되지 않는 것이 너무도 많다. 나는 그것을 타고난 천품天稟으로 본다. 흔히 말하는 사주팔자이다.*

우리는 태어날 때에 명命과 운運을 타고난다. 명은 선천성이고 운은 후천성이다. 사치낭비벽도 명운의 작용인 것 같다. 이를테면 역마살, 도화살 등과 같은 낭비살이라고 해야 할 것 같다. 앞서의 메리, 재클린, 이멜다, 제퍼슨 등도 낭비살이라는 올가미 속에서 발버둥치며 괴로워했을 것이다. 재클린이 세상의 비난을 무릅쓰고 돈 많은 영감과 재혼을 택한 고충을 알 만하다. 불쌍한 생각도 든다.

사치와 자본주의

◆

"사치가 자본주의의 발전에 어떤 역할을 하는가?"를 놓고 17~18세기의 경제학자들은 뜨겁게 논쟁했었다. 결론은 사치가 당시 생성중인

---

* 점복(占卜), 사주(四柱) 등은 허무맹랑한 미신으로 간주된다. 그러나 전혀 의미가 없다면 일찍이 소멸했어야 한다. 점술은 동서양에 널리 퍼져 있다. 미국의 테오도어 루스벨트 대통령, 레이건 대통령 부부, 영국의 엘리자베스 여왕, 다이애나 세자빈 등이 점쟁이를 찾았고, 프랑스와 미국에는 현재 신부들보다 2배나 많은 점쟁이가 있으며, 독일은 가장 깊이 점술에 빠져든 국가라고 한다. 미국의 억만장자들은 대부분 점쟁이들을 고용하고 있고, 프랑스의 시트로엥(Citroen) 자동차 회사는 새 모델의 출시일자를 점쟁이에게 묻고, 미국의 미셸린(Michelin) 타이어 회사는 신입사원을 점쟁이에게 물어 선발한다. 삼성의 이병철 회장은 신입사원 면접에 관상가를 배석시켰다고 알려져 있다. 각자 타고난 팔자나 운명은 있는 것 같은데, 이를 돈벌이로 삼는 점술가는 엉터리가 많다는 것이 나의 소견이다.

'자본주의 경제를 발전시킨다'였다. 따라서 경제발전의 지지자들은 모두 사치의 열렬한 옹호자였다. 그들은 지나친 사치소비는 자본형성에 해롭다고 염려는 했지만, 필요한 자본의 축적과 재생산을 확실하게 해주는 검소한 사람들은 이미 충분히 있다는 사실로 위안을 삼았다. 그리고 각국의 정부는 사치에 대해 우호적 태도를 취했다. 경제가 발전한 나라에서는 17세기에 기존의 사치금지령이 소멸되었다.

이후 지배층은 경제발전을 위해 사치소비의 필요성을 확신했다. 또 뒤에 루소주의자들의 반대운동이 일어날 때까지 저명한 문인들도 사치를 지지하였다. 몽테스키외1689~1755는 "사치는 필요악이다. 만약 부자들이 돈을 쓰지 않으면, 가난한 사람들은 굶어 죽을 것"이라고 썼다. 볼테르1694~1778도 "쓸데없는 것사치은 매우 필요한 것"이라고 사치를 옹호했고, 아이작 핀토1715~1787는 "사치가 국가의 번영에 유용할 뿐만 아니라 반드시 필요한 활력"이라고 주장했다.

사치는 비록 개인적으로는 악이고 죄이지만, 산업을 촉진시키기 때문에 사회 전체에는 선善, 즉 "사치는 인간에게는 해롭지만 상업에게는 해롭지 않은 악惡"이라는 견해가 영국에도 퍼져 있었다. 《로빈슨 크루소》의 저자이며 상업 예찬자인 대니얼 디포1660~1731는 사치가 부의 원천임을 깨닫고, 《완전한 영국상인》에서 "사치와 허영이 상업을, 결과적으로는 가난한 사람들을 먹여 살린다."고 결론지었다.

검소한 독일에서도 사치는 많이 논의되었고, 자본주의 발전에 사치의 기여를 인정했다. "사치가 더 많으면 좋겠다. 부자들의 사치는 많은 수공업자와 가난한 사람을 먹여 살리기 때문이다."라는 글도 있다. "죄 많은 부유층의 낭비성 지출은 빈민층에게 일자리를 주지만, 인색한 구두쇠의 청빈함은 그렇지 못하다." 버나드 맨더빌1670~1733의 말이다. 사치는 자본주의의 발전에 다방면으로 기여했다. 사치는 봉건적인 부富에서 시민적인 부로의 이행에 중요한 역할을 했다.

좀바르트1863~1941는 부자들의 사치가 자본주의의 출발이며 발전의 동력이라면서 "자본주의를 태생시킨 상업의 발달은 사치품에서 시작되었다. 향료, 후추, 비단, 차 등은 모두 사치품이었다. 이것들은 돈 많은 귀족들이 자신의 욕구충족과 함께 여성의 환심을 사기 위한 상품이다. 사치는 남녀가 사랑을 이루기 위한 애욕적 소비행태"라고 결론 짓는다. 동물이 멋진 외모를 뽐내며 이성에게 구애하듯 인간도 이성의 환심을 사기 위해 사치를 하고 돈을 쓴다는 것이다.

모든 종교의 경전經典을 비롯하여 선현先賢들이 한결같이 사치와 낭비를 비난하고 죄악시한다. 누구도 사치와 낭비를 권장하지 않는다. 그런데 사치와 낭비가 가난한 사람들의 생존과 직결되어 있어 딜레마이다. 그렇지만 사치와 낭비를 옹호할 수는 없다. 다만 절대악도 절대선도 없다는 철리哲理로 삶의 불가해성을 이해할 수 있을 뿐이다. 이것이 바로 진정한 '돈의 철학'이라는 생각이 든다.

최선의 방법은 각자의 가치관과 수입에 맞춰 마음 편한 소비생활을 하는 수밖에 없다. 아무리 말려도 사치할 사람은 사치하고, 검약하는 사람은 검약을 한다. 사치병에 걸린 사람은 빚을 내서라도 사치를 해야 직성이 풀린다. 그리고 그 후유증에 시달린다. 검약하는 사람은 사치를 하면 마음이 불편해서 견디지 못한다. 마음 편한 소비생활은 각자의 천품에 맞는 지나치지 않은 중용적 소비일 것이다. 그러나 돈이 없는데도 사치하는 자는 범죄에 빠지기 쉽다.

5장

부패

◆

The Philosophy of money

2000년 전의 인물 키케로Cicero, B.C. 106~B.C. 43는 "로마가 황금만 능주의로 부패했다."고 개탄했다. 오늘에도 그 말은 변함이 없다. 부정부패는 사회의 기틀을 흔드는 암적인 현상이다. 부당한 방법으로 일을 처리하기 위한 뒷거래가 부정부패이다. 많이 좋아졌고 좋아지고 있긴 하지만, 여전히 우리 사회 곳곳에는 부정부패가 공공연히 그리고 암암리에 이뤄지고 있다. 아직도 부패공화국이라는 오명을 씻기에는 멀었다. 부패의 뿌리는 너무도 깊고 질기다. 'corruption부패'는 라틴어 'cor함께' 'rupt파멸하다'의 합성어이다. 부패는 사회를 공멸시킨다.

사라지지 않는 부정부패

◆

국민당의 부패로 인해 대만으로 밀려난 장제스蔣介石, 1887~1975 총통은 비리에 관련된 그의 며느리도 용서하지 않았다.* 그렇게 세워진 대만에는 부패한 공직자가 거의 없다. 싱가포르 리콴유李光耀, 1923~2015 총리도 부패 없는 나라를 만들었다. 그런데 우리의 역대 대통령들은 부패를 청산하지 못했다. 청산은커녕 직접 부정축재에 나서 감옥을 가고 세상의 비웃음을 샀다.

우리 사회 곳곳이 성한 데가 없다. 공무원들의 부패는 생계형 비리에서 축재형 부정으로 고질화·대형화되었다. 인구人口에 회자膾炙되는 유전무죄 무전유죄有錢無罪 無錢有罪의 법조비리, 원전비리, 방산비리, 수많은 건축비리, 납품이나 하청을 미끼로 리베이트를 강요하는 기업비리, 교사·교수의 임용비리, 입시부정, 취업장사를 하는 노조간부, 시민운동을 빙자하여 뒤로 돈을 챙기는 NGO 간부 등 모두들 깊은 부패의 수렁에 빠져 있다.

스웨덴의 뮈르달1898~1987은 아시아의 빈곤에 대한 10여 년의 연구 결과를 담은 《아시아의 드라마》1968로 1974년 노벨 경제학상을 받았다. 뮈르달은 빈곤의 원인으로 인구과잉, 자원부족 등의 경제적 요인 외에 부패를 꼽았다. 아시아에서 부패는 자연스러운 것이었고, 윤활유로 취급되기도 했다. 뮈르달은 모든 부문에 만연된 부패가 하나의 민속民俗이 되었다고 분석했다. 뇌물, 연줄, 급행료 등의 민속화된 부패는 경제발전을 저해하고, 정부에 대한 신뢰를 떨어뜨려 정책의 효과를 감소시킨다.

---

* 큰며느리가 밀수에 관련되었다는 보고를 받고 며느리를 집안으로 불러들였다. 그 사이 집안을 수색했는데 엄청난 양의 보석이 발견되었다. 장제스는 며느리에게 밥을 사주며 "이게 마지막 식사가 될 것 같다."고 말하고 생일선물로 보석상자를 선물했다. 보석상자에는 권총이 들어 있었다. 며느리는 그 권총으로 자살했다.

나는 1950년대 시골에서 소년기를 보냈다. 시골의 어린 나의 귀에 들리는 소리가 와이로ゎぃろ, 빽, 사바사바, 기름칠, 급행료 등의 부패용어였다. 그만큼 부패가 만연했었다. 35년의 식민지 압제 뒤에 이어진 6·25 전쟁의 상흔이 가시지 않은 시기였다. 전쟁은 인간의 도의심을 무너뜨린다. 3년여의 전쟁을 치른 뒤의 50년대 한국인의 삶은 최악의 상태였다.

흔히 보릿고개, 춘궁기로 당시의 어려움을 표현한다. 생존을 위한 몸부림이었다. 돌아보니 물질적으로 정신적으로 한국은 부패할 수밖에 없었던 시기였다. 그러나 절대빈곤을 벗어나 세계 10위권의 OECD 회원국인 지금에도 떡값, 돈봉투, 촌지, 리베이트 등으로 그 명칭이 바뀌었을 뿐 여전히 부패는 사라지지 않아 부패의 토착화, 고착화를 염려하게 한다.

유혹에 약한 인간

◆

세상의 온갖 권력, 금력, 연줄 등이 우리를 바른 길에서 벗어나도록 유혹하고 있다. 내 마음이 약하고 힘이 모자라 이런 유혹에 넘어가면 망신을 당하고 인생을 망치고 만다. 사람은 저마다 생활신조와 자기질서가 있어야 한다. 그런 신조와 질서가 없으면 조그마한 것에 부딪혀도 이내 넘어지고 만다. 비록 가난해도 자기질서를 지키고 사는 사람에게는 인간적인 긍지와 품위가 따른다. 겉으로는 그럴듯하게 사는 사람이라도 생활에 규범이나 질서가 없다면 인간의 기품이 서지 못한다.

어려운 상황을 만나면 행동의 기준이 흔들린다. 2007년 연세대 총장부인이 학부모로부터 2억 원을 받고, 치과대학장에게 편입학을 부탁하고, 불합격하자 돈을 돌려준 불미스러운 일이 있었다. 총장부인이 돈의 유혹을 받은 것이다. 아들이 운영하던 벤처기업이 파산하여 50여억 원의 빚을 졌는데, 아버지가 연대보증을 서는 바람에 땅과 아파트를 처분하고 월급을 차압당한 데다, 학교 내 총장공관에서 살아왔던 총장부부가 퇴임 5개월을 앞두고, 퇴임 후 거처할 곳이 없어 거처를 마련하기 위한 궁여지책이었던 것이다. 돈의 유혹을 이기지 못한 총장부인의 몰지각한 행위로 사회적 물의를 일으킨 사건이었다.

인간이란 유혹에 무척 약하다. 한 순간의 유혹으로 오랜 세월 쌓아온 부와 명성을 몽땅 잃어버리는 사람들이 많다. "받지 말았어야 했는데…." 하고 후회할 때 상황은 이미 수습할 수 없는 단계에 이르게 된다. 2007년 건설업자로부터 1억 원의 뇌물을 받고 구속된 부산지방국세청장은, "업자가 택시에 돈 가방을 던져 넣는 바람에 얼떨결에 받았다. 돈가방을 택시 밖으로 내동댕이치지 못한 것이 천추의 한"이라고 땅을 치며 후회했다.

다산茶山은 《목민심서》에 "자기의 가치를 높게 매기는 사람은 작은 유혹에 넘어가지 않는다."고 썼다. 자긍심自矜心 때문이다. 모든 것을 잃더라도 인격만은 꿋꿋하게 지켜야 한다. 부귀하면서 근심하는 것보다 빈천하면서 편안하고 자유로운 것이 훨씬 더 낫다. 진정한 자유는 내면의 자유이다. 정직이 깃들지 않은 부는 의미가 없고 마음의 평화도 얻을 수 없다. 자신을 포기한 자는 아무도 구할 수 없다.

노魯나라 재상 공의휴公儀休는 생선을 좋아했다. 많은 사람들이 그에게 생선을 바쳤지만 받지 않았다. 왜 좋아하면서 받지 않는지 묻자, "받으면 반드시 나를 낮추는 기색을 보이게 된다. 남에게 나를 낮추면 언젠가는 법을 어기게 되고 재상에서 쫓겨나게 된다."고 답했다.

부정행위는 경제행위

◆

2008년 6월 KBS 〈시사기획 쌈〉이 파헤친 한국 스포츠계의 비리를 보고 혀를 차지 않을 수 없었다. 심판매수, 승부조작, 체육특기생 진학 비리 등으로 얼룩진 복마전이었다. 스포츠 정신은 없고 돈만 있었다. 감독, 선수, 심판, 학부모가 먹이사슬을 형성하여 비리가 공공연하게 이루어지고 마땅한 해법도 없었다. 심판의 매수는 일부 타락한 심판들에 국한된 것이 아니었다. "깨끗한 심판은 1%도 안돼요." 심판의 매수가 만연되어 있었다.

임기가 보장되지 못하고 성적이 부진하면 하루아침에 목이 날아가는 감독·코치들은 파리 목숨과 같고, 선수들에게 진학이나 취업은 일생이 걸린 중대사이다. 선수, 감독, 코치, 학부모 모두가 반드시 이겨야 하는 절박한 상황이다. 승패의 열쇠를 쥐고, 경기당 3~4만 원의 수당을 받는 심판은 돈의 유혹을 이기지 못한다.

파리 목숨인 대학 감독도 성적이 생명이다. 이들이 체육특기생 입학을 빌미로 돈을 받는 것은 사복을 채우기 위한 것이 아니었다. 우수 선수를 스카우트할 돈을 마련하기 위한 고육지책이다. 스타급 선수는 1억 원을 줘야 하고 일반선수는 2,000만 원을 줘야 한다. 그러나 대학에서 스카우트 비용을 주지 않기 때문에 부정입학을 시켜 그 비용을 마련하는 것이다. 구조적으로 일어날 수밖에 없는 비리였다.

1982년 6월 스페인에서 열린 월드컵 경기에서 서독과 오스트리아

선수들은 1:0을 만든 뒤, 공을 주고받으며 왔다갔다만 하여 관객을 격분시켰다. 양팀은 승부를 조작하여 2차 리그에 동반 진출하였고 알제리가 탈락했다. 더럽고 추잡한 담합과 암거래라는 비난에 대해, 오스트리아 코치는 "문제는 아주 많은 돈이 아닙니까?"로 대꾸했다.

스티븐 레빗1967~ 시카고 대학 교수는 《괴짜경제학Freakonomics》2005에서 "부정행위는 가장 기본적인 경제행위이다. 대가만 적절하면 누구든 부정을 저지를 수 있다."면서 몇 가지 예를 든다. 일본의 스모 선수는 8승 이상의 전적戰績으로 대회를 마치면 순위가 오르고 7승 이하는 순위가 하락한다. 연봉이 결정되는 순위는 선수에게 생사의 문제이다. 따라서 8승 6패의 선수가 7승 7패의 선수에게 일부러 져주는 현상이 발생하여, 7승 7패의 선수가 8승 6패의 선수를 이기는 비율이 80%에 달한다. 부정이 없으면 승률은 40%에 불과하다.

이는 생계형·생존형 부패이며 구조적 부패라 할 수 있다. 이는 제도적 결함에 기인한다. 오늘도 부정을 저지르며 괴로워할 사람들을 제도의 개선으로 자유롭게 해줘야 한다. "덕성을 흠모하고 부패를 혐오할 수 있지만 용기가 없다면 우리도 언제든 타락할 수 있다." 2008년 미국 공화당 대통령 후보였던 존 매케인1936~2018의 말이다. 문제는 축재형 부패이다. 행여 축재형 부패가 이러한 구조적 생계형 부패와 동렬同列에 놓여서도 안 되고 자위의 빌미가 되어서도 안 된다.

군대와 부패

◆

북한 군대의 부패에 대한 풍자이다. "무력부는 무조건, 군단은 군말

없이, 사단은 사정없이, 연대는 연달아, 대대는 대담하게, 중대는 중간에서, 소대는 소리없이, 분대는 분별없이 떼어먹고, 전사戰士는 전혀 먹지 못한다. 소대장은 소소하게, 중대장은 중간중간, 대대장은 대량으로, 연대장은 연속해서, 사단장은 사정없이, 군단장은 군데군데 떼먹는다."

그러나 이는 북한만의 현상이 아니다. 1950년대 후반 남한의 군복무자들이 겪은 가장 큰 고통이 배고픔이었다. 당시 비무장지대에서 복무했던 고향의 한 선배는 "너무도 배가 고파 하루에도 몇 번씩 지뢰밭에 뛰어들어 죽고 싶었다."고 회고했다. 지금의 북한처럼 층층시하로 병사들의 식량을 빼돌렸기 때문이다. 군의 부패는 6·25 때의 국민방위군사건으로부터* 1974년~1996년의 율곡사업 비리, 2010년대의 방산비리 등으로 끊임없이 이어지고 있다.

《손자병법》에 '전쟁은 속임수'[兵者詭道也], 궤詭는 거짓과 속임라는 구절이 있다. 수단방법을 가리지 말라는 의미이다. 거기에 명령과 무조건적 복종으로 존립하는 군대의 부패는 사회의 어떤 조직보다 심하고 앞서간다. 특히 가난한 나라의 군대는 예외가 없다. 한국의 전두환·노태우양 씨를 비롯하여 중남미, 아프리카, 동남아 등에서 쿠데타로 집권한 군사정권이 한결같이 부정부패로 얼룩진 예는 이와 무관하지 않다.

군대의 부패는 상황이론으로도 설명이 가능하다. 군대라는 특수조직으로 인해 도덕성이나 정의감이 현저히 감퇴하는 현상이다. 20세

---

* 1951년 1·4 후퇴 때 제2국민병으로 편성된 국민방위군의 고급장교들이 국고금과 군수물자를 횡령·착복하여 아사자와 동사자가 9만여명에 달했다. 제대로 지급되어도 세끼 주먹밥과 소금국도 빠듯한 예산에서 사령부가 1/3을 떼먹고, 교육대의 간부와 기간사병들이 떼먹어 병사들은 엄동설한에 굶어죽고 얼어 죽었던 것이다.

도 안된 여군이 포로를 성적으로 학대했던 2004년 이라크 포로수용소 사건과 예비군복을 입으면 갑자기 언행이 거칠어지는 현상 등이다. "상황이 인간을 굴복시킨다."는 상황이론은 스탠포드 대학에서 교도소를 꾸며놓고 일반인들을 교도관과 죄수로 나눠 역할실험role play을 한 결과, 군림과 복종의 관계가 형성되는 현상에서 나온 이론이다.

1974년부터 1996년까지 군 전력증강사업율곡사업에 투입된 예산은 50조 원에 가깝다. 국방장관과 군장성들이 성능이 떨어지는 무기를 비싸게 들여오는 수법으로, 수십억 원대의 뇌물을 받아 당시 16개의 별장성이 감옥을 갔지만, 그것은 빙산의 일각에 지나지 않을 것이다.

2015년 12월 방산비리 합동수사단이 발표한 연루자는 해군참모총장, 공군참모차장 등 장성급 11명, 영관급 27명 등 74명에 달한다. 통영함·소해함, 고속함·정보함 납품비리 등해군 8,402억, 전투기 정비대금 편취 등공군 1,344억, 불량 방상외피·방탄복, K-11 소총 등육군 45억 국고 손실이 총 1조 원에 달한다. 국정감사장에서 "대표적인 비리가 뭐냐?"는 질문에, 방위사업청장은 "하도 많아 가지고 …"라며 말을 잇지 못했을 정도이다.

내가 복무했던 1970년대 초만 해도 군수물자를 빼내 파는 비리가 성행했었다. 나는 논산훈련소 군수처에서 졸병생활을 시작했다. 나의 선임자는 휘발유를 빼내 팔아먹던 이야기를 자랑삼아 했었다. 당시 논산은 '돈산'이라 할 정도로 부정과 비리로 악명이 높았다. 수만 명의 병력을 전후방으로 배치하는 훈련소 본부는 '돈산'의 핵이었다. 어떻게든 자식을 편한 곳으로 배치하기 위해, 전국에서 부모들이 돈보따리를 싸들고 논산으로 몰려들었다.

논산훈련소 본부요원 내무반은 이른바 군기軍紀가 대단히 세서 시베리아 동토처럼 살벌했다. 먹을 것돈이 생기는 곳이라서 졸병들이 고참의 청탁을 거절할 수 없도록 닦달을 해댄 것이다. 70대의 '빳다'를 맞고 변소에서 헐어터진 엉덩이를 만지며 한없이 울었다는 고참의 하소연도 들었다. 나는 싸늘한 내무반이 싫었고, 전쟁이라는 극한 상황에서 내 운명을 시험해보고 싶어 이등병 시절에 월남전에 지원해 갔다.

당시 채명신1926~2013 주월사령관은 A·C·K-레이션의 식단으로 짜인 주월한국군은 세계에서 가장 잘 먹는 군대라고 자랑했었다. 그러나 실상은 그렇지 못했다. 당시 월남은 군 간부들과 힘쓰는 부대가 사병들의 부식이나 옷, 신발 등을 빼내 시장에 내다 팔아 한밑천 잡는 곳이었다. 그래서 돈이 되는 육류, 야채, 음료 등의 A-레이션 및 C-레이션 등은 보안부대, 헌병대 등에서 떼먹고, 다음은 사령부, 사단, 연대 등 층층시하로 팔아먹어, 사병들이 먹는 것은 팔아먹지 못할 우유나 K-레이션 등이었다. 게다가 신김치, 멸치·오징어 볶음 등의 K-레이션은 코를 싸매고 먹어야 할만큼 역한 냄새가 나는 형편없는 저질품이었다.

"오이의 씨는 있어도 도둑의 씨는 없다."는 속담이 있다. 1950~60년대의 한국, 오늘의 북한, 배고프고 가난하면 어디든지 언제든지 일어나는 필연적인 현상이다. 인간에게 측은지심仁, 수오지심義, 사양지심禮, 시비지심智 등 선한 마음이 없는 것은 아니지만, 남이야 죽든 살든 나부터 살고 보자는 이기지심利己之心이 우선하기 때문이다.

공직자들의 부패

◆

 공직부패는 넓고 깊게 뿌리를 내리고 있다. 법을 어겨도 돈이면 해결된다는 생각을 가질 정도로 부정부패가 일상화되어 있다. 공직부패는 불법·탈법을 통해 돈을 벌려는 업주들과 그들로부터 금품 및 향응을 제공받는 공무원들의 공생의식에 뿌리를 두고 있다.

 1994년 10월 성수대교 붕괴, 1995년 6월 삼풍백화점 붕괴, 1999년 6월 화성군 씨랜드 청소년수련원 화재, 1999년 11월 인천 호프집 화재 등의 대형사고에는 모두 뇌물이 오고갔다. 인천 호프집 화재참사와 관련해 호프집 주인이 뇌물을 주었다고 밝힌 공무원이 경찰서, 소방서, 구청 등에 60명이 넘었다. 업주가 운영해온 9개 업소의 1억 원가량의 수입에서 매월 2,000만 원 정도가 뇌물로 건네졌다. 호프집 업주가 운영해온 업소는 모두 무허가·무인가의 불법업소였다. 이를 단속해야 할 공무원들은 한결같이 돈에 매수된 상태였다. 단순한 기생寄生비리가 아니라 철저한 유착癒着비리였다.

 2014년 4월 304명의 목숨을 앗아가 온 국민을 우울·분노하게 했던 세월호 침몰사건은 해양수산부, 해양경찰청, 해운조합, 한국선급 등의 이른바 '해피아'라는 관료부패와 유병언이라는 희대의 사이비 종교 지도자가 소유한 부패기업이 유착된 총체적 부패문화의 결정체였다.

 한국의 부패는 엘리트 카르텔elite cartel형으로 분류된다. 이른바 원전비리, 방산비리 등은 이 나라 최고의 명문대학 원자력공학과와 육해공 사관학교 선후배의 학연을 매개로 한 네트워크형 부패이다. 머리 좋고 똑똑한 고위직 엘리트들이 어떻게 돈 따위에 영혼과 자존을 파는지 이해가 되지 않는다. 문제의 뿌리는 철학과 성찰의 부재이다.

세상에 공짜는 없다. 누군가 취하면 누군가 잃는 제로섬게임이다. 뇌물에 쓰이는 재물은 하늘에서 떨어지는 것이 아니다. 반드시 비용으로 전가된다. 뇌물의 피해자는 모두 힘없고 돈 없는 서민들이다. 거액의 비자금을 바친 기업들은 그 비용을 모두 제품가격으로 소비자들에게 덤터기를 씌우거나 불량제품을 만들어 소비자를 속인다.

다산茶山은 말했다. "공직은 자고 나면 길 떠나는 여관이다. 너희들은 탁월한 능력을 타고났고 좋은 교육의 혜택을 받았으니, 크고 어려운 나랏일을 맡아 효율적으로 해냄으로써, 그만한 혜택을 받지 못한 사람들도 행복하게 잘사는 나라를 만들어 사회에 대한 빚을 갚아라!"는 것이 공직에 부여된 사명이다. 나는 공직자의 필수덕목은 무엇보다 선공후사先公後私라 생각한다. 그러나 선사후공先私後公하는 공직자들이 너무 많아 항상 분개하고 아쉬워한다.

공부하여 관리가 되려는 것은 봉사하기 위함이지 부귀를 얻자는 것이 아니다. 봉사는 국가사회의 밑바탕을 이루는 숭고한 미덕이다. 벼슬하는 것은 의로움을 실천하기 위해서다. 개인의 명예나 출세가 목적이 아니라, 우리 사회와 인류 공동체의 미래를 고민하는 사람이 되어야 한다. 공부가 나 혼자만의 탐욕의 수단으로 전락해서는 안 된다.

부패의 뒤에는 사치와 여자가 있다

◆

"생선 썩은 것은 그 냄새로 알고, 사람 썩은 것은 향수냄새로 안다."는 말이 있다. 온갖 부정부패가 대부분 사치에서 비롯된다. 사치하느라 늘 돈이 필요하고, 빚은 늘어나며, 결국에는 수뢰, 횡령, 범죄에 빠져 든다. 2012년 서울 강남의 유흥업소 수십 곳으로부터 매달 수백만 원씩 상납을 받았던, 한모1969년생 경사의 SM7 승용차에는 아르마니 재킷, 프라다 운동화, 돌체앤가바나 청바지, 몽블랑 벨트, 에르메스·불가리·샤넬 향수가 가득했고, 그의 집에도 100만 원에 육박하는 구찌지갑 능 각종 명품이 즐비했다.

중국에는 "탐관오리는 항상 여색을 밝힌다."는 말이 있다. 뇌물로 낙마한 16명의 중국 장차관급 90%가 얼나이二奶로 불리는 정부情婦를 두고 있었고, 1990~2000년에 적발된 1,000여 건의 부패사범 가운데, 돈과 여색이 함께 한 경우가 전체의 90%를 차지했다. 불법적인 방법으로 쾌락을 위한 돈을 획득하는 것이다.

거액의 뇌물수수와 공금횡령으로 사형당한 쉬마이융許邁永 항저우杭州 부시장은 내연녀가 10여 명에 달했고, 류즈쥔劉志軍 철도부장은 18명이었다. 2002년~2011년 40여 회에 걸쳐 4,732만 위안81억 6,000만 원을 수뢰하여 사형선고를 받은 장시성江西省 비서장 우지밍吳志明은 "2015년까지 1,500명의 여자와 자겠다."는 목표를 세우고 엽색행각을 벌였는데, 그의 '쾌락일기' 수첩에는 여자 136명의 신상정보가 있었고, 성관계를 한 장소, 시간, 횟수, 당시의 느낌 등이 기록돼 있었다.

2015년 837억 위안14조 6,000억 원의 부정축재로 체포된 후진타오胡錦濤의 비서실장 링지화令計劃, 1956~에게는 27명의 정부情婦가 있었다. 7명과는 동거관계였고 사생아만 5명이다. 여성들도 내연녀가 되는데 거부감을 느끼지 않는다. 베이징에는 아우디, 롤렉스, 구찌 등이 넘쳐난다. 이런 물품은 쉽게 살 수 없지만 내연녀가 되면 달라진다.

검소한 삶을 사는 사람이 나쁜 일을 저지르는 경우는 결코 없다. 뇌물에 오염되지 않는 최선의 길은 검소한 생활에 씀씀이를 줄이고 돈의 필요성을 줄이는 것이다. 공무원이든 은행원이든 회사원이든 수뢰나 횡령한 돈으로 사치스러운 생활을 하며 환락가에 들락거리는 자들은 결국 들통이 나 파멸을 맞게 된다.

마르코스와 카레라이스

◆

1986년 2월 마르코스1917~1989 필리핀 대통령 일가가 권좌에서 쫓겨나던 날이었다. 아침식사를 하던 중에 헬리콥터가 말라카낭 궁에 도착하여, 그들은 식사도 마치지 못하고 허둥지둥 하와이로 망명했다. 먹다 만 식탁 위에는 카레라이스 접시가 어지럽게 흩어져 있었다는 기사를 나는 지금도 생생히 기억하고 있다. 부정과 비리로 나라를 도탄에 빠뜨리고 억만의 거금을 챙긴 파렴치한 독재자의 아침 식사가 서민들도 부담없이 먹을 수 있는 카레라이스에 불과했던 것이다.

1960년대 초 필리핀은 아시아에서 일본에 이어 두 번째로 잘사는 나라였다.* 1962년 한국의 1인당 GNPGNI가 87달러일 때, 필리핀은 170달러였다. 60년대 초에는 필리핀 업체들이 한국에 와 장충체육관도 짓고, 광화문의 문화관광부와 주한 미국대사관 건물도 감리監理할 만큼 필리핀은 잘나가던 나라였다. 1969년 이후 필리핀은 한국에 뒤

---

* 1964년 박정희 대통령이 필리핀을 방문했을 때 마르코스에게 했던 말이, "우리도 필리핀만큼 잘 살 수 있다면…"이었다. 2019년 10월 IMF가 공표한 한국의 1인당 GDP는 3만 1,430달러, 필리핀은 3,290달러다. 박정희와 마르코스의 공과(功過)가 드러난다.

떨어지기 시작했다. 1969년은 마르코스가 집권한 지 4년째였다.

나라의 운명이 정치지도자에 따라 갈린 것이다. 1965년부터 21년 동안 집권하여 필리핀을 이 지경으로 만든 마르코스의 죄가 너무도 크다. 풍부한 천연자원에 많은 국민이 영어까지 하여 못살 이유가 없는 나라이다. 집권기간 중 마르코스 일가가 소유한 기업은 90여 개에 달했고, 이들 기업에 온갖 특혜와 시원을 하여 엄청난 부를 축적했다.

각종 이권과 바꾼 뇌물이 수억 달러, 축재한 재산은 100억 달러에 달하고, 스위스 은행에 빼돌린 돈도 4억 5,000만 달러나 된다. 마르코스는 참으로 어리석었다. 그는 삶에 필요한 것은 한 사발의 카레라이스에 불과하다는 것을 깨닫지 못했다. 성찰이 없는 삶을 살았기 때문이다.

대만의 총통부인

◆

천수이벤陳水扁, 1951~ 전 총통은 도시락도 못가지고 다닐 정도로 가난한 소작농의 아들로 태어나 인권변호사가 되었고, '대만의 아들'로 불리며 대만 역사상 최초로 정권교체를 이뤘던 입지전적인 인물이다. 그러나 2008년 5월 퇴임 후 국가기밀비 횡령, 직권남용 및 뇌물수수 등 12억 대만달러450억 원의 불법자금을 조성하여, 해외 비밀계좌로 빼돌린 혐의로 2010년 11월 최고법원에서 19년벌금 55억 원, 아내 우슈전은 19년 7개월벌금 55억 원을 언도받고 복역중이다. 10년이 지났지만 2020년 현재까지 사면되어 출소했다는 소식이 없다.

야당시절 정치테러로 의심되는 교통사고로 하반신을 쓰지 못한 채

휠체어 생활을 하는 우슈전吳淑珍, 1952~ 총통부인은 '민주 영부인'으로 불리며 깨끗한 이미지를 유지했으나 백화점 상품권 수뢰 의혹에 이어 주식 및 펀드 투기로 막대한 수익을 챙기고 정부 인사에 개입하는 등 추문이 잇따르고, 보석과 명품으로 치장하기를 즐겨 '대만의 이멜다'란 별명까지 얻었다. 그녀는 부잣집 딸인 데다 총통부인으로 부러울 게 없는데도 돈의 유혹에 말려들어 총통부인이라는 영예를 헌신짝처럼 팽개치고 국민의 사랑과 여망을 배반하며 돈에 영혼을 팔았던 것이다.

반면에 2008년 3월 제12대 총통에 당선된 마잉주馬英九, 1950~ 총통의 아내 저우메이칭周美靑, 1953~의 옷차림은 수수하다 못해 소박할 정도이다. 대만인들은 그녀의 옷차림에서 서민과 함께하는 퍼스트레이디의 면모를 읽고 존경한다. 남편이 총통에 당선된 다음날 저우 여사는 청바지에 외투차림으로 버스를 타고, 직장인 자오펑兆豊 금융공사까지 출근해 화제가 되었다.

대만 언론이 조사한 청바지와 외투의 가격은 각각 2만 원과 3만 3,000원이었고 핸드백은 5만 6,000원이었다. 소장한 핸드백 중 가장 비싼 게 20만 원 정도라고 한다. 그녀의 검소함은 부유한 가정환경에서도 검약하라는 친정아버지의 가정교육과 공직자인 남편에게 누가되는 행동을 삼가라는 시아버지의 유훈을 따르기 때문이다.

뇌물은 인격과 영혼을 파는 것

◆

인류가 가장 먼저 시작한 거래는 매춘賣春이라고 한다. 두 번째로 뇌물賂物을 꼽는 사람이 많다. 뇌물의 역사는 그만큼 뿌리가 깊다. 미국 연방법원 판사 존 누넌1926~2017은 《뇌물의 역사》1984에 뇌물이 기원전 1500년 이집트 사회의 골칫거리였다고 썼다. 그래서 파라오는 "관리를 배불리 먹여라. 넉넉하지 못하면 편파적이고 뇌물에 무너지기 쉽다."고 후계자에게 충고했다.

우리는 매춘을 경멸한다. 뇌물은 매춘보다 훨씬 못하다. 매춘은 생존을 위해 나서는 경우가 많다. 뇌물을 받는 위치에 있는 사람들은 크든 작든 보통사람이 갖지 못한 권한을 쥐고 있다. 그리고 그들은 생활고를 겪을 만큼 궁핍하지도 않다. 그들이 받는 뇌물은 땀 흘려 번 돈이 아닌 불로소득이기 때문에 거의 사치와 낭비로 탕진된다.

다음은 2010년 뇌물수수 등의 혐의로 TV 앞에 수갑을 차고 고개를 떨구었던 사람들이다. 수많은 국회의원과 장관, KBS 사장, 국세청장, 은행감독원장, 보험감독원장, 공군참모총장, 해군참모총장, 해병대사령관, 식약청장, 부장판사, 경기도지사, 인천시장, 경찰청장, 대학병원 원장, 서울은행장, 산업은행 총재 등 기라성 같은 인물들이다. "돈은 밑이 없는 깊은 물속과 같다. 명예도 양심도 진리도 모두 그 속에 빠지고 만다." 벤자민 프랭클린의 말이다.

뇌물은 인격과 영혼을 파는 행위이다. 뇌물은 자기부정과 자기비하이다. 뇌물을 취한 자는 엄청난 명예의 실추를 감수해야 한다. "사람이 명예 없이 살 수 있습니까?" "없지!" 영화 〈엘시드〉1961의 대사이다. 정직한 사람은 뇌물을 용납하지 않는다. 마음이 깨끗하고 진실하며 정의를 사랑하는 사람은 부정을 용납하지 않는다. 뇌물을 받는 사람들은 우리 사회의 엘리트에 속한다. 엘리트라면 남달리 자신에 대한 존엄, 즉 자존심 및 자긍심도 높아야 한다.

자신을 사랑하고 존경하고 좋아하는 마음이 자긍심self-esteem이다. 자긍심은 인격의 근본이 된다. 자긍심은 인간의 생각과 행동을 좌우한다. 자긍심은 자신감과 열의를 일으키는 에너지원이다. 정직한 삶이 자존심과 자긍심의 초석이다. 뇌물 따위에 자신의 존엄을 팔아야 하겠는가? 정직하게 살아야 한다.

매슬로우의 5단계 욕구론은 유명한 이론이다. ① 생리적 욕구 ② 안전의 욕구 ③ 소속 및 애정의 욕구 ④ 자기존중의 욕구 ⑤ 자아실현의 욕구 순이다. 뇌물을 수수授受하는 사람은 ④ 자기존중의 욕구 ⑤ 자아실현의 욕구를 포기하고 ①생리적 욕구와 ② 안전의 욕구에 머무르는 사람이다. 동물적 욕구에 머무는 미개한 저급인간인 것이다.

◆ 뇌물과 선물

상대에 대한 애정과 존경을 표하기 위해 대가를 바라지 않고 주는 물건이 선물이라면, 뇌물은 의도된 대가를 노리고 주는 물건이다. 선물과 뇌물의 차이점이다. 그러나 뇌물과 선물의 구분이 모호하다. 직권을 이용해 특별한 편의를 봐달라고 건넨 부정한 금품인지, 아니면 개인적인 호감의 표시인지를 판단하기가 쉽지 않다. 전후관계를 따져 보면 심증은 가지만 법적으로는 복잡하다. 대가성을 입증해야 하기 때문이다.

선물과 뇌물의 속은 크게 다른데, 겉은 흡사할 때가 많다. 영국의 한 기업윤리 연구소에서 정한 선물과 뇌물의 기준이다. ① 받고 잠을 잘 자면 선물, 잠을 편히 못자면 뇌물, ② 자리를 옮겼는데도 주는 것은 선물, 자리를 보고서 주는 것은 뇌물, ③ 단둘이 있을 때 주는 것은 뇌물, 여럿 앞에서 주는 것은 선물이다.

선물과 뇌물의 차이는 대가이다. 정치인이나 공무원에게 무엇인가를 기대하면서 준 물건은 모두 뇌물이다. 이 물건에는 주는 것 이상을 보상받으려는 심리가 숨어 있다. 뇌물은 본질적으로 호혜주의에 바탕을 두고 있다. 호혜주의가 공적(公的)인 일에 관련될 경우 뇌물과 부패는 동시에 발생한다. 뇌물은 수수(授受) 당사자가 모두 이익을 보는 윈윈게임의 속성이 있어 적발이 쉽지 않다.

사지(四知)와 포증(抱拯)의 후손

◆

"세상에 비밀이 없다."는 의미로 사지(四知)가 인용된다. 중국 동한(東漢)의 양진(楊震, 54~124)은 박학다식하고 인격도 출중해 찬사와 존경을 받았던 인물이다. 동래군 태수로 부임 도중 창읍(昌邑)의 객사에 머물게 되었다. 양진이 형주 자사(刺史)로 있을 때 천거했던 창읍의 현령 왕밀(王密)이 객사에 찾아왔다.

밤이 되자 왕밀은 품에서 황금 10근=2.48kg을 꺼내 양진에게 주었다. 양진은 물리치면서 이렇게 말했다. "내가 자네를 추천한 것은 자네를 잘 알기 때문이었네. 그런데 자네가 나를 어떻게 보고 이런 짓을 하는가?" 그러자 왕밀이 "날도 저물어 아무도 이 사실을 모르니 부디 받아주십시오!"라고 간청했다. 양진이 "하늘이 알고[天知] 땅이 알며[地知] 자네가 알고[子知] 내가 알고[我知] 있네. 그 무슨 소린가?"라고 꾸짖자 왕밀은 고개를 떨구고 물러갔다.

이처럼 청렴결백한 양진은 가난할 수밖에 없었다. 양진의 친구들은 재산을 모아 자손에게 남겨주라고 충고했지만, 양진은 다음과 같이 답했다. "나는 재산을 남기지 않는 대신에 후세로부터 그들이 청렴결백한 관리의 자손이라는 칭찬을 듣게 하고 싶네. 자손에게 이러한 평판을 남기는 것은 정말로 좋은 은혜가 아니겠는가?"

청백리의 대명사이며 포청천으로 잘 알려진 북송의 포증抱拯은 자손들에게 다음과 같은 유언을 남겼다. "자손들 가운데 관직에 나가 부정한 짓을 저지르면, 본가로 돌아오지 못하게 하고 죽어서도 선영에 묻힐 수 없게 하라! 내 뜻을 따르지 않는 자식은 내 자손이 아니다."

포증999~1062의 유언은 후손에게 깊은 영향을 남겼다. 중국 〈해방일보〉에 따르면 포증의 고향인 안휘성 비동현 대포촌에는 포증의 후손으로 300여 호 1,500여 명이 살고 있는데, 부정부패 등 비리에 연루된 사람이 하나도 없다. 포 씨 집안의 후손들은 1000년 전의 할아버지를 자랑스럽게 여기면서, 온갖 부정과 뇌물이 난무하는 중국에서 흐트러지지 않고 모범적으로 살고 있다는 것이다. 선조에 대한 자부심이 후손들의 삶에 막중한 역할을 하고 있음을 말해주고 있다.

수치심과 양심

◆

인간이 금수禽獸와 다른 점은 부끄러워하는 점이다. 사람이 수치심을 버리면 짐승이 된다. 인간으로서 최고의 품성은 부끄러워하는 것이다. 맹자는 "인간에게 수치심은 큰 자리를 차지한다."[恥之於人大矣] 고 했고, 세종대왕은 "부끄러워하지 않는 자에게는 희망이 없다."고 했다. 수치스러울 때 느끼는 괴로움, 즉 양심의 가책이 있다. 양심의 가책은 악惡으로 기울어지려는 마음의 편향에 대한 저항이다. 나아가 그것은 우리가 선善을 향해 나아가도록 고무하고 촉진한다.

유학儒學은 종교적 성격을 지녔지만 종교는 아니다. 종교가 아닌 가장 큰 이유는 인과응보나 내세관념이 약한 점이다. 따라서 악행을 해도 벌을 줄 신神이 없다. 다만 그러한 행동에 따른 수치심이 스스로를 벌할 뿐이다. 스스로를 벌하는 수치심은 바로 양심에서 나오는 것이기에 유학자에게 가장 두려운 일은 자신의 양심에 어긋나는 일이다.

《정관정요貞觀精要》에 있는 내용이다. 대장군이며 당 태종의 처남인 장손순덕長孫順德이 비단을 선물로 받아 말썽이 생기자, 당 태종599~649은 "순덕은 나라를 이롭게 했다. 그래서 나는 그와 부고府庫를 공유했건만 어떻게 재물을 탐하게 되었을까?" 탄식하며, 오히려 비단 수십 필을 하사했다. "순덕은 법을 어기고 재물을 받았으니 그 죄를 용서할 수 없는데, 어찌 비단까지 내리십니까?"라는 상주上奏에, 태종은 "그 사람도 양심이 있을 것이니 비단을 챙긴 죄책감이 형을 받는 것보다 심할 것이다. 만약 부끄러움을 모른다면 1마리 금수禽獸에 지나지 않는데 죽인들 무슨 득이 되겠는가?"라고 답했다.

칸트1724~1804는 밤하늘에 영롱하게 빛나는 무수한 별들이 질서정연하게 운행하는 자연의 법칙, 즉 인과율因果律이 있듯이 인간의 가슴속 깊은 곳에는 양심, 즉 도덕률道德律이 있음을 역설했다. 그것은 우리가 나쁜 짓을 저질렀을 때 아무도 나무라지 않는데도 불구하고 홀로 괴로워하는 사실을 보아도 알 수 있다. 우리는 양심과 도덕에 따라 행동할 때에 마음의 평화와 자유를 누린다.

도덕은 타인과의 관계이지만 자기에 대한 관계이기도 하다. 그 매개체가 양심良心이다. 양심은 정신의 지배자이며 행동, 사고, 믿음, 생활의 지배자이다. 양심은 목숨도 지배한다. 2004년 2~4월 안상영 부산시장, 남상국 대우건설 사장, 박태영 전남지사 등이 연이어 자살했었고, 2009년 5월 23일 이른 새벽에 노무현 대통령은 고향마을 부엉이 바위에서*, 2018년 7월 노회찬 의원은 아파트 17층에서 투신자살했다. 그들이 극단의 길을 택한 것은 모두 양심의 가책과 수치심 때문이었을 것이다.

"양심은 고상한 품성과 저급한 본성이 갈등을 일으킬 때 그 모습을 드러낸다. 양심은 영속적이고 보편적이다. 양심은 유혹에 대항할 힘을 준다. 양심은 인간과 동물을 구별해주는 차이점이다." 진화학자 찰스 다윈1809~1882의 말이다. 1789년 프랑스혁명 후 치안재판소의 판사였고 작가였던 조제프 주베르1754~1824는 "삶을 비추는 등불은 이성이고, 삶을 인도하는 지팡이는 양심"이라고 썼다.

아름다운 참회

미국 재무부 우편함에는 매일 현금과 수표가 부쳐져 오는데, 우표를 두 번 사용한 데 대한 변상, 군대에서의 횡령 등 각종 양심에 거리끼는 짓으로 국가에 손해를 입혔다고 생각하는 사람들이 익명의 편지와 함께 자기가 취한 이익을 상환하는데, 몇 센트부터 최고 13만 9,000달러의 수표가 있었다. 양심良心의 고통보다 큰 고통은 없을 것이다.

2004년 5월, 70대 할머니가 서울역을 찾아 현금 30만 원이 든 봉투를 내놓으며 이렇게 말했다. "37년 전 생활이 너무 어려워 열차에 무

---

* 노대통령은 640만 달러(77억 원)의 포괄적 뇌물죄 혐의를 받고 스스로 목숨을 끊었다. 돈이 그를 죽인 것이다. 아내가 미국의 자식들을 팔아 돈이 필요하다며 이른바 가족같이 친밀한 박연차(1945~2020) 회장에게 돈을 요구했던 것으로 추정된다. 자살하기 전날 밤부터 새벽까지 고성과 욕설이 오가고 노대통령이 집기까지 집어던질 정도의 큰 부부싸움이 있었다고 한다. 항상 여자들의 탐욕이 문제이다.

임승차한 경우가 많았습니다. 지금도 그때 일을 생각하면 마음이 무거워 속죄하는 마음으로 열차 운임을 갚기 위해 왔습니다."

2017년 5월 15일 경북 구미역에 61세 여성이 편지와 현금 55만 원이 든 봉투를 놓고 갔다. 편지엔 "44년 된 빚을 갚으려 합니다. 여고생 시절 통학하던 중, 역무원이 패스를 끊어주다가 자리를 뜬 사이에, 550원짜리 정기권 한 장을 더 떼어냈습니다. 너무 후회스럽고 부끄럽습니다. 1,000배로 갚아도 모자라지만, 이제라도 갚게 돼 후련합니다." 라는 사연이 적혀 있었다. 55만 원은 당시 정기권 가격의 1,000배다.

배가 고파 길가에 세워둔 자전거를 훔쳐 판 돈 2,500원으로 라면도 사고 밀린 방세도 해결했던 가난한 21세의 청년$_{宋公錫, 1951~}$이 갖은 고생 끝에, 종업원 40명에 연매출 30억 원이 넘는 중소기업 사장이 되어 27년 만인 1999년에 그 돈의 1만 배로 속죄했다. "라면을 끓여 먹는 동안 왜 그렇게 무섭고 눈물이 나는지 ⋯." 그는 눈물을 흘리며 다짐했다. "언젠가 성공하면 주인을 찾아 용서를 빌고 천 배 만 배로 갚겠다."

그는 인천의 길병원에 2,500만 원을 내놓았다. "돈이 없어 수술을 받지 못하는 불우한 이웃을 위해 써주십시오. 조금이나마 죄값을 치르고 싶습니다." 길병원은 그 돈으로 형편이 어려운 5~6명의 심장병 환자를 수술하기로 하고, 우선 황선영$_{85년생}$ 양을 입원시켰다. 황 양의 병실을 찾은 송 씨는 "수술비는 내가 내는 것이 아니라 27년 전 어느 자전거 주인이 내게 맡긴 것"이라고 말했다.

평택에서 서울로 출퇴근하던 계약직의 20대 여성은 차비가 부담이 되어서 대학졸업 후 학생이 아닌데도, '이 정도는 괜찮겠지'라며 학생증을 내밀고 3개월간 할인을 받았다가, '양심에 가책을 느껴 잠을 이

룰 수 없었다'는 말과 함께 8만 원이 담긴 봉투를 남겼다.

　사람은 누구나 상황이나 환경에 따라 뜻하지 않게 잘못을 저지를 수 있다. 그리고 잘못은 감추고 싶고, 또 영원히 묻혀지기를 바란다. 그렇기에 작은 잘못이라도 참회한다는 건 쉬운 일이 아니다. 과거 자신이 저지른 과오를 뒤늦게 고백하거나, 남에게 진 빚을 몇십 배, 몇백 배로 갚는 아름다운 참회가 양심良心의 무게를 실감나게 한다. 이런 사람들이 있어 끊임없는 부정부패에도 불구하고 이 사회가 유지되고 굴러가고 있는 것이다.

◆ 이 사회를 지탱해주는 사람들

2001년 〈리더스 다이제스트〉는 세계 각국의 도시에서 50달러에 해당하는 현지돈과 주인의 연락처가 담긴 지갑 1,100여 개를 일부러 분실한 뒤 회수율을 조사했다. 노르웨이와 덴마크는 100%였고 전세계 평균은 56%였다. 한국은 회수율 70%로 일본, 호주와 함께 공동 3위의 정직한 국가로 분류되었다. 아시아에서는 싱가포르가 회수율 90%로 가장 높았다. 회수율이 낮은 국가는 멕시코 21%, 중국 30%, 이탈리아 35% 순으로 부정직한 나라라는 불명예를 안았다. 미국 67%, 영국 65%, 프랑스 60%, 독일 45%, 러시아 43%였다. 대도시보다는 중소도시에서 회수율이 높았으며 호텔, 병원, 교회, 사찰 등의 종교시설에서 분실한 지갑이 시청이나 길거리에서 분실한 지갑보다 회수율이 높았다. 우연히 무인無人 베이글 사업을 하게 된 펠드먼은 매주 140개 회사에 8,400개의 베이글을 공급하면서 사람들의 정직성을 분석해보았다. 1992년부터 입금액이 완만하게 하락하여 2001년 여름 87%까지 하락했다. 그해 9·11 이후 2% 상승한 이후 계속 89%를 유지하고 있다. 87%는 유혹에 저항하여 이 사회를 지탱하는 본류가 되고 있다. 13% 정도가 사회를 혼탁하게 하고 있는 것이다.

6장

횡재

◆

The Philosophy of money

갑작스럽게 부자가 되는 것 또한 흥미 있는 주제이다. 복권에 당첨되어 큰돈이 생긴 사람들이 불행해진 경우가 많다. 친척과 친구들의 시샘과 이런저런 말들로 외롭게 된 사람, 사방에서 몰려드는 기부요구로 시달리는 사람, 그 돈으로 샀던 물건을 한번도 쓰지 못한 채 도둑맞은 사람, 단기간에 죄다 써서 돈을 몽땅 날려버린 사람 등 다양하다.

세파에 시달리는 가난한 사람은 이른바 인생역전을 가져다줄 일확천금의 횡재를 꿈꾼다. 그래서 횡재의 기회가 되는 로또가게, 경마장등에는 언제나 가난한 사람들로 북적인다. 이들 중 횡재한 사람도 있기는 하지만, 그로 인해 부자가 된 사람은 찾아보기 힘들다.

쉽게 들어온 돈은 쉽게 나간다

◆

복권당첨자들이 어떻게 살아가는가를 보면 놀라움, 기쁨, 자유 등의 감정은 통상 그리 행복하지 않은 감정과 경험들로 바뀌고 만다. 많은 돈이 생기면 사람들은 익명의 존재가 되기를 원하고, 친구들의 저의를 의심하며, 때로는 정신과 의사의 상담을 받는 경우도 있다. 돈이 아무리 많아도 달라지는 건 없다. 고민은 계속 따라다닌다. 테레사 수녀1910~1997는 말했다. "기도에 응답이 없을 때보다 응답이 있었을 때 더 많은 눈물을 흘리게 된다."

갑자기 얻은 부귀는 상서롭지 못하다. "이유 없이 큰돈을 얻으면 반드시 큰 재앙을 만날 것이다." 소동파蘇軾, 1037~1101의 말이다. 갑자기 큰돈이 들어오면 생활의 리듬이 깨져버린다. 우리는 각자 현재의 상태에 맞는 생활을 하고 조화를 이루고 있는데, 큰돈과 자신의 사이클이 맞지 않아 혼란스러워지는 것이다. 월수입이 200만 원이면 200만 원의 생활습관을 익혀 생활하는데, 느닷없이 월수입이 2,000만 원이 되거나 20억 원의 돈이 들어오면 당황하기 마련이다. 행복보다는 혼란과 불행을 초래할 가능성이 많다.

엄청난 돈이 갑자기 굴러들어오면 평형감각을 상실한다. 가난한 사람에게 많은 돈이 생기면 절제가 힘들어진다. 특히 노력없이 굴러들어온 돈은 아까운 줄을 모른다. 의외의 돈이기 때문에 쓴다고 해도 아깝다거나 마음이 아프지 않다. 도둑, 사기꾼, 밀수업자, 마약사범들은 한번에 큰돈을 만지기 때문에 많은 돈을 모을 것으로 생각하지만, 이들의 최후는 언제나 빈손으로 끝이 난다.

복권당첨과 행복지수

◆

복권_{lotto}[*] 의 당첨은 과연 행복을 가져다줄까? 1978년 최초로 복권 당첨자를 연구한 미국 노스웨스턴 대학 브릭맨 교수는 복권당첨이 더 행복하게 만들지 않았다고 결론지었다. 일반적으로 일확천금의 횡재는 좋지 않은 결과를 보인다. 특히 사람들의 부러움을 살만한 거액의 복권당첨은 당첨자의 삶을 뒤흔들어 놓는다.

£100만의 당첨금을 거머쥔 24살의 영국 여성은 직장을 그만두었다. 고급 주택가에 새집을 장만하면서 친구들과 멀어졌다. 고급 승용차도 샀지만 운전을 할 줄 몰랐다. 많은 옷도 샀지만 대부분 옷장 속에 처박아 두었다. 고급 레스토랑을 드나들었지만 좋아하는 건 냉동 생선튀김이었다. 그렇게 1년이 지나자 그녀는 권태에 빠져들어 삶의 공허를 느끼며 우울증_{depression}에 시달렸다.

미국_{1978년 뉴저지 도입}에서 복권 당첨으로 일약 억만장자가 된 사람들이 느끼는 행복감을 조사한 결과, $1,000만 이상에 당첨되고 10년 이상 지난 사람들의 64%는 더 불행해졌다고 답했다. 비슷하거나 더 행복해졌다고 답한 36%는 당첨 이전과 같은 생활수준을 유지했거나 당첨금의 상당부분을 기부한 사람들이었다.

거액의 복권에 당첨되면 마치 온 세상을 얻은 것 같은 큰 기쁨을 느낀다. 하지만 얼마의 시간이 지나고 나면 평상시 수준으로 되돌아

---

* 'Lotto'는 '운명' 또는 '행운'이라는 뜻의 이탈리아어이다. 중국 진나라 때(B.C. 200년경) 만리장성 건립을 위해 복권을 발행했다고 전해지고, 아우구스투스 황제(B.C. 63년~A.D. 14년)는 로마의 복구자금 마련을 위해 각종 연회에서 복권을 팔았다.

제2부 우리의 삶을 좌우하는 돈

215

간다. 이를 '평균에의 회귀'라 한다. 예기치 않은 행운은 일시적인 기쁨을 가져오기는 하지만, 시간이 지나면 금방 예전의 상태로 되돌아간다.

1995년의 〈뉴욕타임스〉의 기사는 "복권당첨자들에게 어떤 일이 발생하는지 공식적 통계는 없었지만, 당첨금액이 클수록 당첨으로 생기는 문제 또한 크다."였다. 1,000만 달러 이상의 당첨자 절반 이상이 가장 먼저 자동차를 바꾸었고, 집을 새로 장만했으며 다음에 새 배우자를 선택한 것으로 나타났다. 졸부들은 먼저 자동차를 바꾸고, 다음은 집, 마지막으로 마누라를 바꾼다는 말은 우스갯소리가 아니었다.

뜻밖의 횡재에 인생이 바뀐다

◆

운이 좋으면 일거에 준準재벌로 도약할 수 있다. 재미삼아 사지만 뜻밖의 행운을 기대하는 것이 복권 구매자의 은근한 심리이다. 하지만 거액 당첨자의 인생은 입신양명형에서 패가망신형에 이르기까지 천차만별이다. 하루아침에 떼돈을 번 벼락부자들은 어떻게 되었을까? 행복해졌을까? 남편은 택시기사였고 아내는 파출부를 하다가 2003년 43억 원의 로또에 당첨된 부부는 득보다 실이 많았다고 주장한다.

2003년 4월 12일 로또 사상 최고의 407억 원에 당첨된 박모1962~ 경사는 곧 사표를 내고 온 가족이 잠적했다. 세금33%을 제한 317억 원에서 35억 원을 장학금과 복지재단에 내놓고, 중소기업을 인수해 전문경영인에게 맡기고 자신은 경영학을 공부하고 있으며, 은행의 재태

크 도움과 자기관리로 재산이 훨씬 불어났다는 소문이다.[*]

소액 주식투자로 근근이 살아가던 김 모[1962~] 씨는 2003년 5월 로 또 사상 두 번째의 당첨금 242억 원에서 세금을 떼고 189억 원을 손에 쥐었다. 그러나 그는 주식선물 투자로 5년 만인 2008년에 빈털터리가 되고 말았다. 김 씨는 투자전문가 행세를 하며 정모[51세] 여인에게 투자금으로 받아낸 1억 4,000만 원도 날려, 사기혐의로 피소당해 3년 동안 수배망을 피해오다가 2014년 10월 검거되었다. 189억 원에도 만족하지 못한 그의 탐욕에 신이 노했을 것이다.

대전에 사는 문 씨[1973~]는 20만 원짜리 월세방에 살면서 건설현장과 할인마트 등에서 일했다. 아내 김 씨[1974~]도 친정에서 운영하는 횟집에서 일하며 생활비를 보탰다. 아내 김 씨가 산 복권이 2003년 3월 1등에 당첨되어 당첨금 132억 여원을 받았다. 이후 문 씨는 일을 그만두고 술과 도박으로 돈을 써대고 바람까지 피웠다. 아내 김 씨가 10억 원을 주고 부부는 2003년 12월 이혼했다. 문 씨는 50억 원을 요구하는 재산분할청구소송을 냈다. 법원은 문 씨의 청구를 기각했다.

2006년 대기업에 다니던 최 씨는 로또당첨으로 15억 원을 받고 동료들의 부러움 속에 사표를 내고 여유 있는 생활을 즐기고 있다. 꿈만 꿔왔던 해외여행을 다녀왔고, 매일 운동을 다니고 사람들과 어울리며 시간을 보내고 있다. 부동산과 주식투자에도 관심을 가지면서 만나는 친구들도 달라졌다. 부부금실도 좋아졌다. 부부간에 크고 작은 갈등

---

[*] 1등 당첨자들의 꿈 이야기가 흥미롭다. 옆구리에 꺾안고 있던 용이 날아가 박 경사의 가슴에 안기는 꿈을 꾼 친구가 전화를 걸어와 박 경사가 전경(戰警)을 보내 복권을 사오게 한 것이 407억 원의 행운이 되었다고 전해진다. 흔히 좋은 꿈으로 조상, 물·불, 동물 꿈 등이 꼽힌다. 죽은 남편이 돈뭉치를 안겨주는 꿈을 꾸고 64억 원에 당첨된 여인, 소변이 계곡물로 변하는 꿈을 꾸고 1등에 당첨된 여성, 똥통에 빠져 옷에 묻은 똥이 황금색으로 변하는 꿈을 꾼 6,000만 원의 2등 당첨자도 있다.

도 돈이 생기면서 자연스럽게 해소되었다. "돈을 얼마나 펑펑 써봤느냐?"는 질문에, "마음껏 썼을 때가 한 달에 몇 백만 원이었다."고 계면쩍게 답했다.

큰 부자가 된 뒤에도 인간관계에서 재산관리까지 훌륭하게 해내며 잘 살아가는 사람들도 있다. 그러나 그 비율은 1/3밖에 되지 않는다. 돈이 없을 땐 돈만 있으면 만사가 형통할 것 같지만, 막상 돈이 생기면 돈 때문에 아프고 돈 때문에 싸우게 된다. 벼락부자들은 부러워해야 할 사람은 돈 많은 사람들이 아니라고 입을 모은다. 그들은 아무리 써도 줄지 않고, 누구도 훔쳐갈 수 없는 '마음의 재산'을 가진 사람이 진짜 부자라고 역설한다.

복권당첨은 타락의 출발이었다

◆

일확천금이 악몽으로 이어지는 경우가 많다. 복권이 내세운 광고카피는 '인생역전'이다. 하지만 그곳에는 인생은 없고 돈만 있다. 돈이 발산하는 독에 취해 많은 사람들이 불행의 나락으로 빠져 든다. 돈더미 위에 오른 이후 무분별한 방탕생활로 인생을 망쳐버린 이야기들이 끊이지 않는다. 복권 당첨자들은 돈을 노린 친지들의 음해에 시달리고, 도박에 빠지고 이혼을 하며 심지어 자살을 한다. 터키의 한 구두닦이는 15년 전 '터키 최고의 행운아'였다. 그는 복권에 당첨되어 250만 달러를 받았다. 수많은 친척과 친구들이 그에게 다가왔고, 그는 돈을 물 쓰듯 썼다. 한 여자가 접근하여 둘은 함께 살았다. 그리고 그는 모든 것을 잃었다. 그는 15년 전에 구두를 닦았던 그곳에서 다시 구두를 닦고 있다.

영국의 비브 니콜슨1936~2015은 1961년에 두 번째 남편 케이스 니콜슨1965년 사망이 축구로또sports lottery에 당첨되어 15만 파운드 현재가치 50억 원를 받았다. 환희에 찬 그녀는 "쓰고 쓰고 또 쓰겠다!"고 외쳤다. 이 말은 뒤에 그녀의 삶을 모델로 제작된 BBC 드라마1977와 뮤지컬1998의 제목이 되어 불멸의 구절로 남는다. 니콜슨은 새로운 상황의 적응에 어려움을 겪었다. "오랜 친구들조차 떠났다. 친구들은 내가 돈이 있기 때문에 내 주변을 맴돈다는 이야기를 듣고 싶어 하지 않았다." 그녀의 삶은 음주와 쇼핑의 연속이었다. 결혼을 5번이나 했으며, 결국에는 파산신청을 하고 스트리퍼stripper가 되어 폭음을 일삼는 신세로 전락했다가 종교여호와의 증인에 귀의하여 새 삶을 살다가 2015년 한 많은 삶을 마쳤다.

미국 테네시 주 내슈빌의 샤프는 1982년 560만 달러의 로또에 당첨되어 영화와 같은 삶을 살았다. 당첨 이후 전국적인 명사가 되면서 주변사람들이 손을 벌려 엄청나게 시달렸다. 모두가 슬픈 이야기들이었다. 다른 나라에서도 도움을 요청하는 편지와 전화가 끊이지 않았다. 그는 리무진을 타고 스타들과 어울렸고, 수백 명의 미인들이 몰려들었다.

그의 가족은 아무리 많은 돈을 줘도 부족하다고 불평했다. 그는 2번의 이혼에 알코올 중독자가 되었고, 그의 아들은 감옥에 가는 등 횡재의 후유증이 심각했다. 또한 큰 사기를 몇 번 당해 빈털터리가 되었다. 돈으로 세상을 공부한 그는 목사가 되어, 보호감호소의 수감자들을 대상으로 목회활동을 하고 있다.

영국의 공장 노동자였던 데이비드 도스1964~는 2011년 유로밀리언에 당첨돼 1억 100만 파운드1,474억 원를 받았다. 그는 당시 26세의 아들 마이클 도스1985~에게 용돈으로 100만 파운드14.4억 원를 주었다. 아들은 다니던 회사를 그만두고 수개월만에 100만 파운드를 탕진한 뒤 더 많은 돈을 요구했고, 2년에 걸쳐 160만 파운드23억 원를 받아냈다.

2013년 3월 아버지는 아들을 더 이상 지원하지 않겠다고 못을 박았고, 아들은 아버지가 "내가 평생 돈 걱정하지 않게 약속했다."며 소송을 제기했다. 2017년 5월 재판부는 "부모가 방탕한 아들을 부양할 의무가 없다."며 아들의 소송을 기각했다. 로또당첨의 부작용과 그 후유증은 참으로 다양도 하다.

◆ 이옥자의 로또당첨 이야기

1993년 1,800만 달러216억 원의 복권에 당첨되었던 재미교포 이옥자1941~ 씨가 8년 뒤 2001년에 파산선고를 받았다. 분수에 넘치는 생활이 파산의 원인이었다. 당첨금은 20년간 매년 62만 달러를 받는 조건이었는데, 이 씨는 이를 담보로 연 14~20% 금리의 돈을 빌려 대저택과 고급차를 구입하고, 도박에 빠져 2000년에만 38만 달러를 날렸다. 남은 당첨금을 일시에 받아 빚을 청산하고도 부족해 180만 달러짜리 집마저 차압당하고 떠돌이 신세가 되었다.

이 씨는 가난한 농가에서 태어나 학교도 제대로 다니지 못하고 미군부대 주변에서 파란만장한 삶을 살다가 미군 하사관과 결혼하여 1973년에 미국으로 갔다. 무직의 주정뱅이 남편이 도망가서, 한인목사의 소개로 재혼한 한국인 남편도 의붓딸과 아들을 남겨놓고 도망가버렸다. 그런데 핫도그 거스름돈으로 산 로또가 1,800만 달러의 대박이 터진 것이다.

의붓딸이 다니던 대학에 150만 달러를 기부하고 미국 민주당에도 수십만 달러를 기부했다. 이 씨는 클린턴 대통령에게 지원한 돈이 300만 달러는 될 것이라고 말한다. 이 씨의 소문이 알려지면서 한국과 미국에서 촌수를 따지는 아저씨·조카들의 연락이 쇄도했고, 자선단체 모금원들이 줄을 이었다. 5,000여 명의 한인들이 살면서 몇 십 년이 지나도록 한인회관을 마련하지 못한 세인트루이스 한인회는 이 씨를 한인회장으로 추대하고 회관을 마련했다. 한인회장이 되자 대우가 달라졌다.

사람들을 더 많이 만나게 되고 만나는 사람마다 거절하기 어려운 사정이 늘어갔다. 돈을 얻어가지 못한 사람들은 이 씨를 괴롭혔다. 이 씨는 신경쇠약으로 병원에 입원했고, 14~20%의 고금리 차입금은 이자에 이자가 붙어 파산선고를 받고 2019년 현재 78세의 이 씨는 정부가 주는 연금으로 생활하고 있다.

찢어버렸어야 할 복권

◆

2002년 12월 25일 크리스마스에 미국 웨스트버지니아 주 파워볼 게임에서 3억 1,490만 달러3,778억 원에 당첨된 잭 휘태커1947~는 세금을 공제한 일시불로 1억 1,340만 달러1,360억 원를 수령했다. 그로부터 2년 후 잭의 아내 주엘은 한탄했다. "이 모든 일이 일어나지 않았다면 얼마나 좋았을까? 차라리 그때 복권을 찢어버렸더라면 좋았을 것을 …."

잭은 불과 2년 만에 돈을 탕진하고 여기저기 불미스러운 소송에 걸려 운신도 어려워졌다. 잭은 원래 100명 이상을 거느리고 상하수도 건설업을 하던 순자산 1,700만 달러204억 원의 큰 부자였다. 그는 1,400만 달러를 출연해 잭 휘태커 재단도 설립하고, 복권판매점 주인과 종업원에게 27만 달러를 희사했으며 교회 3곳에 700만 달러를 기부했다. 그러나 이런 선행보다 세상의 이목을 끈 것은 그의 사생활에 대한 각종 추문이었다.

언론은 그의 음주, 도박, 여자관계 등 사생활을 수시로 파헤쳤고, 주변에는 도움을 호소하는 사람들이 몰려들었다. 그는 스트립쇼 클럽에 드나들고 도박장의 큰손이 되었으며 음주운전으로 수차례 기소당했다. 그의 승용차, 사무실, 집에는 도둑이 들끓었다. 카지노 여직원들이 그의 폭력적 행동을 문제삼아 제소하는 등 모두 460건의 법정싸움에 휘말렸다. 2009년 7월에는 42세의 딸과 며느리가 사인이 밝혀지지 않은 의문의 죽음을 당했고, 2016년 12월에는 화재보험에도 들지 않은 살고 있던 집이 전소되었다. 불쌍할 정도로 우환이 끊이지 않고 있다.

가장 절망적이었던 것은 애지중지하던 손녀딸의 죽음이다. 잭은 16세의 손녀에게 자동차를 5대나 사주고 하루 용돈으로 5,000달러를 주기도 했다. 돈 냄새를 맡은 마약상과 잡범들이 그녀의 주변에 모여들었다. 손녀는 복권당첨 2년이 채 안된 2004년 12월 시체로 발견되었다. 사인死因은 약물 과다복용이었다. 잭은 "손녀를 살릴 수만 있다면 당첨금을 모두 되돌려주고 싶다. 복권이 원수"라고 복권을 탓하지만, 손녀는 개념 없는 할아버지 때문에 죽은 것이다.

많은 복권당첨자들에게 당첨의 흥분이 채 가시기도 전에 불행이 찾아오곤 한다. 복권당첨자 대부분이 5년 내에 좋지 않은 결과를 맞았다는 통계도 있다. 이들이 평생 노력해도 이룰 수 없는 부를 획득하고도 행복하지 못했던 이유는 무엇일까? 복권당첨의 행운을 자신의 마음과 삶에 건설적으로 통합시키지 못했기 때문이다.

행운을 지키는 사람들

◆

2012년 11월 미국 파워볼 사상 최고액에 당첨되었던 미주리 주마크 힐52과 신디 힐51 부부는 또 다른 1등 당첨자와 5억 8,750만 달러6,377억 원를 반씩 나눴다. 세금을 제하고 1억 3,650만 달러1,638억 원를 받은 힐 부부는 살던 집에 그대로 살면서 소박한 삶을 살고 있다. 모교에 장학금을 기부하고, 시市에 소방서 건축비용, 시민들을 위한 경기장 조성과 하수처리장 부지구입을 위한 비용도 기부했다.

미국 워싱턴 주 에버그린 고교에서 36년간 수위로 일해온 타이런 커리는 2006년 341만 달러41억 원 복권에 당첨됐지만 계속해서 학생들과 학교를 돌보는 일을 하고 있다. 그는 매일 새벽 4시 30분에 출근하여 학생들이 하교하는 시간까지 청소와 물품수리 등을 한다.

저녁에는 육상부 학생들을 지도하고 있다. "나를 필요로 하는 일을 멈추고 싶지 않아 일을 계속한다."는 그는 좁은 집에서 살지만 더 넓은 집으로 이사하지 않았다. 당첨금으로 보일러를 설치한 게 가장 큰 소비였다. 타이런은 4만 달러를 들여 학교에 육상트랙을 설치하고, 육상부 지원금 7만 5,000달러를 쾌척했다. 학교가 명예 이사직을 제안했지만 "일을 하지 못할 때까지 수위로서 최선을 다하고 싶다."며 거절했다.

2012년 로또 1등 19억 원13억 원 수령에 당첨된 황 모 씨는 직장, 가족, 친구 어느 누구에게도 알리지 않았다. 아내도 부모형제도 당첨 사실을 알지 못한다. 당첨 전에 진 빚도 한꺼번에 갚지 않고 조금씩 나눠 갚으며 생활에 급격한 변화를 두지 않았다. 황 씨는 당첨금을 보험사와 은행에 맡겨 노후를 대비하고, 타던 차를 오히려 경차로 바꿀 정도로 절제를 하고 있다.

2014년 6월 12억 원에 당첨된 50대의 정 모 씨는 당첨 사실을 아내에게만 알고 비뚤어질까 봐 자녀들에게는 말하지 않았다. 수령금 8억 5,000만 원은 정기예탁을 해두고, 다니던 직장도 정년퇴직 때까지 계속 다닐 생각이다. 2014년 10월 총 31명의 1등 당첨자들을 인터뷰한 로또리치는 "대부분의 1등 당첨자들이 자산관리 전문가의 상담을 받아 무리한 투자나 사업확장, 생활 등에 큰 변화를 두지 않고 있다."고 밝혔다.

로또 경제학

1994년 영국은 국영복권을 재탄생시켰다. 168년 만에 재개된 영국의 국영복권은 국가 재원조성과 사적 이윤창출이라는 본래의 기능을 다시 수행하게 되었다. 정부가 인기없는 강제성 세금을 부과하는 것보다 인기 있는 복권을 발매하는 것이 재원 마련에 간편하기 때문이다.

자본가 세력이 게임에서 금전적 이득을 발견하면서 게임의 부도덕성에 대한 반대주장은 무시되었다. 16세기 영국의 복권이 국가의 기반시설다리, 도서관을 기금으로 지원했듯이, 오늘날의 복권도 쇠퇴하는 국가의 사업오페라하우스, 경기장을 재정적으로 지원한다. 복권은 세계적으로 자본주의 투기사업으로 당당하게 운영되어 공공사업과 민간부문의 편익을 위해 헌신하고 있다.

한 시장분석가는 1994년 복권의 출범을 "십진법 이후 영국의 경제생활에서 가장 큰 사건"으로 규정했다. 사람들은 1997~98년에 55억 파운드연간 소비되는 빵, 건강과 미용, 책 또는 철도보다 많은 금액를 쓰면서 열렬하게 복권을 맞아들였고, 하루아침에 소비경제의 성격을 바꾸어 놓았다. 먼저 소비와 오락의 패턴이 바뀌었다. 복권으로 매주 1,200만 건의 외출이 새롭게 생겨났고, 복권가게들의 매출은 20% 늘었다. 1994년 복권 도입으로 반 년 만에 소비자 지출이 전년도보다 50% 증가했다.

여가습관도 변했다. 토요일 밤 TV 시청이 복권추첨 방송으로 20% 상승했다. 복권은 감자튀김, 비디오게임, 신문 등과 같은 다양한 상품에 끼워주는 즉석복권과 같은 복권류 게임의 급증은 물론 다른 형태의 도박에도 연쇄효과를 일으켰다. 복권의 도입이 도박경제 전체에 대한 규제완화를 불러왔기 때문이다.

복권의 성공에 두려움을 느낀 카지노와 빙고장 같은 도박사업체는 복권사업처럼 자신들의 상품을 광고하고 판촉활동을 할 수 있는 자유를 요구했다. 그 결과 1968년에 제정된 도박법의 규제조항들이 점진적으로 폐지되었고 전체 도박산업은 시장의 힘이 작용하였다.

복권은 일상생활에 대한 영향은 물론 도박자의 인적 구성을 바꾸어 놓았다. 1993년까지 영국에서는 인구의 74%가 정기적으로 도박을 했는데 94년에는 90%가 어떤 종류든 도박에 참여했다. 복권이 도박 증가의 직접원인이었다. 예전에 도박에서 과소평가된 집단들젊은이, 여성, 중산층이 복권을 통해 도박에 참여하기 시작했다.

1994년 이전에 70%이던 여성의 도박 참가율은 87%로 증가해 남성의 수준89%과 비슷해졌다. 복권 구매자는 성별, 연령별로 약간의 차이를 제외하고는 전체적으로 균일성을 보였다. 전통적인 중산층의 도박에 대한 혐오는 국가의 공인으로 극복됐고, 국가는 복권이 수행하는 공공이익을 선전함으로써 불편한 도덕심을 편하게 해주었다.리스

한국의 로또

◆

한국은 1969년 주택복권이 발행되면서 복권시대를 맞았다. 주택복권은 독립유공자·군경유가족·원호대상자 무주택자들에게 장기저리의 자금지원을 위해 만들어졌다. 아시안게임1986과 올림픽게임1988을 맞아 1983년부터는 주택복권이 올림픽복권으로 개명되었고, 올림픽개최를 위한 기금 마련을 이유로 복권발행액이 크게 늘어났다. 90년대 들어 문화관광부의 체육복권, 과학기술부의 기술복권, 보건복지부의 엔젤복권, 국가보훈처의 플러스복권 등 각 부처에서 복권을 발행했다.

2002년 12월에는 로또가 도입되었다. 로또는 대성공이었다. 2018년까지 43조 원 정도 팔렸고, 2018년 한 해 판매액은 3조 9,658억 원, 39억 6,500만 매였다. 50%는 당첨금, 10%는 사업자, 40%는 정부기금으로 사용된다. 2003년 2월 7·8·9회 차가 모두 1등 당첨자가 없어 이월되는 바람에 사회적 관심이 높아져 10회 차엔 1억 3,043만 매2,600억 원가 팔렸다. 로또가 과열되고 비판여론이 거세지자 2003년 2월 이월횟수를 5회에서 2회로 줄이고, 2004년 8월에는 장당 가격을 2,000원에서 1,000원으로 낮춰 이후 당첨금도 반으로 줄었다.

심리학자 스키너1904~1990는 "인간은 처벌과 강압에 의해서만 통제받는 것이 아니라 보상미끼로도 통제받는다."며 사람들이 복권구입을 강제당하는 측면이 있다고 주장했다. 흔히 "복권은 확률을 모르는 사람에게 정부가 매기는 세금"이라고 말한다. 1등 당첨확률은 8,145,060분의 1이다. 이러한 확률을 알고 로또를 사는 사람은 거의 없다. 모두들 마음 한구석에 내가 당첨될 것이라는 허황된 소망이 있을 뿐이다.

허황된 소망을 안고 로또를 사는 사람이 대부분 저소득층이라는 것이 문제이다. 미국의 언론은 로또가 "저소득층의 허리벨트 아래를 치는 치사한 짓"이라 비판했고, 조지 오웰은 《1984》1949에서 "복권은 프롤레타리아를 향한 대중 이벤트다. 그것은 프롤레타리아의 즐거움이고, 어리석음이며, 진통제"라고 규정했다.

부자, 권력층 등 이른바 성공한 사람들은 인생역전을 바랄 필요가 없다. 그래서 로또는 '역진적 세금'이라는 수식어가 붙는다. 정부사업의 재정을 마련하기 위한 것으로, 고소득층보다는 저소득층의 부담비율이 높다는 말이다. 저소득층으로부터 거둬들인 돈은 그나마 저소득층을 위해 사용되지도 않는다. 수익금은 나눠먹기식으로 분배된다.

종래 복권을 발행했던 정부의 10개 부처에 일정비율로 나누어진다. 없는 자에게 돌아갈 수 있는 보건복지부의 배분율은 5%에 불과하다. 빈자들에게 거둬들인 돈이 과학기술개발 지원, 중소기업 창업, 체육시설의 투자 등 오히려 부자들이 내야 할 용도로 사용되고 있다.

7장

도박

◆

The Philosophy of money

《도박》의 저자 영국 글라스고 대학 여교수 거다 리스_{Gerda Reith}는 '인간은 모두 도박자'라고 말한다. 세상이 도박적이라는 것이다. 우리의 일상은 많은 부분이 도박으로 이뤄져 있다. 교육, 결혼, 투자 등 우리는 도처에 승부를 걸고 실패를 경험하며 가끔씩 행운을 누리며 산다. 우리의 삶이 도박과 다르지 않다. 선택의 연속인 삶은 분명 도박이다. 자신의 인생을 걸고 도박하지 않는 자가 얻을 수 있는 것은 아무것도 없다. 일본의 소설가 아사다 지로_{浅田次郎, 1951~}는 "도박장은 희망과 절망, 환희와 좌절, 유혹과 번뇌가 가득 차 있는 인생의 축소판"이라고 말한다.

삶은 우연이 가득한 도박

◆

삶은 우연으로 가득 차 있다. 우연은 삶의 한 축을 형성한다. 세상은 위험과 기회로 이뤄진다. 우연과 불확실성은 기회이다. 세상의 이치가 필연이라면 기회도 없어진다. 도박은 우연과의 싸움이다. "도박은 삶이다. 도박할 때 일어나는 우연들에서 가장 가까이 삶을 느낀다." 한 도박꾼의 말이다. 거다 리스는 "도박은 사람들을 우연의 세계로 끌어들여 오랫동안 머물게 하는 장치"라고 정의한다.

수학자 파스칼1623~1662은 "모든 도박자는 불확실한 것을 얻기 위해 확실한 것을 건다."고 말했다. 도박은 예측할 수 없는 결과 또는 우연히 결정되는 이득을 취할 욕심으로 위험을 감수하고 내기에 거는 행위이다. 우연은 기술, 재능, 인내심, 노력 등의 차이를 무효로 만든다. "게임은 사람을 존중하지 않는다. 모든 사람은 카드 앞에서 평등하다." 니콜라이 고골리1809~1852의 말이다.

도박의 동기로 통상 사교, 유희, 금전, 흥분, 회피압박감, 우울감, 스트레스 등을 든다. 즐거운 시간을 보내려는, 시간을 때우려는 사교와 유희의 동기는 그다지 문제될 것이 없다. 문제는 금전형 도박이다. 돈은 도박꾼을 도박장으로 끌어들이는 보상물이다. 도박꾼에게 돈은 전부이다. 처음에는 돈을 따기 위해서 시작하지만 점차로 잃은 원금을 복구하기 위해 달려든다.

도박은 오랜 역사를 갖고 있다. 도박은 제의祭儀와 점술占術에서 출발했다. 태초의 혼돈에 질서를 부여한 것은 주사위나 제비뽑기였다. 그리스 신화에서 제우스하늘, 포세이돈바다, 하데스저승는 주사위로 세계를 분할했다. 힌두의 시바Siva는 인류의 운명을 주사위로 결정했고, 모세는 주사위로 가나안 땅을 분할했다. 민주주의의 요람 도시국가 아테네는 모든 공직을 제비뽑기로 결정했다.

◆ 김득신(金得臣, 1754~1822)의 밀희투전(密戲鬪牋 : 몰래 투전을 즐기다). 도박은 동서고
금이 공히 즐기는 놀이다. 영조 재위(1724~1776) 때의 원인손(元仁孫, 1721~1774)은 투
전판의 타자(打子 ; 투전의 고수)였는데도, 병조·형조·예조·이조판서 등을 거쳐 우의정에 오
른 특이한 인물이다. 그의 탁월한 투전기량을 몰래 본 아버지는 "이것은 하늘이 낸 재주이며,
귀신의 지혜(此乃天生也, 神智也)"라며 다시는 금하지 않았다.

노르웨이와 스웨덴은 1020년 두 나라 왕이 주사위를 던져 국경을
확정하기로 합의하고, 노르웨이가 이기자 스웨덴은 '신의 결정'으로
받아들여 기꺼이 승복했다. 주역周易의 시초점蓍草占은 제비뽑기이다. 제
비뽑기는 신의 뜻을 듣는 매체였고, 그 결과는 신의 선택이며 결정이
었다. 사람들은 언제 어디서나 불확실한 미래에 내기를 건다. 도박은
시대와 지역을 불문하고 인류와 함께해온 보편적 역사적 산물이다.

도박적 인간, 호모알레아토르

◆

플라톤은 놀이를 인간 본성의 최상위로 분류했다. 그래서 로마의
황제들은 '빵과 서커스'로 시민의 지지를 얻어야 했다. 네델란드의 문

화사학자 호이징가 1872~1945는 《호모루덴스》1938에서 모든 문화가 놀이에서 출발했다고 주장한다. 놀이의 한 장르인 도박도 인간의 타고난 본성이다. 우리는 놀이하는 인간homo ludens이면서 도박하는 인간homo aleator이다. 문제는 놀이가 중독으로 변할 때다. 놀이인가 중독인가는 두 가지로 판단할 수 있다. 그 행동으로 삶의 균형이 깨지고, 그 행동을 하다가 멈추고 나른 일 하기가 힘늘면 중독이다.

다음은 2011~2013년의 도박관련 사회면 기사들이다.

남자 12명, 여자 24명이 장흥, 보성, 강진 등의 펜션, 비닐하우스, 사무실 등을 돌며 100여 회에 걸쳐 땅문서까지 걸고 판돈 10억 원의 '고스톱, 도리짓고땡'을 하다 붙잡혔다. 충북경찰서는 산속 천막 안에서 '아도사끼 고스톱'을 하는 30여 명의 여성을 붙잡았다. 제주경찰청은 제주시내 도박현장을 급습하여 25명을 검거했다.

2007~2010년에 카지노에 출입하다 감사원에 적발된 공직자 288명 가운데 국공립 대학교수와 초중교사 등 교육직이 81명이다. '사설 카지노'가 강남과 여의도의 고급빌라, 카페 등으로 파고들어 자영업자, 연예인, 운동선수들이 많이 찾고 있다. 한국인이 해외 카지노에 바친 돈이 매년 수조 원 이상이다. VIP 고객들은 강원랜드에서는 감시당하는 기분이라서 편안하게 게임을 즐기지 못한다며 동남아로 간다.

2010년 전국 16개 시·도 4년제 대학 남녀학생 2,026명을 상대로 '도박실태조사'를 한 결과 대학생이 일반성인보다 도박중독자가 2배 가까이 높았다. 2013년 설문 결과 불법 토토사이트 가입자 중 대학생이 34%로 가장 많았다.

이처럼 도박은 남녀노소남녀비율 7:3를 가리지 않고 전국적으로 광범위하게 이뤄지고 있다. 2016년 사행산업감독위원회는 합법적 사행산업 규모는 21조 원, 불법적 사행산업 규모는 84조 원이라고 발표했다. 도박은 인간의 문제적 본성인 것이다.

우리가 알고 있는 수많은 철학자와 문호들도 도박자였다. 몽테스키외, 파스칼, 니체, 푸시킨, 발자크, 보들레르, 스위프트, 보드리야르, 고골리, 도스토옙스키, 조지 오웰 등이다. 이 가운데 도스토옙스키는 단연 도박의 대변인이다. 그는 수없이 도박하지 않겠다고 약속을 하고 한 번도 지키지 못한 상습적 도박꾼이었다. 그의 《도박꾼》1866은 도박장에서 돈을 잃었던 자신의 체험을 바탕으로 한 중편소설이다.

도박은 자본주의의 본질

◆

자본주의가 도박적이라는 것은 수없이 지적되었다. 주식시장, 상품시장, 외환시장 등이 생긴 이래 도박장에서만 돈을 따고 잃는 것이 아니다. 부동산 및 증권시장도 룰렛판의 도박과 다르지 않다.* 오히려 여기에서 일확천금을 하거나 알거지가 되는 사례가 훨씬 더 많다. 주식중독자는 도박중독자보다 치료가 더 어렵다고 한다. 돈을 잃으면 시장상황·경기불황·불운 탓으로 치부하기 때문이다.

17세기 이래 자본주의 확산의 동력은 도박이었다. 자본주의는 돈

---

* "주식시장은 도박판이다. 조금씩 따다가도 깜박한 사이에 몽땅 날아가는 곳이 주식판이다. 도박판과 똑 같다. 주식은 파멸을 부른다. 주식을 끊는 것이 최선이다." 증권포탈에 있는 글이다. 도박의 여부는 세 가지에 달렸다. ① 돈을 잃을 위험이 있다. ② 돈을 따겠다는 욕심으로 베팅한다. ③ 결과가 불확실하다.

놓고 돈 먹는 도박게임이다. '카지노 자본주의', '글로벌 카지노' 등의 표현과 같이 오늘의 세계경제는 거대한 카지노이다. 특히 머니게임으로 밤낮을 가리지 않는 국제금융시장은 말 그대로 도박장이다.

2007~2008년 미국발 금융위기는 실물경제의 성장없이 부동산과 파생금융상품의 거품으로 호황을 구가해온 '카지노 자본주의'의 업보이다. 막내한 이익을 단시일에 창출하는 투자은행의 도박석 영업행위와 실물경제의 수익창출이 없는 머니게임의 후폭풍이다. 그것은 첨단 파생금융상품 등으로 촘촘히 얽혀 있는 카지노 자본주의가 벽에 부딪친 것이다.

17세기 네덜란드의 튤립투기 이래로 18세기 프랑스의 미시시피 주식회사와 영국의 남해주식회사, 1820년 남미금광 투기, 1840년 철도투기, 1870년 운하투기, 1929년의 대공황, 1987년의 검은 수요일, 1997년 인터넷 투기, 2007년의 미국 서브프라임 모기지 파동 등은 날마다 행해지고 있는 수많은 투기적 도박이 이슈화된 소수의 예에 불과하다. 돈 가진 자들은 오늘도 내일도 어디에 베팅을 할까 고심하고 있다.

도박은 왜 할까?

◆

도박꾼들은 "인간이 즐기는 쾌락 중 도박 이상의 즐거움은 없다. 이 세상에 도박을 대신할 즐거움은 없다."고 말한다.* 섹스와 술도 그

---

* 도박의 즐거움은 '샌드위치'라는 음식이 대변한다. 영국의 존 샌드위치 백작 4세(1718~1792)는 카드놀이를 하면서 식사시간이 아까워 빵 사이에 고기를 끼워 식사로 때웠다. 다른 귀족들도 따라 하면서 '샌드위치'가 음식명이 되었다.

들의 욕구를 충족시키지 못하며, 중증 도박중독자들은 이 쾌락에 탐닉하느라 그들의 재산이 탕진될 때까지 카지노를 떠나지 못한다.

도박의 동기는 다양하다. 사교빙고, 금전적 이득복권, 기술의 발휘경마 등이 도박의 동기로 거론되지만, 근본적인 공통요소는 게임의 흥분이다. 도박연구가들은 도박꾼들이 돈을 잃고도 태연하다는 사실에 놀란다. 그들에게 지고 이기는 것은 둘째이고 목적은 짜릿한 느낌이다. 게임과 적당한 판돈이 스릴과 서스펜스를 극대화한다. "도박의 주된 동기는 참여이고, 단순히 게임을 위해 게임을 한다. 따는 기쁨 다음 가는 것은 잃는 기쁨이다. 정체만은 견딜 수 없다."고 말한다.

도박꾼이 단조로운 게임에서 계속 이기면 쉽게 지루해진다. "나는 매일 이기는 것이 지겨웠다. 게임은 노동에 불과하게 되었다." 최고의 포커 도박사의 말이다. 잃을 위험이 없는 게임은 스릴이 없어 지루한 노동이 되어버린다. 그들은 많은 돈을 딴 후에 자신들이 통제할 수 없는 룰렛, 빅휠 등에 베팅을 해서 그 돈을 잃는 경우가 허다하다.

흥분도달하자마자 사라지는을 추구하는 도박꾼은 쇼펜하우어가 묘사한 것과 같은 "생성되지만 결코 존재하지는 않는becoming and never being 상태"로 빠져든다. 어떤 목적을 위해 싸우는 흥분이다. 모든 쾌락은 도달하자마자 사라진다. 그래서 쾌락은 멀리 있을수록 좋다. 최후의 쾌락이 우리를 만족시킬 거라는 환상을 심어주기 때문이다.

게임이 끝나면 스릴은 사라지고, 도박꾼은 스릴을 재창조하기 위해 다시 게임을 시작한다. 이것이 모든 도박을 관통하고 있다. 발자크_{1799~1850}는 도박꾼을 현대의 탄탈로스_{Tantalos}[*], 즉 영원히 충족되지 않는 욕구에 사로잡혀 자신을 위로하는 일종의 이성적인 미치광이로 묘사했다.

도박꾼들의 오류와 착각

◆

도박 중독자들은 중대한 오류와 착각에 빠져 있다. 도박꾼들은 실패를 거듭할수록 성공할 때가 왔다고 확신한다. 슬롯머신을 계속 당기면서 이번이야말로 잭팟이 터질 때라고 믿는 것이다. 이를 '도박꾼들의 오류' 또는 '통제의 착각'이라고 말한다.

동전을 던져 '앞'이 나오면 이길 경우, 지금까지 동전의 '뒤'만 5번 나왔다면 6번째에 '앞'이 나올 확률이 6배나 될 것 같지만 착각이다. 6번째에 '앞'이 나올 확률은 50%다. 슬롯머신 등 순전히 운에 좌우되는 도박에서 계속 잃게 되면, 이번에는 이길 확률이 높다는 착각이 계속 베팅하게 만든다.

게임을 하는 사람은 누구나 이기려는 욕망을 갖고 있으며, 잃을 것으로 생각하는 사람은 아무도 없다. 잃으면 돈을 땄을 때의 짜릿함이 생각나고, 돈을 따고 나면 욕심이 욕심을 불러 자리를 뜨지 못한다. 끝내는 빈털터리가 되어 빚을 져서라도 본전과 이익을 챙기겠다는 탐욕에 빠지는 것이 도박의 코스이다.

---

* 제우스의 아들이며 리디아의 왕인 탄탈로스는 신들의 비밀을 누설한 죄로 영원히 채워질 수 없는 갈증과 허기로 고통받는 벌을 받았다. 그가 목까지 잠기는 강물속에서 물을 마시려고 고개를 숙일 때마다 물은 낮아졌고, 손이 닿는 곳에 과일들이 주렁주렁 달려 있었지만, 과일을 따려 하면 과일들이 바람에 날아가버렸다. 'tantalize'(감질나게하다)는 '고문하다'라는 의미로 쓰이고 있다.

도박꾼들이 판을 떠나지 못하는 것은 잃은 돈에 대한 미련과 오기 때문이다. 처음에는 돈을 따기 위해서 시작하지만 점차로 잃은 원금을 복구하기 위해서 달려든다. 도박꾼들은 잃을수록 더욱 큰돈을 거는 이른바 추격매수를 하게 된다. 잃은 돈은 늘어나고 돌아갈 수 있는 보금자리는 없어진다.

도박은 기본적으로 운이 좌우한다. 도박은 운칠기삼運七技三이라고 하지만, 이것도 기술에 너무 후하게 점수를 준 것이다. 기술이란 자신의 의지가 발휘되는 것인데, 패에 따라 상대방에 따라, 컨디션에 따라 결과가 달라진다면 진정한 도박기술은 있을 수 없다.

도박산업은 막대한 조직과 자금이 뒷받침되어 있다. 도박꾼이 아무리 뛰어난 기술을 가졌다 해도 수백 명의 프로딜러를 이길 수는 없다. 도박꾼이 아무리 많은 돈을 가졌다 해도 수천 억의 거대자본을 깰 수는 없다. 가진 돈이 한정된 도박꾼이 막대한 자금을 가진 카지노와 내기를 계속하면 결국 빈털터리가 될 수밖에 없다gambler's ruin.* "카지노에서 돈을 따고 싶으면 카지노를 소유하면 된다." 라스베이거스의 카지노 재벌 스티브 윈1942~의 말이다.

카지노의 본질을 꿰뚫어본 것은 샤를 보들레르1821~1867였다. "기억하라! 지칠 줄 모르는 도박꾼들아! 시간이 룰렛판에서 항상 승리한다." 베테랑 카지노 딜러가 카지노를 찾는 사람들에게 하는 충고이다. "욕심을 부리지 않으면 이기지는 못해도 지지는 않는다. 그러나 이기

---

* 카지노와 고객의 승률은 51:49이다. 카지노는 2%의 승률차이와 거대자금으로 승리한다. 2%의 차이가 오래 반복되면 고객의 승률은 0%로 떨어지고 카지노의 승률은 100%로 높아진다. 이를 대수의 법칙(law of large numbers)이라 한다.

려는 욕심이 있다면 절대 지게 되어 있는 것이 도박의 원리이다." "노름을 계속하면 신ñ도 진다." 중국속담이다.

도박은 파멸을 부른다

◆

민주사회는 자신을 망치는 자유까지 허용한다. 도박으로 돈을 날리는 것도 개인의 자유이다. 기본적으로 카지노를 찾는 사람들은 재산가들이다. 도박하는 사람치고 부를 과시하지 않는 사람은 없다. 그러나 그들도 잦은 카지노 출입으로 사회적 지위와 명예, 재산을 잃어버리고 회복불능의 낙오자가 되는 경우가 허다하다.

중소기업 대표였던 정 모 씨1947~는 2003년 4월 강원랜드를 처음 찾은 뒤 333회에 걸쳐 총 231억 원을 날렸다. 뒤늦게 정신을 차린 정 씨는 2006년 "도박중독에 빠진 고객을 제대로 보호하지 않고 한도를 초과한 베팅을 묵인해 사행성을 부추겼다."며 강원랜드에 293억 원을 배상하라고 제소했다. 2014년 8월 대법원은 "개인의 자유로운 선택과 결정에 따라 결과를 감수하는 '자기 책임의 원칙'이 사법질서의 근간"이라며 원고패소 판결했다. 인간은 각자 자신의 삶에 대해 의무와 책임을 지고 살아가는 존재이다.

감사원의 강원랜드 감사에서 빈번한 카지노 출입으로 기초생활보장수급자가 되었다고 추정되는 인원이 729명이었다. 카지노 출입횟수가 가장 많은 기초생활보장수급자는 충북 제천의 이 모여·45년생 씨였다. 이 씨는 2003년부터 8년간 총 1,277회나 카지노를 드나들었다. 이 씨의 '카지노 포인트'는 6,015만 원. 배팅한 금액의 1%가 적립되는

점을 감안하면, 이 씨의 카지노 판돈은 총 60억 원이다.

서울 노원구에 살았던 이 모_{여□46년생} 씨도 기초생활보장수급자가 되었지만 도박을 끊지 못했다. 2010년까지 카지노를 1,245회 출입한 이씨는 재산을 탕진하고도 계속 카지노 주변에 머물고 있다. 이 씨는 게이머가 자리를 비우면 대신 배팅을 해주고, 수고비를 받는 속칭 '카지노 노숙자'로 연명하고 있다. 강원랜드의 카지노 노숙자는 2017년 현재 500~700여 명이다. 강원랜드 주변에서 2008~2013년까지 48명이 자살했다. 2016년 정선군의 자살률은 태백시의 6배에 달했다.

도박은 질병

도박은 죄악이고 범죄이고 질병이라고 비난한다. 도박에서 탐욕과 비열함을 보고, 도박자를 도둑으로 본 사람은 아리스토텔레스이다. 중세에는 도박을 비생산적이고 풍기문란을 조장할 수 있다는 이유로 철저히 금지했다. 중세의 사상적 틀을 구축한 아우구스티누스_{354~430}는 "도박은 악마가 발명한 것"이라고 저주를 퍼부었다. 그리고 다산은 《목민심서》에서 "도박_{내기놀이}은 심보가 나빠지고 재산을 탕진하며 가문과 친족을 근심하게 한다."고 썼다.

정신의학은 도박을 질병으로 진단한다. 프로이트_{1856~1939}는 도박꾼을 상습적인 강박관념에 사로잡힌 편집증_{paranoia} 환자로 지목했다. 특히 카지노 게임을 단순한 오락으로 생각지 않고, 일확천금의 부의 수단으로 간주할 경우 문제가 커진다. 거기에 도박이 습관적으로 되풀이되면 병적 도박_{pathological gambling}으로 도박중독이 된다.

일본 교토 대학 연구에 따르면 도박중독자들은 위험 감수성이 높고 강한 자극을 추구하는 사람들이다. 배포가 크다거나 용감하다는 소리를 듣는 사람들이 쉽사리 중독에 빠진다. 대인관계가 원만하지 못한 내성적인 사람들도 취약하다. 고립된 인간관계에서 오는 외로움을 도박으로 해소하려는 것이다. 여성 중독자 중에 이런 유형이 많다. 열등감이 많은 _{자존감이 낮은} 사람들도 돈 앞에 차별없는 도박의 속성에 쉽게 빠져든다.

도박중독자 뇌엔 불안 억제물질이 많다. 도박꾼들은 노르아드레날린을 억제하는 노르아드레날린 트랜스포터의 밀도가 높다. '돈을 잃으면 어쩌지'라는 불안한 마음이 들면 노르아드레날린이 분비되는데, 도박꾼들은 노르아드레날린 트랜스포터의 작용으로 불안감이 사라진다.

그리고 새내기 도박꾼이 처음에 돈을 땄을 때 상습도박꾼이 될 위험성이 높다. 4명의 여성이 호기심에 강원랜드를 찾았다. 3명은 돈을 잃었고 우연히 1명이 몇십만 원을 땄다. 이후 3명은 집으로 돌아갔지만 나머지 1명은 카지노에 빠졌다가 절도범으로 전락했다.

도박중독은 '정신장애 진단요람'에도 치료해야 할 심각한 병으로 분류되어 있다. 도박에 중독되면 여간해서는 헤어나오기 어렵다. 초인적 의지로 노력해야 벗어날 수 있다. 질병이라는 관점에서 치료하고 가족을 비롯한 주변사람들의 관심과 도움이 꼭 필요하다.

도박중독은 후손에게 대물림 된다

◆

〈타짜〉_{2006년}라는 영화에서는 속임수를 쓰는 상대방의 손목을 잘라

다시는 화투를 못잡게 한다. 하지만 잘린 손목에 갈고리를 만들어 화투짝을 다시 잡는 장면이 나온다. 도박을 끊으려면 정작 잘라야 할 곳은 손목이 아닌 뇌다. 중독은 뇌에서 만들어지기 때문이다. 동물의 뇌에는 '쾌락회로'가 있다. 1954년 캐나다 맥길 대학에서 발견한 이 '쾌락회로'가 바로 '중독회로'다. 이 쾌락회로는 신경전달물질인 도파민이 관장한다. 술·마약 등의 물질중독도 있지만 게임·도박·섹스·쇼핑 등 행동중독도 있다. 두 가지 중독 모두 뇌의 쾌락회로를 돈다.

도박중독은 술·마약 중독과는 달리 표가 나지 않는 은밀한 중독이다. 우리나라의 도박중독자는 5.4%로 다른 나라의 2~3배다. 성인의 5.4%가 치료가 필요한 도박중독이다. 중고생의 73%가 인터넷도박 경험자다. 인터넷 도박에 빠져든 10대는 어른이 되어서도 도박의 늪에서 빠져나오기 힘들다. 청소년 도박의 대부분은 스포츠 토토이다. 도박은 블랙홀이다. 가족·돈·건강·정신까지 모조리 빨아들이는 가장 끊기 어려운 중독이다.

2015년 5월 독일 하노버 대학 연구팀은 '도박이 대물림된다'는 연구결과를 발표했다. 연구팀은 도박꾼의 DNA에 꼬리표메틸기가 많이 붙어 있음을 확인했다. 즉, 후천적 행동도 자식에게 전달된다는 '후성유전학後成遺傳學, epigenetics'이 도박중독에서도 확인되고 있다. 선천적이든 후천적이든 아비가 도박꾼이 되면, 그 아들·손자도 도박꾼이 될 확률이 높다는 것이다.

이 경우 도박을 못하게 하면 자식은 부족한 도파민을 채우기 위해 다른 중독, 즉 술·마약 등으로 부족한 '뇌의 쾌락'을 찾으려 한다. 도박중독자 직계가족의 11%가 도박중독자이고, 다른 종류의 중독자들도 많다. 이런 집안에서 태어나면 도박중독의 확률이 8배나 높다. 도박꾼들이여! 후손들에게 도박중독을 대물림해서야 되겠는가?

◆ **스포츠 토토**

'토토'는 '도박'이란 뜻으로 '스포츠 토토'는 곧 '스포츠 도박'이다. 젊은 세대가 스포츠 토토에 열광하는 이유는 이것이 도박이 아닌 '승부게임'이라고 생각하기 때문이다. 축구를 잘 알면 어느 팀이 이길지 맞출 수 있을 것 같다. 이스라엘 텔아비브 대학 연구팀이 165명에게 2012년 유럽챔피언스 축구대회 16강전에 개별적으로 베팅하게 했다. 그 결과 3그룹축구전문가, 도박전문가, 축구와 도박을 전혀 모르는 초짜의 베팅 성적이 모두 비슷했다. 오히려 돈을 제일 많이 딴 사람은 초짜 그룹에서 나왔다.

스포츠 토토에 경기 지식이나 경험이 전혀 도움이 안되고 운運에 좌우된다는 의미이다. 그러나 스포츠 도박자들은 많은 경험과 스포츠 지식을 가진 내가 유리하다는 망상에 젖어 있다. 스포츠·승부게임을 좋아하는 청소년·대학생·젊은 층이 스포츠 도박에 쉽게 빠져들고 헤어 나오기 힘든 이유이다. 경찰청은 2015년 현재 우리나라 불법 스포츠 도박시장의 규모를 31조 원으로 추산하고 있다.

인터넷 도박

◆

라스베이거스가 20세기 도박의 수도라면 인터넷은 도박의 확산을 가져올 21세기의 수도가 될 것이다. 인터넷 도박internet gambling은 거대한 글로벌 카지노로 시간적 공간적 경계를 초월한다. 현실세계의 도박에 가해지는 어떤 제약도 받지 않은 채, 자유롭게 도박을 하는 환경이다. 도박이 가상공간cyber space으로 이동하여 온라인화된 것이다.

가상공간일지라도 모든 종류의 도박이 가능하다. 즉시접속과 즉시 결제로 24시간 전 세계의 도박꾼들과 연결된다. 현금의 즉시전송은 게임의 즉시성을 증가시킨다. 리히텐슈타인, 지브롤터, 코스타리카·도미니카공화국 등 일부 카리브 해 국가들에서만 합법적인데도, 인터넷 도박은 수백억 달러의 매출을 올리는 사업이 되었다.

몇몇 사이트는 안정되게 오랫동안 존재하지만, 많은 사이트들이 잠시 동안 반짝했다가 사라진다. 이러한 사이트들에 대한 추적은 어렵고 통제는 불가능하다. 국경과 법이 없는 인터넷의 특성 때문에 운영자는 사법권 밖에서 사이트를 개설할 수 있다. 따라서 한 국가의 규제로는 인터넷 도박을 막을 수 없다. 운영자가 얻은 이익은 오프라인 도박을 통제하는 엄격한 법률이나 과세의 적용을 받지 않는다.

이것은 국가의 세입稅入에 심각한 손실을 의미하는 틈새이다. 인터넷이 가상현실을 만들어 내고, 이용자들의 의식상태를 변경시켜 게임에 빠져들게 한다. 정교한 애니메이션, 음향효과, 선택된 사이트로의 계산된 링크의 조합은 서퍼surfer들을 모으고, 도박꾼들을 가상현실 속으로 빠져들게 한다. 가상현실 속에서는 간단한 클릭, 플레이의 연속적 반복, 즉각적 승리의 가능성 등이 도박꾼을 유혹한다.

2011년 2월 여의도백화점에서 현금 10억 원이 담긴 상자가 발견되고, 2011년 4월에는 전북 김제군 금구면 마늘밭에서 111억 원이 나와 온 나라가 떠들썩했었다. 인터넷 도박으로 벌어들인 돈을 숨길 곳을 찾지 못해, 창고에 방치하고 마늘밭에 묻는 파행이 일어나고 있는 것이다. 인터넷 도박의 규모와 폐해를 시사해주고 있다. 국세청은 인터넷 불법도박 판돈이 연 32조 원에 이르는 것으로 추정하고 있다.

◆ 인터넷 도박이 가장 큰 문제

김호진1956~ 씨는 1984년 여름 퇴근길에 친구와 오락실에 들러 슬롯머신에 5,000원을 넣었다. 'BAR' 4개가 떠 70만 원을 땄다. 당시 그는 조달청 직원으로 20만 원 남짓의 월급을 받았다. 30분 만에 석 달 치 월급보다 큰돈을 손에 쥔 김 씨는 매주 오락실에 들렀고, 1년 뒤에는 매일 오락실에 출근부를 찍었디. 1988년 아내에게 들킬 때까지 2,000만 원을 잃었다. 아내는 무릎을 꿇고 비는 그를 용서했다. 김 씨는 도박을 잊으려고 열심히 일했다. 덕분에 1989년 미국 연방구매처GSA로 국비연수를 가게 되었다. 연수 3주 만에 김 씨는 다시 도박을 시작했다.

그는 연수기간 6개월 중 4개월을 카지노에서 보냈다. 귀국 후에도 도박을 끊지 못했다. 1991년 경제기획원으로 옮기면서 경마에 빠졌다. 1997년 그는 직장에서 쫓겨났다. 상관이 공기업에 자리를 마련해줬지만 3년 만에 공금에 손을 댔다가 해고된 김 씨는 아내와 이혼하고 집을 나왔다. 여관방을 전전하다 돈이 떨어지자 전처와 자식들이 사는 집으로 갔다. 큰아들81년생이 김 씨를 내쳤다. "아버지만 없으면 우리 가족은 행복할 수 있어요. 우리끼리 살게 내버려두세요!"

김 씨는 충북 '음성 꽃동네'에서 반 년 동안 중증장애인들을 돌보는 자원봉사자로 일했다. 자신의 도움을 필요로 하는 사람들을 돌보면서 몸과 마음을 추슬렀다. 그는 2001년 강원랜드의 도박중독 전문상담사 모집에 12 대 1의 경쟁률을 뚫고 뽑혔다. 이후 도박중독자를 6,000명 이상 상담했다. 김 씨는 "도박중독을 막는 방법은 예방밖에 없다. 언제 어디서나 혼자서 적은 돈으로 할 수 있는 인터넷 도박이 가장 큰 문제이다. 지금 막지 않으면 10년 후 우리 아이들이 도박에 빠지게 된다."고 걱정한다. 인터넷 도박은 4년 만에 82배가 급증할 정도로 심각한 상태에 있다.

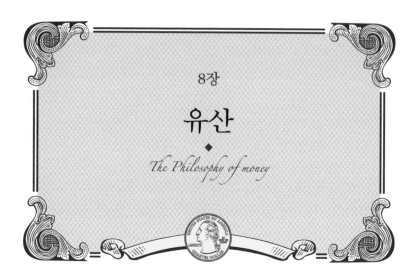

8장

유산

◆

The Philosophy of money

자손이 유능한데 재산이 너무 많으면 그들의 의지를 손상시키며, 자손이 어리석은데 재산이 너무 많으면 그들의 잘못을 더 크게 키운다. 많은 재산은 교만을 키우고 나태를 조장한다. 그래서 자식에게 황금 한 상자를 물려주는 것보다 책 한 권을 물려주는 것이 더 낫다고 말한다. 많은 재산은 자손들을 무능하게 만들고 자손들의 몸을 베는 칼이 된다. 자기 노력으로 얻지 않은 재물 때문에 자신의 신세를 망치고, 집안을 몰락으로 이끌고, 세상을 혼탁하게 만드는 예가 너무도 많다.

유산은 몸을 베는 칼

◆

돈을 모아 무엇을 할 것인가? 이것은 돈을 모은 자나 모으지 않은 자나 공통으로 갖는 의문이다. 재산을 모으는 첫째 목적은 생활의 안정, 경제적 독립이다. 그것이 어느 결에 자손의 행복을 염려하는 부모의 심정으로 바뀐다. 많은 재산을 모아 자녀들에게 많이 물려주고 싶다는 세속적인 욕망으로 바뀌는 것이다. 누구나 자식들을 건강하게 키워서, 충분한 교육을 받게 한 뒤, 상당한 재산을 나눠주면 그걸로 행복하리라 생각한다. 이것은 잘못된 환상이다. 특히 '상당한 재산'이 문제이다. 그것은 도리어 자녀를 불행에 빠뜨린다.

"재산을 남기면 자손에게 태만과 타락을 가르칠 뿐이다." 자손을 위해서라면 문전옥답을 사는 게 아니다. 옛 중국의 지식인들은 "재산은 화禍의 문이요 유산은 몸을 베는 칼"이라는 말로 유산의 상속을 경계했다. 그 이유로 세 가지를 들었다. ① 자손들이 우월하다고 착각하며 사치스럽고 안일하게 지내고 일을 하지 않으려 한다. ② 교만하고 나태해지기 쉽다. ③ 적敵이나 화禍를 부르기 쉽다.

100억 원을 상속받게 될 10살짜리 아이가 자라면서, 자기는 일을 하지 않아도 된다고 생각하면 문제가 된다. 그런 아이들에게는 자신의 능력을 개발하려는 의욕이 생기지 않는다. 물질적 욕구의 충족뿐만 아니라 심리적 여유로부터 나오는 과잉보호나 지나친 애정의 표현은 성취욕을 저하시키는 원인이 된다.

인생의 궁극적 목표인 행복이 무엇이냐고 묻는다면 선뜻 답하기가 어렵다. 하지만 그것은 결코 부모가 물려줄 수 없는 것이다. 행복은 각자의 노력과 수양에 의해 얻어지고 느껴지는 것이다. 그저 교육시키고 재산만 물려준다고 얻을 수 있는 것이 아니다. 중요한 것은 평생을 통해 멈추지 않는 정진향상精進向上의 기백과 분투의 정신이며, 이것을 생활습관 속에 녹아들게 만드는 일이다. 자녀를 행복하게 해주려면 어려서부터 노력하는 환경과 습관을 길러주어야 한다.

유산은 자식을 망친다

◆

서양에서는 부잣집 자식들을 '은수저를 입에 물고 태어났다'고 말한다. 부잣집에서 은식기silverware를 쓴 데서 생긴 말이다. 그래서 미국에서는 부유층 자녀가 학교를 중퇴하거나 졸업 후에 일자리를 구하지 않고 술, 마약, 섹스에 탐닉하는 현상을 '은수저 증후군silver spoon syndrome'이라고 한다. 유산은 인물을 키우는 자양분이 될 수도 있고, 은수저 증후군처럼 자손을 망치는 독이 될 수도 있다.

아마도 부모님들이 돌아가신 2~3년 뒤에 지하에서 다시 돌아와 자식들이 어떻게 살고 있나 확인할 수 있다면 유산상속은 절대 하지 않을 것이다. 어떤 경우에도 부富는 세습되기 힘든 유산이다. 당장 우리 주위만 둘러봐도 알 수 있다. 100대의 기업도 10년을 지탱하지 못하는 경우가 허다하다. 2~3대로 가면 더욱 그렇다. 2~3대의 후손들이 재산은 물려받아도 창업자가 겪은 경험과 식견까지 이어받을 수는 없다.

대부호 앤드루 카네기는 "상속은 자식들을 망치게 한다."고 역설했다. 자식들에게 유산을 남기는 것은 불행의 불씨를 남기는 것이다. 억만장자 제레미 제이콥스1940~는 자녀들에게 각각 100만 달러를 주면서도 "내가 살면서 가장 잘못한 일은 자식들에게 스스로 성공과 실패를 경험할 기회를 주지 않은 것"이라고 후회했다. 미국에서 10억 달러 이상을 상속받은 가문이 400가문이 넘는데 3대를 가는 경우가 드물다. 후손의 무능, 허영, 낭비가 주원인이다.

돈을 쓰는 것도 돈을 버는 것 못지않게 어렵다. 재력가의 자손들 가운데 쓸 만한 인간이 드문 까닭을 새길 필요가 있다. 자식들이 각자 성실하게 열심히 일하여 제 앞가림을 하도록 만들어야 한다. 부모의 재산에나 기대는 일이 없도록 가르쳐야 한다. 내 자식이 귀여우면 귀여울수록, 홀로 당당히 세파를 헤쳐 나갈 수 있도록 키워야 한다.

낡은 사고방식에 얽매여 돈을 남겨주고 재산을 물려주는 어리석은 짓을 해서는 안 된다. 돈이나 재산은 자녀들에게는 엄청난 마이너스다. 차라리 빚을 물려주어 분발시키는 편이 더 나을 수도 있다. 황금이 가득해도 자식에게 경전을 읽히는 것만 못하고, 자식에게 천금을 주어도 한 가지 기술을 가르치는 것만 못하다. 만경萬頃의 옥토沃土라도 몸에 익힌 서투른 기술 하나보다 못하다.

부(富)가 세습되어서는 안 된다

많은 재산에는 필연적으로 상속문제가 따른다. 많은 부를 축적해 놓고 세상을 떠나면 상속자들은 유산으로 인해 서로가 상처를 입는 싸움을 하게 된다. "인간은 아버지의 죽음보다 유산의 상실을 더 오래 기억한다." 마키아벨리1469~1527의 통찰이다. 상속은 자식들을 의존적이고 이기적으로 만든다. 상속에 대한 기대는 2세의 독립의식과 절약정신을 해친다. 지나치게 많은 유산은 자식은 물론 사회까지 망친다. 눈에 드러나지는 않지만 사회 전체의 창의성과 독립성을 좀먹는다.

2006년 6월 워런 버핏1930~이 374억 달러45조 원를 자선재단에 기부하겠다고 발표했다. 〈포춘〉 편집인이 "당신의 자녀들에게는 돌아가는 게 없는 것 아니냐?"고 묻자, "아니다. 많은 재산을 물려줬다. 부자가 조심해야 할 것은 자녀에게 뭔가를 할 수 있을 만큼만 물려줘야지, 아무것도 할 필요가 없을 만큼 남겨줘서는 안 된다. 자식에게 너무 많은 돈을 물려주는 것은 자식을 위해서 좋지 않다. 부가 세습되어서는 안 된다."고 답했다.

그리고 버핏은 당시 부시 정부가 추진했던 상속세 폐지안을 비판했다. 버핏은 "상속세는 매우 공정한 세금이며, 기회의 균등이라는 이상의 실현을 위해 필요하다. 나처럼 부유한 사람들의 유산에서 더 많이 걷어야 한다. 사회의 자원이 귀족가문처럼 대물림이 되어서는 안 된다. 상속세는 거대한 부를 공공재로 만들어 실력주의와 기회균등의 원칙을 지키는 역할을 한다. 상속세 폐지 대신 저소득 가구에 1,000달러의 세금공제 혜택을 줘야 한다."고 역설했다.

상속세 폐지 반대운동을 주도했던 윌리엄 게이츠빌 게이츠의 父는 "상속세 폐지는 대부분의 미국 가정을 고통스럽게 만들면서 억만장자들의 자녀는 더욱 부자로 만들어줄 것이다. 수십억 달러의 세수가 감소되면 사회복지, 의료혜택, 환경보호 예산 등을 줄일 수밖에 없다. 지속적 복지를 위해 상속세의 존속이 필요하다."며 반대운동을 펼쳤다.

특히 상속세 폐지는 미국의 대표적 문화의 하나인 기부문화에 치명적인 타격을 줄 수 있다고 지적했다. 상속세를 납부하는 대신 자선단체나 기금 등을 통해 가난한 사람들을 지원하던 문화가 점차 사라지게 된다는 것이다. 버핏은 상속세 폐지에 대해 "2000년 올림픽 금메달 수상자의 자녀들로 2020년 올림픽 대표를 뽑으려는 것과 같은 어리석은 방안이다. 상속세가 없어지면 사람들이 재능이 아닌 유산에 의지해 국가의 부를 좌우하는 폐단이 생기게 된다."고 비판했다.

◆ 워런 버핏의 삶과 돈

버핏1930~은 6살 때부터 동네를 돌며 껌을 팔았다. 이후 줄곧 돈벌이에 몰두했다. 콜라, 주간지, 골프공을 팔았다. 10세에는 미식축구장에서 땅콩과 팝콘을 팔았다. 중학생 때에는 폐지를 수집해 팔았고, 고교시절에는 우표와 마권馬券을 판매했다. 골프장 캐디도 했다. 세차장, 핀볼기계, 롤스로이스 영구차 임대업, 농장임대 등 10대 소년으로서는 상상할 수 없는 온갖 돈벌이에 손을 뻗쳤다.

버핏은 14세에 소득세를 내기 시작했고, 16세부터 사업가의 수완을 보였다. 신문배달로 모은 2,000달러를 밑천으로 160㎢약 53만 평 농장을 1,200달러에 매입하여 소작을 주었다. 17살1947년 때는 중고 핀볼기계를 25달러에 사서 이발소에 설치하고 이익을 반분半分했다. 폐차장에서 1928년식 롤스로이스를 350달러에 구입·수선하여 1회에 35달러를 받는 렌트 사업도 벌렸고 중고 영구차 임대업도 했다

버핏의 낙은 돈 버는 것이었다. 그의 아내 수전1932~2004은 싱글맘이라는 말도 들었다.※ 그는 1958년에 3만 1,500달러에 구입한 벽돌집에 살고 있다. 그는 돈을 쓸줄 모른다. 그가 주로 먹는 음식은 햄버거와 체리콜라이고, 입고 있는 정장은 무명의 중국산이다. 그는 2남 1녀의 자녀들에게도 구두쇠였다. 딸 수지는 좁은 부엌을 넓히기 위해 아버지에게 돈을 빌려 달라고 했다가 "돈을 빌리려면 은행에 가야지!"라는 대꾸를 들었다. 아들 하워드가 농사를 짓고 싶다고 하자 워런은 농장을 사서 임대했다. 임대료는 수익금의 22~26%였다.

버핏은 "좋은 집, 좋은 차 등은 관심이 없다. 내 관심은 버크셔 해서웨이1965년 설립한 지주회사를 잘 경영해 주주들로부터 신뢰를 얻는 것뿐이다." 2019년 현재 그의 재산 870억 달러104조 원의 99%를 보다 좋은 세상을 위해 쓰고 있다. 2006년부터 시작한 누적 기부액은 340억 달러41조 원가 넘는다.

※ 수전은 남편이 1,000만 달러 정도를 모으면 가족에게 돌아올 것으로 기대했지만 버핏의 욕심은 끝이 없었다. 수전은 1977년 버핏을 떠나 27년간 별거하다가 2004년 죽었다. 버핏은 이것을 '인생 최대의 실수'라며 가슴 아파했다. 수전이 버핏에게 소개하여 1977년부터 동거해왔던 멩크스(1946~)와 2006년 재혼했다.

오늘의 왕자는 내일의 거지

인생 최대의 기쁨은 스스로 인생을 개척해 나가는 것이다. 인간은 생존환경이 너무 좋으면 퇴화현상을 일으킨다. 신체 및 정신, 특히 의지가 퇴화된다. 그래서 부자아빠들은 자식들에게 스파르타식 교육을 하려 하지만 그 효과는 크지 않다. 그것은 마치 도시인들의 시골체험과 같다. 고통스럽고 어렵기보다는 낭만적 색채가 강하다.

자식들에게 무턱대고 재산을 물려주는 것은 자식들의 앞길을 가로막는 행위이다. 상속은 자식들의 재능과 에너지를 망치게 한다. 아버지 대에서 축적한 부가 자식들의 손으로 넘어가면 그동안 소비를 억제당했던 자식들은 돈을 탕진하기 시작한다. 부자 아들은 부자아빠보다 더 부자처럼 보인다. 진정한 삶의 의미를 배우지 못한 그들은 그저 돈만 쓰며 지낸다. 부자 아들은 태어날 때부터 이미 부자였기 때문에 모든 것을 당연하게 받아들인다. 오래가지 못해 재산은 날아가버린다.

서양속담에 "한번 나막신을 신으면 한번은 장화를 신는다."는 말이 있다. 1대는 나막신을 신으며 돈을 모은다. 2대는 장화를 신고 그 돈을 쓰고, 3대는 다시 나막신을 신게 된다. 할아버지가 열심히 일해서 재산을 축적하면 아들은 멋들어진 집을 짓고, 낭비벽을 물려받은 손자는 집이며 가재도구도 모두 팔아치우고 급기야 거지가 된다는 말이다. 오늘의 왕자가 내일의 거지가 되는 경우를 너무도 자주 본다. 빈자貧者는 현자賢者를 낳고, 현자는 부자富者를 낳고, 부자는 탕자蕩子를 낳고, 탕자는 빈자를 낳는 순환이 세상의 이치인 것이다.

창업자가 이룬 부의 성채城砦는 통상 100년이 못가고 무너진다. 집안을 일으키려면 평생 또는 수대의 노력이 필요하지만 말아먹는 것은 순식간이다. 아무리 위세등등한 부자가문도 오래지 않아 몰락하고 만다. 부자의 후손들은 태어날 때부터 부자였기 때문에 부자의 생활방식에 익숙해져 있고, 그 생활방식은 쉽게 바뀌지 않는다. 거대한 지출을 하려면 거대한 수입이 있어야 한다. 수입과 지출이 균형을 잃으면 거만巨萬의 부도 견디지 못한다. 부자 아들이 아버지보다 뛰어나지 못하면 재산은 점점 줄어든다.

부를 지키기가 어렵다

일본 전국시대에 요도야 조안淀屋常安, 1560~1622라는 걸출한 상인이 있었다. 선견지명, 정보력, 판단력, 결단력, 실행력, 체력 등을 갖춘 그는 한국의 정주영과 같은 기발한 아이디어로 큰돈을 벌었다. 그는 검소한 생활로 일관하여 금은이 12개 곳간, 기타 가재류로 48개 곳간이 가득했다. 그런데 그의 아들 2대 시게야스淀屋重安는 호사스런 생활을 했다. 그는 다이묘大名의 저택을 본떠 호화저택을 지었다.

안채와 별채를 금으로 치장하고 드넓은 정원에는 진귀한 나무와 돌로 조경을 했다. 4면을 유리로 장식한 '여름 연회실'이란 방도 만들었다. 천장을 유리로 만들어 물을 채워 넣고 진귀한 비단잉어와 금붕어가 헤엄쳐 다니는 것을 누워서 바라보며 즐겼다. 이러한 몰지각한 처신은 '상인들은 나쁜 놈들'이라는 이미지를 심어놓았고, 결국 막부의 눈총을 받아 재산은 몰수당하고 요도야 가문은 사라지고 말았다.

미국 부자의 20~30%는 10년 후 재산을 모두 잃고 끼니를 걱정하는 지경으로 추락한다. 20년 후에는 40% 이상, 100년 후에는 90% 이상이 부자에서 빈자로 바뀐다. 유럽에서는 부를 100년 동안3대를 넘어 유지해야 진짜 부자로 간주한다. 100년 전에 재산을 관리해주던 금융기관대부분 스위스 은행과 부를 유지하면서 관계를 지속하는 경우에만 부자 가문의 칭호를 받는다. 그런데 100년 동안 부를 유지하는 확률은 10%에도 훨씬 못 미친다. 부자는 자주 변한다.

 "부자가 되는 데에는 대담한 배짱과 세심한 주의가 필요하다. 부자가 되고 나면 그것을 지키는 데 10배나 많은 노력이 필요하다." 네이선 로스차일드1777~1836의 말이다. J.P. 모건1837~1913은 이렇게 말했다. "100만 달러를 버는 것은 바보라도 할 수 있지만, 머리를 쓰지 않고서는 그것을 유지할 수 없다." 둘 다 부를 이루는 것보다 지키는 것이 더 어렵다는 소견이다. "돈은 지키기보다 벌기가 더 쉽다." 서양속담이다.

 중국 역사상 제일의 명군으로 치는 당 태종 이세민599~649, 재위 626~649이 "창업과 수성 어느 것이 어려운가?"라고 물었다. 오래전부터 태종을 보좌해온 방현령房玄齡은 창업이 어렵다고 답하고, 태종의 형 건성을 돕다가 '현무문의 난' 이후에 태종에게 복속한 위징魏徵은 수성이 어렵다고 답했다. 태종은 "창업은 쉽고 수성이 어렵다[易創業, 難守成]"며, 새로운 마음으로 나라를 다스려야 한다."고 강조했다

 창업도 수성도 둘 다 어렵다. 과업 자체는 수성보다 창업이 어렵다. 그러나 일단 창업이 성공하면 오만과 자만으로 방만=성공의 그림자해져 빈틈이 생긴다. 게다가 호강하며 자란 후계자가 간난신고艱難辛苦를 견뎌낸 창업자보다 난관을 극복하는 역량이 부족하기 때문에 대를 잇기가 어려워 흔히들 수성이 어렵다고 말한다. 세종은 "창업은 권도權道, 수성

은 정도正道가 필요하다."고 말했다.

유산을 남기지 마라!

◆

오래전부터 재산상속은 개인의 직업윤리를 좀먹는 원인이었다. 당신이 모은 재산은 당신의 경험, 기쁨, 자부심 그 자체였겠지만, 상속자에게는 유혹이고 불안이다. 재산은 당신에게는 날개와 힘의 상징이지만, 상속자에게는 통상 나태, 무기력, 허약함으로 이어진다. 상속자는 소중한 경험, 즉 성취라는 값진 경험의 기회를 잃어버릴 수도 있다.

당신이 시작했던 곳에서 다시 시작하지 않는 것이 아이들에게 줄 수 있는 선물이라고 생각할 수도 있다. 그들에게 고생, 가난, 열악한 환경 등을 물려주고 싶지 않을 것이다. 그러나 그것은 지팡이를 주는 것이 아니라 목다리를 주는 것과 같다. 그것은 아이들의 의욕을 빼앗고 스스로 발전하고 성장하고 배우고 살아가는 기회를 박탈하는 짓이다.

스스로 일어설 의욕과 기회가 없이는 그 어떤 성공도 행복도 인격의 성숙도 기대할 수 없다. 만약 당신이 아이들 일을 대신 해준다면, 당신은 20살이 되어도 비실거리는 게으름뱅이 자식을 키우게 된다. 한 아버지는 죽어가면서 이렇게 말했다. "내가 아이들을 내쫓을 정도로 조금만 더 단호했더라면, 아이들은 스스로 벌어서 살았을 것이고 인생과 돈의 가치를 알았을 것이다."

태생적으로 돈을 쓰면 불편한 사람이 있다. 이들은 자식들에게 주는 것보다 자선을 하는 것이 오히려 자식들에게 도움이 된다. "많은 재물을 쌓아서 자식에게 물려준들 자식이 반드시 잘 간직할 수 있는 것이 아니요, 많은 책을 쌓아서 자식에게 물려준들 자식이 반드시 다 읽을 수 있는 것이 아니다. 차라리 남모르는 음덕을 쌓아 자손을 위한 계책으로 삼아라."《명심보감》의 가르침이다.

재앙을 부르는 유산싸움

◆

우리 사회에 '부모 재산은 내 재산'이라는 관념이 뿌리깊다. 그러나 부모 재산이 자녀의 행복으로 이어지기보다는 불행의 씨앗이 되는 경우가 많다. 2004년 설날 경기도 파주에서 형이 동생 가족 3명을 살해하고 스스로 목숨을 끊는 참변이 일어났다. 형제들 중 동생이 상속받은 땅만 신도시 개발로 값이 올랐고 동생이 이를 처분해 큰돈을 만지게 되었다. 이에 장남은 "아버지의 유산분배 취지에 맞게 땅 판 돈을 다시 나누자!"고 요구했고, 말다툼 끝에 동생 가족들에게 엽총을 난사한 것이다.

자식이 아버지를 살해하고, 아내가 남편의 청부살해를 의뢰하는 가족범죄의 배경은 상속문제인 경우가 많다. 재산을 빼앗기 위해 멀쩡한 부모형제를 정신병원에 강제 입원시키는 패륜도 적지 않다. 형제간 반목은 대부분 유산문제로 갈등을 빚다 결국엔 법정까지 가곤 한다. 소송까지 갔다고 하면 형제간 우애는 기대하기 힘들다. 법원이 재산분배는 해줄 수 있지만 그동안 주고받은 상처까지 치유해주지는 못한다.

2005년 11월 김 모1948~ 씨가 확성기를 들고, 서울 서초구 한 아파트 입구에서 "형은 혼자 챙긴 부모재산을 형제들에게 분배하라!"고 외쳐댔다. 그는 경찰에 한 달간 집회신고까지 냈다. 집회명칭은 '재산분할

축구집회' 어깨에는 '투쟁'이라는 빨간 띠도 둘렀다. 이 아파트는 평당 2,000만 원이 넘는 고급아파트로 김 씨의 형은 90평형에 살고 있다.

김 씨는 "형은 부모님의 재산을 모두 가져가고 5명의 누이와 나에게는 한 푼도 주지 않았다. 150억 원대의 재산을 갖고서도 퀵서비스 등을 하며 힘들게 사는 나에게 돈 한번 주지 않았다."고 비난했다. 반면 김 씨의 형은 "재산은 합법적으로 물려받았고, 대부분의 재산은 내가 모은 것이며, 과거 동생에게 신촌의 여관까지 사주었지만 곧 빚을 져 사채업자에게 넘기는 등 제대로 재산을 관리하지 못했다."고 대꾸했다. 돈에 얽힌 사연은 참으로 다양도 하다.

◆ 형제투금(兄弟投金)

고려 충렬왕/충선왕/충숙왕 때1274~1339이다. 형제가 길을 가던 중 동생이 금덩이 2개를 주웠다. 동생은 하나를 형에게 주고, 자신도 하나를 가지고 공암진서울 양천에 닿았다. 함께 배를 타고 강을 건너는데 동생이 가지고 있던 금덩이를 강에 던져버렸다. 형이 그 이유를 묻자, 동생은 "저는 원래 형님을 매우 사랑했습니다. 그런데 이 금을 줍고 형을 싫어하는 마음이 생기는 겁니다. 그러니 이 금덩이는 불길한 물건입니다. 그래서 나쁜 마음이 더 이상 생기지 않게 하려고 강물에 버렸습니다."

사실 형도 동생과 같은 마음이었다. 그런데다 동생의 말까지 들으니 형은 부끄럽기가 한이 없었다. 형도 금덩이를 강물에 던져버렸다. 형제는 성주 이 씨星州李氏 억년億年과 조년兆年으로 알려져 있고, 서울 강서구 가양2동에 형제투금탄兄弟投金灘의 현장인 공암나루터[孔巖津址]가 있다. 이조년1269~1343은 고려 말 명망 있는 학자로 "이화梨花에 월백月白하고 은한銀漢이 삼경三更인제/ 일지춘심一枝春心을 자규子規야 알랴마는/ 다정도 병病인 양하여 잠 못 들어 하노라."라는 시조를 남겼다.

유산기부와 유언장

◆

평소에 가진 재산을 사회에 환원하겠다고 공언했던 사람도 죽음을 눈앞에 두고 의식이 혼탁해지면, 순식간에 가족 위주로 돌아서버린다. 수십 년 동안 좋은 뜻을 입으로 되뇌었더라도 마지막 유언에서 마음을 바꿔버리면, 평소의 의지와 신념이 퇴색해 버리는 경우가 많다.

유언은 정정했을 때 해야 자기가 진정으로 원하는 의지를 정확하게 담아낼 수 있다. 굳이 나눔이나 공익을 염두에 둔 유언이 아니어도 좋다. 또렷한 정신으로 유언을 고민하다 보면 인생의 새로운 지침이 마련될 수도 있다. 유산을 기부하려면 우선 유산을 사회에 환원하겠다는 아름다운 마음을 갖는 것이 첫 번째 관문이다.

기부를 결심한 후에는 유언장을 작성한다. 유언장에는 본인의 재산 목록과 함께 이 재산을 언제, 어떻게, 누구에게 기부할 것인지를 적는다. 유언장이 완성되면 증인 2명을 참석시킨 가운데, 공증인 앞에서 유언의 취지를 말하고 공증인의 공증을 받는다. 공증을 하는 이유는 유언장의 분실, 타인에 의한 의도적인 은닉 및 파기 등을 피하기 위해서이다.

다음에는 상속집행인을 지정한다. 상속집행인은 상속기간에 고인의 재산을 관리하고 유언내용을 집행하는 역할을 맡는다. 유언이 제대로 집행되기 위해서는 변호사 등 전문가와 상담을 거치는 것이 좋다. 사회에 유산을 환원하겠다고 유언하면서도 법규를 제대로 지키지 않아 기부를 못하는 경우도 생기기 때문이다.

1993년 박 모 씨는 전재산을 어린이보호단체에 기증한다는 유언을 남기고 자살했는데, 그 재산은 어린이보호단체가 아닌 외동딸에게 상속되었다. 박 씨는 죽기 전에 녹음테이프 4개 분량의 긴 유언을 남겼지만 "녹음한 유언의 경우 증인이 있어야 한다."는 민법 1067조 규정을 지키지 않았기 때문이다.

폐암 말기 진단을 받은 A 씨는 30억 원대의 상가건물과 15억 원짜리 아파트, 5억 원 가량의 금융자산이 있었다. 그에게는 개인병원을 운영하는 장남과 대기업 차장인 차남, 전업주부인 딸이 있었다. 3남매는 개성이 강하고 이기적인 성격으로 어려서부터 다툼이 많았다. A 씨는 자신이 죽은 뒤 자식들의 재산 싸움을 염려했다.

고민 끝에 평소 병원 이전을 희망했던 장남에게는 상가, 집이 없던 차남에게는 아파트, 부유한 시댁을 둔 딸에게는 금융자산을 주기로 결심하고, 자필로 유언장을 작성해 입원실 서랍에 보관했다. 임종을 앞두고 3남매를 불러 유언장 내용을 밝히고 싸우지 말 것을 당부했다. 차남과 딸의 표정이 밝지 않았지만 불만을 드러내지는 않았다.

장례가 끝나자 차남과 딸은 민법에서 규정한 '자필증서에 의한 유언은 유언자가 그 전문全文과 연월일, 주소, 성명을 자필로 기재하고 날인'해야 하는데, 유언장에 일자와 날인이 빠져 '유언장이 무효'라며 법원에 상속재산 분할청구 소송을 냈다. 치열한 법정 싸움 끝에 3남매가 비슷한 비율로 재산을 나누게 되었고 3남매는 원수지간이 되었다.

유언장에 도장捺印이 찍히지 않아 유언이 무효가 된 사례도 있다. 2003년 고인의 거래은행 대여금고에서 "예금 123억 원을 연세대에 기부한다."는 유언장이 나왔다. 고인이 작성했지만 날인이 없었다. 유족들은 "날인이 없는 유언장은 무효"라며 은행에게 예금반환 청구소송을 냈다. 연세대는 "날인이 없다고 고인의 뜻을 어기는 것은 옳지 않다."

며 유산에 대한 권리를 주장하면서 소송의 독립당사자로 참가했다.

1·2심 재판부는 "김 씨의 유언은 무효이며 123억 원에 대한 권리는 유족에게 있다."고 판결했다. 대법원도 "자필증서에 의한 유언은 유언자가 그 전문全文과 연월일, 주소, 성명을 자신이 적고 날인해야 한다. 유언자의 날인이 없는 유언장은 유언으로 효력이 없다. 따라서 고인이 연세대에 기부한다고 쓴 유언장은 날인이 없어 무효"라고 판결했다. 거액의 유산상속은 까다로운 유언장 대신 수수료1,000만 원는 좀 높지만 금융기관에 맡기는 '유언대용신탁'을 이용하면 좋을 것 같다.

아들에게 한 푼 남기지 않은 유일한

◆

"삶에서 무엇이 중요한 것인가를 깨닫고, 오늘 저희에게 주어진 것들을 충분히 즐기며, 명랑하고 친절하며 우애할 수 있는 능력을 주옵소서!" 늘 이런 기도문을 외던 유일한柳一韓, 1895~1971이 눈을 감은 1971년 봄 그의 유언장이 공개되었다.

"손녀 유일링당시 7세에게는 대학졸업 때까지 학자금 1만 달러를 준다. 딸 유재라에겐 유한공고 안의 묘와 주변 땅 5,000평을 물려준다. 그 땅을 유한동산으로 꾸미되 울타리를 치지 말고 마음대로 드나들게 하여 어린 학생들의 맑은 정신을 지하에서나마 느끼게 해달라. 소유주식 14만 941주는 모두 '한국사회 및 교육원조 신탁기금'에 기증한다. 아들 유일선은 대학까지 졸업시켰으니 자립해서 살아가거라."

유 박사가 사회에 환원한 재산은 55억 원이었다. 대졸사원 초임이 월 2만 원이던 시절이었다. 1991년 타계한 딸 유재라도 아버지로부터 물려받은 땅을 비롯하여 전 재산 205억 원을 공익재단에 기부하고 떠났다.

유한양행 사장을 지낸 연만희1930~는 1963년에 입사해 유일한을 가까이에서 보좌했다. 1969년 유일한이 부사장으로 근무하던 외아들과 조카에게 회사를 그만두게 했을 때, 그는 "특별한 잘못이 없는데 왜 그만두게 하느냐?"고 물었다. 유일한은 "내가 죽고 나면 그들로 인해 파벌이 조성되어 회사가 공정하게 운영되기 어려울 것"이라고 답했다.

유일한은 매사에 공公과 사私가 분명했다. 외국을 오가는 비행기표는 물론 모든 비용을 자신의 배당금에서 공제하게 했고 공금을 사용하지 않았다. 반면 그는 사원들을 주인으로 우대했다. 1930년대부터 부천 공장부지에 종업원들을 위한 독신자 기숙사, 집회소, 운동장, 양어장, 수영장들을 만들고 종업원지주제를 도입했던 그는 지금도 한국에서 가장 존경받는 기업가요 경영인이다.*

---

* 1904년 9살에 미국으로 건너가 고학으로 미시간대학을 마친 유일한은 녹두(숙주)나물 사업으로 큰돈을 벌어 1926년 한국에 '유한양행'을 설립했다. 그런데 그가 독립운동가 박용만이 미국에 설립한 소년병 학교에서 군사훈련을 받은 10대 시절부터 1945년 국내 첩보활동을 위한 NAPKO 작전에 참여할 때까지 평생 독립운동에 몸 바친 애국지사였다는 사실은 알려져 있지 않다. 50세(1945년)에 조국광복을 위해 미국 CIA의 전신인 OSS(Office of Strategic Services)의 NAPKO(한반도 침투를 위한 19명의 한국인으로 구성된 특공부대)에 암호명 'A'로 참여했다는 사실이 타계한 20년 뒤에야 밝혀져 우리를 놀라게 한다. 잘 나가는 사업체의 사장자리를 제껴두고 1년에 가까운 온갖 혹독한 지옥훈련을 마친 그는 1945년 8월 18일 D-Day 3일 전 8월 15일에 일본이 항복하여 침투작전은 취소되고 비밀에 파묻혔다. 그 나이에 그 위치에서 목숨을 건 특공작전에 지원한 그의 삶의 자세와 정신에 머리 숙여 존경하지 않을 수 없다.

9장

자선

◆

The Philosophy of money

　부자에게 베풂은 기쁨이자 행복이다. 진정한 기쁨은 남을 돕고 혼자서 조용히 느끼는 내면의 희열이다. "재물을 간직하는 것은 남에게 베풀어주는 것만 못하다. 도둑에게 빼앗길 것을 염려하지 않아도 되고, 불에 탈까 근심하지 않아도 된다. 그리고 내 죽은 뒤까지 꽃다운 이름을 천년토록 남길 수 있으니, 천하에 이처럼 큰 이익이 어디에 있는가?" 다산茶山 정약용丁若鏞, 1762~1836의 재물론이다. 미국의 큰 부자들은 재산을 자식들에게 넘겨주기보다 기부하는 것을 선호한다. 자식들이 거액의 유산으로 편하게 사는 것보다, 직접 재산을 만들어가면서 인생의 의미를 깨닫는 것이 더 중요하다고 생각하기 때문이다.

베푸는 삶에 행복을 느낀다

◆

　자본주의 첨단국 미국에서는 '승자독식' 시스템이 작동한다. 그래서 빈부격차가 크고 문제가 많다는 지적이 끊이지 않는다. 그러나 '가진 자'에 대한 반감은 어느 나라보다 적은 편이다. 땀 흘려 돈을 벌되 기부를 통해 소외계층을 돌보는 전통이 있기 때문이다. 기부란 보상을 바라지 않고 공익과 선행을 위해 자발적으로 재산을 헌납하는 것이다.

많이 가진 자는 덜 가진 자에게, 덜 가진 자는 더 못가진 자에게 베풀며 사는 과정에서, 미국은 새로운 풍요를 창출하고 사회에 대한 믿음을 형성해왔다. 탈북자들이 남한에 와서 가장 놀라는 것은 '남을 위해 봉사하고 자선하는 문화'였다고 한다. 봉사와 자선이 자본주의와 사회주의 사회의 차이점의 하나이면서, 자본주의 사회의 병폐인 빈부격차를 완화해주는 하나의 방편이 되고 있는 것이다.

1831년 프랑스의 역사가 알렉시스 토크빌1805~1859은 미국을 여행하고 쓴 《미국의 민주주의》1840에서 미국 사회가 유지되는 중요한 정신적 자산으로 '기부와 자원봉사'를 꼽았다. 록펠러 재단이 장학생 1만 명을 공부시켜 60명의 노벨상 수상자를 배출한 것이나, 빌 게이츠의 도움으로 300만 명의 빈민이 디지털 디바이드인터넷 혜택의 격차를 극복하고 있는 것은 미국식 기부문화의 결실들이다.

"미국에서는 돈이 아무리 많아도 기부를 하지 않으면 상류사회나 엘리트 모임에 낄 수 없다. 이는 일반시민들도 그러하다." 하버드 대학 오스트로워1959~, 사회학 교수의 말이다. 미국인 자선가는 이렇게 말한다. "베푸는 삶에 행복을 느낀다. 물질적 풍요를 즐길 때 일종의 죄의식이 엄습했다. 사치품에 소비하는 삶은 불편하기 때문에 소박하게 살며 여유 있는 돈으로 기부를 한다. 캐딜락이나 다이아몬드에는 관심이 없다."

귀족계급이 따로 없던 미국에서는 1776년 독립혁명을 거치면서 모두 '천부적 시민의 자격을 부여받은 미국인'으로서 어느 특정계층에게 의무를 요구하기보다는, 자신이 속한 현재의 위치에서 사회를 위해 무엇을 할 것인가를 더 중히 여긴다. 이런 이유로 미국에서 기부는 특정계층의 의무가 아닌 전 국민의 의무로 자리잡았다.

"자선은 주는 자와 받는 자를 축복하는 것이니 미덕 중에 최고의 미덕이다." 셰익스피어의 말이다. 탈무드는 "부자가 되기를 원한다면 베풀어라!"고 가르친다. 재산을 만들고 싶은 사람은 재산의 씨를 뿌려야 한다. 베풀어라! 그러면 받게 될 것이다. 남에게 베풀 수 있는 것은 그 사람의 마음이 넉넉하기 때문이다.

마음이 넉넉하고 너그러운 사람의 주변에는 사람들이 모여든다. 사람들이 모여들면 그만큼 기회가 많아진다. "덕을 베푸는 것은 성스러운 것이고, 재물을 나누는 것은 지혜로운 것이다. 선을 쌓는 집은 경사가 넘치고 악을 쌓는 집은 재앙이 넘친다."《주역周易》에 있는 글이다.

보시(布施)는 나누는 것

◆

붓다의 설법이 다음과 같이 전해진다. "세상에는 두 종류의 기쁨이 있소. 하나는 받는 기쁨이요, 다른 하나는 주는 기쁨이오. 그대는 이제 받는 기쁨에서 주는 기쁨을 누리기 바라오!" 받는 기쁨은 더 많은 것을 원하게 되고, 또 그것을 지키려는 괴로움으로 변하기 쉽다. 그러나 주는 기쁨은 그 자체가 욕망의 소멸이며 나누어 가짐에서 오는 충만이다.

불가佛家에서는 주는 것을 보시布施라 한다. 보시는 명예와 이익을 위

◆ 철가방 천사, 김우수1957~2011, 미혼모의 아이로 소년원도 다녀왔다. 쪽방 월세 25만 원을 제외한 월급 70만 원은 어린이들을 위해 썼다. "여유가 있어야 돕는다는 건 핑계일 뿐"이라고 말했던 그가 2011년 교통사고로 생을 마감했다. 2012년 그의 삶이 영화로 만들어져 시사회가 눈물바다였다고 한다.

해서가 아니다. 보시를 좀 했다고 우쭐거리거나 보은을 바라서는 안 된다. 보시를 할 때에는 받을 사람을 가려서도 안 된다. 보시는 베푸는 것이 아니고 나누는 것이다. 근본적으로 자기 것은 있을 수 없기 때문에 한때 맡아 가지고 있는 것을 이웃과 함께 나누는 것이다. 베푸는 데에는 높고 낮은 수직관계가 생기지만, 나누는 데에는 수평적인 유대를 이룬다.

타인을 돕는 일은 반드시 풍족해야 가능한 것은 아니다. 일반천금—飯千金은 한 그릇의 밥이 천금이 된다는 말로 풍족하지 않은 사람이 타인에게 은혜를 베푼다는 뜻이다. 한漢의 한신韓信, B.C. 213~196은 곤궁한 소년 시절을 보냈다. 남의 빨래를 해주어 먹고사는 가난한 여인이 한신에게 수십 일간 밥을 먹여준 적이 있었다. 이후 한신은 유방劉邦, B.C. 256~195을 도와 천하를 통일하고 초왕楚王이 되었다. 한신은 어린 시절 그에게 밥을 먹여준 여인을 찾았으나 이미 죽어 천금을 들여 그 묘를

단장하고 사당을 지어 보답했다.

가뭄으로 물이 마른 연못의 고기에게는 강물이 아니라 한 동이의 물이 필요하듯, 지금 우리 옆에는 한 끼의 밥이 필요한 사람이 있을 수 있다. 당신의 부하직원 중에는 당신의 미소가 필요한 사람이 있을 수 있다. 따스한 한 번의 악수를 기대하는 사람이 조금 후에 당신을 찾아올 수도 있다. 가진 것이 없어도 타인에게 베풀 수 있는 것들은 너무나 많다.

칼릴 지브란1883~1931은 《예언자》1923에서 "아낄 만한 것이 무엇이냐? 가진 모든 것이 언젠가는 다 주어지고 말 것을 …. 그러니 줘라. 지금 당장 줘라. 때를 놓쳐 뒷사람의 것이 되게 하지 말라!"고 설파한다. 빈손으로 왔다가 빈손으로 가는空手來空手去 우리는 아무것도 가지고 갈 수 없다.

부(富)는 이 사회에서 나온 것

◆

대부분의 존경받는 부자들은 자식에게 재산을 물려주는 대신 정신을 물려줘야 한다고 말한다. 기업은 개인 소유가 아니라 직원들의 것, 나아가 사회의 것이다. 부富 역시 사회에서 얻은 것인 만큼 필요 이상의 것은 사회에 환원해야 한다. 슈퍼부자 워런 버핏은 "나는 내가 무엇을 해야 할지 알고 있으며, 사회환원은 의미 있는 일"이라고 말한다.

부자들에게 사회공헌은 선택이 아닌 필수이다. 부자가 되기 위해서는 사회의 도움을 받을 수밖에 없다. 내가 부자가 된 것은 부자가 아닌 사람들이 유무형有無形으로 도와준 결과이다. 내 재산이 다른 사람들의 도움 덕분임을 깨닫는다면 탈세나 편법상속 등의 부끄러운 짓은 하지 못할 것이다. 떳떳하게 벌어 깨끗하게 나눠주고, 검약하며 살아가는 부자는 사회적으로 존경받을 수 있다.

2011년 9월 엘리자베스 워런1949~ 하버드대 교수가 한 연설이다. "이 나라에서 혼자 힘으로 부자가 된 사람은 아무도 없다. 사업가가 공장을 세운 것만으로도 큰 기여를 한 거라고? 좋다! 소득의 대부분은 가져라! 하지만 어느 정도는 다음 세대를 위해 내놓으라는 게 이 사회의 암묵적 계약이 아니었나? 우리가 낸 세금으로 만든 도로로 물품을 운송하고, 우리가 교육시킨 근로자를 데려다 쓰고, 우리가 낸 세금으로 유지하는 경찰과 소방관들이 공장을 지켜줬지 않나? 당신들이 돈을 버는 데 필요한 거의 모든 것들은 우리들이 대줬으므로, 그 부는 당신들만의 것이 아니다." 이에 대해 미국 언론은 역사상 가장 중요한 연설의 하나로 평가했다.

부富는 나누기 위해 모이는 것이다. 자신의 부가 다른 사람들에게 더 나은 삶이 될 수 있게 해야 한다. 따뜻한 가슴이 없으면 부는 차가운 돌멩이와 다름없다. 돈은 베풂과 함께 할 때 좋은 것이다. "명주옷은 사촌까지 덥다." 부자의 혜택이 주변에 미친다는 속담이다. "부자는 많은 사람들의 밥상"이라는 말도 있다.

삶은 봉사의 장(場)

◆

우리 사회에도 평생 땀 흘려 모은 재산을 선뜻 세상에 돌려주고 가는 미담의 주인공들이 끊이지 않는다. "삶은 봉사의 장場이다. 봉사하는 삶은 힘들지만 얻는 기쁨이 훨씬 더 크다." 톨스토이1828~1910의 말이다. 제레미 벤담1748~1832은 "타인에게 베푸는 기쁨에 비례하여 자신의 기쁨이 쌓인다."고 역설했다.

봉사는 남을 위한 것이라 생각하기 쉽지만, 실은 자신의 존재가치를 재확인하면서 정신적 보상을 받는다. 봉사를 하면 준 것보다 더 많은 것을 되돌려 받는다. 자원봉사를 하면 월급이 2배로 늘어난 것만큼 행복하다. "나눌 때마다 2배가 되는 것은 사랑뿐이다." 슈바이처1875~1965의 말이다. 남을 돕는 것은 자신을 돕는 것이다.

돈을 잘 쓰는 것은 돈을 버는 것보다 어렵다. 피땀흘려 모은 재산을 아무 대가도 바라지 않고 남을 위해 바치는 것은 최고급 인간만이 할 수 있는 일이다. 내 돈이 소중하지 않은 사람이 어디에 있겠는가? 쉽게 기부하는 자선가라도 알고 보면 마음고생이 있다. 방송인 김제동1973~은 "큰돈을 기부할 때는 아까운 생각이 날까 봐 술먹고 약속한다."고 인간적 고민을 털어놓은 적이 있다.

"알고 보면 제가 행복하자고 하는 일입니다. 남을 위하기 전에 저 자신을 위하는 일이지요. 돈, 왜 아깝고 귀하지 않겠습니까? 그런데 이상합니다. 다른 사람들과 나눈다고 생각하면 말로 표현하지 못할 행복한 기운이 생겨나거든요. 그러니 결국은 저를 위하는 일이지요." 한 자선가의 말이다.

귀한 돈을 남을 위해 내놓는다는 건 참으로 위대한 일이다. 기부하는 사람들은 그때 맛본 행복감 때문에 다시 돈을 내게 된다. 남에게 주면서도 행복해지는 모순, 그것은 남을 돕고 기부해 본 사람만이 느낄 수 있는 신비한 비밀이다. 기부는 받는 사람만 행복하게 하는 게 아니라 주는 사람에게도 넘치는 행복을 안겨 주는 것이다.

카네기의 자선

◆

생전에 엄청난 부를 축적하고 그 과정에서 종업원들에게 욕도 먹고, 이익을 위해 무리한 일도 적지 않게 벌였던 앤드루 카네기가 말년에 그 모든 허물을 덮을 수 있었던 것은 바로 자선 덕분이었다. 그는 공공도서관 2,800개를 지어 사회에 헌납하고, 나머지 돈으로 카네기재단을 만들어 국제평화를 위해 노력하도록 조치했다.

카네기는 1901년 66세에 철강공장을 4억 8,000만 달러에 모건계 제강회사US Steel에 매각한 후 13년의 여생을 부를 나누어주며 보냈다. 그는 "부자는 사회재산의 관리인에 불과하며, 남을 위해 현명하게 돈을 사용하는 것이 부자들에게 주어진 도덕적 의무이다. 부자로 죽는 것은 너무나 부끄러운 짓"이라는 말을 남겼다.

카네기는 "자손들에게 부를 물려주는 것은 물려받은 자손들을 불행하게 만든다. 많은 유산은 의타심과 나약함을 유발하고, 수동적인 삶을 살게 하기 때문에, 자식의 진정한 행복을 원한다면 결코 많은 재산을 물려주지 말라!"고 역설했다. 자식에게 많은 유산을 남기는 것은 독毒이나 저주呪咀를 남기는 것으로 보았다.

그에 대해서는 기부에 대한 칭송 못지않게 악덕 자본가의 이미지 전환 또는 거액기부를 통한 지배력 강화와 같은 비난도 적지 않았다. 그러나 그의 이름이 대표적인 악덕 자본가에서 선량한 자선가로 바뀔 수 있었던 것은 일시적인 이벤트가 아니라 십수 년에 걸쳐 지속적으로 나누고 베푼 선행의 소산이었다. 그는 어떻게 하면 가장 최선의 방법으로 부를 나누어줄 수 있을지 고심했다. 잉여자산을 처분할 수 있는 방법은 세 가지가 있다. ① 자손들에게 물려주기 ② 공익기관에 유증遺贈하기 ③ 살아있는 동안 직접 관리하여 사회에 기여하는 것 등이다.

그는 공익기관에 유증하는 것에 대해 이렇게 말했다. "유증재산을 쓰는 것을 보면, 그 재산이 내가 바라던 대로 사용될 것으로 기대하기 어렵다. 유증자의 소망이 무시되는 경우가 많다. 많은 경우, 유증재산은 유증자의 어리석음을 기념하는 기념물로 이용된다."

카네기는 세 번째가 가장 좋다고 생각했다. 그는 경영수완과 창의력을 가진 부자들은 자신의 부를 나누어주는 방법과 기술도 창안해야 한다고 믿었다. 가난을 겪은 부자들은 경험에 의해 가난을 극복하고 일어설 수 있는 방법도 알고 있어, 가난한 사람들을 효과적으로 도울 수 있다는 것이다.

카네기는 몸소 가난을 겪었기 때문에 자선이 어떠한 효과를 갖는지 잘 알고 있었다. 그는 맹목적으로 베풀어지는 단순한 자선에 반대했다. 그는 "자선이라는 이름으로 쓰이는 1,000달러 가운데 950달러 정도는 바람직하지 않게 사용되고 있다. 그런 자선행위는 그것을 통해 치유 또는 경감시키려 했던 악을 오히려 유발할 수도 있다."고 경고했다. 그는 부를 축적하는 데에도 뛰어났지만 부를 나누는 일에도 혜안慧眼이 있었다.

록펠러의 자선

◆

록펠러1839~1937는 양극을 오가며 살다간 사람이다. 그는 1870년에 스탠더드오일을 설립하여 철도업자와 카르텔을 구축하고, 카르텔에 가입하지 않는 사업자를 퇴출시키는 전략으로 미국 석유시장의 95%를 장악하는 독점자본가가 되었다. 모든 경쟁사를 무너뜨린 록펠러는 독점자본가의 대명사로 악명이 높았다. 그는 '문어발'로 풍자되었다.

그는 노동조합을 무자비하게 탄압했으며, 끊임없이 경쟁사들을 파산시키고 시장을 지배했다. 1882년 40개의 회사를 트러스트로 묶어 독점의 횡포를 부리는 그를 수백만의 대중이 저주했고 가장 혐오스러운 인물로 지목했다. 당시 시어도어 루스벨트1858~1919 대통령은 "록펠러가 제아무리 선행을 해도 그 부를 쌓기 위해 저지른 악행을 갚을 수 없을 것"이라고 비난할 정도였다. 1905년 록펠러가 해외전도회에 10만 달러를 기부하자 '더러운 돈'이라는 논란이 일기도 했다. "그는 돈에 관해서는 미치광이였으나 그 외 모든 것에 대해서는 제정신이었다." 고등학교 동기로 평생의 친구였던 공화당의 거물 마크 해너의 말이다.

그는 55세 되던 해에 스트레스로 인한 불치의 위장병으로 1년 이상 살지 못한다는 사형선고를 받았다. 마지막 검진을 받기 위해 휠체어를 타고 가는 그의 눈에 병원 로비의 액자에 실린 글이 눈에 들어왔다. "주는 자가 받는 자보다 복을 많이 받는다." 록펠러는 그 글을 보는 순간 가슴속에 전율이 일어 눈을 지그시 감고 생각에 잠겼다.

그때 병원 접수창구에서 시끄러운 소리가 들렸다. 어린 소녀의 어머니가 울면서 딸을 입원시켜 달라고 애원하고, 병원은 "돈이 없으면 입원이 안 된다."며 다투는 소리였다. 록펠러는 비서에게 모녀 몰래 입원비를 지불하게 했다. 뒷날 소녀가 회복되자 록펠러는 "나는 여태까지 살면서 이렇게 행복한 삶이 있는지 몰랐다."고 표현했다.

록펠러는 그때부터 나눔의 삶을 결심하고 실행에 옮겼다. 신기하게 병까지 나아 98세까지 장수하며 자선을 지속했다. 록펠러는 '인류의 복지증진'이라는 슬로건으로 1913년 5,000만 달러를 출연하여 록펠러재단을 출범시키고 시카고 대학, 록펠러의학연구소, 일반교육이사회 등 각종 재단에 거액을 기부했다. 뉴욕 현대미술관과 링컨센터도 록펠러 가문의 후원으로 세워졌고, 유엔본부 땅도 록펠러 가문이 기증했다. 그가 생전에 기부한 돈은 5억 3,000만 달러로, 당시 미국 GDP 대비 비중으로 환산하면 현재가치 1,280억 달러153조 원에 달한다.

그는 "인생 전반기 55년은 쫓기며 살았지만, 후반기 43년은 행복하게 살았다."고 회고했다. 사람들은 그에게 따뜻한 시선을 보냈고 그의 이름은 후세에 아름답게 기억되고 있다. 그의 인생 전반부는 악랄한 자본가였으나 후반부는 위대한 자선가의 삶이었다. 줄기차게 그를 비난했던 신문왕 윌리엄 랜돌프 허스트1863~1951는 "록펠러는 자기의 돈을 모든 사람을 위해 쓴다. 질병치료를 위해 세운 록펠러연구소에 대한 공헌으로 노벨상을 받아야 한다."고 썼다. 록펠러는 1937년 죽기 전까지 20년 동안 열렬한 찬사를 받았다.

록펠러는 자선을 베푸는 방식에 대해 고심했다. 그는 자기가 지원하는 사업이 자생력을 갖추는 데 가장 신경을 썼다. 아무리 돈을 쏟아 부어도 제대로 운영되지 않으면 밑 빠진 독에 물붓기가 되기 때문에 한 번에 큰돈을 지원하지 않았다. 그는 먼저 종자돈을 지원한 뒤 진행상황을 보면서, 제대로 굴러갈 가능성이 보이면 지원액수를 늘려갔다.

지금도 록펠러재단은 극빈자에게 직접 돈을 주거나 음식물을 지원하지 않는다. 그들은 아프리카의 대학에 장학금은 주되, 아프리카 난민을 위한 음식물은 제공하지 않는다. 빈자들에게 자립자강自立自强 할 수 있는 기회와 능력을 갖게 하려는 것이다. 이 방식은 실천하기가 쉽지 않다. 기업을 경영하듯 지속적으로 관심을 기울여야하기 때문이다. 그러나 그것이 진정으로 그들을 돕는 길이라는 것이 록펠러의 기부철학이다.

　록펠러는 보이지 않게 사회사업을 했다. 시카고 대학이 설립자 록펠러의 이름을 학교명에 넣겠다고 했지만 그는 극구 사양했다. 자신이 기증한 건물에 이름이 새겨지는 것도 거절했다. 록펠러의 기부는 당대에 그치지 않았다. 그의 외아들 록펠러 2세는 평생 자선사업가로 살았다.

◆ 테레사 효과

'테레사 효과'는 봉사를 생각하거나 보기만 해도 마음이 착해지고, 몸도 영향을 받아 신체 내에 면역물질이 생기는 현상이다. 연구에 따르면 자원봉사자들은 그렇지 않은 사람들보다 오래 살고, 강한 면역체계에 심장발작이 더 적으며, 심장발작 후에도 회복이 빠르고, 더 높은 자부심을 가지고 있다. 또한 젊었을 때 자원봉사를 하는 사람들이 하지 않는 사람들보다 더 나은 일자리를 갖게 된다. 자원봉사는 효과적인 인맥형성의 기회이며, 종종 사업기회로 이어진다. 또한 자원봉사는 중요한 경력을 쌓는 기회이기도 하다. 많은 기업들이 이 사실을 깨닫게 되었고, 그들의 고용원들에게 자원봉사를 권하고 있다.필드

많은 사람들이 "나눠주니 행복했다."고 말한다. 기부가 갖는 마력魔力이다. 주위 사람들에게 봉사하고 그로써 인정을 받아 얻는 기쁨이 지속적인 행복한 삶이다. 꼭 필요로 하는 사람에게 돈을 기부하면 부자가 된 듯한 기분이 든다. 영원한 부富는 타인을 돕는 자에게 온다. 사람들은 값비싼 옷을 사거나 화려한 휴가를 가는 등 자기만을 위해 돈을 썼을 때 자신을 부자로 느낄 거라고 생각한다. 그러나 우리의 무의식은 그러한 이기적인 우리의 마음을 불편하게 한다. 다른 사람이 성공할 수 있도록 도와주는 것만큼 자신에게 동기부여를 해주는 일도 없다.

3인의 자선가 이야기

◆

세계적인 면세점체인사업가 척 피니1931~가 30년 동안 기부한 돈은 80억 달러9조 6,000억 원가 넘는다. 그 돈은 미국, 아일랜드, 베트남, 태국, 남아공 등에서 질병퇴치, 인권신장 등을 위해 쓰인다. 그는 2016년 12월 그의 마지막 재산 700만 달러를 모교 코넬 대학에 기부했다.

"내게 필요한 것보다 많은 돈이 생겼기 때문에 기부한다."고 말하는 척 피니가 즐겨 사용하는 말은 "수의壽衣에는 주머니가 없다."는 아일랜드 속담이다. 그는 늘 "돈은 매력적이지만 그 누구도 한꺼번에 2켤레의 신발을 신을 수는 없다."고 말한다.

아내와 함께 샌프란시스코의 임대아파트에 살고 있는 그는 이코노미클래스를 이용하고 15달러짜리 플라스틱 시계를 차며, 단 2켤레의 구두로 10년을 버티고, 신사복 2벌과 운동복 하나로 몇년을 지냈는지 자신도 기억하지 못할 정도로 검소하다.

2008년 대구의 인터불고그룹 권영호權寧浩, 1941~ 회장이 시가 200억 원대의 땅을 계명대에 기부했다. 권 회장은 원양어선 기관장 출신으로 스페인, 네덜란드, 앙골라, 중국 등에 유통, 호텔, 건설, 수산업체 등 28개 계열사를 두고 있다. 인터불고Inter-burgo는 스페인어로 '조용한 작은 마을'이란 뜻이다. 1986년 장학회를 설립해 어려운 학생 9,000여 명에게 100여억 원의 장학금을 지급했다. 하지만 권 회장은 1500cc 프라이드 승용차를 직접 운전한다. 해외출장 땐 일반석을 이용한다. 인터넷을 뒤져 가장 싼 항공권을 구입하는 구두쇠 짠돌이다.

다산1762~1836의 《목민심서》1818에 있는 글이다. "절약만 하고 쓰지 않으면 친척이 멀어진다. 베풂은 덕행의 근본이며, '절약'은 '베풂'의 근본이다. 못에 물이 괴어 있는 것은 장차 흘러내려 만물을 적셔주기 위함이다. 그래서 절약하는 사람은 베풀 수 있고, 낭비하는 사람은 베풀지 못한다. 내가 귀양살이 하면서 수령들을 살펴보았는데, 나를 동정하고 도움을 주는 사람은 그 의복을 보면 반드시 검소했고, 화려한 옷을 입고 얼굴에 기름기가 돌며 음탕한 짓을 하는 수령은 나를 외면했다."

편당 1,500만 달러가 넘는 출연료를 받고 악역惡役, 섹스 신, 대역代役은 사절하는 할리우드 초특급배우 성룡成龍, 1954~이 2008년 12월 전 재산 20억 위안4,000억 원을 사회에 내놓겠다고 선언했다. "인생은 빈손으로 왔다 빈손으로 가는 것. 나는 세상을 떠나기 전에 은행통장을 깨끗이 비울 것이다. 전 재산을 가족이 아니라 사회에 기부하겠다."

성룡은 "젊었을 때는 돈이 생기면 갖고 싶은 물건을 닥치는 대로 사들여 창고를 가득 채웠다. 시간이 가면서 그것들은 내게 큰 짐이 되었고, 돈은 본래 내 것이 아님[身外之物]을 깨닫게 되었다. 그러다 기부라는 숭고한 행위를 알게 되었고 거기서 평온과 위안을 얻게 되었다."고 말한다.

돈에 대한 집착을 버린 그는 이후 번 돈의 일부는 저축하고 일부는 반드시 기부했다. 그에게는 연예인 출신의 아내와 가수로 활동중인 외아들 방조명房祖名, 1992~이 있다. "아들에게 능력이 있으면 아버지의 돈이 필요하지 않을 것이다. 능력이 없다면 더더욱 아버지가 모은 재산을 아들이 헛되이 탕진하게 할 수 없다."는 것이 그의 자녀관이다.

자선의 밑바탕에는 이기적 동기가 있다

◆

"부자는 자기네 양심을 달래기 위해 주는 것이지 가엾게 여겨 주는 것이 아니다." 막심 고리키1868~1936의 말이다. 사람들은 우선 자신을 돌보고 힘이 남으면 남을 돕는다. 사람들은 일단 착한 일을 한다. 그리고 나서 스위치를 꺼버린다. 또한 그들은 일상적 관계에서 반드시 온화하거나 동정적이지 않다. 많은 자원봉사자들은 자신들이 제공하는 도움보다 대가 때문에 봉사활동을 한다고 인정한다.

인간은 자선행위를 하며 자부심을 느낀다. 그래서 어떤 사람은 "자신이 너그럽고 영웅적이라고 느끼는 '자아여행'을 즐기기 위해 자선을 한다."고 말한다. 그러나 "자선활동을 통해 자신이 속한 계층 밖의 사람들을 알게 된다."고 말하는 사람들도, 그렇게 해서 맺은 인간관계를 좀처럼 계속 유지하지 않는다.

과거 미국인들은 신의 명령에 따라 동정심을 가지려고 노력했다. 하지만 지금 그들은 자신들의 동기를 설명하기 위해 신의 말씀보다 "자신을 기분좋게 만들고 자긍심도 높여주기 때문에 자선을 한다."고 말한다. 이처럼 모든 자선은 순수하지 않다. 불가에는 "구함이 없는 것이 보시보다 낫다. 보시는 복福을 탐하는 것이다. 보시에는 제 복을 구하려는 마음이 깔려 있다."란 말도 있다.

게으르고 사치하며 방탕에 빠진 부자들은 자선을 베풀면 도덕성도 회복할 수 있다고 생각한다. 심리적 보답이 있기 때문에 자선이 이뤄지는 것이다. 시카고대 경제학과 존 A. 리스트1968~ 교수는 "대부분의 이타심altruism은 기부자 자신의 마음이 편하기 위해서, 자신이 좋은 사람으로 보이기 위해서 발휘된다."고 주장한다.

토머스 홉스1588~1679는 "이타심처럼 보이는 것들이 사실은 선한 감정으로 위장한 이기심에 지나지 않는다. 자만심, 이기심, 복수심 등은 인간의 본능"이라고 주장했다. 말년에 걸인에게 적선을 한 그에게 이타심이 아니냐고 묻자, "아닙니다. 거지를 보고 느낀 거북함을 털어버리기 위해 한 행동일 뿐입니다."라고 답했다.

링컨이 순회 변호사였을 때, 사건을 처리하러 가는 길에 돼지새끼가 진창에 빠져 몸부림을 치고 있었다. 마차에 있던 많은 승객들은 무관심했지만 링컨은 마차에서 뛰어내려 돼지를 꺼내주었다. 마침 그때 사람들은 인간의 이기심에 대해 얘기하고 있었다. 링컨은 사람의 행동은 크든 작든 모두 이기적이라고 말했다. "그렇다면 방금 당신이 한 행위도 이기적이었나요?" 링컨의 대답이다. "그렇습니다. 만약 돼지새끼를 진창에 두고 갔다면, 그 울음소리가 계속해서 내 귓가에 맴돌아, 하루종일 마음이 불편했을 것이오. 그래서 나는 그것을 구해줬습니다."

자선의 그늘과 역기능

◆

남에게 돈을 주는 것도 쉬운 일이 아니다. 때로는 좋은 의도로 내놓은 돈이 뜻하지 않은 결과를 초래하는 경우가 있다. 꼭 주어야 할 사람에게 적당한 금액을 적절한 때에 올바른 뜻을 가지고 바람직한 방법으로 돈을 주거나 쓴다는 것은 쉬운 일이 아니다. 선한 자선사업이 상대방에게 해를 끼치는 경우도 있다.

진정한 자선은 돈을 주는 게 전부가 아니다. 빈곤층에게 무차별적으로 제공하는 기부금은 자존심을 무너뜨리며, 선행의 의미를 왜곡시키고 효과도 없다. 자선에 의존하는 습관을 들여 빈곤층의 자립의지를 약화시킨다. 돈을 아무리 퍼부어도 빈곤층은 여전히 증가하고 있다. 그래서 "가난 구제는 나라도 못한다."는 말도 있다.

가난하면서 게으른 사람들이 노력하지 않아도 먹고 살 수 있다면 그들은 노력하지 않는다. 사람들을 나태와 무기력으로 몰고 계속해서 빈곤층에 머무르게 만든다. 최악의 인간 부류는 쉽고 편안한 길만 찾는 자들이다. 열심히 노력하여 자립한 사람들이 게으른 사람들을 돕는 자선은 문제가 있다. 자선은 자아도취이며 악행일 수도 있다.

공적인 자선사업은 자칫하면 빈곤층의 태만을 부추긴다. 근검으로 얻을 수 있는 것들을 자선단체가 대신 해주는데 누가 열심히 일하고 저축하겠는가? "우리는 공짜로 먹고 살 수 있다. 공짜로 의료서비스도 받을 수 있다. 공짜로 아이들을 교육시킬 수 있다. 일은 왜 하나? 저축은 왜 하나?" 이것이 되풀이되고 있는 자선의 그늘이요 역기능이다.

간디1869~1948는 섣부른 자선을 경고했다. 자선이 일하려는 의지, 저축, 자존의식을 감퇴시키기 때문이다. 간디는 힌두사회의 오랜 전통인 무료급식과 외국으로부터의 원조, 특히 식량원조를 반대했다. 잠비아 출신 경제학자 담비사 모요1969~는 "원조가 아프리카를 더 가난하게 만들었다."고 주장한다. 2000년 블레어1953~ 영국 총리가 "거지들에게 돈을 주지 말라!"고 말했다가 많은 지식인들로부터 호된 비난을 받기도 했다.

자선은 자강의지를 약화시킨다

◆

니체는 《자라투스트라는 이렇게 말했다》에서 자선을 다음과 같이 강력히 비난한다. "연민이나 동정은 거지를 만든다. 아름다운 심성으로 떠받드는 동정과 연민이 그 대상을 비참하게 만든다. 도와주지 않는 것이 더 고결할 수 있다. 동정은 소인배들이 덕이라고 부르는 것이다. 사람들은 동정과 연민을 받을수록 더 비참해진다."

"종말인은 이웃사랑이나 형제애 그리고 동정이나 관용을 외치는 사람이다. 이런 덕목은 아름다운 인류애로 칭송받는다. 하지만 이것은 자신과의 끊임없는 싸움을 통해 자기를 극복하려는 인간에게는 유해한 것이다. 노력하지 않고도 이득과 안락이 주어지면 자강의지自强意志가 약화된다." 그래서 니체는 이웃사랑보다는 자신에 대한 사랑을 권유한다. 그 사랑은 자아극복의 의지를 강화시키는 것이다.

붓다B.C. 563~B.C. 483가 80세에 열반할 때, 사촌동생이며 10대 제자인 아난阿難이 "우리는 누구를 의지하느냐?"고 묻자 "자신을 등불로 삼고 자신을 의지하라. 법=진리을 등불로 삼고 법=善을 의지하라. 모든 것은 덧없으니 열심히 정진하라!自燈明 自歸依 法燈明 法歸依 諸行無常 不放逸精進"고 답했다. 요컨대 "스스로 열심히 착하게 살아가라!"는 것은 곧 니체의 자강의지와 같은 말이다.

미식축구 스타 하인스 워드1976~의 어머니 김영희 씨는 접시닦이, 호텔청소부, 식품가게 점원 등으로 하루 16시간씩 일하면서 아들을 키웠다. 그런 어려움 속에서도 김 씨는 아들을 당당하게 키우기 위해서 저소득층에게 주는 정부보조금을 받지 않았다. 항상 아들에게 "프라이드자부심를 가지라!"고 가르쳤다. 아들이 미식축구 스타로 대성한 뒤에도 김 씨는 여전히 고교 식당에서 일했다. "스타가 된 것은 아들이지 내가 아니다."라면서 ….

중국과 홍콩에서 유명한 '완짜이마터우 만두'는 중국 칭다오青島에서 건너온 짱젠허臧健和라는 여인의 노점상에서 출발했다. 짱젠허는 1977년 두 딸을 데리고 남편을 찾아 홍콩으로 왔다. 하지만 남편에게는 이미 다른 여자가 있었다. 남편과 이혼한 짱젠허는 식당 설거지, 세차, 화장실 청소 등 온갖 궂은일을 다했다. 사회복지 공무원이 빈민구제금을 타 가라고 찾아왔다. 짱젠허는 거절했다.

"저는 어려서부터 어머니께 받은 교육이 있습니다. '굶어 죽을지언정 허리를 굽혀선 안 된다'는 …." 짱젠허는 손수레를 마련해 완짜이부두灣仔碼頭에서 물만두를 만들어 팔았고, 물만두는 입소문을 타기 시작했다. 1982년 일본인 사장이 찾아와 합작을 제안했다. '완짜이마터우'라는 상호로 물만두 공장을 세워 중국 및 홍콩의 만두시장 점유율 20%의 강자로 성장했다. 두 여인은 니체가 말하는 독립자존의 모델이다.

THE PHILOSOPHY OF MONEY

제3부

돈과 삶

모든 문제가 '어떻게 살 것인가?'로 귀결된다. 누구나 '어떻게 살아야 하는가?'라는 물음과 함께 '나는 잘 살고 있는지'를 돌아본다. 바람직한 삶을 사는 것은 결코 쉬운 일이 아니다. 인생의 궁극적인 목표가 행복이라 해도 그것은 무지개처럼 언제나 손에 닿을 수 없는 곳에 머물러 있다.

모든 고통의 원인이 애착에 있다는 붓다의 말은 옳지만, 애착을 끊어버리라는 가르침은 비현실적이다. 무엇인가에 대한 애착이 없는 생명이란 존재할 수 없기 때문이다.

"인간이 추구하는 것은 무엇인가? 삶은 나에게 무엇을 원하는가? 내가 진정 원하는 것은 무엇인가? 무엇을 위해 사는가?"라는 의문에 대한 답을 생각해보는 장(章)이다. 돈을 밑바탕에 깔고 인간의 욕망, 성공, 부귀, 행복, 그리고 '어떻게 살 것인가?' 등을 고찰해본다.

1장

돈과 욕망

◆

The Philosophy of money

욕망은 삶의 한 단면이다. 생존을 위해서는 욕망이 필요하다. 욕망
은 우리가 살아있다는 증거이다. 없는 것을 채우기 위한 강렬한 욕망
은 성장과 발전의 촉진제이며 만족과 행복의 근원이다. 욕망이 없는
곳에는 동기·근면·노력도 없다. 욕망은 사람을 움직이는 원동력이
다. 욕망의 충족은 자신이 삶과 조화를 이루고 있다는 기분을 느끼게
한다. 그러한 느낌이 곧 만족감이고 행복감이다. 어느 시인은 '욕망'을
이렇게 노래했다. "욕망으로 더욱 가난해진다. 욕망으로 더욱 풍족해
진다. 욕망은 무덤 아니고는 어디에도 파묻을 곳이 없다."

인간은 욕망이다
◆

사람들은 돈이 많으면 행복할 수 있을 것으로 생각한다. 질병으로
고통받는 사람들은 병이 낫기만 하면 더 이상 바랄 것이 없다고 말한

다. 그러나 부자가 되고 병이 나으면 또 다른 소원이 생긴다. 원했던 것을 얻고 나면, 그것이 내가 원했던 것이 아님을 알게 된다. 영원히 결핍을 느끼는 인간은 욕망하는 기계이다. 블레즈 파스칼1623~1662은 '인간은 욕망'이라고 규정했다.

욕망은 언제나 존재하며 다양한 형태를 취한다. 욕망은 변덕쟁이다. 조그만 욕망도 참을 수 없게 격렬하게 찾아드는가 하면, 어느새 너무나 미미해져서 그 실체조차 깨닫지 못한다. 욕망은 모호하고 복잡한 그 무엇이다. 거의 지각되지 않는 조용한 욕망이 있는가 하면, 폭력적이랄 만큼 열정적인 욕망도 있다.

욕망은 고갈되는가 싶으면, 어느새 새롭게 솟아나는 샘과 같다. 욕망이 감정의 형태로 생겼을 때는 어디에서 그 욕망이 비롯되었는지알 수가 없다. 그것은 우리 안의 어느 구석에 숨어 있다가 의식세계로떠오르는 것이다. 욕망을 좇는 사람들은 욕망의 충족이 삶의 질을 높여 행복하게 만든다고 생각하지만 이는 오산이다. 끝없는 욕망 추구는 인간을 불행하게 만든다. 욕망은 주로 재물, 명예, 권력에 대한 욕구로, 이러한 욕구의 충족은 부작용도 커서 행복해진다는 보장이 없다.

욕망은 번뇌煩惱를 불러일으킨다. 특히 구하는 것이 많은 야심가에게 번뇌가 많다. 번뇌는 곧 고통이다. 번뇌에서 벗어나는 길은 만족이다. 만족하면 즐겁고 풍요롭고 평온하다. 노자老子는 인간은 욕망을 가지고 태어나고, 욕망을 충족해야 하는 존재임을 인정했다. 그러나 욕망의 대상이 많으면 충족이 어렵고 도리어 해를 끼치므로 그 대상을줄이라고 설파했다. 노자는 무욕無慾과 과욕寡慾을 권했다.

욕망은 운명이다

◆

욕망은 충족해도 괴롭고 충족하지 못해도 괴롭다. 욕망은 온갖 고뇌의 근원이다. 욕망에서 근심이 생기고 두려움이 생긴다. 욕망으로 마음은 천 갈래 만 갈래로 갈린다. 욕망이 공정公正을 잃으면 사私가 되고, 사는 충돌을 일으킨다. 욕망은 인간을 자유롭고 고상하게 사는 것을 방해한다. 욕망은 인간의 존엄을 해친다.

욕망은 결핍에서 온다. 그러나 인간은 영원히 이 결핍을 채울 수 없다. 하나의 결핍을 채우면 또 다른 결핍이 온다. 욕망은 채울 수도 없고 비울 수도 없다. 채울 수도 비울 수도 없는 욕망…. 인간의 번뇌는 바로 여기에 있다. 인간은 갈망의 대상을 손에 넣는 순간, 그것이 아무것도 아님을 깨닫는다. 갈망 그 자체의 황홀감에 속아 그것이 허기를 채워줄 열쇠라고 믿지만 그것을 만지는 순간 환상은 사라진다. 버나드 쇼1856~1950는 《피그말리온》1913에서 이렇게 말한다. "원하는 것을 갖지 못하는 데서 오는 실망감보다 원하는 것을 얻자마자 생기는 실망감이 더 크다."

"욕망은 운명이다. 욕망은 그의 의지이다. 그의 의지는 그의 행위이다. 그의 행위가 그의 운명이 된다." 힌두경전의 구절이다. 불가에서는 마음의 눈을 가린 삼독三毒, 욕심내고 성내고 어리석음의 탐진치貪嗔癡만 제거해버리면, 마음의 눈은 저절로 밝아진다고 가르친다. 삼독 중에서도 근본이 탐욕이다. 탐내는 마음이 근본이 되어 성도 내고 어리석음도 생긴다. 붓다는 내면의 탐욕을 악마로 묘사했다.

욕망은 나를 옭아매는 독재자

◆

　욕망은 나를 구속하는 독재자이다. 욕망에 사로잡힐 때, 나는 그것에 예속되고 노예가 된다. 욕망이라는 독재자가 나의 자유를 제한하고 침해하는 것이다. 내가 나의 욕망을 이기지 못할 때, 겉보기에는 욕망에 따라 내가 원하는 것을 행하므로 자유로운 것처럼 보이지만, 사실은 독재자의 지배를 받는 노예인 것이다. 인간은 오직 욕망의 절제를 통해서만 진정한 자유에 도달할 수 있다.

　욕망은 온갖 실수와 오판의 근원이다. 욕망에 사로잡힌 인간은 부끄러움이나 사리분별을 상실하고 욕망의 충족을 위해 무슨 짓이든 한다. 욕망이 일체의 자연적 법도와 인륜적 규범을 무시하는 까닭에, 그것이 영혼을 지배하면 독재자가 된다.←?→ 이때 가장 열등한 동물적 탐욕이 영혼의 주인노릇을 하게 된다.

　인간의 영혼은 동물적 욕망을 이성적 사유로 분별하고 다스릴 때 고귀해진다. 이성이 욕망을 지배한다는 것은 본성과 진리를 따르는 것이다. 이때 욕망이 본성에 합치하는 기쁨을 얻는다. 그것은 욕망이 얻을 수 있는 최상의 기쁨이다. 영혼의 기쁨이 진정한 기쁨인 것이다.

　인간의 영혼은 이성적 능력에 달려 있다. 이성으로 욕망을 통제해야 영혼은 자유를 지킬 수 있다. 무엇인가를 원한다는 것 자체가 속박이다. 진정으로 자유롭기 위해서는 신으로부터도 해방되어야 한다.

＊　인간의 원초적 욕구로 식욕(食慾)과 색욕(色慾)을 친다. 플라톤은 색욕이 가지는 방종과 야수성을 표현하기 위해 색욕을 '영혼의 독재자'라고 명명했다. 색욕이 영혼의 지배자가 될 경우, 영혼을 부자유와 노예상태로 만든다는 것이다.

그것은 속박이 없고 집착이 없는 '완전한 자유'이다. 욕망과 집착에서 벗어나 어디에도 매이지 않을 때 진정한 자유인이 될 수 있다.

욕망은 곧 욕심이다. 욕심은 사람을 미혹하여 종종 파멸로 이끈다. "수기지도修己之道에 덜어내야 할 것은 분노와 욕심이다." 정이천程伊川, 1033~1107의 말이다. 맹자B.C. 372~B.C.289는 "마음을 기르는養心 데는 욕심이 적음보다 좋은 것이 없다."고 설파했다. 욕심이 이 마음을 천 갈래 만 갈래로 갈라놓는 것이다[慾心便千頭萬緖]. 소크라테스는 "가장 큰 욕심에서 가장 큰 재앙이 일어난다."고 경고했다. 욕심을 줄이면 마음은 저절로 맑아진다. 마음이 맑아지면 선善이 생겨나 천리天理가 행해진다. 욕심을 버리면 밝음이 통한다[無慾則明通].

욕망의 뿌리는 이기심

◆

중국 춘추전국시대의 법가法家는 인간을 이기적 동물로 보았다. 이익을 추구하는 인성人性에 기초한 이론이 법가이다. 법가는 인간의 본성이 이기적이 아니라는 일체의 이론을 허위로 본다. 부모와 자식도 이익을 탐하는 관계라고 말한다. 이해관계가 맞으면 낯선 사람이라 할지라도 화목하고, 이해가 충돌하면 아비와 자식도 다툰다는 것이다.

한비자韓非子, B.C. 280~B.C.233는 이렇게 말했다. "부모자식의 관계에는 사랑 외에 그 무엇이 있다. 부모는 아들이 태어나면 좋아하고 딸이 태어나면 서운해 한다. 왜 그런가? 아들은 자라서 일손을 데려오지만, 딸은 커서 다른 집으로 시집을 가버리니 손실이 되기 때문이다."

"하인이 주인을 위해 일하는 것은, 그가 충실하기 때문이 아니라 일에 대한 보수를 받기 때문이다. 주인이 하인을 잘 대우하는 것은, 그가 너그럽기 때문이 아니라 하인이 열심히 일하기를 바라기 때문이다. 그들의 생각은 이용가치에 집중되고, 서로 자기의 이익만을 도모한다."

"수레를 만드는 사람은 사람들이 모두 부귀해지기를 바라고, 관을 짜는 사람은 사람들이 죽기만 기다린다. 수레 만드는 사람이 선하고, 관 만드는 사람이 악해서가 아니다. 사람들이 부자가 되지 않으면 수레가 팔리지 않고, 사람들이 죽지 않으면 관이 안 팔린다. 이해利害 때문에 사람이 선해질 수도 악해질 수도 있는 것이다."

이 주장은 너무나 적나라하다. 그러나 이것이 진실임을 어찌하랴? "사람의 본성은 악한 것이다. 본성이 선하다는 것은 허위이다. 사람의 본성은 태어나면서부터 이익을 추구한다. 사람에게는 태어나면서부터 질투하고 증오하는 마음이 있다. 사람은 태어나면서부터 감각적 욕망을 가지고 있다." 인간에 대한 순자荀子, B.C. 298~B.C. 238의 통찰이다.

내가 살아오면서 체득한 점은 인간의 본성은 결코 선하지만은 않다는 것이다. 인간은 선과 악을 공유한 야누스적 존재이다. "내 마음 속에서는 늘 천사와 악마 두 영혼이 다툰다." 장자의 고백이다. 나 자신을 객관적으로 들여다보고, 아이들을 키우면서 갓난아이 때부터 성인이 될 때까지 관찰했지만, 인간은 근본적으로 자기중심적이고 이기적이라는 결론이다. 이타심이 없는 것도 아니다. 그래서 인간은 이기적이며 동시에 이타적이다. 선악의 정도는 개인에 따라 다르다.

◆ 자본주의 체제에서의 욕망과 이기심의 메커니즘

중세의 경제활동은 기독교의 윤리적 규범에 기초했었다. 그러나 18세기 산업혁명 이후의 경제활동은 인간적 윤리관과 분리되고 말았다. 경제활동은 인간의 욕구나 의지와 격리된 자율적 실체로 인식되었다. 그것은 스스로의 법칙에 따라 움직이는 유기체였다. 대기업의 성장을 위해 많은 중소기업이 도산하거나, 노동자들이 고통 받는 것은 유감스럽지만 자연법칙이라는 것이 경제적 필연성이었다.

경제활동은 인간에게 도움 되는 무엇인가에 기초하지 않고, 체제의 유지와 성장에 도움 되는 것이 주도했다. 사람들은 이 모순을 감추려고 체제의 유지와 성장은 사람들에게 도움이 된다고 가정했다. 체제에 필요한 특성이기주의, 자기중심, 탐욕 등이 인간 본성에 내재되어 있어, 체제뿐만 아니라 인간의 본성이 그러한 성질을 조장한다는 것이다.

애덤 스미스는 동네 빵가게와 푸줏간 이야기로 이기주의, 자기중심, 그리고 탐욕의 메커니즘이 작동하여 조화와 평화를 가져오고, 모든 사람의 복리를 증대한다는 논리를 폈다. "푸줏간, 양조장, 빵가게 주인들의 호의로 우리가 오늘 저녁을 먹는 것이 아니다. 그들은 그들의 이익을 위해 일하는 것이다. 각 개인은 공익을 증진할 의도도 없고, 각자가 얼마나 공익을 증진하고 있는지도 모른다. 그들은 각자의 이익만을 추구하고, 그 과정에 '보이지 않는 손'이 작용한다. 개인은 공익公益의 증진을 위해 노력하는 것보다 사익私益을 추구하는 과정에서 사회적 공익을 효과적으로 증진시키는 경우가 더 많다."

애덤 스미스의 분업, 보이지 않는 손 등의 이론은 영국의 화란 출신 신경과 의사철학자, 경제학자, 풍자작가 버나드 맨더빌1660~1733의 《꿀벌의 우화: 개인의 악덕, 공공의 이익》1714에서 원용한 것이다. 케인즈의 '유효수요이론'도 '소비의 부족으로 인한 실업의 증가라는 절약의 역설'을 지적한 '꿀벌의 우화'에서 원용했다고 밝혔었다. 당시 법원은 맨더빌의 저서를 유해물로 판결했다.

소유냐 존재냐

◆

더욱 많이 소유하는 것을 최고의 목표로 삼는 세상이다. 소유가 많을수록 나의 존재가 확실해지므로 나는 탐욕스러워질 수밖에 없다. 자본주의 사회에서의 소유는 모두의 목표이다. 소유에 대한 열망은 전쟁을 일으킨다. 계층 간에는 계급전쟁이 발생한다. 소유는 먹고 먹히는 약육강식의 살벌한 세계를 만든다.

그래서 위대한 스승들은 소유와 존재의 선택을 화두로 삼았다. 붓다는 인간 발전의 최고단계에 도달하기 위해서는 소유가 아닌 존재를 선택하라고 가르쳤다. 마르크스도 "우리의 목표는 소유하는 것이 아니고 존재하는 것이어야 한다."고 역설했다.

에리히 프롬1900~1980은 《소유냐, 존재냐To Have or To Be?》1976에서 이렇게 말한다. "그대가 소유하고 있는 것을 버리고 모든 속박으로부터 그대 자신을 해방시켜라! 그리고 존재하라! 인간의 목표는 풍성하게 소유하는 것이 아니고, 소박하게 존재하는 것이어야 한다. 적게 가질수록 자유로울 수 있다."

소유적 삶은 냉혹, 경쟁, 적대, 정복, 지배, 복종, 착취, 약탈로 유지된다. 이기주의, 쾌락주의, 물질주의, 탐욕이 축을 이룬다. 특히 불가에서는 탐욕을 악의 축으로 본다. 탐욕의 충족은 공허, 권태, 비애, 우울로 이어진다. 소유는 재물, 권력, 명예, 사랑, 신앙 등 끝이 없다. 현재 가진 것을 잃고 싶지 않고 지금 가진 것보다 더 많이 얻으려는 소유욕은 번뇌의 뿌리이다.

소유적 삶의 부자유는 법정 스님이 《무소유》에서 밝힌 키우던 난蘭

으로 인해 겪은 속박의 일화가 좋은 예이다. 난에 물을 주고 햇볕도 쬐여야 하기에, 어딜 나가도 항상 난 때문에 마음이 불편했는데, 도반에게 주어버렸더니 그렇게 홀가분할 수가 없었다는 체험담이다.

소유적 삶은 명확한데, 존재적 삶이 부연설명도 없어 좀 모호하다. 내가 이해하는 존재적 삶이란 '있는 그대로존재하는 대로' 사는 것이다. 있으면 있는 대로 없으면 없는 대로 …. 있다고 우쭐댈 것도 없고, 없다고 위축될 것도 없이 의젓하게 사는 삶이다. 소유에 집착하지 않는 삶이다. 소유하지 않으면 잃어버릴 것도 없다.

잃어버릴 것이 없어 불안하지 않고 마음이 편하다. 상대를 이해관계가 없어 순수하게 대할 수 있어 공감하며 공생·공존할 수 있는 삶이다. 소외도 없고 자유로워진다. 존재적 삶은 일찍이 노자, 장자, 디오게네스, 소크라테스, 에픽테토스, 스피노자, 헨리 소로, 간디, 스콧 니어링 등 현자들이 살다 간 지혜로운 삶의 방식이다.

욕망은 끝없이 굴러가는 것

◆

들여다보면 나의 욕망은 나로부터 기원하는 것이 아니라, 다른 사람의 욕망을 흉내 내는 경우가 대부분이다. 온갖 매체가 이미지를 주입하여 욕망을 부추긴다. 그리하여 우리의 욕망은 이미지로 전환된다. 우리는 지속적으로 주어지는 온갖 이미지의 홍수에 매몰되어 있다. 사회가 욕망을 부추기고, 그것이 마치 우리 자신의 욕망인 양 믿게 하는 것이다. 나 자신의 진정한 욕망을 찾으려면 각별한 성찰이 필요하다.

중요한 것은 욕망 자체를 없애는 것이 아니라 욕망을 통제하는 것이다. 욕망의 통제는 매우 어렵다. 욕망을 통제하는 자는 진정한 강자이다. "삶 속에 욕망을 넣으면 멋있는 인생이 될 수 있지만, 욕망 속에 삶을 넣으면 망치는 인생이 된다." 인도의 격언이다. 중심을 잡고 쓸데없는 욕망을 거부하고 통제할 수 있어야 한다.

우리는 실체가 없는 욕망을 물질로 충족시킬 수 있을 것으로 기대하며 끝없이 그 뒤를 좇는다. 욕망은 자율, 자존, 마음의 평화를 침해할 뿐 만족은 없다. 1804년 35세의 나이에 프랑스 황제로 등극한 외딴 섬 코르시카 출신의 포병장교 나폴레옹 보나파르트1769~1821는 "최고의 자리에 올랐지만 나의 갈증은 채워지지 않는다."고 고백했다.

존 D. 록펠러가 세계 제일의 부자가 되어 있을 때, 한 기자가 "돈은 얼마나 있어야 충분합니까?"라고 묻자, 그의 대답은 "지금보다 조금만 더 있으면 됩니다."였다. "인간의 욕망은 하늘에서 황금비가 쏟아진다 해도 다 채워줄 수 없다." 법구경의 문구이다. 욕망은 충족되지 않는 한 고통이다. 우리는 곳곳에서 억제된 욕망, 충족되지 못한 욕망, 투쟁중인 욕망을 본다. 좇아야 할 욕망은 끝이 없고, 고통은 한도 끝도 없다.

전쟁터로 가던 알렉산더가 디오게네스를 만났다.

"어디로 가십니까?"

"세계를 정복하러 가오."

"세계는 지난번에 이미 정복하시지 않았나요?"

"그때와 다른 곳이오. 이번엔 인도로 갈 것이오."

"인도에 갔다 오신 다음에는 뭘 하실 겁니까?"

◆ 디오게네스를 찾아온 알렉산더가 "내가 뭐 도와줄 게 없겠느냐?"고 묻자 "햇볕을 가리지 말고
비켜 달라!" 답하고, "내가 알렉산더가 아니면 디오게네스가 되고 싶다"고 하자, "내가 디오게
네스가 아니면 그래도 나는 디오게네스가 되고 싶다" 고 응답했다고 전해진다.

"그야 쉬어야지요. 편히 쉴 겁니다."

"대왕은 결코 쉴 수 없을 것입니다. 지금 이 순간 쉬지 못하는 사람은 영

원히 쉬지 못합니다. 욕망은 쉬지 않고 끝없이 굴러가는 것이니까요."

우리는 가진 것은 생각하지 않고 언제나 없는 것만을 생각한다. 만
족할 수 없는 것이 욕망의 본질이다. 필요 이상의 부를 추구하는 것은
무엇을 추구하고 어떻게 살아야 할지를 모르기 때문이다. "재산의 수
준을 높이기보다는 욕망의 수준을 낮추는 편이 낫다." 아리스토텔레
스B.C. 384~B.C. 322의 가르침이다. 소크라테스B.C. 470~B.C. 399는 말했다.
"욕망이 적은 나는 신에 가까운 사람이다."

물릴 줄 모르는 물욕(物慾)

◆

2005년 초겨울 백담사에서 하룻밤을 묵으면서 한 스님과 대화를 한 적이 있다. 그는 절에 젊은 중이 없다고 개탄했다. 나이 먹은 사람들이 중이 되겠다는 사람은 많지만 젊은 사람들은 적은 데다, 설령 중이 되기로 결심하고 삭발을 하더라도, 6개월의 행자생활을 견디지 못해 중도에 포기하는 사람이 많다는 것이다. 또한 행자생활을 마치고 승려가 된 뒤에도 파계破戒가 많은데, 파계의 원인은 주로 물욕物慾과 색욕色慾 때문이며, 색욕에 의한 파계는 일시적이라 다시 복귀를 하지만, 물욕에 빠지면 영원히 헤어나지 못하더라는 것이다.

인간의 욕망 가운데 가장 강력하고 맹목적인 욕망이 재물에 대한 욕망이다. 권력도 재물을 손에 넣는 수단으로 존중된다. 돈을 모으기 위해 모든 것을 무시하고 포기한다. 스토아 철학의 거장 세네카B.C.4 ~A.D. 65는 아내 외의 여성에게는 눈길조차 주지 않았지만 권력욕과 재물욕은 대단했다. 그의 재산은 3억 세스테르티우스銀 1g; 300톤에 달했는데, 이 돈을 거의 브리튼Britain에서 고리대금으로 모았으며, 그가 매긴 높은 이자가 브리튼에서 일어난 반란의 한 원인이 되기도 했다.

물욕을 경계하는 신화가 있다. 그리스 신화에서 마이더스 왕은 황금이 행복이라 믿고, 자기가 만지는 것은 모두 황금으로 변하게 해달라고 기도했다. 그의 기도가 받아들여져 그가 손대는 것은 모두 황금으로 변했다. 옷, 음식, 마실 것, 손에 든 꽃, 사랑하는 딸마저 모두 황금으로 변해버렸다. 황금 외의 것들도 중요하다는 것을 깨달은 그는 다시 그 능력을 거두어 주시길 간청했다.

행복은 재물이 쌓이는 것과는 무관하다. 재물은 내면의 행복을 담아내지 못한다. 재물로 둔갑해 있던 우리의 욕망은 그것이 내 것이 되는 순간 "내가 원한 것은 그게 아니었다."며 또 다른 욕망을 좇는다. 만족하지 못하는 욕망은 끊임없이 갈망한다. 붓다는 고통의 근원을 갈망에 두었다. 성경도 '갈망은 고통만 가져온다'고 가르치고 있다.

욕망을 줄여라!

쇼펜하우어1788~1860는 인간의 욕구와 욕망을 ① 고통을 제거하려는 욕망, 가령 목이 마를 경우 물을 마시려는 욕구와 같이 자연적이고 필연적이며, ② 동상을 세우려는 욕망과 같이 자연적이지도 않고 필연적이지도 않은, 다만 헛된 생각에서 생겨나는 욕망으로 분류하고 욕구불만의 고통을 덜기 위해 욕구수준을 낮추라고 설파했다.

자연이 요구하는 욕구는 한계가 있어 많이 먹지 못하고 어렵지 않게 충족할 수 있다. 반면 헛된 생각이 원하는 욕망은 무한히 뻗어나가 한계를 정하는 것은 불가능하지는 않더라도 매우 어렵다. 자기가 원하지도 않고 갖고 싶지 않은 것은 부족하고 없더라도 무방하다. 반대로 이것을 100배 소유하고 있어도 자기가 원하는 것이 하나라도 없으면 그것만으로 불만을 느낀다.

우리가 재물과 안락을 잃었을 경우에 그 괴로움을 참고 나가면, 그 후에는 기분이 이전과 같이 되돌아간다. 그것은 우리가 욕구의 수준을 낮추기 때문이다. 이처럼 욕구수준이 낮아지면 원래의 고통은 사라지고 머지않아 상처가 아물게 된다. 불행의 고통에 대한 유일한 해법은 욕구를 줄이는 것이다.

사람들은 무언가를 갖고 싶은 욕구가 없으면 그것을 갖지 못해도 전혀 애태우지 않고 그것이 없어도 만족하며 산다. 보석, 명품, 골동품, 예술품, 애완동물 등 사는 데 지장이 없는 물건들이 너무도 많다. 누구에게나 욕망이 머물 수 있는 한계, 즉 나름의 범위가 있다. 각자 자기가 손에 넣을 수 있는 것만을 원하기 때문에 욕구의 범위도 거기에 머문다. 그리고 그 범위 내의 어떤 대상에 자기의 손길이 미칠 수 있으면 행복하다고, 미칠 수 없으면 불행하다고 생각한다.

이때 그 범위 밖에 있는 것들은 그에게 조금도 영향을 미치지 않는다. 예컨대 부자의 많은 재산은 빈자가 알 바 아니며, 또한 아무리 큰 부자라도 어떤 욕구가 충족되지 않으면 행복을 느끼지 못한다. 쇼펜하우어는 행복에 이르는 최선의 방법은 각자 마음을 다스려 욕구수준을 낮추는 것이라고 역설하고 있다.

2장

돈과 성공

◆

The Philosophy of money

성공의 기준은 무엇일까? 웹스터 사전에는 성공을 '부의 획득 내지는 모험의 끝'으로 정의하고 있다. 우리말 사전에는 '목적을 이룸. 뜻을 이룸. 사회적 지위를 얻음'으로 정의하고 있다. 누군가가 성공했다면 재산을 모았다는 말이고, 누군가 망했다면 재산을 잃었다는 뜻이다. 돈의 많고 적음으로 성공의 여부를 판단하는 세상이다. 돈은 성공을 입증하는 상징이며 성공수준의 척도이다.

돈은 인생의 여러 측면에서 성공 여부의 측정기준이다. 그러나 사람들은 돈을 최고의 성공으로 꼽지 않는다. 성공지수 1위는 삶에 대한 만족감, 2위는 자기 삶을 통제할 수 있는 능력, 3위로 행복한 결혼과 원만한 인간관계를 꼽았다. 성공의 정의는 저마다 다르더라도 누구나 건강, 재정적 여유, 안락한 가정, 의미 있는 일, 좋은 인간관계, 그리고 세상에 기여할 수 있는 삶을 원한다.

무엇이 성공인가?

◆

성공은 뜻을 이루는 것이다. 세속적으로 높은 지위에 오르고 많은 재물을 모으고 이름을 크게 떨칠 때 성공했다고 말한다. 누구나 성공을 꿈꾸며 성공을 위해 인내하고 노력한다. 그 과정에 무리수를 두어 소중한 것들을 잃어버리기도 한다. 높은 지위도 재산도 없고, 이름을 떨치지도 못했지만 성공한 삶이라고 말할 수 있는 사람들이 많고, 세상에 이름을 알리며 높은 지위와 재산을 가졌지만 성공했다고 말할 수 없는 사람들도 많다.

2003년 오마하에서 버크셔 해서웨이 주주들과의 토론시간에 아버지를 따라온 13세 중학생이 워런 버핏1930~에게 물었다. "성공이 뭔가요? 어떻게 하면 성공할 수 있나요?" 잠깐 뜸을 들이던 버핏은 이렇게 답했다. "사랑받고 싶은 사람들에게 사랑을 받을 수 있는 것, 그게 성공이랍니다." 《좋은 기업을 넘어 위대한 기업으로》의 저자 짐 콜린스1958~도 같은 말을 했다. "성공이란 세월이 갈수록 가족과 나의 곁에 있는 사람들이 나를 더욱 좋아하게 되는 것이다."

사람들은 날이 갈수록 부유해지고 승진을 거듭하며 자신의 분야에서 명성을 떨치는 이를 성공한 사람으로 여긴다. 그러나 그와 함께 일했던 사람들이 그와 함께 했던 시간을 불행한 시간으로 기억한다면, 그는 성공한 사람이 아니다. 진정한 성공은 부귀와 관계가 없다. 자신이 속했던 조직에서 사라진 뒤에도 자취와 영향이 남는 게 진정한 성공이다. 후대에게 정신적 영향을 끼칠 수 있다면 그 이상의 성공은 없다.

성공 따위에 관심이 없는 사람도 오래전부터 있었다. 동양의 허유·

소부, 노자, 장자, 도연명, 죽림칠현 등과 서양의 디오게네스, 스토아학파 등이 세속적 성공을 멀리했다. 헨리 소로는 "성공은 많은 사람을 파멸시켰다. 성공은 서서히 감행하는 자살"이라고 성공을 폄하했고, 스콧 니어링 부부는 은둔적 전원생활로 생을 마쳤다.

돈과 성공

◆

돈은 성공의 중요한 척도이다. 돈을 많이 번 사람은 성공한 사람이 된다. 사람의 가치와 지위는 가진 돈으로 결정된다. 품성은 고려되지 않는다. 돈은 성공에 연계되어 자부심과 동일시된다. 그러나 성공은 많은 돈을 벌고 이름을 드러내는 것만이 아니다. 자기 일에 즐거움을 느끼고 보람을 찾은 사람도 성공한 사람이다.

진정한 성공의 기준은 무엇일까? 이란 출신으로 1958년 이후 독일에서 활약한 신경정신과 의사교수인 노스랏 페세쉬키안1933~2010 박사가 다양한 문화권에서 추출한 성공의 기준은 ① 직업과 재정직장, 실력, 승진, 재력 ② 건강과 체력무병장수, 운동, 휴식 ③ 가족과 사회적 유대관계부부, 자녀, 친척, 사회적·정치적 참여 ④ 의미와 문화인생의 의미와 과제, 문화적 관심사이다.

성공은 세속적인 출세와 영달의 차원을 넘어서는 것으로, 개인의 천부적 재능의 계발과 실현, 자신과 타인에 대한 사랑 및 박애를 실천하는 과정의 부산물이다. 그 과정에서 중요한 것은 '난 할 수 있다'는 자신감, 그리고 실패와 좌절로부터 결연히 벗어나 어떠한 난관에도 굴하지 않고 불굴의 의지GRIT로 노력해 나가는 끈기인 것이다.

사람은 누구나 성공과 행복을 꿈꾼다. 그러나 무엇이 성공이고 행복인지 말해 보라면 쉽게 답하지 못한다. 성공과 행복은 어떤 관계일까? 성공이 인간을 행복하게 할까? 러시아의 전설적 발레리나 안나 파블로바1881~1931는 "성공은 행복이 아니다. 행복은 잠시 나타나서 우리를 즐겁게 해주고 날아가버리는 나비와 같은 것"이라고 표현했다.

성공의 핵심은 삶의 의미

◆

《위대한 기업으로Good to Great》의 저자 짐 콜린스는 삶의 의미를 찾는 것이 성공의 핵심이라고 강조하면서, 크로스컨트리 프로그램의 수석코치를 하는 젊은 여성의 예를 든다. 그녀는 일류대학MBA 출신으로 경제학과의 파이Phi, π 베타Beta, β 카파Kappa, κ 졸업생이며, 유명대학에서 학부 최고논문상을 받은 재원才媛이다. 그런데 그녀는 대부분의 동료들이 택하는 월가의 투자은행, IT회사, 컨설팅, IBM 등에 흥미를 느끼지 못했다. 그 일들에서 의미를 찾을 수 없었다.

그녀는 내심 "돈을 받지 않고도 하고 싶되, 실제로는 보수를 받을 수 있는 직업이 없을까?"를 찾았다. 자신이 열정을 느낄 수 있는 의미 있는 일을 하기 위해 뜻밖의 길을 택했다. "지금의 일이 재미있기 때문입니다. 나는 달리기가 좋고 달리기가 아이들의 삶에 좋은 영향을 줄 수 있다고 믿어요. 나는 아이들이 최고팀의 일원이 되는 경험을 하기를 원합니다."

"훌륭한 프로그램으로 만들게 된 동기가 무엇인가?"라는 물음에, 그녀는 "정말 관심이 있는 일을 하고 있다면, 그것을 훌륭하게 만들려고 노력할 수밖에 없습니다." 성공한 사람들은 일직업을 선택할 때에 다음의 세 가지를 선택기준으로 삼는다. ① 내 능력과 재능을 발휘할 수 있는 일인가? ② 내가 좋아하는 일인가? ③ 다른 사람들을 기쁘게 해줄 수 있는 일인가?

삶의 의미는 '어떻게 살아야 하는가?'의 해답이다. 중요한 것은 무엇인가? 무엇이 무엇보다 더 중요하다는 생각의 체계가 확실하고, 일생 동안 벌어지는 모든 선택의 갈림길에서 무엇을 불멸의 기준으로 삼을 것인지, 그리고 최고의 기준으로 삼을 가치가 무엇인지를 알고, 실천하는 삶이 곧 의미 있는 삶, 즉 성공적인 삶인 것이다.

자신을 이끌어갈 확실한 가치관이 없으면, 성공을 하고도 비참한 말로를 맞는다. 세속적인 출세는 할 수 있겠지만 궁극적인 삶의 소망은 달성할 수 없게 된다. 가치보다 성공을 선택한 사람들의 최후는 비참하다. 큰 생각을 가지고 창조적으로 일하는 사람, 자신을 옳은 방향으로 이끌면서 타인들에게 도움을 주는 리더들은, 먼저 자신의 가치관과 원칙을 확실하게 세운다. 그 가치관을 실현시킬 수 있는 사명을 발견하고, 사명이 달성되었을 때의 그림, 즉 비전을 만들어서 흔들림 없이 앞으로 나아간다.

마시멜로를 먹지 마세요

훗날 미국 대통령이 된 케네디는 하버드 재학시절 C학점을 받았고, 프랭클린 루스벨트는 뒤에 변호사 시험에 합격했지만 컬럼비아 법대를 졸업하지 못했다. 흑백 혼혈로 미국 대통령이 되어 세계를 열광시킨 버락 오바마는 인종차별의 벽에 좌절하여 마약과 음주에 빠져 거리를 방황했었다. 이러한 예로부터 우리는 두 가지 중요한 사실을 배울 수 있다.

첫째, 삶은 이어서 보아야 한다는 것이다. 인생이란 여러 바퀴를 돌아야 하는 트랙과도 같다. 장거리를 달리다 보면 선두주자들이 뒤처질 수도 있고, 처음에는 뒤처져 있던 그룹이 앞으로 나오는 수도 있다. 인간은 변화하는 존재이며, 끝없이 배우고 자극받으며 창조하는 존재이다. 그래서 "사람은 열 번 바뀐다."는 말이 전해오고 있다.

둘째, 지식 외에 어떤 요소들이 성공을 창출하는지 파악하고, 그러한 요소들을 조화시키는 방법을 찾는 것이다. 학계는 이 문제를 놓고 오랫동안 씨름해왔는데, 1921년 심리학자 루이스 터만1866~1956이 IQ가 135 이상인 1,521명의 어린이들을 대상으로 연구에 착수했다.

당시 '흰개미Termites'라고 불린 이 아이들은 학습능력이 뛰어났고, 평균 미국인들에 비해 성공률도 높았다. 연구는 선천적 지능이 미래의 성공을 좌우한다는 결론에 도달했다. 그러나 성공도가 가장 높은 흰개미들과 성공도가 가장 낮은 흰개미들을 비교한 결과두 그룹의 성공 정도는 꽤 차이가 있었다 이들의 IQ는 거의 같았다. 여기에《마시멜로를 아직 먹지 마세요》가 어긋난 흰개미론을 설명해준다.

1966년에 스탠퍼드 대학 월터 미셸1930~ 박사는 4살짜리 아이들을 1명씩 방에 불러들여 달콤한 마시멜로 과자를 보여주고, 자신이 나가 있는 15분 동안 먹지 않고 기다리면 2개를 주겠다고 약속했다. 그가 방을 나가자마자 마시멜로를 먹는 아이들과 침만 삼키며 참는 아이들로 나뉘었다. 당시 실험 참가자는 유아원 어린이 653명이었다. 더 큰 보상을 기대하고 15분을 꾹 참은 아이들은 참가자의 30%에 불과했다. 70%의 아이들이 유혹을 견딘 평균시간은 단 3분이었다. 그나마 대부분은 30초도 지나지 않아 마시멜로를 먹어버렸다.

1981년, 15년 전 실험에서 기다린 그룹과 기다리지 못한 그룹을 대상으로 문제해결능력·계획수행능력·SAT_{미국 수능시험} 점수 등을 조사했다. 15분을 기다렸던 아이들은 30초를 못 넘긴 아이들보다 SAT 평균 점수가 210점이나 높았다. 기다린 아이들이 가정이나 학교 모든 분야에서 우수하다는 것이 밝혀졌다.

47세가 된 2009년, 참고 기다린 그룹은 '성공한 중년의 삶'을 살고 있는데 반해, 기다리지 못한 그룹은 비만이나 약물중독의 문제들을 안고 있는 것으로 나타났다. 이 결과는 IQ를 통한 구분보다 정확했고 인종이나 민족의 차이는 없었다. 어릴 때부터 욕구의 절제와 참아낼 수 있는 능력이 인생의 성취도와 상관관계가 높다는 결론이다.

단순히 마시멜로를 먹고 안 먹는 것의 차이가 아니다. 욕구의 조절 능력이다. 2개의 마시멜로를 먹기 위해 15분을 참아낸 아이들은 청소년기에도 TV를 보지 않고 SAT 공부를 한다. 직장인이 된 이후에도 사고 싶은 것을 참고 은퇴자금을 모은다. '자기통제', 즉 절제능력이 성공의 핵심이라는 것이 마시멜로 이야기의 메시지다.

삶은 절제, 즉 '자신과의 싸움'이다. 그러나 자신과의 싸움이 말처럼 쉽지 않다. "남을 이기려는 자는 먼저 자신을 이겨야 한다_{欲勝人者 必先自勝}." 여씨춘추_{呂氏春秋}에 있는 문구이다. "자신을 이기는 것은 남을 이기는 것보다 위대하다. 전쟁터에서 백만의 군대를 이기는 것보다 자신을 이기는 자가 최고의 승리자다. 자신을 다스려 항상 절제하는 사람이 되라!" 법구경의 가르침이다.

절제와 극기 외에도 성공도가 높은 그룹의 공통된 특성은 높은 지능, 확신, 끈기, 열정이다. 성공을 위해서는 여러 요소가 조화를 이뤄야 한다. 지능, 확신, 끈기, 열정 외의 요소들은 ① 실패에 대처하는 능력^{회복력} ② 액운을 당하지 않는 행운 ③ 리더십이라는 묘한 능력 ④공정함과 관대함 ⑤ 정직 등이다.

성공은 옳은 결정의 총합이다

오늘의 당신은 과거에 당신이 취했던 행위의 결과이다. 생각했고, 판단했고, 선택했고, 실행했던 사람은 바로 당신이며, 그 결과 지금의 당신이 있는 것이다. 성공하려면 편안함을 포기해야 한다. 성공한 사람들은 성공하지 못한 사람들이 싫어하는 일도 기꺼이 하는 사람들이다. 성공은 폭우에 맞서고 거센 바람에 대항해야 오를 수 있는 자아실현의 최고봉이다. 좌절과 실패 없는 성공은 드물다. 인내와 끈기, 자제력과 결단력, 성실과 정직은 성공의 밑바탕이다.

각자가 처한 상황, 직업, 경력, 목표가 다르더라도 삶을 살아가는 기본원리는 동일하다. 열정적이고 지혜가 부족한 사람은 총명하지만 열정이 부족한 사람보다 많은 것을 이루어낼 수 있다. 열정에 지혜까지 겸비하면 최상의 능력을 발휘할 수 있다. 거기에 강한 신념을 갖고 있으면 이례적인 성과를 이루어낼 수 있다. 이 세상에 강력한 영향을 미친 이들은 천재들이 아니라 강한 신념과 인내심을 지닌 사람들이다.

열정과 인내에 용기까지 겸비했다면 어떠한 난관도 이겨낼 수 있다. 용기는 곧 도전정신이다. 성공인은 도전한다. 과감하게 모험에 뛰어든다. 도전정신은 '욕구 + 의지'로부터 나온다. "성공의 요건은 타이

밍을 잡아 행동할 수 있는 용기와 지혜이다." 스타벅스로 성공한 하워드 슐츠1953~의 말이다. 홍콩의 최고부자 리카싱李嘉誠, 1928~은 이렇게 말했다. "깊이 사고하고 시대발전의 맥박을 짚고 추세를 포착해야 성공할 수 있다. 성공은 옳은 결정의 총합이다."

성공하려면 하늘이 돕는 게 아니라 하늘이 돕도록 만들어야 한다. 성공을 위해 가장 필요한 것은 치밀하게 계산된 모험이다. 성공의 비결은 머리가 아니고 자신감이다. 자신감을 가지려면 충분히 준비하고 경험을 쌓아야 한다. 성공하려면 자신에 대한 확신과 내적인 동기가 있어야 한다. 성공인의 공통된 특징은 자기의 일에 영혼과 가치를 불어넣어 도道나 종교의 경지로 임하는 것이다.

자강의지(自强意志)와 위버멘쉬(偉人)

◆

니체1844~1900는 삶을 정신과 육신이 혼연일체를 이루는 통일체라고 규정했다. 니체는 현재의 삶을 사랑하고 내세나 초월적인 것에 눈을 돌리지 말고 스스로 강해지라고 역설했다. 스스로 강해져 우뚝 일어서려는 자강굴기自强崛起의 의지, 즉 자강의지Wille zur Macht*가 새로운 가치요, 삶의 근본이라고 설파했다. 자강의지는 존재의 가장 내면적 본질이다. 생명이 있는 곳 어디서나 자강의지를 발견할 수 있다.

삶은 자강의지의 실현과정이다. 삶은 성장, 지속, 힘의 축적 등 끊임

---

* 나는 니체가 뜻하는 'Wille zur Macht'를 자강의지(自强意志)로 표현했다. 이는 곧 '권력의지' 또는 '힘에의 의지'의 대체어이다. 일찍이 일본인이 번역한 '권력의지'가 문제가 있다고 보고, 한국 철학계는 '힘에의 의지'로 대체한 것 같다. 자강의지가 적절한 용어이다. 한일(韓日) 철학계도 자강의지로 대체할 것을 제언한다.

없는 자강의 과정이다. 자강의지는 모든 생명체의 가장 원초적인 욕망이며 자연선택이다. 생명의 본질은 지속적인 자강운동이고 자발성自發性=自己發展이다. 이러한 발상은 다윈1809~1882의 진화론種의 起源, 1859을 배경으로 했을 것이다. 자발성은 자신을 끊임없이 이어가고 확산시킨다. 자강의지는 발전·성장하는 힘의 원천이다.

노력하는 삶은 아름답다. "보다 나은 인간이 되기 위해 노력하면서 사는 것보다 더 훌륭한 삶은 없다. 그리고 실제로 나아지고 있음을 느끼는 것보다 더 큰 만족감은 없다." 소크라테스B.C. 470~B.C. 399의 말이다. 칼 포퍼는 '삶은 문제해결의 연속'이라며 니체의 자강의지를 원용했다. 사르트르1905~1980는 "인간은 스스로 형성하는 것 외에 아무것도 아니다."라면서 자강의지를 실존주의의 첫째 원칙으로 삼았다.

한편 니체가 꿈꾸는 이상적인 인간상은 위버멘쉬Übermensch, 偉人이다. 위버멘쉬는 고난과 역경을 두려워하지 않고 어렵고 힘든 삶을 이겨내는 고매한 인간이다. 위버멘쉬는 현실에 존재하는 인간이며 완성을 향해 나아가는 인간형으로 자강의지를 실현하는 인간이다. 위버멘쉬는 현실속에서 자신의 세계를 구축하고 있는 자유로운 인간이며 고난을 이겨내는 인간형이다. 위버멘쉬는 슈퍼맨이 아니다. 이를테면 위대한 인간이요 영웅이며 젊은이들이 꿈꾸는 이상형 인간이다.

《자라투스트라는 이렇게 말했다》는 위버멘쉬의 이상을 그린 철학적 서사시이다. 니체는 자라투스트라=조로아스터, B.C. 630?~B.C. 553?, 페르시아의 실존인물를 위버멘쉬라고 말하지 않았다. 니체는 역사적 인물 속에서 위버멘쉬를 제시했다. 예수와 시저, 괴테와 나폴레옹 등이 그들이다. 그러나 그들 누구도 이상적인 인간이 지녀야 할 모든 요건을 갖추고 있다고 보지 않았다. 니체가 바란 것은 예수의 영혼을 지닌 시저이며, 괴테와 나폴레옹을 합친 인물이었다. 위버멘쉬는 모두가 자기극복을 통하여 자력으로 도달할 수 있는 현실적 목표로서의 인간이다.

위대한 인간은 역경에 굴하지 않고 그 역경을 극복할 줄 안다. 니체는 자강의지로 충만한 위버멘쉬의 인간상을 지닐 때 인간은 악을 극복할 수 있다고 말한다. 니체는 유약함을 악으로 규정했다. 니체는 허구적 사상에 예속되어 연약해진 인간성을 악으로 규정하고, 위버멘쉬로 교육된 자만이 선악의 피안에 설 수 있다고 역설했다. 니체는 소크라테스, 기독교, 칸트가 노예적 도덕으로 인류를 퇴폐시켰다고 힐난한다. 도덕에 대한 복종은 노예적이며 허영이며 체념이며 자신을 버리는 것이다.

위버멘쉬는 인간의 운명이나 세계의 질서를 관장하는 신을 믿지 않는다. 그래서 니체는 "신은 죽었다."^{원래 괴테와 헤겔이 했던 말}고 선언한다. 신의 섭리나 은총이 아니라 스스로 노력하여 위버멘쉬가 되는 것이다. 니체는 형이상학과 기독교 정신이 인간을 질곡 속으로 몰아넣어 인간성을 왜곡시키고, 자유를 속박시켜 인간을 굴종하는 나약한 존재로 만든다고 비판한다. 관념적 추상적 도덕적 세계관을 거부하고 현실적 구체적 실천적 세계관을 주장하는 것이다.

절대 절대 절대 포기하지 마십시오!

◆

뛰어난 사람일수록 실패가 많다. 그만큼 새로운 것을 시도하기 때문이다. "빨리 성공하려면 더 많이 실패해야 합니다. 성공은 실패의 맨

◆ 황새(=운명의 신 또는 환경)가 개구리(=인간)를 물었다. 개구리가 앞발을 밖으로 뻗어 황새의 목을 졸라 황새는 목이 막혀 숨을 쉴 수도 없고 개구리를 삼킬 수도 없게 되었다. "아무리 어려 워도 죽을힘을 다해 끝까지 버티면 결국 운명의 신(神)도 족쇄를 풀게 된다."는 메시지이다.

끝에 있으니까요." IBM 창업자 토머스 왓슨1874~1956의 소견이다. 베이브 루스1895~1948는 어떤 선수보다 삼진아웃을 많이 당했지만 가장 많은 홈런을 쳤다. 에디슨1847~1931은 "나는 실패하지 않았다. 안 되는 방법 1만 가지를 찾아냈을 뿐이다." 에디슨은 결코 실패를 두려워하지 않았다. 1,093개 특허 뒤엔 1만 개의 실패작이 있었다. "나의 성공은 실패에 담긴 뜻을 배웠기 때문이다." 링컨1809~1865의 말이다. 성공의 비결은 포기하지 않는 것이다.

세일즈맨 교육에는 단골메뉴로 다비R.U. Darby의 '1m 금광 이야기'가 등장한다. 다비는 삼촌과 함께 콜로라도에서 신나게 금을 채굴하고 있었는데 갑자기 금맥이 끊겨버렸다. 파고 팠지만 더 이상 금이 나오지 않아 결국 포기하고 채광기採鑛機를 헐값에 팔고 고향으로 돌아갔다. 채광기를 구입한 고물상 주인이 엔지니어를 고용하여 탐사한 결과 바로 1m 아래에 노다지 금맥이 있었다. 이후 다비는 보험세일즈맨

이 되어 '1m 앞 포기'를 교훈 삼아 보험업계의 거두로 성공했다는 이야기이다.

"절대, 절대, 절대 포기하지 마십시오!" 윈스턴 처칠1874~1965은 그의 모교 이튼 졸업식 축사에서 이 말만 하고 연단에서 내려왔다. 할랜 샌더스1890~1980 대령은 압력솥과 자신만의 닭튀김 요리비법을 믿어줄 누군가를 만나기까지 300번 이상의 거절을 당했다. 하지만 300번 이상 거절당하고도 포기하지 않았기 때문에, 오늘날 전세계 80개국에 1만 1,000개의 KFC 레스토랑이 있는 것이다.

2018년 2월 전세계에서 5억 권 이상이 팔린 사상 최고의 베스트셀러 《해리포터》 원고는 처음 12개 출판사로부터 거절당했고, 블룸스베리 출판사에서도 재심再審을 통해 겨우 계약금 2,000달러에 출간되었다. 39개 언어로 번역된 80권의 베스트셀러 시리즈 《영혼을 위한 닭고기 수프》 제1권1991년은 130번을 거절당한 뒤 출간되어 80만 부가 팔렸다. 저자 잭 캔필드는 "수많은 '다음!' 끝에 결실을 얻었다. 자신이 원하는 것을 얻기 위해서는 구하고, 구하고, 또 구해야 한다. '예스'를 얻어낼 때까지는 '다음, 다음, 다음'이라고 말하라!"고 역설한다.

"위험을 무릅쓰라!"는 것은 위험에도 불구하고 도전하라는 것이다. 위험을 피하려고만 하면 더 큰 위험을 만나게 된다. 위험을 무릅쓰는 자만이 성취할 수 있다. 단, 무모해서는 안 된다. 무언가가 되려면 무언가를 해야 한다. 고 정주영1915~2001 회장은 새로운 사업에 대한 반대의견에 "이봐~ 해보기나 해봤어?"로 도전정신을 일깨웠다.

삶은 도전과 응전이다. 도전과 응전은 삶에 정열과 희열을 가져다준다. 도전과 응전이 없는 삶은 지루하고 무기력해진다. 도전 후의 성취감은 어려움을 견디고 이겨냈다는 승리의 기쁨과 자족감이다.

영적 차원의 목적의식

◆

꿈과 목표는 인생의 돛이다. 성공한 사람들의 가장 큰 특징은 어린 시절부터 자신이 이루고 싶은 꿈과 구체적인 목표가 있었다는 점이다. 꿈과 목표는 에너지를 한 곳으로 모으고, 결집된 에너지는 폭발적인 힘을 발휘한다.[*] "저는 꿈을 가지고 그 꿈을 이루기 위해 한발짝 한발짝 나아가는 삶이 가장 아름답다고 생각해요." 한비야 1958~의 말이다. 25~67세의 여성들 중 가장 행복한 사람은 어린 시절의 꿈을 실현하고 있는 여성들이었다.

목표가 있으면 삶의 모든 것이 제자리에 자리 잡게 된다. 삶의 목적이 무엇인지 알게 되면, 그것을 중심으로 모든 활동을 조직하여 그 목적에 부합하게 된다. 그 목적에 필요한 사람들, 수단들, 기회들이 끌려와 바라고 원하는 것이 이루어진다. 삶의 목표는 열정과 인내심의 밑바탕이 된다. 목적의식은 강력한 동기가 되어 인간을 몰입하게 한다.

화장품 회사의 간부인 앤은 오랫동안 담배를 끊으려 했지만 번번이 실패했다. 자책自責도 많이 했다. 흡연은 앤의 건강과 업무에도 영향을 미쳤다. 심폐기능이 약해져 인내심이 없어지고, 다른 동료들보다 아픈 날이 많았으며, 회의가 길어지면 니코틴 부족으로 견디기 힘들었

---

[*] 1963년 16세의 빌 클린턴은 소년단(Boys Nation) 대표로 백악관에 가 케네디 대통령과 악수를 했다. 클린턴이 대통령이 되겠다는 꿈을 키우기 시작한 것은 케네디와 악수했던 날부터였다. 어린 클린턴에게 큰 영향을 미친 또 하나의 킹목사의 "나에게는 꿈이 있습니다."라는 연설로, 클린턴은 그 내용을 전부 암기했었다.

다. 앤은 흡연이 수명을 단축한다는 것도 알고 있었다.

첫아이를 임신하자 앤은 금연을 결심하고 아이가 태어날 때까지 담배를 끊었다. 그러나 아이를 낳고 병원 문을 나서자마자 다시 흡연을 시작했다. 1년 후 앤은 두 번째 아이를 임신했고, 이후 10달 동안 또 담배를 끊었다. 하지만 둘째아이를 낳자마자 흡연은 다시 시작되었다. 앤은 뱃속의 아이에게 해가 미치지 않기 위해 담배를 끊을 수 있었다.

그러나 아이가 태어나고 목적의식이 사라지자 의지가 약해졌다. 담배가 건강에 해롭다는 것을 알고 부작용도 경험하지만, 그것만으로는 금연의 충분한 동기가 되지 못했던 것이다. 금연을 위해서는 영적 차원의 동기가 필요했다. 어떤 차원보다 영적인 힘은 강력하다. 동서고금의 지혜서와 잠언들은 한결같이 영적인 힘을 강조하고 있다.

성공의 어두운 그림자

◆

성공은 실패만큼 위험한 것이다. 성공의 뒤에는 어두운 반려자_{그림자:}오만가 있다. 성공한 사람은 쉽게 교만하고, 자만하며, 부패하고, 권력다툼을 한다. 성공 다음에는 반드시 약점이 나타난다. 성공의 반대급부로 집중력과 결단력을 상실하는 경우가 많다. 그래서 "초심을 잃지 말라!"고 당부한다. 성공의 역설은 그림자에 뿌리를 두고 있다.

돈, 권력, 명예 등 성공에 따라붙는 것들은 그림자를 키우는 경향이 있다. 이런 그림자가 꽉 들어차면, 성공과 그로 인한 혜택은 위험하게 된다. 많은 유명인사들이 이런 그림자의 모습을 보여주고 있고, 조그만 성공이라도 맛본 사람이라면 모두 이런 현상에 취약하다. 그래서

'벼는 익을수록 고개를 숙인다'는 잠언이 우리를 일깨우곤 한다.

칼 융1875~1961은 인간 성격의 어두운 측면, 즉 딱 달라붙어 떨어지지 않는 부정적 요인을 '그림자'로 표현했다. 융은 그림자의 개념을 다음과 같이 서술했다. "그림자를 지니지 않고 사는 사람은 아무도 없다. 그림자는 의식 속에 구체화되어 있지 않을수록 훨씬 어둡고 짙다. 그림자는 무의식의 암초를 형성하고, 참된 자아를 왜곡한다."

성공한 사람들이 어떻게 욕구불만을 느끼는지, 어떻게 함정에 빠지고 스스로를 소진하고, 교만해지고 외톨이가 되는지, 그들의 장점이 어떻게 약점으로 변하는지, 그들이 어떻게 자기파괴적인 성격을 갖게 되는지는 그림자로 설명된다. 그래서 사람들은 "돈도 벌고 권력도 쥐었고 인정도 받았지만 삶은 고달팠다."고 말한다.

그림자란 자신이 인정하고 싶지 않고, 남에게 보이고 싶지 않은 비밀약점, 치부이다. 인간이라면 모두 그림자를 지니고 있다. 유명한 사람일수록 지닌 그림자도 많다. 부, 권력, 명예의 결합은 그림자가 활동하기에 가장 비옥한 땅이다. 이른바 성공한 사람들 중에 그 성공 속에서 비틀거리거나 길을 잃고 헤매는 사람들이 많다.

나폴레옹1769~1821은 초기의 성공에 취해 오만과 자만이라는 어두운 그림자의 엄습으로 파멸했다. 그는 1812년 6월 참모들의 반대를 묵살하고 '20일이면 정복할 수 있다'고 호언장담하며 60만 병력을 동원하여 러시아 정복에 나섰다. 6개월 만에 50만 병력을 잃고 패퇴하면서 '똑똑한 것과 멍청한 것은 한 뼘 차이'라며 자책하고 후회했다. 그는 세인트헬레나에서 귀양살이를 하는 동안 "나의 몰락은 누구의 탓도 아니다. 내 탓이다. 내가 나의 최대의 적이었고, 비참한 운명의 원인이었다."고 회한에 젖어 죽어갔다.

당 현종685~762은 "내가 야위더라도 천하와 백성들이 살찌면 여한이 없다."라며 '개원開元의 치治'로 불리는 선정善政을 베풀었다. 그러나 그는 나이가 들면서 오만해져 충언하는 대신들을 내치고 아첨하는 이임보, 양국충 등의 간신배들을 중용하였다. 게다가 그는 52세의 나이에 열셋째 아들의 처인 34세나 어린 18세의 며느리양옥환=양귀비, 719~756를 가로챘고, 결국 그로 인해 안사안녹산, 사사명의 난755~763을 불러일으켜 나라를 쇠퇴시켰다.

2020년 2월 항소심에서 징역 17년, 벌금 130억 원, 추징금 57억 8,000만 원을 선고받은 이명박1941~ 전 대통령도 그림자에 사로잡혔던 사람이다. 현대건설에서의 초고속 승진, 서울시장 시절의 버스 전용차선, 청계천 복원 등 조그만 성공이 그를 자만, 오만, 독선으로 이끌었다. 그는 철도와 자동차가 없었던 19세기 이전의 운송로였던 '운하'에 콩깍지가 씌워 '한반도 대운하'를 업적業績으로 남기겠다는 치졸한 욕망에 사로잡혀 '운하사업'을 '4대강 살리기'라는 거짓말로 국민을 속이고, 혈세 25조 원 이상을 쏟아 부어, 재정을 탕진하고 자연환경을 파괴하는 정신 나간 짓을 한 것도 부족해 뇌물수수, 횡령, 매관매직, 직권남용 등 그가 저지른 온갖 비리와 추악한 행태는 온 국민을 실망시켰다.

어디 이들뿐인가? 성공의 그림자에 시달리는 사람들이 우리 주변에 너무도 많다. 이른바 갑자기 감투를 쓰거나 지위가 오르거나 돈이 생기면, 예외 없이 어깨에 힘이 들어가고 목소리가 거만해지는 것을 볼 수 있다. 특히 호주머니가 두둑해지면 외도. 도박 등 주색잡기에 빠져 든다. 우리가 흔하게 볼 수 있는 그림자의 예이다.

3장

부귀

◆

The Philosophy of money

천하를 호령했던 최고 권력자들의 삶과 그들의 한탄을 보며 소박한 삶의 귀중함을 되새겨보는 장章이다. 부귀는 인간이 꿈꾸는 이상이다. 부귀란 많은 재산과 높은 벼슬을 의미한다. 지금도 그러하지만 왕조시대에는 벼슬이 곧 부였다. 공자B.C. 551~B.C. 479와 같은 성인군자도 "부귀를 위해서라면 마부 노릇도 마다하지 않겠다."고 공언했었다.

귀貴란 전제왕정 시대의 벼슬을 말한다. 부富는 대체로 생산을 통해 모으지 않으면 폭력에 의해 약탈하는 수밖에 없다. 나라 사이의 약탈은 전쟁을 통해 이뤄진다. 전제왕정 시대의 부의 원천은 힘없는 백성들을 쥐어짜는 가렴주구苛斂誅求였다. 과중한 세금, 사적私的 수탈이 여기에 포함된다. 귀貴는 부富를 겸했다.

부귀공명과 안분(安分)

◆

욕망이 본성을 어지럽게 하면 삶이 흔들린다. 분별없는 자는 본성을 해치면서 외물外物에 봉사한다. 그것은 무엇이 중요하고 무엇이 하찮은 것인지를 모르기 때문이다. 부자가 되고 높은 지위를 얻고도 도리道理를 모르면 반드시 재앙이 따르게 된다. 평생 방대한 책을 읽었던 실학자 이덕무1741~1793는 다음과 같이 말했다.

"큰 죄악과 큰 재앙은 모두 담박함을 견디지 못하는 데서 온다.《중용》은 빈천에 처하면 빈천을 편안히 여기고, 환난을 마주하면 환난을 편안히 여기라고 했다. 담박淡泊을 즐길 줄 알면 적빈赤貧도 기쁘다. 가난은 불편할 뿐 부끄러운 것은 아니다. 이것을 견뎌내지 못하고, 다른 사람과 비교하기 시작하면 죄악과 재앙이 싹튼다."

광해군 때 윤인尹訒, 1555~1623은 이이첨李爾瞻, 1560~1623의 심복노릇을 하면서 온갖 악역을 맡아 허균許筠, 1569~1618과 함께 폐모론廢母論 등에 앞장섰다. 그가 인조반정1623년 후 참형을 당할 적에, "배고프고 추운 것을 10년만 참았더라면 어찌 오늘 같은 일이 있었겠는가?"라며 통탄했다.

제갈량181~234의 '계자서'誡子書는 제갈량이 54세 때에 8살 아들제갈첨에게 내린 훈계이다. 그는 담박과 영정을 강조했다. 담박淡泊이란 깨끗하고 고요함을 유지해 스스로 담담함을 이루는 경지다. 영정寧靜 또한 마음이 고요하고 평온한 상태. 제갈량은 "군자는 고요함으로 자신을 수양하고, 검소함으로 덕을 키운다. 담박하지 않으면 뜻을 밝힐 수 없고, 고요하지 않으면 먼 곳에 이르지 못한다."고 썼다.

진秦의 승상 이사李斯, B.C. 280~208는 "유무능有無能의 차이는 뒷간의 쥐와

창고의 쥐처럼 어디에 있느냐이다. 미천한 것이 가장 큰 치욕이고 가난이 가장 큰 슬픔"이라면서 부귀만을 좇았다. 그는 동문수학한 한비韓非, B.C. 281~B.C. 233를 모함하여 죽이고, 진시황B.C. 259~B.C. 210에게 분서갱유焚書坑儒를 건의하여 유생 460명을 생매장시켰다. 결국 그도 지록위마指鹿爲馬의 주인공 환관 조고趙高, B.C. 258~B.C. 207의 희생이 되고 말았다.

부귀는 온전한 삶을 해치기 쉽다

'부귀는 영화가 아니고 우환거리'라고 노래한 사람들이 많다. "부귀영화는 근심걱정만 많게 하네, 옛사람들은 호화로운 집을 두려워했네, 그곳에 인간의 모든 해악이 있네, 가난하게 지내는 것만이 그런 것들을 없애 주노니 …. 부는 좀이 슬게 하고, 귀는 원망을 쌓이게 하네. 영화와 명성은 몸을 더럽히고, 높은 지위는 재앙을 늘리네."

"성문 밖에서는 수레를 타고 성문 안에서는 가마를 타면서 한껏 즐긴다. 이것은 곧 각기병의 원인이 된다. 맛있는 고기를 먹고 좋은 술을 마시면서 한껏 즐긴다. 이것은 위장을 썩게 하는 식사이다. 부드러운 살결과 흰 이를 가진 미녀와 음란한 음악에 정신을 팔며 즐긴다. 이것은 곧 성명性命을 손상하는 도끼이다. 이 세 가지 폐해는 부귀가 불러들인 것이다. 부귀는 잘 생각하고 살피지 않으면 독毒이 되기 십상이다." 《여씨춘추呂氏春秋, B.C. 247~B.C. 239》의 구절이다.

퇴계 이황1501~1570은 "부귀는 흩어지는 연기와 같고 명예는 날아다니는 파리와 같다."고 썼고, 증국번1811~1872은 "부귀는 늘 위기를 밟고 있다."고 썼다. 셰익스피어1564~1616는 "왕관을 쓴 머리는 편안하게 잠들지 못한다."고 썼고, 볼테르1694~1778는 말했다. "유명해진 이름은 얼마나 무거운 짐이 되는가?" 스코틀랜드의 정치가·종교개혁가 발나브스1512~1579의 말이다. "권력, 그게 무슨 소용인가? 권력자는 바보들의 존경을 받고, 부자나 어린애들에겐 감탄의 대상이 될지 모르나 현자賢者에겐 종종 모욕의 대상이 된다."

"부귀를 이루려 하지 않고 빈천에서 벗어나려 하지 않으며, 진실과 정의를 존중하고 거짓과 불의를 수치스럽게 여긴다. 마음이 너그러워 남을 헐뜯지 않고, 중심이 매우 높아 쉽게 용납하지 않는다. 물질에 유혹되지 않고 꺾이지 않는다. 이것이 군자의 모습이며 태도이다. 군자는 명리와 지위를 군더더기로 여기고, 재물을 티끌처럼 여기니 어찌 부귀에 마음을 쏟겠는가?"《여씨춘추》'선비의 용모'에 있는 글이다.

공자는 "나라에 도道가 있으면 빈천이 수치요, 나라에 도가 없으면 부귀가 수치이다. 부귀는 사람들이 바라는 것이지만, 정당한 방법으로 얻은 것이 아니면 누리지 않으며, 빈천은 사람들이 싫어하는 것이지만 부당한 방법으로 벗어나지 않는다."며 떳떳하지 못한 부귀를 경계했다.

황제는 고급 노예

◆

전제왕권 시대의 황제는 문자 그대로 부귀의 정점頂點에 있다. 온 나라의 부를 내키는 대로 주무르고, 거기에 무소불위의 절대권력으로 만인의 생사여탈권을 지닌 신과 같은 존재였다. 그러나 그들의 삶도 고달프기 짝이 없다. 여기 그들의 고충에 대한 하소연이 있다.

청의 강희제康熙帝, 1654~1722는 자신이 "항상 부지런했고 조심스러웠으며 60년 동안을 하루같이 온 마음과 힘을 다했다. 혹 수명이 길지 못했던 제왕들에 대해 사론史論에서는 방탕하고 주색에 빠졌기 때문이라고 평하지만, 사실은 천하를 다스리는 일이 너무 번거로워 힘들고 고달픔을 감당하지 못해서 일찍 죽은 것"라고 주장했다.

"옛 사람들은 '제왕은 마땅히 크고 중요한 부분에만 관심을 가지고 세세한 부분에 대해서는 관심을 둘 필요가 없다'고 말하지만, 그렇지 않다. 한 가지 일에 소홀하면 온 천하에 근심을 끼치고, 한순간도 부지런히 하지 않으면 백대 천대에 우환거리를 남기기 때문에, 국가의 최고책임자는 매사를 꼼꼼히 살피지 않을 수 없다."고 말했다.

강희제는 물러가 쉬기를 청하는 늙은 대신들의 상주上奏를 볼 때마다 한탄하지 않을 때가 없었다. "경들은 물러가 쉴 곳이 있지만, 짐은 물러가 쉴 곳이 어디 있는가? 군주는 편안히 쉴 수가 없고 은퇴할 수도 없다. 군주 노릇은 대충 하려면 쉽고, 잘 하려면 참으로 어렵다."고 술회했다. 그는 군주의 삶을 고급노예로 표현했다.

키루스 2세B.C. 601~B.C. 530가 대제국 페르시아의 왕위를 장남 캄비세스 2세B.C. 559~B.C. 522에게 넘겨주며 한 말이다. "내가 아직 왕위에 있을 때 물려주는 이 왕위를 신의 선물로 받아들여라. 하지만 너는 행복하지 않을 것이다. 힘든 일에 집중해야 하고 많은 걱정거리에 괴로워하며, 제대로 쉬지도 못하고, 계략을 꾸미고 적의 계략을 탐지해야 하는 일들이 너의 행복을 방해할 것이다."

《삼국사기》에 실려 있는 문무왕626~681이 죽을 때 남긴 조서에는 "풍상을 무릅쓰다 보니 고질병이 생겼으며, 정무에 애쓰다 보니 더욱 깊은 병에 걸리고 말았다."고 쓰여 있다. 고질병이나 깊은 병이 무엇인지 알 수 없으나, 한시도 편할 날이 없는 20년$_{661\sim681}$의 왕 노릇이 그의 수명$_{55세}$을 단축시켰던 것이다.

또한 조서에는, "옛날 만사萬事를 아우르던 영웅도 끝내는 한 무더기 흙더미가 되어, 꼴 베고 소 먹이는 아이들이 그 위에서 노래하고, 여우와 토끼가 그 옆에서 굴을 팔 것이니, 분묘를 치장하는 것은 한갓 재물만 허비하고 사서에 비방만 남길 것이요, 공연히 인력을 수고롭게 하면서도 죽은 혼령을 구제하지 못한다. 이와 같은 것은 내가 즐겨하는 바가 아니다."라면서 화장을 하여 동해바다에 수장하라고 유언한다.

정몽주를 비롯하여 수많은 고려 유신과 정도전 등의 개국공신, 그리고 이복동생 방석, 방번과 친형 방간 등 숱하게 많은 사람을 죽이고 왕위에 올랐고, 처남 4형제를 비롯하여 사돈沈溫, 1375~1418을 죽여 외척세력을 제거하는 등 무자비하게 권력을 휘둘렀던 태종 이방원$_{1367\sim1422}$이 충녕세종에게 양위를 하면서 "18년 동안 호랑이 등에 탄 채 살았다. 이젠 정말 지긋지긋하다."고 왕 노릇을 표현했다.

◆ 나폴레옹의 근육 한 점

1969년 10월 29일 크리스티 경매품목에는 '비냘리의 나폴레옹 유물수집선遺物蒐集選'이 들어 있었다. 설명문에는, "비쩍 마른 작은 물건 1점. 미라 상태로 보존된 근육 1점. 사후에 시신에서 잘라낸 것임.' '미라 상태의 근육', 즉 그 위대했던 인물의 가장 은밀한 부위는 결국 최저 경매가에 도달하지 못해 원소유자인 미국인 서적상 로젠바흐에게 되돌아갔다.

나폴레옹은 죽기 직전 심장을 떼어내 오스트리아로 도망간 황후 마리 루이즈$_{1791\sim1847}$에게 전해주라는 유언전달되지 않았다과 함께 자신이 죽으면 되도록 빨리 부검하라고 명령했기에, 사망한 날$_{1851.5.5.}$ 오후에 바로 부검에 들어갔다. 부검은 주치의 앙통 마르시가 맡았고, 영국 의사 7명, 비냘리 신부, 몸종

알리 등 17명이 입회했다. 의사들은 모두 나폴레옹이 위암으로 사망했다는 데
동의했다. 나폴레옹의 시신은 세인트헬레나에 19년 동안 묻혀 있다가, 1870
년 파리 앵발리드Invalides 교회로 옮겨졌다.

다음해 1852년 몸종 알리가 회고록을 통해 부검할 때 성기 등 일부분을 떼어
냈으며, 비날리 신부가 보관하고 있다고 폭로했다. 크리스티 경매에 나왔던
'미라 상태의 근육'이 바로 그것이다. 1916년 비날리의 후손들은 그것을 런던
의 서적회사에 팔았고, 그 회사는 미국의 서적상 로젠바흐에게 팔았다.

크리스티는 이 진귀한 매물에 3만 파운드의 값을 매겼다. 10파운드부터 시
작된 경매는 1만 4,000파운드로 유찰되고 말았다. 그것이 1977년 파리의
경매장에 다시 나타나 미국 컬럼비아 대학 비뇨기과 명예교수 래티머 박사가
3,000 달러에 낙찰받아 손녀에게 상속되었다. 현재 손녀가 보관 중이다.

헤겔은 "역사를 움직였던 영웅들도 한 잎의 낙엽에 지나지 않는다."고 말했다.
"시저의 권위도 죽으니 한 줌의 흙덩어리, 바람구멍이나 막는데 쓰일 뿐이로구
나!" 햄릿의 독백이다. 만고의 영웅 나폴레옹 보나파르트의 은밀한 부위가 경
매장의 매물이 되어 세상을 떠돌고 있다니 부귀공명이 허무하지 않는가?

대통령이라는 자리

◆

최고 권력의 자리에 있지만 대통령은 고달프다. 명문가 출신의 프
랭클린 루스벨트 대통령1882~1945이 소년 시절에 백악관을 방문했을
때, 당시 22대 클리블랜드 대통령1837~1908이 어두운 표정으로 나타
나 그의 머리를 쓰다듬으며 "꼬마야! 너는 대통령이 되는 불행을 겪
지 마라!"고 말했다. 그런데 그 소년은 미국의 32대 대통령이 되어
12년1933~1945이나 백악관의 주인노릇을 했다. 그리고 그는 "대부분
의 대통령이 재임 중에 듣는 훌륭한 조언조차 국정에 반영하지 못하
고 대통령직을 끝낸다."며 대통령직의 한계와 허무함을 회고했다.

그런가 하면 고향에서 유유자적한 삶을 위해 대통령직을 한사코 고사했던 미국의 초대 대통령 조지 워싱턴은 "대통령이 되는 것은 교수대로 가는 사형수와 같은 느낌"이라고 토로했고, 제6대 존 애덤스는 "4년의 대통령 임기는 내 평생의 가장 비참한 시기였다." 7대 앤드루 잭슨은 "나의 대통령 시절은 고급 노예의 삶이었다." 27대 윌리엄 태프트는 "백악관은 세상에서 가장 고독한 장소", 33대 해리 트루먼은 "백악관은 지옥 같은 흰색 감옥"이라고 회고했고, 16대 링컨, 20대 가필드, 25대 맥킨리, 35대 케네디 대통령은 재임 중 흉탄에 맞아 숨졌다.

2003년 10월 고 김영삼_{1927~2015} 대통령을 만나 쓴 자유기고가 김순희의 '뒤뜰에서 만난 권력자들'이라는 인터뷰 기사_{신동아 2007.3}이다. "중학교 때 '미래의 대통령 김영삼'이라는 목표를 세우고, 오랜 꿈을 이루었을 때 행복했나?"고 묻자, "힘들지, 힘들어요, 외롭고, 자유도 없고, 몹시 외롭고 쓸쓸했지. 대통령 하는 사람이 가장 불행한 사람이지. 어떤 사람은 그런 말을 하지 말라고 하는데, 그게 사실이니…."

"청와대 생활 5년 동안 가장 힘든 점이 뭐였나?"는 물음에는 "어깨를 짓누르는 책임감과 박탈당한 자유"라고 답하면서, 70년대 말 신민당 총재 자격으로 청와대에서 고 박정희_{1917~1979} 대통령과 단독회담을 하던 당시를 아래와 같이 회상했다고 한다.

"박 대통령이 청와대 뜰을 보면서 서 있더라고 …. 창밖 잎이 다 떨어진 나뭇가지에 새 한 마리가 앉아 있었는데, 그걸 보고 '임자, 지금 내 신세가 꼭 저 새 같아!'라고 하지 뭐야. 그리고 손수건을 꺼내더니 눈물을 훔치더라고. 천하의 박정희도 사는 게 힘들었던 게지. 눈물을 흘리는 박정희를 보면서 권력의 무상함을 느꼈어요."

"다시 대통령 하라고 하면 어떻게 하겠냐?"는 물음에는 큰 소리로 웃으며 "안 한다."고 답하면서, 대통령에서 물러나면 시골장터를 돌아다니고 맘껏 여행도 하고 싶었는데, 전직 대통령이 맘 놓고 여행할 수 있는 사회 분위기가 아닌 데다 경호문제로 집밖을 나서기가 쉽지 않아, 그것도 할 수 없다며 한숨 쉬더라는 것이다.

과중한 업무와 스트레스보다 더 대통령을 괴롭히는 고질병이 외로움이다. 고 김대중1926~2009 대통령은 취임 한 달 뒤 기자회견에서 "막상 들어와 보니 쓸쓸하다. 안사람과 두 번쯤 밖으로 드라이브 나갔는데 그렇게 좋을 수가 없었다."고 회고했다. 김영삼 대통령도 취임 첫해 연말에 "상도동 살 땐 주민 40~50명과 조깅도 하고, 대화도 많이 나눠 외롭지 않았는데, 이제 그런 이웃이 1명도 없다. 쓸쓸하다 못해 고독하다."고 털어놓았다.

고 노무현1946~2009 대통령은 2008년 2월 MBC 스페셜 '대통령으로 산다는 것'이란 프로그램에서 "누구에게나 100% 다 맞지는 않겠지만 대통령직이 맞지 않아 고생을 많이 했다. 수직적 질서의 많은 제도들이 불편하고 힘들었다. 내가 너무 수평적 인간이어서 안 맞았거나…. 어떻든 그 점이 제일 힘들었다."고 회고했다. 리더의 자리는 결코 행복하지 않다. 리더는 고통, 아픔, 괴로움을 견뎌야 한다. 이를 견딜 수 없는 사람은 리더가 되어서는 안 된다.

황제의 사위

◆

소녀들의 염원은 백마 탄 왕자를 만나는 것이다. 소년들도 아리따운 공주를 아내로 맞는 것을 꿈꿀 것이다. 그러나 꿈과 현실의 차이는 여기에도 있다. 공주를 아내로 맞이하면, 그 가문은 권세와 함께 큰 명예를 얻을 수 있지만, 당사자인 부마駙馬에게는 행복이 아니었다.

부마는 과거에 응시할 수 없고 관직에 나아갈 수 없다. 첩도 둘 수 없고, 공주가 젊은 나이에 죽어도 재혼할 수도 없다. 부마는 공주를 상전으로 모셔야 했다. 시집살이는커녕 시부모도 존댓말을 써야 했다. 그래서 빼어난 가문의 똑똑한 젊은이들은 부마가 되는 것을 꺼렸다. 궁에서 자란 공주는 어리광에 제멋대로 자라 성질이 고약한 경우가 많았다.

공주들은 시집간 후에도 금지옥엽이기를 바랐고 안하무인이었다. 시댁을 온통 불편하게 만든 예가 적지 않다. 당나라 무측천武側天, 624 ~705의 딸 태평공주는 혼인 후, 동서남편 형제의 아내들이 신분이 낮다는 이유로, 천한 여인들과 동서지간이 될 수 없다면서, 남편 형제들에게 소박을 강요했다. 뜻대로 되지 않자 결국 이혼하고 무측천의 조카인 무유기에게 재가했다.

남송南宋의 조청趙淸은 문제文帝의 넷째 딸 해염공주를 아내로 맞이했다. 그러나 그녀는 출가하기 전 비밀리에 사통私通하던 이복오빠 유준劉濬과 혼인 후에도 관계를 지속했고, 조청은 이에 대해 화를 냈다가 뺨을 맞았다. 조청은 치욕을 참지 못해 스스로 목숨을 끊었고, 그의 부친 조백부趙伯符도 자결했다.

공주들의 행태가 이처럼 오만방자하여 부마되기를 꺼렸고, 결국에는 공주가 시집갈 곳을 찾지 못해 애를 태우는 지경에 이르렀다. 당 헌종憲宗은 기양공주의 배필을 찾지 못해, 신하들에게 사윗감을 추천하라고 재촉했지만 마땅한 사람을 고르지 못했다. 모두들 공주를 아내로 맞으려 하지 않았기 때문이다.

남송 명제明帝의 부마감으로 선택된 한 청년은, "진晉대 이래 공주를 처로 맞이하여 행복하게 지낸 적이 없다. 공주가 부마를 노예처럼 업신여기는 데도 부마는 감수할 수밖에 없고, 심지어 온 가문이 몰락하는 경우도 있다."고 혼인을 거부하는 상소를 올렸다. 이 상소는 당시 많은 사람들이 공감하는 내용이었다.장위싱

지금은 황제가 드물기 때문에 공주는 아니지만, 현대의 공주라 할 수 있는 재벌가나 권력자의 딸과 결혼을 꿈꾸는 청년들은 새겨야 할 사항이다. 자칫 잘못 자란 규수는 큰 재앙이 될 수 있다. 여자도 마찬가지이다. 앞서 돈에 속아 결혼했던 박인덕의 예를 새겨봐야 한다.

슬프고 불행했던 삶들

◆

1920년대에 러시아의 드미트리 파블로비치1891~1940 대공 및 영국의 웨스트민스터1879~1953 공작 등의 왕족들과 염문을 뿌렸던 코코 샤넬1883~1971은 이렇게 말했다. "왕족은 이 세상에서 가장 슬픈 직업이다. 직업이라 할 수 없다면 그 상황은 더욱 열악하다. 웨스트민스터는 영국 최고의 부자이다. 유럽 최고의 부자일지도 모른다. 그럼에도 그는 불행했다." 코코를 만날 무렵 그는 두 번째 이혼수속4번 결혼을 밟고 있었다. 부귀의 최고봉에서 웨스트민스터는 매우 외로웠다.

출생 6일만에 부왕父王을 잃고 생후 9개월 만에 왕위에 올라 45세에 단두대에서 죽어간 메리1542~1587 여왕은 "여왕이 아니라 젖 짜는 아가씨로 태어났더라면 짝사랑의 고통을 맛보지도 않고, 신하들의 손

에 휘둘리지도 않았으며, 종교문제로 수많은 사람을 처형하지도 않았을 것"이라고 한탄했다. 아키히토 일왕日王의 사촌동생인 도모히토1946~2012 친왕은 2007년 10월 자신을 포함한 가족 6명이 암에 걸렸고 일본 왕실을 '거대한 스트레스 덩어리!'라며 "일본 왕실의 존재 이유는 그저 먹고 자는 것, 나는 알코올 중독자"라고 고백했다.[*]

여기 조선왕조1392~1910 말미에 우리의 가슴을 저미는 덕혜옹주1912~1983의 슬픈 삶이 있다. 나라를 잃은 2년 뒤 1912년 봄, 환갑의 고종1852~1919이 늦둥이 딸 덕혜옹주를 얻었다. 아버지의 마음은 애틋했다. 5살이 되던 해에는 덕수궁에 유치원을 세워주었다. 8살이 되던 1919년 1월 22일 고종이 서거했다. 고종의 죽음이 일본의 사주使嗾에 의한 독살이라는 소문이 돌자 조선의 민중은 분노했고, 고종의 국장에 맞춰 3·1운동이 일어났다.

총독부는 민중을 움직이는 조선 왕족의 강력한 힘을 확인하고, 고종을 빼닮아 국민을 매료시키는 덕혜옹주를 경계했다. 14살의 덕혜옹주에게 일본유학 명령이 내려졌다. 옹주가 조선을 떠난 뒤에도 그녀를 향한 대중의 애정은 한결같았다. 〈동아일보〉·〈조선일보〉는 덕혜옹주의 일거수 일투족을 보도하며 지속적인 관심을 보였다.

1931년 5월 이후부터 조선의 신문에 옹주에 관한 기사가 자취를 감추었다. 20살의 덕혜옹주가 소 타케유키宗武志,1908~1985 백작對馬島主과 결

---

[*] 일본의 천황가에는 특이한 관습이 있었다. 장자에게 왕위를 전하고 나머지 자녀는 모두 승려가 되어 칭호를 법친왕(法親王)이라 하여, 사찰에 흩어져 살고 의복과 음식의 부귀만 누린다. 딸도 비구니가 되어 부마나 공주의 명칭은 없었다. 한편 콘스탄티노플을 함락한 오스만 터키 메메드 2세(1432-1481)는 여러 왕자 중에 누군가 술탄이 되면, 나머지 형제들을 살해하라고 유언하여, 아흐메드 1세(1590-1617)가 살해를 중지하고 유폐(幽閉)로 전환할 때까지, 약 100년 동안 왕자들은 비참하게 죽어가는 운명이었다. 1597년에는 5살짜리를 포함하여 19명의 왕자가 죽었다.

혼하면서 조선민중들이 옹주로부터 멀어진 것이다. 옹주의 여자학습원 동창생의 증언록에는 옹주가 독살을 피하기 위해 늘 보온병을 들고 다녔다고 쓰여 있다.

결혼하기 직전 조발성치매증정신분열증 판정을 받은 옹주는 1945년부터 정신병원에 갇혀 있었고 1955년에 이혼당했다. 옹주는 조선으로부터 잊히고 남편으로부터 버림받았다. 1932년에 출생한 유일한 혈육 딸 마사에正惠는 1956년24살 유서를 남기고 험준한 고마가다케駒ヶ岳 산에서 사라졌다.

1962년 옹주가 38년 만에 한국에 돌아왔다. 옹주는 1983년 타계할 때까지 창덕궁 낙선재에서 지냈다. 끝내 의식이 돌아오지 않은 옹주가 정신이 맑은 날 썼다는 낙서는, "나는 낙선재에서 오래오래 살고 싶어요. 전하殿下, 비전하妃殿下 보고 싶습니다. 대한민국 우리나라!"였다.

아름답고 우아하며 매력적인 황후의 삶

◆

덕혜옹주의 삶이 나라를 빼앗겨 생긴 불행이었다면, 합스부르그 대제국의 엘리자베트 황후1837~1898의 삶은 행복했을까? 소녀 엘리자베트의 빼어난 미모는 '정말 아름답다'였다. 원래 엘리자베트는 프란츠 요제프 1세1830~1916 황제와 결혼할 상대가 아니었다. 프란츠의 어머니 소피 대공비大公妃는 신부감으로 엘리자베트의 언니 헬레네를 점찍었다. 프란츠와 헬레네의 첫 상견례에 엘리자베트가 동행하면서 운명이 바뀐 것이다. 프란츠는 15세의 엘리자베트에게 반해버렸다.

두 사람이 만난 바로 다음 날1853.8.19 약혼이 발표되었다. 8개월 뒤 1854년 4월 결혼한 16세의 엘리자베트는 전유럽의 화제와 관심을 모았다. 당시 세상에서 가장 아름답고 우아하며 매력적인 여성으로 회자膾炙되었다. 그러나 자유주의적 가정에서 자유롭게 자란 어린 황후는 합스부르그 왕가의 엄격하고 까다로운 법도와 황후로서의 품위와 위엄을 강요하는 시어머니큰이모에게 시달렸다.

아내를 사랑하면서도 황제의 직무에만 몰두하는 남편에 대한 원망怨望의 감정으로 "내 남편이 황제가 아니었으면 좋겠어요!"라며 긴장과 고통의 나날을 보내야 했다. 프란츠는 사랑하는 아내가 원하는 것, 즉 "왕가의 엄격한 법도와 숨막히는 궁정생활로부터 해방되어 평범한 여인으로 살고 싶다."는 소원은 이루어주지 못했다. 엘리자베트에게 '황후'라는 짐이 너무나 버거웠다. 그녀는 남편의 사랑에도 불구하고 숨막히는 궁정생활로부터 벗어나고자, 생애의 많은 부분을 국외여행으로 보냈고 승마에 열중했다.

17세에 낳은 첫아이 소피 공주를 2년 만에 병으로 잃고, "며느리는 아이들을 잘 키울 수 없다."며 손주들을 자신이 키우겠다는 시어머니와 끊임없이 충돌하며 대립했다. 31세의 외아들 황태자 루돌프1858~1889가 13세 연하의 애인과 동반 자살하여* 어미로서 견디기 힘든 고통도 겪었다. 아들 루돌프가 죽은 뒤 엘리자베트는 자폐상태에서 검

---

* 벨기에 공주 스테파니와 결혼한 루돌프는 불행했다. 루돌프는 브뤼셀의 황금왕국에서 자란 스테파니의 불평을 지겨워했다. 첫딸을 낳고 부부는 멀어졌다. 아버지 황제는 "왜 가정에 충실하지 않으냐?"고 질책했고 부부는 더 멀어졌다. 사촌누이가 소개한 남작의 딸 마리와 사랑에 빠진 루돌프는 교황에게 스테파니와의 이혼을 허락해달라는 편지를 보냈다. 왜 편지를 썼는지 아버지와 대화를 한 뒤 유언장을 쓰고, 다음날 마리를 사냥에 데리고 가 권총으로 쏘아죽이고 자살했다. 이 황태자의 비극적 사랑 이야기는 수많은 소설, 연극, 영화의 소재가 되고 있다.

은색 옷만을 입고 고독한 세월을 보내다가, 1898년61세 9월 친구와 함께 스위스 제네바 레만 호수 부근의 오솔길을 산책하던 중, 젊은 남자의 흉기에 가슴이 찔려 숨을 거두었다.

노블레스 오블리주(Noblesse Oblige)

◆

노블레스 오블리주란 고귀한 신분에 따르는 의무와 책임을 뜻한다. 이는 지배층의 도덕적 의무를 뜻하는 프랑스어로 특권만큼 의무를 다해야 한다는 말이다. 지도층의 솔선수범을 의미하며 특권에는 반드시 책임이 따르고, 고귀한 신분일수록 의무에 충실해야 한다는 것이다.

2007년 스웨덴의 한 부동산업자가 자동차를 몰고 핀란드로 막 넘어갔을 때 속도측정기에서 플래시가 터졌다. 시속 30km 이하로 제한된 곳인데 표지판을 못보고 67km로 주행하다 적발된 것이다. 그런데 몇 달 뒤 청구된 벌금이 무려 2만 500유로2,870만 원였다. "행정착오가 아니냐?"고 핀란드 법원에 항의했다. 법원은 "핀란드의 교통위반 벌금은 위반자의 연봉에 따라 책정된다."고 답했다.

그의 연봉이 29만 유로4억 600만 원였으므로 이에 해당하는 벌금을 매긴 것이다. 유럽에서는 핀란드의 벌금체계를 일명 '노블레스 오블리주법'이라고 부른다. 돈을 많이 버는 만큼 사회적으로 더 큰 책임을 져야 한다는 취지이다. 이에 대한 사회적 저항은 그리 크지 않다. 사회지도층일수록 법을 더 잘 지키라는 것이고, 법을 잘 지키면 수천만 원씩 날릴 일도 없기 때문이다.

초기 로마의 귀족들은 솔선수범으로 국가의 초석을 다졌다. 특히 포에니전쟁B.C. 260~B.C. 149 때에는 전쟁세를 신설하고 재산이 많은 원로원들이 더 많은 세금을 부담했다. 그들은 먼저 기부를 하기 위해 경쟁적으로 수레에 돈을 싣고 국고에 바쳤다. 이것을 본 평민들도 앞다퉈 세금을 냈다. 오랜 전쟁으로 국고가 바닥이 나자 전시국채戰時國債를 발행하여 귀족들과 원로원 및 정부 요직에 있는 사람들만 구입하게 했다. 평민들에겐 전비戰費를 부담시키지 않은 것이다.

또 이들은 평민들보다 먼저 전쟁터에 나가 나라를 위해 목숨을 바쳤다. 16년B.C. 218~B.C. 202동안 이탈리아 반도를 휘젓고 다니면서 로마를 괴롭혔던 한니발B.C. 247~B.C. 183이 끝내 로마인을 굴복시키지 못했던 이유는 노블레스 오블리주로 무장한 지도층의 리더십 때문이다. 8만 7,000의 로마군과 5만의 한니발군이 맞붙은 칸나에 전투B.C. 216에서 전현직 집정관=대통령이 전사하고, 기병이나 보병으로 참전한 80명의 원로원 의원도 거의 전사했다. 이러한 노블레스 오블리주의 미덕은 중세와 근대 사회에도 리더십의 전통으로 면면이 이어져 왔다.

요컨대 노블레스 오블리주란 상층집단의 자구自救적 전략이다. 이들은 자신들에 대한 사회적 거부감을 완화하기 위해 노블레스 오블리주를 실천해 왔다. 대대로 귀족이었던 프랑스 샤토성의 주인은 이렇게 말했다. "유럽의 귀족이 전쟁이 나면 가장 먼저 참전하고, 흉년이 들면 곡식창고를 연 데는 이유가 있다. 유럽에는 혁명과 전란이 많았다. 그렇게 해놓지 않으면 수많은 혁명과 전란의 소용돌이속에서 샤토가 쑥대밭이 되었을 것이다. 노블레스 오블리주는 가문을 지키기 위한 자구책이었다."

◆ 노블레스 오블리주와 칼레의 시민

영국과 프랑스의 백년전쟁1337~1453 때이다. 10년 가까이 영국의 공격에 저항하던 프랑스 북부도시 칼레는 원병을 기대할 수 없는 절망적 상태에서 항복할 수밖에 없었다. 칼레의 항복사절은 도시 전체가 불타고 시민이 도살되는 참상을 면하기 위해 영국 왕 에드워드 3세에게 자비를 구했다. 영국 왕은 "칼레 시민의 생명은 보장하겠다. 그러나 누군가 그 동안의 어리석은 반항에 대한 책임을 져야 한다. 도시에서 명망이 높은 시민대표 6명이 목에 밧줄을 걸고 맨발로 영국군 진영으로 와서 도시의 열쇠를 건넨 후 교수형을 받아야 한다."는 조건을 내세웠다.

시민들은 기뻐할 수도 슬퍼할 수도 없었다. 누군가 6명이 그들을 대신해 죽어야 했기 때문이다. 그때 6명이 선뜻 나섰다. 모두 도시의 핵심인물이며 부유한 귀족이었다. 일등부자 생피에르가 가장 먼저 자원했다. 그러자 시장이 나섰다. 상인이 나섰다. 그의 아들도 나섰다. 7명이 되었다. 한 사람은 빠져도 되었다. 제비를 뽑자는 의견도 있었지만 그렇게 할 수 없었다. 생피에르는 "내일 아침 장터에 제일 늦게 나오는 사람을 빼자!"고 제의했고 모두 동의했다. 다음날 이른 아침 6명이 모였다. 그런데 생피에르가 오지 않았다.

사람들은 궁금해 했다. 모두 안 나와도 그는 나올 사람이었기 때문이다. 그는 이미 죽어 있었다. 죽음을 자원한 사람들의 용기가 약해지지 않도록 칼레의 명예를 위해 스스로 목숨을 끊었던 것이다. 이들이 처형되려는 순간 에드워드 3세는 당시 임신 중인 왕비의 간청으로 6명을 모두 살려주었다.

그로부터 550년 뒤 1895년 칼레 시는 이들의 용기와 헌신을 기리기 위해 로댕Rodin, 1840~1917에게 조각상을 의뢰했다. 1895년 6월 〈칼레의 시민〉이라는 기념상이 제막되었다. 이 조각상은 노블레스 오블리주의 상징이 되었다.

4장

돈과 행복

The Philosophy of money

"지금까지 삶의 목적이 무엇인지에 대해 수많은 의문이 제기되었다. 하지만 아직도 만족스러운 답을 얻지 못했고, 앞으로도 명확한 답을 얻지 못할 것이다. 과연 인간이 삶에서 얻으려는 것은 무엇이며 성취하려는 것은 무엇인가? 그것은 바로 행복이다. 인간은 행복해지길 원하고 행복한 상태에 머물기를 원한다." 프로이트1856~1939의 통찰이다.

수학자이자 철학자였던 블레즈 파스칼1623~1662은 이렇게 말했다. "모든 사람은 행복을 추구한다. 여기에 예외는 없다. 행복을 추구하는 방법은 저마다 다를지라도 모두 한 지점을 향하고 있다. 전쟁을 일으키는 사람이나 그것을 막는 사람이나 모두 행복하고 싶은 소망에서 출발한다. 사람은 행복 이외의 목적에는 그다지 관심을 보이지 않는다. 행복은 모든 사람의 모든 행동의 동기이며, 심지어 스스로 목을 매달아 죽는 사람도 이 점은 같다."

행복이란 무엇인가?

◆

무릇 인간은 행복을 추구한다. 그러나 '행복이 무엇이냐?'고 물으면 시원한 답을 듣기가 힘들다. 행복이란 무엇인가? 행복은 인생의 궁극적 목표인가 혹은 바람직한 삶의 부산물인가? 행복은 의지의 산물인가 혹은 행운의 선물인가? 행복의 개념은 '인생이란 무엇인가?'에 대한 답변만큼이나 어렵다. 행복은 명료하게 정의할 수 없는 그 무엇이다.

영국의 시인 알렉산더 포프1688~1744는 그의 저서 《인간에 대한 에세이Essay on Man》의 1/4을 행복에 할애하면서 마지막에 이런 질문을 남겼다. "누가 행복을 정의할 것이며, 누가 자신이 더 행복하다고 혹은 덜 행복하다고 말할 것인가? 이것이 행복이라고 또는 저것이 행복이라고 말할 사람은 누구인가?"

행복은 저마다 자기방식대로 정의할 수 있는 모호한 개념이다. 행복에 대한 사람들의 의견은 분분하며 완전히 상반된 견해를 보이기도 한다. 사회학자들은 행복을 '자신의 삶에 대한 긍정적 느낌'으로 정의하고, 불가佛家에서는 행복을 '고통이 해소된 상태'로 정의한다.

아리스토텔레스는 "삶에서 가장 중요한 것은 행복eudaimonia이고, 지혜로운 사람은 삶을 행복으로 이끌며, 행복한 삶은 성공한 삶이며, 행복은 마음상태가 아니라 미덕美德과 일치하는 영혼의 활동"이라고 정의했다. 에우다이모니아는 완벽하게 행복한 삶을 말한다.

행복은 '어떻게 살 것인가?'의 핵심개념이다. 우리가 어느 정도의 재산, 명예, 권력, 건강 등을 누리고 있다 해도, 그것을 자기가 바라는 것의 전부라고 생각하지 않으면 여전히 행복하지 못하다. 이러한 경우 행복은 무지개와 같은 환상으로 여겨진다. 행복은 우리가 결코 도달할 수 없는 그 무엇이기 때문에 행복_{행운 + 축복}이라 일컫는지도 모른다.

행복은 지극히 개인적인 느낌

◆

행복은 내면의 기쁨, 평온한 마음의 상태이다. 행복은 각자가 느끼는 자족적_{自足的} 상태이다. 그런데 사람마다 느끼는 행복이 다르다. 그래서 행복에 대한 견해는 매우 다양하다. 이러한 다양성은 만인이 인정하는 기준이 없다는 것을 의미한다. 혹자는 감각적 쾌락과 동일시하고, 혹자는 최대의 이성적 발휘로 보고, 혹자는 간절한 소망이 실현된 상태라고 말한다. 심지어 행복은 상상력의 소산인 공허한 개념이어서 구체적으로 규정할 수 없다고 보는 사람도 있다.

칸트는 "행복은 경험적 사실이고 행복에 대한 판단은 각자의 추측이며, 게다가 그 추측이 극히 변하기 쉽다. 따라서 보편적인 행복의 원리는 있을 수 없다."고 주장한다. 그리고 그는 "행복은 우리의 모든 욕구가 지속적으로 충족되는 것이고, 삶에서 모든 일이 자신의 희망과 의지대로 이루어지는 상태이다. 그러나 우리가 지상에 온 것은 행복하기 위해서가 아니라 의무_{義務}를 다하기 위해서"라고 설파했다.

프로이드는 "인생의 목표는 행복의 추구이며, 행복은 욕망을 충족하는 것이다. 그러나 인간은 욕망을 절제하고 사회가 수용할 수 있도록 승화시켜야 한다. 그래서 사회 속에서 살기가 어렵고 행복하기도 힘들다."며, 절제된 욕망과 사회적으로 용인할 수 있는 도덕적_{道德的} 행위를 강조하고 행복하기가 쉽지 않음을 역설했다.

미국의 행복학자 에드 디너_{1946~} 교수는 "행복은 심리적 부_富이고, 주관적 안녕감_{安寧感; subjective well-being}이며, 삶에 대한 긍정적 생각과 삶을 잘 꾸려가고 있다는 느낌"이라고 정의했다. 성공한 기업가 이병철은 "자기가 무엇을 위해 살아가고 있는지 알고 있을 때 행복하다." 했고, 존 템플턴은 "행복은 무엇인가를 하는 중에 얻어지는 부산물"이라고 규정했다. 노동자들을 부추겨 세상을 뒤흔든 칼 마르크스_{1818~1883}는 아내 예니에게 "행복은 투쟁하는 데 있다."고 말했다.

행복은 배울 수 있는 기술

◆

행복은 바이올린 연주나 자전거 타기처럼 배울 수 있는 기술이라고 주장하는 연구가 많다. 펜실베이니아 대학 심리학 교수 샐리그먼_{1942~}은 "현재를 즐기면서 미래를 계획하고 과거에 집착하지 않으면 행복해질 수 있다. 가장 잘하는 일을 할 때 느끼는 행복이 가장 완전한 행복"이라고 주장한다. 샐리그먼의 세 가지 행복한 삶은 ① 즐거운 삶_{한 잔의 포도주} ② 만족스러운 삶_{일, 사랑, 취미} ③ 의미 있는 삶_{좋은 일에 역량을 쏟아 붓는 것}이다.

캘리포니아 대학 심리학 교수 소냐 류보머스키는 《행복도 연습이 필요하다_{How to be happy}》₂₀₀₈에서 행복감에 유전적 요소 50%[*], 환경적 요인 10%, 40%는 행복을 향한 개인의 의지와 실천능력이며, 40%의

---

* 수많은 사례를 연구한 행동유전학자 데이비드 라이켄(1928~2006)은 사회적 지위, 교육, 재산, 성별, 나이, 민족 등 외부요인은 행복감의 10%이고, 내부요인이 90%이며, 내부요인은 유전자가 50%, 나머지 40%의 행복감은 인생관, 대인관계, 우정, 일, 취미생활 등이 결정짓는다고 주장했다. 그러나 50%는 잠재적 가능성일 뿐, 다른 많은 요소들이 작용한다는 비판론도 적지 않다.

행복증대 방법으로 ① 목표에의 매진 ② 몰입체험 ③ 삶의 기쁨 음미 ④ 감사표현 ⑤ 낙관주의 ⑥ 사회적 비교회피 ⑦ 친절의 실천 ⑧ 돈독한 인간관계 ⑨ 스트레스 대응법 개발 ⑩ 용서 ⑪ 종교생활 ⑫ 명상 등 12가지를 제시했다.

미국 미시간 대학 사회연구소가 제시한 10가지 행복요건은 ① 쉽게 행복을 느끼는 유전적 성향 ② 결혼 ③ 친구 사귀기 ④ 욕심 줄이기 ⑤ 좋은 일 하기 ⑥ 종교적 혹은 비종교적 신념 갖기 ⑦ 자기 외모를 남과 비교하지 않기 ⑧ 더 많은 돈 벌기 ⑨ 우아하게 늙기 ⑩ 천재가 아니라고 비관하지 않기 등이다.

쇼펜하우어는 "우리의 즐거움은 무엇인가를 열심히 추구할 때이다. 무엇인가 추진하거나 배운다는 것은 행복의 필수조건"이라며 '활동'을 권장한다. 평생 '무엇이 인간을 행복하게 만드는지'를 연구한 칙센트미하이1934~ 교수는 '활동 자체에 빠져드는 몰입沒入의 상태'가 되면 만족을 얻고 행복을 느끼게 된다고 설파했다. 니체는 "인간은 행복조차 배워야 한다."고 말했다.

◆ 노년의 행복

사람들은 기쁨이 없는 노년의 삶을 동정한다. 그리고 노인들은 즐거움을 누리지 못한다고 안타까워한다. 그러나 이것은 부당한 연민이다. 즐거움이란 욕구를 충족시키는 단순한 기쁨이다. 욕구가 없어지면 즐거움도 사라진다. 플라톤은 노년생활에 대해 여인에 대한 욕구가 잠잠해진다는 점에서 행복하다고 말했다. 그의 지적은 매우 타당하다. 노년의 주된 욕구는 편의와 안정에 대한 욕구이다. 그래서 노인들은 무엇보다 돈을 좋아한다. 돈은 부족한 힘을 보상해준다.

다음으로, 사랑의 기쁨을 대신하는 것은 식사의 기쁨이다. 보고 싶은 욕구, 여행하고 싶은 욕구, 배우고 싶은 욕구가 자리 잡았던 곳에는 가르치고 싶은 욕구와 말하고 싶은 욕구가 들어선다. 만약 노년이 되어서도 연구에 대한 사랑, 음악에 대한 사랑, 연극에 대한 사랑이 남아 있다면, 이것은 또 하나의 행복이다. 쇼펜하우어

2013년 런던 정경대가 17~85세 23,161명의 행복도를 조사한 결과, 23세와 69세가 '가장 행복한 나이'로 나타났다. 행복곡선은 20~70세에 U자형을 보이는데, 가장 낮은 시기는 55세였고, 75세 이후에는 다시 낮아진다. 연구팀은 인생의 실패로 좌절감을 느끼는 50대에 최저였다가 이를 수용하기 시작하는 60대에 다시 상승하는 것으로 추정했다.

돈과 행복

◆

"돈과 행복을 구분하는 것이 지혜의 시작이다." 에머슨1803~1882의 말이다. 부자이면서 불행한 사람이 있다. 가난하면서 행복한 사람이 있다. 지나친 돈 벌기, 지나친 절약, 지나친 소비 모두가 번뇌이다. 돈에 집착하면 누구도 행복할 수 없다. 또한 누구나 원한다고 돈을 가질 수도 없다. 그러나 돈이 아니더라도 행복할 수 있는 방법은 많다.

지나치게 부자가 되려는 사람은 항상 가난하다. 돈에 대한 욕심은 적절한 수준에서 자제해야 한다. 사회적 존경, 권력, 애정, 우정을 돈으로 산 사람은 불행하다. 마음의 평화와 행복이 없기 때문이다. 행복은 욕망의 충족보다는 오히려 그러한 욕망을 억제하고 마음을 다스리는 데에서 얻을 수 있다. 욕망의 충족은 확실한 기준이 없어서 행복해진다는 보장이 없다.

사회심리학자들은 "인간에게 돈 만큼은 만족의 기준이 없다. 돈이 많아질수록 욕망도 비례해 커지고, 돈이 주는 행복은 오래가지 않아 돈만 좇아서는 결코 행복할 수 없다."고 주장한다. 복권에 당첨된 사람들은 5년만 지나면 이전의 행복수준으로 되돌아간다. 무슨 일을 겪든지 자동온도조절장치와 같이 다시 원점set point으로 돌아간다.

〈포브스〉의 최고부자 400명과 그린란드의 이누이트 족과 아프리카 마사이 족의 행복수준은 동일하다. 행복경제학자 디너 교수가 〈포브스〉 부자 400명과 인터뷰한 결과 그들은 일반인보다 조금 더 행복했을 뿐이다. 행복하려면 돈을 많이 가지려 하지 말고 필요한 만큼만 가지면 된다. 돈은 생활방식만 바꾸고 사람은 바꾸지 못한다.

서구에서는 행복을 돈으로 환산하는 이른바 행복경제학이 활발하다. 2006년 1월 〈뉴욕타임스〉는 '원만한 결혼생활 1년의 금전적 가치는 10만 달러1억 2,000만 원에 달한다'고 보도했다. 즉, 행복한 결혼생활만으로 10년이면 100만 달러12억 원의 정신적 부자가 될 수 있다.

배우자의 죽음은 26만 7,000달러3억 2,040만 원가 줄어드는 괴로움과 맞먹는다. 이혼은 평균적으로 20만 8,000달러2억 4,960만 원의 손실과 맞먹는다. 특히 이혼한 해는 우울증이 가장 심한 시기이다. 그 시기가 지나면 남성은 원래의 '세트포인트'를 회복하지만 여성은 그렇지 못하다.

돈은 행복의 매개물

◆

행복학자들은 돈이 느는 만큼 행복이 증가하는 것은 아니므로 행복을 돈에서 찾지 말라고 권고한다. 하지만 보통사람들에게는 설득력이 없다. 사람들은 돈이 행복 자체는 아니라도 행복의 문을 여는 열쇠로 믿고 있다. 돈이 행복의 꼭대기는 아니더라도 하나의 주춧돌임에는 틀림없다. 돈은 힘, 자유, 쿠션, 에너지이며 최대의 행복이다. 돈이 행복과 관계가 없다는 것은 엄청난 오류이다. 돈으로 행복도 살 수 있는가? 물론 행복도 살 수 있다. 돈은 편안한 생활을 보장해준다.

돈이라는 먹구름이 끼어 있는 한 결코 행복할 수 없다. 돈은 행복의 매개물이다. 돈과 행복은 상호 작용한다. 돈의 힘을 빌려 보다 행복하고 풍족한 생활을 누릴 수 있다. 누군가 말했다. "예, 돈이 사람을 행복하게 합니다. 아주 많이 …. 제대로만 사용하면 돈이 사람을 더없이 행복하게 만든다고 확신합니다."

빌 게이츠가 가장 행복한 사람이 아닐 수는 있다. 그렇다고 노숙자가 그보다 더 행복하다고 말할 수는 없다. 그들에게 돈은 절대적으로 필요하고 중요하다. 돈을 우습게 여길 수 있으려면 돈이 많아야 한다. 검소한 사람이나 욕심이 없는 사람도 돈은 필요하다. 돈은 균형잡힌 삶을 위해 중요하다. 돈 때문에 싫은 일을 계속하는 것은 비참하다. "많은 소득이 행복의 비결이다. 돈 없이 행복하다는 것은 영적靈的 속임수이다." 카뮈1913~1960의 말이다.

돈으로 행복을 살 수 없다고 말하는 사람은 어디서 행복을 사야 할지 모르는 사람이다. 즉, 돈을 쓸 줄 모르는 사람이다. 돈으로 행복을 살 수 있다. 돈이 넉넉하면 어떤 불행이든 연기처럼 사라진다. 돈이 없으면 불행하다. 가난은 불편을 넘어 삶의 장애가 된다. 그런데도 돈이 없는 자들은 '행복과 돈은 관계가 없다'고 자위自慰하는 것이다.

부자는 행복할까?

◆

로마의 큰 부자였던 세네카B.C. 4~A.D. 65는 "행복할 것으로 보이는 사람들이 실은 가련한 사람들"이라고 말했다. 돈이 행복을 가져다준다면 부자들은 모두 행복해야 할 것이다. 그러나 부자들 중에 의외로 불행한 사람이 많다. 돈이 많아 파멸한 사람도 흔하다. 돈은 사람들을 행복하게 만들지만 그에 따르는 스트레스로 거의 상쇄된다.

아무리 돈이 많고 지위가 높더라도 각자의 삶에는 고충과 괴로움이 있다. 살아가는 데 문제가 없는 사람은 이 세상에 단 한 사람도 없다. 없으면 없어서 걱정, 있으면 있어서 걱정이다. 그래서 붓다는 삶을 고통의 바다苦海라 했고, '인생은 99%가 비극'이라는 말도 있다.

일본의 한 대기업 회장은 거대한 부를 축적한 재력가이다. 호화저택에 롤스로이스를 타고 다니며 하와이에 별장도 있다. 하지만 그는 결코 행복하지 못하다. 신장병을 앓고 있어 일주일에 한번은 반드시 투석치료를 받아야 하고, 회사는 후계자 문제로 흔들리고 있으며, 흑인남성과 동거하고 있는 딸 문제도 엄청난 골칫거리다.

중국의 큰 부자 희망그룹 류용엔劉永彤, 1948~ 회장의 부인은 얼굴이 알려지면 납치의 대상이 된다면서, 한국의 MBC TV 취재에서조차 끝내 얼굴을 보이지 않았다. 이것은 빈자들이 겪지 못하는 부자들의 색다른 고민거리이다. "사람은 이름이 나는 것을 두려워하고, 돼지는 살이 찌는 것을 두려워한다."라는 중국 속담을 의식한 것이다.

홍콩의 차이나켐 그룹을 경영하던 아시아 최고의 여성부호 니나왕1937~2007이 자녀도 없이 42억 달러5조 400억 원의 재산을 남기고 죽었다. 그녀의 남편 테디 왕은 1983년 납치되어 1,100만 달러132억 원를 지불하고 풀려났었는데, 1990년 또다시 납치되어 범인들이 요구한 몸값의 절반인 3,300만 달러를 전달했지만 풀려나지 못했다. 후에 체포된 납치범들은 테디왕을 바다에 던졌다고 자백했다. 돈이 많아 생긴 불행이다.

2003년 8월 현대그룹 정몽헌1948~2003 회장이 자살하여 우리를 놀라게 했었다. 재벌의 총수만 자살한 게 아니다. 2005년 6월 서초구 반포동 부자동네에 살던 60억 원대 재산가 정모77세 할머니가 한강에 투신해 목숨을 끊었다. 정 씨의 남편은 10년 전 바람이 나 딴살림을 차려 나갔고, 정 씨는 가정부와 단 둘이서 고급아파트에 살았다. 또 명문대를 졸업한 뒤 별다른 직업이 없는 40대 아들과 두 딸 사이에 유산상속을 둘러싼 불화도 심각했다. 사람들의 눈에 할머니는 '충분히 행복할만한' 조건을 갖추고 있었다. 그러나 죽음 뒤에 드러난 할머니의 삶은 감당할 수 없는 고통이었고 한없이 외로운 것이었다.

그들은 행복하지 않았다
◆

"난 평생 한번도 행복해본 적이 없다." 미국의 억만장자 브라이언 더글러스의 말이다. "행복했느냐고 물으면 솔직히 자신이 없다. 평안하고 행복한 때보다는 그렇지 않은 때가 많았다. 100만 달러를 벌면 그 다음, 그 위를 생각했다. 행복을 누린 날은 봄날 모란이 피어 있는 동안만큼이나 잠깐이었다." 백만장자 재미교포 파코스틸 백영중 회장1930~2010의 고백이다.

선교사로 변신한 서울 종로 삼일빌딩 주인이자 특수강으로 세계를 제패하리라 꿈꿨던 옛 삼미그룹 2대 회장 김현철1951~의 회고이다. "15년 회장 하면서 행복했던 건 우리가 세계 1위를 할 수 있다는 꿈을 꾼 잠깐뿐이었어요. 나머진 스트레스와 고민의 연속이었습니다. 그런데 선교사가 되고 달라졌어요. 모든 걸 내려놓자 행복해졌어요. 비록 아버님이 이룬 삼미그룹을 지키지 못했지만 그마저 이젠 내려놨어요. 회사는 사라진 게 아니니까요. 꼭 내가 해야 한다는 욕심만 빼면 말이에요."

화려한 싱글로 수많은 상류층 남성들과 염문을 뿌리며 부와 명성을 누렸던 코코 샤넬1883~1971의 충실한 동반자는 고독, 수면제, 모르핀이었다. 그녀는 "사람들의 예상과 달리 나는 결코 행복하지 않았다."고 고백했다. 수백만 팬들을 열광하게 하여 어마어마한 돈을 벌고도 잠을 이루지 못해 수면유도제프로포폴 과다복용으로 사망한 마이클 잭슨1958~2009은 자서전《문워크》에서 "나는 세상에서 가장 외로운 사람일 거다."라고 썼다. 수면제 과다복용으로 사망한 마릴린 먼로, 마약으로 공허감을 달랬던 엘비스 프레슬리도 행복하지 못했을 것이다. 2008년 10월 부러울 것이 없어 보이는 톱스타 최진실1968~2008이 자살하여 세상을 떠들썩하게 했다.

행복은 돈으로 살 수 없다

◆

우리는 돈이 우리의 소원을 모두 이루어줄 것으로 기대한다. 하지만 돈으로 얻은 만족감은 지속기간이 짧고 행복을 보장하지 못한다. 돈이 많다고 더 행복해지는 것은 아니다. 인간에게는 음식과 휴식, 따뜻한 정情과 인간관계가 필요하다. 기본적 욕구가 충족되면 돈이 더 이상 우리를 더 행복하게 해주지 않는다는 주장은 정설로 자리 잡았다.

구미에서는 돈과 행복의 상관관계가 거의 제로에 가깝다고 알려져 있다. 돈이 많다고 가족간의 관계가 좋아지고, 우정이 깊어지고 만족감이 커지는 것은 아니다. 돈으로 행복은 살 수 없다. 돈이 없으면 불편하지만 돈이 많다고 더 행복한 것은 아니다. 많은 재산이 행복을 보장해주지 않는다. 돈으로 살 수 있는 행복이란 상품은 없다.

벤호벤 교수는 말한다. "행복이란 자기의 삶을 얼마나 좋아하느냐의 문제다. 행복을 평가하는 객관적인 척도는 없다. 가난한 사람도 행복할 수 있고, 부자도 불행할 수 있다. 국가가 부유하고 수입이 많고 사회보장제도가 잘 되어 있다고 행복한 것은 아니다." 카네먼 교수는 "수입이 느는 만큼 욕망도 늘게 된다. 경우에 따라서는 수입보다 욕망이 더 빠르게 증가하여 불행에 이를 수도 있다."고 말한다.

이처럼 돈과 비례하지 않는 점이 행복의 묘미이다. 일단 편안한 상태에 접어들면 돈은 오히려 우리의 행복을 떨어뜨린다. 빈곤을 벗어난 사람들에게는 늘어난 소득이 큰 만족감을 주지 않는다. 로또당첨자 중에는 그 돈으로 더 행복해지지 않았다는 사람이 많다. 행복은 자신의 건강과 조직에의 소속감, 그리고 도덕률에 달린 것이다.

애덤 스미스도 "생활수준은 달라도 육신의 안락과 마음의 평화는 거의 공평하다."고 썼고, 케인즈도 "어느 수준 이상의 부의 축적은 개인을 더 이상 행복하게 해주지 않는다."고 썼다. 미국의 억만장자는 평균소득을 가진 사람보다 아주 조금 더 행복할 뿐이다. 1960년대 초 굶주림으로 인육人肉을 먹는 참혹한 시기를 겪은 중국의 70년대 초등학교 교과서에는 "미국의 억만장자가 가난한 중국인보다 반드시 더 행복한 것은 아니다."라는 구절도 있다.

◆ 이스털린 역설(Easterlin Paradox)

1974년 미국 남캘리포니아대 경제학과 리처드 이스털린1926~ 교수가 "소득이 일정수준에 이르고 기본적인 욕구가 충족되면, 소득의 증가가 행복에 큰 영향을 미치지 않는다."는 논문을 발표했다. 일단 빈곤의 문턱을 넘어서면 재산이 늘더라도 행복이 늘지 않는다는 것이다. 이를 '이스털린 역설'이라 한다. 소득이 늘어도 행복이 늘지 않아 '역설'이라 한 것이다.

2005년 6명의 학자가 영국의 작은 도시 슬라우 주민을 대상으로 돈과 행복의 관계를 연구했다. 이들은 연소득 1만 달러를 넘으면 돈은 행복과 관계가 없다는 사실을 발견했다. 이는 다른 나라들에서도 그러한데 연소득이 1만 5,000달러2006년 이후 2만 달러로 상향 이상이면 돈이 행복에 미치는 영향을 극적으로 감소시킨다.

1990년 미국의 1인당 국민소득은 인플레이션을 감안하더라도 1957년 소득의 2배가 넘었다. 그러나 '행복하다'고 답한 미국인의 수는 여전히 30%에 머물러 있었다. 오히려 그 사이에 우울증은 10배, 이혼율 2배, 10대 자살률 3배, 폭력범죄 4배, 죄수의 수 5배, 미혼모의 신생아가 6배 늘었다.

2011년 버지니아 대학 오이시Oishi 교수 연구팀은 "국부國富의 증가가 국민의 행복으로 잘 연결되지 않는 이유는 소득불균형 때문"이라며 '이스털린 역설'의 원인을 소득불균형으로 규정했고, 2002년과 2015년 각각 노벨경제학상을 수상한 다니엘 카네만심리학, 앵거스 디톤경제학 프린스턴 대학 교수들의 공동연구 논문2010년은 "감정이 행복의 중요한 요소인데 감정은 돈에 의해 결정되지 않는다."며 이스털린 역설의 원인을 '감정의 문제'로 규정했다. 행복은 소득이 아니고 이웃과 비교하며 배 아파하는 시기심 등의 감정이 좌우한다는 결론이다. 결국 감정을 다스리는 것이 행복의 비결인 것이다.

그리고 최근의 행복학 연구결과는 모두 공통적으로 '소유보다는 경험을 사라!'고 권고한다. 고가의 명품 가방보다는 여행, 감명 깊은 책, 영화, TV 프로그

램, 자원봉사, 기부, 맛있는 음식, 말이 통하는 사람과의 유쾌한 대화 등 일상의
조그만 경험들이 우리를 더 행복하게 한다는 것이다.

돈으로 행복을 살 수 있다

◆

동기motivation란 사람을 움직이게 하는 힘이다. 돈만큼 강력한 동기動機는 없다. 많은 사람들이 돈을 1차적 동기의 대상으로 삼아 매달리고 있다. "돈이 최고다. 세상에 돈으로 살 수 없는 건 없다." 사람들은 돈이 행복을 가져다준다고 믿고 있다. 돈은 행복의 이미지이다. 따라서 구체적으로 행복을 느낄 수 없는 사람들이 돈에 마음을 바친다.

2002년 전미全美경제학회AEA 학술대회의 주제가 '돈과 행복의 관계'였다. 영국의 워릭 대학 오스왈드1953~ 교수가 1990년부터 10년 동안 영국의 9,000가구를 대상으로 '돈을 빌었을 때 느끼는 행복감'을 조사하여 "돈으로 행복을 살 수 있는가?"라는 논문을 발표했다. 그의 결론은 "소득과 행복 사이에 강한 상관관계가 나타났다. 돈으로 행복을 살 수 있고 스트레스를 낮출 수 있다."였다. 보통사람들은 5만 파운드9,400만 원가 생기면 일정수준 행복감이 높아지고, 100만 파운드18억 8,000만 원를 가지면 가장 높은 행복감에 이른다는 것이다.

그는 "돈과 행복은 밀접한 관계가 있다. 유산을 상속받거나 복권에 당첨된 사람들은 수년 동안 높은 수준의 행복감을 느꼈으며, 1,000파운드188만 원만 받아도 인생관이 밝아졌다. 단 소액의 돈은 지속적인 효과가 없다." 그러나 그는 "돈 외에도 안정된 결혼생활과 건

강상태 등 행복에 영향을 미치는 요소들이 많다.”는 주장을 빼놓지 않았다.

2008년 미국 미시간 대학 저스틴 울퍼스·벳시 스티븐슨 부부교수도 미국, 스웨덴, 한국, 아프리카 빈국 등 132개국의 50년 자료를 분석해보고 '소득이 늘어나는 만큼 행복감은 커진다'면서 '돈으로 행복을 살 수 있다'는 주장에 가세했다. 소득이 일정수준을 넘어서도 소득이 늘어나는 만큼 행복하며, 인간의 물질적 욕망엔 만족점이 없다는 것이다.

막상 돈을 모으면 생각이 달라질 수도 있다. 그러나 돈을 좇는 동안에는 돈이 행복의 지름길이라 믿는다. 부자들이 돈은 행복을 가져오지 않는다고 말하면 호강에 겨운 푸념으로 여겨진다. 부귀영화를 누리는 이들이 돈과 행복은 관계가 적다고 말할 때 그것은 사실일 수도 있다. 하지만 빈자들에게 돈은 행복에 이르는 유일한 열쇠요 길이다.

◆ **돈과 행복의 관계**

2006년 학회에서 에드 디너 교수는 '돈과 행복이 관계가 없다'는 말은 사회적 통념이고 그 관계는 아주 복잡하다고 주장했다. 2002년 돈과 행복의 관계를 강력히 주장했던 오스왈드 교수는 "돈으로 행복을 살 수 있다는 증거는 있지만, 그 효과가 얼마나 큰지는 의문"이라면서 2,000달러에서 2만 5,000달러의 복권에 당첨된 영국인들의 당첨 전과 당첨 2년 뒤의 행복지수를 36단계로 측정한 결과, 당첨 뒤의 행복지수는 겨우 1단계만 상승했다고 밝혔다. 카네먼 교수는 9만 달러 이상과 5만~9만 달러의 소득자가 '행복하다'고 답한 비율은 43% 대 42%로 많은 수입이 행복하게 한다는 인식은 '대부분 착각'이라고 지적했다. 이들은 한결같이 행복에 대한 돈의 효과는 사람들이 추측하는 것처럼 크지 않다고 말한다. "인생에서 행복을 찾는다면 소득을 2배로 올리는 것보다는, 적합한 남편이나 아내를 찾아야 한다." 오스왈드 교수의 권고이다.

행복한 가난, 불행한 풍요

◆

1998년 UN의 의뢰를 받은 런던 정경대학이 54개 국가의 행복지수를 발표하자 세상이 요란했었다. 최빈국 방글라데시가 1위였고 아제르바이잔, 나이지리아, 필리핀, 인도 등의 순으로 가난한 나라 국민들의 행복도가 높은 것으로 나타났다. 스위스, 독일, 캐나다, 일본, 미국 등 선진국들은 모두 40위권이었고 한국은 23위였다.

2006년 영국에 본부를 둔 유럽신경제재단NEF은 삶의 만족도, 평균수명, 생활에 필요한 공간과 에너지 소비량 등을 종합해 178개국의 행복지수HPI를 발표했다. 1위는 남태평양의 작은 섬나라 바누아투였고 중국 31위, 독일 81위, 일본 95위, 한국 102위, 영국 108위, 캐나다 111위, 프랑스 129위, 미국 150위, 러시아가 최하위 172위였다.

2010년 유럽신경제재단NEF의 143개국 행복지수 조사에서는 부탄이 1위였고 한국은 68위였다. 부탄의 1인당 GDP는 2,000달러에 못 미친다인구 70만. 연도별 행복지수 세계 1위였던 방글라데시, 바누아투, 부탄 등은 경제수준과 행복수준이 비례하지 않음을 입증한다. 물질적 풍요는 행복의 중요한 요소이지만, 많은 연구가 돈만으로 행복을 얻을 수 없다는 사실을 밝히고 있다. 행복지수가 높은 제3세계 국민들은 가족, 친구, 이웃 등의 인간관계에서 행복감을 느낀다. 반면에

◆ 번지점프(bungee 또는 bungy jumping)는 세상에서 가장 행복한 나라 바누아투의 펜테코스트섬 주민들이 매년 봄 성인축제에서 나무탑 위에 올라가 칡의 일종인 열대덩굴로 엮어 만든 줄을 다리에 묶고 뛰어내려 남성의 담력을 과시하는 의식이었고, 열대덩굴 이름인 번지에서 유래하였다.

경제적으로 풍요한 선진국은 따뜻한 인간관계가 부족하고, 지나친 경쟁으로 삶이 각박해지면서 심리적 빈곤과 불행을 느끼는 것이다.

◆ 풍요로운 가난

1993년 에마뉘엘 수녀는 세상에서 가장 가난한 카이로의 빈민가에서 23년을 보내고 프랑스로 돌아왔다. 카이로에서 그녀는 수도도 전기도 없는 낡은 양철집에 살면서 너무나 힘든 생활을 했다. 그러나 가난한 그곳 사람들은 언제나 즐겁고 유쾌했으며, 그들을 돕는 그녀도 그 모습을 보며 기특해 했다.

에마뉘엘 수녀는 프랑스로 돌아온 뒤 충격을 받았다. 가난한 이집트에서는 삶의 기쁨이 넘쳐나는데, 부유한 프랑스에는 불만이 가득 차 있었다. 세금, 교통요금, 학교, 아이, 배우자, 월급, 일자리 등 모든 요소에 대해 사회계층 꼭대기에서부터 밑바닥에 이르기까지 온통 불만이 가득했다. 풍요 속의 가난, 가난 속의 풍요, 그 패러독스를 두고 에마뉘엘 수녀는 '풍요로운 가난'이라고 정의했다.

행복한 삶의 조건

◆

문학적 천재성을 타고나 희극 또는 비극 작가를 꿈꿨던 플라톤B.C. 427~B.C. 347은 행복한 삶의 조건을 다음과 같이 해학적으로 정의했다.

① 먹고 입고 자고 싶은 수준에서 조금 부족한 듯한 재산

② 모든 사람이 칭찬하기에 약간 부족한 용모

③ 자신이 자만하고 있는 것에서, 사람들이 절반 정도밖에 알아주지 않는 명예

④ 겨루어서 한 사람에게는 이기고 두 사람에게 질 정도의 체력

⑤ 연설을 듣고도 청중의 절반은 손뼉을 치지 않는 말솜씨

〈런던타임스〉는 언젠가 가장 행복한 영국인 네 사람을 뽑았다.

1위 바닷가에서 멋진 모래성을 완성한 어린이,

2위 아기를 목욕시킨 후 아기의 맑은 눈동자를 바라보는 어머니

3위 멋진 공예품을 완성하고 손을 터는 예술가

4위 죽어가는 생명을 수술로 살려낸 의사의 순이었다.

이것들은 우리가 날마다 꿈꾸는 부, 권력, 명예, 쾌락 따위와 거리가 먼 우리의 일상에서 느끼는 평범한 모습들이다. 행복은 거창한 것이 아니라 일상의 것들에 존재한다. 조그만 것으로 얼마든지 행복할 수 있다. 대부호 록펠러1839~1937는 "가장 행복했던 순간은 언제였습니까?"라는 물음에 "처음 취직을 하여 주급 3.50달러를 받았을 때였습니다. 그때보다 행복했던 순간은 없었습니다."였다.

철강왕 앤드루 카네기도 면직공장 얼레잡이로 취직하여 1.20달러의 첫 주급을 받았을 때의 기쁨은 훗날 수백만 달러의 수입보다 더 컸다고 회고했다. 2014년 9월 알리바바의 기업공개로 중국 최고부자가 된 마윈馬雲, 1964~은 "1988년 대학을 졸업한 뒤 작은 지방대학에서 영어선생으로 일하면서 월 12달러14,400원를 벌던 때가 내겐 최고로 행복한 시절이었다."고 말한다.

행복은 멀리 있는 것이 아니고 찾기 어려운 것도 아니다. 행복은 어떤 행위에 따라오는 자족적自足的 느낌이다. 행복은 목적지destination가 아니고 과정process이다. 행복은 프로젝트의 성공, 일확천금, 권력이나 명성처럼 거창한 것이 아니고 가족, 공동체, 사랑하는 사람과의 섹스*, 쾌적한 환경, 인간에 대한 신뢰, 스트레스가 적은 출퇴근 환경처럼 단순한 것이다. 자기가 좋아하는 일을 하며 자기의 생활방식대로 사는 것이 행복한 삶이다. 행복한 사람은 어떤 조건을 갖춘 사람이 아니라 어떤 마음과 태도로 사는 사람이다.

행복의 열쇠는 욕망의 절제이다. "행복에 이르는 두 가지 길이 있다. 욕망을 줄이거나 소유물을 늘리면 된다." 벤자민 프랭클린의 말이다. 노벨 경제학상을 수상한 폴 새뮤얼슨1915~2009은 이를 '행복=소비÷욕망'이라는 방정식으로 설명한다. 즉, 행복은 소비=소유물에 비례하고 욕망에 반비례한다. 따라서 소비는 많은 돈이 필요하기 때문에 욕망을 줄이는 것이 행복을 위한 최선의 지름길이 될 것이다.

---

* 2004년 미국의 직장여성 1,000명을 대상으로 조사한 결과, 섹스가 가장 큰 행복을 만들어내는 것으로 뽑혔다. 텍사스주 여성 900명이 꼽은 행복의 순위는 섹스, 교제, 휴식, 기도나 묵상, 식사, 요리, 운동, TV 시청, 아이 돌보기, 집안일 순이었다.

윌리엄 어빈은 《욕망의 발견》에서 "불가에서는 마음을 비우라고 말하지만, 마음을 비우는 것은 거의 불가능하다. 그래서 어떤 것은 충족시키고, 어떤 것은 절제하는 식의 선별적인 욕망의 다스림을 배워야 한다."고 역설하고, 쇼펜하우어는 "행복하려면 한계를 두어라!"고 설파한다.

행복은 선택

◆

행복과 불행은 사건과 관련이 없다. 그것은 인간이 어떻게 느끼느냐이다. 불행은 판단 때문에 생긴다. 판단을 제거하면 불행이 사라진다. 불행을 줄이려면 생각을 바꿔야 한다. 생각을 다스려 고통을 지각知覺하고 해석解釋하는 방식을 달리하면 삶이 크게 달라진다. 삶에서 중요한 것은 어떻게 생각하느냐이다.

불행은 괴로운 것만은 아니다. 불행은 단련의 기회가 되고 행복을 돋보이게 한다. 고통이나 불행과 대비될 때 기쁨과 행복의 가치를 느낄 수 있다. 또한 영혼의 진화면에서 보면 재난은 불운이 아닐 수도 있다. 재난은 인간을 성장시킨다. 도전과 어려운 순간을 피하려 말라. 신이 주는 선물로 여겨라. 기회로 여겨라. 누구도 무엇도 적으로 방해물로 보지 마라. 모든 문제를 기회로 보아라. 이것이 바로 생각 바꾸기이다.

'생각 바꾸기'로 고통을 평온으로 바꾼 조안 리1945~의 글이 있다. "결혼 초기 우리의 경제력에 항상 불만인 나조안와 그지없이 만족해하는 켄남편을 보면서, 행복은 마음먹기에 달렸다는 것을 느꼈다. 그 후 사업을 하면서 큰 프로젝트를 성사시켜 많은 돈이 들어왔을 때, 순간적인 기쁨 뒤에 찾아오는 허탈감과 더 큰 욕망에 당황했다. 켄의 사망과 딸들의 출가 후 찾아온 외로움을 이기려고 발버둥치다, 어느 날 고독과 외로움을 아예 친구로 받아들이기로 결심한 후, 슬며시 찾아온 마음의 평화에 놀라고 감사했다."

그리고 조안 리는 "행복은 선택. 오늘 나는 행복한 사람이 되기로 선택했다."는 〈안네의 일기〉1942~1945 한 구절을 보고, 자신의 행복관을 다음과 같이 정립했다. "인생은 선택이다. 행복도 객관적 여건이 주어질 때까지 기다리면 영원히 오지 않는다. 우리는 매순간 행복을 선택해야 한다. 행복은 쟁취해서 얻는 먼 훗날의 결과물이 아니다. 더 자주 웃고 더 많이 사랑하고 남과 비교하지 않는 것, 우리 존재에 감사하는 것, 이것이 행복이다. 내가 내 안에서 행복을 만들어야 한다."

우리는 자기의 좁은 소견으로 만들어 놓은 아주 작은 세상에 안주하며 산다. "옳다 그르다, 깨끗하다 더럽다." 이 모든 것이 생각이 만들어 낸 것이다. 사실은 존재하지 않는다. 해석解釋만 존재한다. 소화를 잘못시킨 생각은 정신에 해를 끼치고 약도 없다. 생각에 사로잡혀 괴로움을 스스로 만든다. 니체는 말했다. "모든 지적인 활동은 생각의 산물이다. 나는 내가 만든 원칙의 노예가 되지는 않았다." 지식은 내가 아닌 다른 사람의 생각이다. 지식을 내 것으로 소화해야 한다.

행복은 거기가 아닌 여기에 있다.

◆

행복은 평범한 인생길에 흩어진 작은 기쁨의 조각들로 이루어지지만, 우리는 크고 황홀한 기쁨을 얻으려는 욕심에 그 진리를 잊기 쉽다. 행복은 각자의 의무를 성실하고 훌륭하게 수행하는 과정에서 맛보는 기쁨이다. 사람은 자기가 좋아하고 잘 할 수 있는 일을 할 때에 가장 행복하다. 거기에 그 일이 사회적 공헌도가 높으면 더욱더 행복하다. 특히 의미 있는 일에 종사하는 것이 행복의 비결이다.

소크라테스는 철학적 소명(召命)에만 머무르는 이유에 대해, "그것이 내가 사회에 기여할 수 있는 최선의 길이라고 믿기 때문이다. 인간은 자기가 가장 잘 아는, 가장 잘 할 수 있는 곳에서, 해야 할 일을 할 때 가장 행복하다."고 설파했다. "아침에 일어나 하고 싶은 일을 하는 사람, 그는 행복한 사람이라네…"라는 시 구절도 있다. "하고 싶은 일을 발견하지 못한 사람이 가장 불행하다." 임어당(1895~1976)의 말이다.

행복은 내 안에서 찾아야 한다. 내 마음 밖에는 행복이 없다. 소크라테스는 "행복을 자기 밖에서 찾는 것은 잘못이다. 현재의 생활, 미래의 생활, 그 어느 것에서나 자신의 밖에서는 행복을 찾을 수 없다."고 역설했다. "행복을 자신의 밖에서 찾는 것은 북쪽으로 뚫린 동굴 속에 해가 비추기를 기다리는 것과 같다." 티베트 격언이다.

행복은 평범한 곳에 있다. 행복은 자기의 주변에 굴러다니고 있다. 티베트의 라마 예쉬(1935~1984)는 "행복은 거기가 아닌 여기에 있다."고 설파했다. 행복은 멀리 있지 않다. 정작 우리에게 중요한 것들은 너무 가까이 있어 우리의 눈에 보이지 않는다. 괴테(1749~1832)는 〈충고〉라는 시에서 이렇게 읊는다. "너는 왜 자꾸 멀리 가려 하느냐? 보아라, 좋은 것은 가까이 있다. 다만 네가 바라볼 줄만 안다면 행복은 언제나 여기 있나니!" 그리고 괴테는 《파우스트》(1831)에서 "멈추어라! 이 순간아! 그대 참으로 아름답구나!"라고 말한다.

행복은 현재에 있다

◆

무엇이든 소리 높여 환호하거나 깊게 한탄하며 맞이할 일이 아니다. 모든 것은 무상無常하며, 상황은 매순간 전혀 다른 방향으로 흐를 수 있기 때문이다. '영원한 것은 없다'[色不異空 空不異色, 色卽是空 空卽是色].*《반야심경》의 핵심어이다. 현실의 존재는 불변의 존재가 아니라는 것이다. 우리는 미래를 위한 계획과 근심 또는 과거에 대한 추억과 회한에 끝없이 사로잡힌다. 그래서 현재는 대개 주목받지 못한 채 경시된다. 주시해야 할 것은 '지금-여기Now & Here'이다.

톨스토이1828~1920는 '세 가지 질문'이란 글에서 "세상에서 가장 중요한 때는 언제인가? 가장 필요한 사람은 누구인가? 가장 중요한 일은 무엇인가?"라는 질문에 "가장 중요한 때는 바로 지금이고, 가장 필요한 사람은 지금 내가 만나는 사람이고, 가장 중요한 일은 바로 내 옆에 있는 사람에게 선善을 행하는 일"이라고 답하고 있다.

이 세상에서 가장 겁없는 사람은 가진 것이 없는 사람이요, 가장 행복한 사람은 현실에 만족하는 사람이다. 이곳이 싫어서 다른 곳으로 자리를 옮긴다고 편안해지지 않는다. 현실을 외면하고 다른 세계를 찾는 것은 잘못이다. 지금 이 순간, 이 현실을 받아들일 때, 그것이 나의 세계이지 다른 곳에서 찾는다면 그것은 환상의 세계가 되고

---

* 나는 '色不異空 空不異色 色卽是空 空卽是色'의 色=有, 空=無, 즉 인생사, 세상만물은 있다가 없어지고, 없다가 있어지는 생성소멸(生成消滅), 흥망성쇠(興亡盛衰), 길흉화복(吉凶禍福)을 반복하며 유전변화(流轉變化=無常)하므로, 있고 없음에 집착하지 말고 슬퍼하거나 기뻐하지 말고 담담하게 살라는 뜻으로 이해한다. 주역(周易)의 변역(變易, 바뀐다)과 같은 뜻이며, 헤라클레이토스가 말한 '만물은 유전한다(phanta rhei)'와 같은 말이다. 그는 "같은 강물에 발을 두 번 담글 수 없다. 이 세상은 끊임없이 변하며 같은 상태로 존재하지 않는다."고 설파했다.

만다.

붓다는 "과거를 돌아보지 마라! 미래를 바라보지 마라! 과거는 이미 버려진 것, 미래는 아직 도래하지 않았다. 다만 현재의 것을 관찰하고 간파하여 실천하라. 오늘에 해야 할 일을 열심히 하라!"*고 가르친다. 수처작주 입처개진隨處作主 立處皆眞이란 말도 있다. "어디에 있든 현재 있는 곳의 주인이 되어 최선을 다 하라!"는 말이다. 당나라 임제선사臨濟禪師의 가르침이다.

인도의 연로한 현자賢者에게 한 티베트인 방문객이 과거의 불행과 미래의 불안을 털어놓았다. 감자를 구우며 잠자코 듣고 있던 현자는 구운 감자를 내밀며, "이제 더 이상 존재하지 않는 것=과거과 아직 존재하지도 않는 것=미래을 두고 왜 번민합니까?" 말문이 막힌 방문객은 오랜 침묵을 지키다 돌아갔다. "해결책이 있다면 불안해할 필요가 없지 않은가? 그리고 해결책이 없다면 불안해한들 무슨 소용인가?"** 8세기 나란다 대학의 불교학자 샨티데바의 말이나.

섭리(攝理)대로 살면 행복하다

◆

사람의 마음을 불안하게 하는 것은 사건이 아니라 그 사건에 대한 판단이다. 예컨대, 죽음은 두려운 것이 아니다. 만약 두렵다면 죽음이

---

* 카르페 디엠(*carpe diem*)이라는 라틴어가 '현재를 즐겨라'로 번역·회자되고 있어 자칫 쾌락을 부추기는 의미로 오해될 수 있다. 이 말은 로마의 시인 호라티우스(B.C. 65~B.C. 8)의 "오늘을 붙잡아라(seize the day), 내일이란 말은 최소한만 믿어라!"의 시구에서 유래한 것으로 "이 순간이 가장 확실하며 중요하다"는 의미이다.

** 미국 정신과 의사 조지 월튼 박사가 분석한《우리들의 걱정거리(Why Worry)》(2005)는 절대 일어나지 않는 일(40%), 이미 지나간 일(30%), 문제되지 않는 매우 사소한 일(22%), 어쩔 수 없는 일(4%), 우리가 바꿔 놓을 수 있는 일(4%)이다.

두렵다는 나의 생각일 뿐이다. 따라서 우리가 불행을 느낄 경우, 타인을 비난할 것이 아니라 우리의 판단을 비난해야 한다. 슬픔, 기쁨, 노여움, 불안 등은 모두 자연의 섭리攝理: 자연계를 지배하고 있는 원리와 법칙를 깨닫지 못할 때 나오는 감정들이다.

스피노자1632~1677는 신을 자연에 내재하는 존재=조물주; 창조주; 절대자로 보고, 인간을 바다에 떠 있는 한 잎의 낙엽에 비유했다. "낙엽으로서의 바람직한 존재방식은 물결에 따라 움직이는 것이듯, 인간의 행복은 자연의 섭리를 깨닫고 거기에 순응하는 데에 있으며, 인간의 한계를 인식하고 '지성과 이성을 최대로 완성하는 것'이 최고의 행복이며 신의 축복"이라고 설파했다. 이에 대해 아인슈타인은 이렇게 말했다. "내가 아는 신은 스피노자의 신 말고는 아무도 없다."

스피노자는 《에티카Ethica》에 이렇게 썼다. "우리에게는 능력의 한계가 있고 무슨 일이 일어나든, 그것이 필연적이라고 체념할 때에 고통이 줄어들고, 그에 대항하여 불필요한 노력을 기울이지 않기 때문에 자유로울 수 있다. 선악은 상대적인 것이며 부귀, 명예, 쾌락 등도 좋고 나쁨이 없다. 행복을 위한 수단으로만 가치가 있다. 어떻게 사는 것이 바람직한 삶인지? 이는 어떠한 세계관을 가지고 있는지에 좌우된다. 우매한 자는 끊임없이 외부의 유혹에 휩쓸리어 좀처럼 만족을 느끼지 못하고, 외적인 작용이 끝나면 자신의 존재마저 상실하고 만다."

사람들은 가난, 장애, 무지, 흉한 용모, 열악한 환경 등 수많은 불행들을 묵묵히 견뎌내며 살아간다. 그들의 불행은 상처가 아문 흉터와도 같다. 모든 것이 내적·외적 필연성에 기인한 것임을 알고 체념한 것이다.

행복의 비결은 만족

◆

행복을 얻는 최선의 방법은 환경을 바꾸는 것이 아니라 자신을 바
꾸는 것이다. 행복은 '무엇이 아니라 어떻게'의 문제이다. 그래서 헤
르만 헤세1877~1962는 "행복은 대상이 아니라 재능"이라고 규정했다.
자신에게 만족하는 사람은 행복하다. 불행은 만족하지 못해 생기는
느낌이다. "책상 하나, 의자 하나, 과일 한 접시 그리고 바이올린, 행
복해지기 위해 이외에 무엇이 더 필요한가?" 아인슈타인의 행복론
이다.

노자老, ?~?, 본명; 이이李耳, 자; 담聃는 "만족할 줄 모르는 것보다 더 큰 재앙
은 없다."고 설파했다. 만족하지 못하면 아무리 많은 것을 소유하더라

도 욕망의 노예에 불과하다. 불가에서는 고통의 근본 원인을 탐욕과 집착이라고 말한다. 분수 밖의 욕구가 탐욕이다. 탐욕스러운 사람은 추구하는 것이 많아 근심 걱정도 많다. "근심 걱정은 뼈도 녹인다." 탈무드의 경고이다.

불교는 "집착하지 말라. 상황이나 조건에 집착하지 말라. 생각이 만든 분별의 세계에 집착하지 말라!"고 가르친다. 그러나 집착도 본성이라 털어내는 것이 대단히 어렵다. 집착을 버리는 것은 곧 내 마음을 완전히 다스리는 것이다. 집착을 없애기 위해서는 자족自足하는 지혜가 필요하다. 지혜金剛=佛性의 칼劍이 곧 자족이다.

욕심은 끝이 없다. 무엇이건 무리하게 손에 넣으려는 것이 욕심이다. 자신의 역량을 넘어 지나친 욕심을 부리면 좌절과 실망으로 끝나고 만다. 그리고 실패의 원인을 자신에게서 찾지 않고, 남을 미워하고 사회를 저주하게 된다. 행복은 멀어지고 마음은 거칠어진다. 남들에 비해 능력이나 재력이 떨어져도 현실을 받아들일 수 있다면 행복할 수 있다.

행복하려면 자신의 분수와 처지에서 무엇이 필요하고 무엇이 불필요한 것인지 분별해야 한다. 그것은 삶의 의미를 어디에 두어야 할 것인가의 기초가 된다. 행복한 사람은 세상을 의미 중심으로 바라본다. 불필요한 것에서 벗어나 소유를 최소로 줄이는 것은 정신생활을 자유롭고 풍요롭게 하는 요체이다. 지금 가진 것에 만족하는 것이 행복이다.

선현先賢들은 한결같이 '행복의 비결은 만족'이라고 설파한다. 아리스토텔레스는 "행복은 만족에 있다. 행복은 행위의 결과가 아니라 행위 그 자체, 즉 생활에 있다. 생활을 통해 선善한 습관을 몸에 익히는 것이 행복의 필수조건"이라고 역설했다. 행복 추구는 어떤 지점에서 끝나는 것이 아니라 지속적인 과정이기 때문이다.

연봉 7억 원의 대형 광고회사 CEO가 갑자기 해고되어, 이곳저곳 일자리를 찾다가 커피점에서 잡일을 하면서, 시급時給 10달러를 받는데 오히려 더 행복하다는 보도가 있었다. "그때는 내 인생이 없었어요. 하루 12~20시간씩 회사일만 생각했어요. 지금은 오후 1시 이후에는 온전히 내 시간이에요. 놀라운 것은 청소하는 데 기쁨이 있다는 거요. 상을 받았어요. 쓰레기를 잘 치우거나 고객에게 친절한 점원에게 주는 상이에요. 상을 받고나니 격려가 되어서 기분이 좋아요."

이곳에서 해고당하면 어떻게 하느냐는 물음에 "상관없어요, 알고 보니 지난번 해고가 축복이었어요. 마음먹기 나름이에요. 해고당하고 주식이 요동을 쳐도 행복을 찾을 수 있어요." 고객들은 그가 늘 유쾌해 보인다고 말한다. 행복하니 유쾌할 수밖에 없다. 모든 것에 의미를 부여하여 세상을 이해하고 해석하면 행복할 수 있다.MBC, 09.2.7

스토아 철학자 에픽테토스50~135가 돈과 재물에 대한 자기의 충고를 우습게 여기는 재력가에게 말했다. "당신은 나보다 가난한 사람이오. 당신에겐 은銀쟁반이 있지만, 나에겐 이성, 원칙, 그리고 입맛을 돋우는 질그릇이 있소. 나에겐 내 마음이 하나의 왕국이오. 내 마음은 행복과 풍요로 가득 차 있소. 당신이 가진 것이 나에겐 하찮게 보일 뿐이오. 내가 가진 것이 더 위대해 보이오. 당신은 만족을 모르지만, 나는 언제나 만족하고 있기 때문이오."

◆ 에픽테토스(Epictetus)

재상이었던 세네카B.C. 4~A.D. 65와 황제 마르쿠스 아우렐리우스121~180와 함께 로마의 대표적 스토아 철학자였던 에픽테토스50~135는 노예로 태어났다. 어머니가 노예였고 아버지가 누구인지 몰랐다. '자연의 섭리를 따르는 삶'에서 자유와 행복을 찾았던 에픽테토스의 가르침을 소개한 〈명상록〉을 쓴 황제 마르쿠스 아우렐리우스는 그를 평생 스승으로 흠모했다.

그의 인간관이다. "그대는 저자조물주가 선택한 드라마의 배우이다. 짧으면 단편에 나오는 것이고 길면 장편에 나온다. 그대가 가난뱅이 역할을 하는 것이 그의 즐거움이라면 그 역할을 잘 해내도록 하라. 불구자, 지배자 혹은 일반시민도 마찬가지이다. 주어진 역할을 잘 해내는 것이 그대의 임무이다." 그는 인간이 도달할 수 있는 최고의 경지를 부동심apatheia의 상태, 즉 감정이 완전히 억제된 상태로서 인간이 자연의 섭리에 순응하는 혹은 신의 의지와 합일된 모습이라고 설파했다.

에픽테토스는 자기가 할 수 있는 것이 무엇인지를 확인하고, 이것을 이행함으로써 부동심의 상태에 도달할 수 있다고 가르쳤다. 자기가 할 수도 없는 일을 하려고 함으로써 인간은 갈등을 일으키며, 다른 사람을 비난하게 되고, 결국은 고뇌와 불안 속에서 일생을 마치게 된다는 것이다. "사람이 할 수 있는 일과 할 수 없는 일이 있다. 할 수 있는 일은 제 마음을 바꾸는 일이요, 할 수 없는 일은 남의 마음을 바꾸는 일이다. 할 수 있는 일을 하는 사람은 지혜로운 사람이요, 할 수 없는 일을 하려고 하는 사람은 어리석은 사람이다."

에픽테토스는 불가항력적 사건에 마음의 평온을 잃지 말 것을 역설했다. "어떤 것을 '잃어버렸다'고 말하지 말고 '돌려주었다'고 말하라. 그대의 아이가 죽었는가? 아이는 반환된 것이다. 재산을 상실했는가? 반환된 것이다. 그것을 준 신이 되찾아 간 것이다. 신이 그것을 그대에게 준 동안에는 그것을 돌보되, 그대 자신의 것으로 여기지 말라!" 그의 생활신조는 "참고 또 참아라!"였다.

그에 따르면 우리를 괴롭히는 것은 사건이 아니라 사건에 대한 우리의 판단이다. 괴로울 경우 우리는 우리의 판단을 비난해야 한다. 불행의 원인이 타인에게 있다고 비난하는 것은 교육을 받지 못한 탓이다. 자신을 비난하는 것은 교육이 시작되었음을 의미한다. 자신도 남들도 비난하지 않는 것은 교육이 완전해졌음을 나타낸다. 교육이 완전해졌다는 것은 '자연의 섭리'를 터득하였다는 뜻이다. 슬픔, 기쁨, 노여움, 안타까움, 갈등, 불안 등은 모두 자연의 섭리를 깨닫지 못할 때 나오는 감정들이라는 것이다.

그는 "욕망을 버리면 자유로워진다. 삶의 주인이 되고 싶다면 원하는 것과 원하지 않는 것을 구별하라! 인간 본성이 가장 잘 드러나는 순간은 시련에 직면할 때다. 시련은 신이 우리를 강하게 훈련하려는 것이다." 등이 그의 가르침이다.

최고의 행복은 지성적 관조

◆

아리스토텔레스는 말했다. "행복은 재산, 권력, 명예 등을 가졌을 때 느끼는 마음의 상태가 아니다. 그것들이 행복의 조건이 될 수는 있다. 빈곤, 압제, 무명無明 속에서 행복하다고 말하기는 어렵다. 인간을 인간답게 하는 이성적 사유 또는 지성적 활동이 가장 행복스러운 상태이다. 행복은 지나치지 않은 삶의 태도에 있다. 행복은 지나치거나 부족하지 않은 중용中庸에서 얻는 행운의 선물이다."

아리스토텔레스B.C. 384~B.C. 322는 가장 좋은 삶eudaimonia은 윤리적 도덕과 실천적 지혜에 바탕한 삶이라고 규정했다. 행복한 삶은 진리를 탐구하는 삶이다. 행복은 이성과 지성적 판단의 문제라는 것이 그의 결론이다. 그는 지성적인 덕을 도덕적·실천적인 덕보다 더 중시한다. 행복은 진리와 진실에 바탕하고 덕을 알아야知德 제대로 덕을 실천할行德 수 있기 때문이다. 따라서 그는 관조觀照를 최상의 행복이라고 말한다. 관조는 인간 고유의 이성이 최대로 발휘된 상태이며 자족적이며 지속적인 즐거움을 준다.

스피노자는 "삶에서 가장 값진 것은 지성知性 또는 이성理性을 완성하는 일이며, 이것이 인간에게 최고의 행복 또는 축복이다. 행복이란 자연에 대한 참된 인식에서 우러나온 마음의 평화"라 했고, 쇼펜하우어는 "지성은 권태를 제압하고 내적인 풍요를 가져온다. 지성은 돈으로 살 수 있는 오락과는 비교할 수 없을 정도의 큰 기쁨을 준다. 가장 고귀한 행복은 인격에 바탕한 지적 활동"이라고 설파했다.

여기에서 지적 활동은 단순한 지식이 아니다. 불가에서는 지식은 내가 아닌 다른 사람의 생각으로 본다. 따라서 지적 활동은 지식을 내 것으로 소화하는 과정이 되어야 한다. 소화된 지식은 지혜가 된다. 지혜는 불가에서는 법法, 도가에서는 도道라 하며 삶의 이정표가 된다.

행복과 쾌락

◆

가장 흔한 오류는 행복과 쾌락을 혼동하는 것이다. 쾌락은 일시적 흥분으로 인한 기분 좋은 상태로 행복과 근본적인 차이가 있다. 행복은 내면의 기쁨으로 순간적인 쾌락과 다르다. 쾌락은 망상을 바탕으로 하지만 행복은 진리를 바탕으로 한다. 행복은 내면의 충만상태이다. 행복도 영속하는 감정상태는 아니다.

쾌락은 기쁨이다. 그러나 쾌락은 지속적인 기쁨이 아니다. 쾌락은 동물적 감각이 순간적으로 왔다가 빠르게 사라지는 기쁨이다. 일시적 기쁨은 어김없이 다시 우울 속으로 빠져든다. 쾌락의 뒤에는 실망, 공허감, 외로움이 따른다. 그것들을 또 다른 쾌락으로 해소시키려 한다.

더 많은 쾌락을 찾아 '쾌락의 쳇바퀴hedonic treadmill'를 돈다. 쾌락의 쳇바퀴는 무료와 권태를 유발한다. 쾌락에 탐닉하면 파멸적인 마취상태에 빠진다. 쾌락에 탐닉하면 대부분 비참함으로 끝난다.

뇌 연구가들은 쥐의 뇌에 전극을 심어 놓고 그 부위가 자극을 받으면 쾌감을 느끼게 하는 실험을 했다. 쥐들이 막대를 눌러 스스로 전극을 자극할 수 있게 했는데, 그 쾌감이 너무도 강렬해서 쥐들은 먹는 것도 잊고 모든 다른 행동을 중지했다. 결국 쥐들은 녹초가 될 때까지, 심지어 죽음에 이를 때까지 막대를 눌러댔다. 쾌락에는 절제가 필요하다. 인간이 절제를 모르면 쥐와 같은 하등동물과 다름이 없다.

소크라테스는 "교양인은 쾌락을 절제하며 불행에 빠지지 않는다."고 설파했다. 정신적으로 유치한 사람은 쾌락에 쉽게 빠져들지만, 성숙한 사람은 쾌락에 탐닉하지 않는다. 중독성의 쾌락 뒤에는 더 큰 고통이 온다. "쾌락을 추구하는 생활만큼 비천한 것도 없으며, 일에 몰두하는 생활만큼 존귀한 것도 없다." 젊은 알렉산더B.C. 356~B.C. 323 대왕의 통찰이다. "인간이 쾌락에 굴복하는 것은 치욕이다." 파스칼의 말이다.

고통과 불행

◆

행복과 쾌락을 구분했듯이 우리는 고통과 불행도 구분해야 한다. 고통은 어쩔 수 없이 겪는 것이지만 불행은 우리가 만드는 것이다. 신체장애를 갖고 태어나거나 병에 걸리거나 소중한 사람을 잃거나, 전쟁을 겪거나 천재지변의 희생자가 되는 것 등은 우리의 의지를 벗어나는 고통이다. 고통의 원인은 무수히 많다.

불행은 그러한 고통을 어떻게 수용하느냐에 달려 있다. 고통을 불행으로 인지하는 주체는 마음이다. 불행은 대부분 잘못된 세계관과 도덕관, 나쁜 생활습관에 기인한다. 불행은 인간의 의식이 만든 것이다. 의식은 감성, 지성, 의지의 지배를 받는다. 기쁨이나 고통은 감성, 사물에 대한 인식은 지성, 행동은 의지의 산물이다. 이 세 가지를 통제하지 못하고 조화롭게 쓰지 못하면 나는 물론 타인에게 고통을 준다.

한편 고통은 정신적 성숙의 계기가 된다. 악惡은 선善을 위해 필요하다. 고통은 인간을 성찰하게 한다. "왜 나에게 이런 일이?" 그에 대한 답을 찾기 위해 성찰하게 된다. 성찰은 성숙으로 이어진다. 그래서 의도적으로 고통을 추구하는 고행집단도 있다. 달라이 라마1935~는 "고통은 타인을 향해 나의 정신과 마음을 열리게 한다."고 설파했고, 로마의 철학자 데메트리우스37~71는 "불행을 전혀 모르는 사람이 가장 불행하다."고 말했다. "나는 견딜 수 없을 정도로 불행할 때에만 나 자신을 느낀다." 카프카1883~1924의 말이다.

불행을 겪을 때 그 불행이 필연적이고 운명적이라는 생각이 우리에게 위안이 된다. 닥친 불행 자체보다 그 불행을 피할 수도 있었을 것이라는 생각에 우리는 더 고통스러워한다. 따라서 불행을 필연적이며 운명적으로 여기는 것이 효과적인 위안이 된다. 이것이 운명론이요 숙명론이다. 운명론은 불행의 해소에 특효가 있다.

"피할 수 없는 것이라면 편안한 마음으로 수용하라!"는 장자의 안명론安命論·순명론順命論이 서양에서는 "당신의 운명을 사랑하라! Amor Fati!"로 말해진다. "순종하라! 운명에 순종하라! 그대에게 고통만을 준다

해도, 노예가 된다 해도….” 26세에 청력을 잃고 31세 때 유서를 쓰고 자살을 기도했던 베토벤1770~1827이 살아남아 달관의 경지에서 작곡한 교향곡 9번 〈합창〉1824에 있는 가사이다.* 물이 그릇에 맞춰지듯 행복한 사람은 상황에 자신을 맞춘다.

행복과 불행은 돌고 돈다. 행복속에 불행이 있고 불행속에 행복이 있다. 행복과 불행은 함께 온다. 낮에는 밤이 따르고 행복에는 불행이 따른다. “행복과 불행은 혼자 오지 않는다.” 셰익스피어1564~1616의 통찰이다. 이병철1910~1987 회장은 “3리利가 있으면 3해害가 있다.”고 술회했다. 모든 고난과 장해에는 그만큼의 평안과 혜택이 있고 슬픔의 이면에는 행복도 있다. 인간만사 새옹지마塞翁之馬라 했다. 화가 복이 되고轉禍爲福 복이 화가 되는 것이 인간의 삶이다. 시인 바이런1788~1824은 “인간은 미소와 눈물을 왕복하는 시계추”라고 노래했다.

불가에서는 고통의 원인을 무지無知와 무명無明으로 본다. 무지는 무상無常함을 모르는 것이고, 무명은 펼쳐진 현상을 실체로 믿는 것이다. 불교는 고통의 근원을 알아보고, 그 근원을 제거하여, 고통을 멈추게 하기 위해 수행의 길을 걷는 것이다. 유명한 반야심경般若心經은 고통으로부터 벗어나려는 염원의 주문呪文이다.**

---

* 이 책을 읽고 혼란을 겪는 독자도 있을 것이다. 어디서는 '체념하고 포기하라!' 하고, 어디서는 '절대 절대 포기하지 마라!' 하고, 어디서는 '운명에 순종하며 섭리대로 살라!' 하고, 어디서는 '이를 악물고 치열하게 열심히 살라!' 하니 종잡을 수가 없을 것이다. 그것이 삶이다. 그래서 '삶은 술래잡기 놀이이며 당신은 언제나 술래다."라는 말도 있고, 이 책 곳곳에 삶에는 정답이 없다고 역설했다. 타고난 천품, 주어진 환경, 각자의 깨달음과 가치관에 따라 '운명, 팔자'라며 체념하고 담담하게 살기도 하고, 인내와 끈기로 견뎌내 꿈과 목표를 이루기도 한다.

** 아제아제 바라아제 바라승아제 모지사바하(揭諦揭諦 波羅揭諦 波羅僧揭諦 菩提薩婆訶(간다 간다 간다 고해를 넘어 고통이 없는 곳으로 …). 반야심경의 중심사상은 공(空)이다. 공은 걸림 없는 마음, 불안과 두려움이 없는 마음, 맑은 샘물과 같은 마음이며 대긍정(大肯定)의 마음이다. 여기서 자유와 해탈이 유래된다.

삶은 뒤얽힌 실타래

◆

고통은 감춰진 축복이다. 고통이 감추고 있는 것은 어둠이 아니라 생명수이다. 고통은 괴롭지만 유익하다. 우리는 고통을 통해 강해진다. 시련을 통해 인격이 다듬어진다. 인격은 고통을 통해 고결해진다. 참을성 있고 사려깊은 사람들은 기쁨보다 슬픔에서 보다 풍부한 지혜를 얻는다. 슬픔과 고통은 미덕을 배울 기회이다.

슬픔과 고통은 우리의 정신을 차분하게 하고 우리의 태도를 온건하게 한다. 그것은 경거망동을 꾸짖으며 죄를 짓지 않게 한다. 그것은 미덕의 양성소이며 지혜의 훈련장이고 참을성의 학교이며 영광의 문이다. 쿵후 스타 이소룡李小龍, 1940~1973은 이렇게 말했다. "우리의 최고 스승은 슬픔이다. 사람은 망원경보다 눈물을 통해 더 멀리 볼 수 있다." 고통과 역경을 경험해보지 못한 사람은 자신의 역량과 기량을 알아볼 수 있는 기회조차 갖지 못한다.

《맹자孟子》의 구절이다. "하늘이 장차 큰 일을 맡기려 할 때는 먼저 그 마음을 괴롭히고, 그 근골을 지치게 하고, 그 모습을 수척하게 하고 몸을 곤궁하게 해서 행하는 일이 뜻과 같지 않게 한다. 이것은 그 마음을 움직이고, 그 성질을 참게 하여, 할 수 없었던 일을 하게 하기 위해서이다."

부와 성공이 행복까지 가져다주지는 않는다. 괴테는 건강, 명성, 재능, 생활 등 모든 면에서 행복해 보였던 사람이다. 그러나 그는 "일생에 행복했던 기간은 통틀어 4주뿐이었다."고 토로했고, 피카소는 노년 20년 동안 매일 아침 "나보다 불행한 사람은 없을 거야!"라고 소리치며 일어났다고 한다. 나폴레옹은 세인트헬레나에서 "나의 일생에서 행복했던 날은 엿새에 불과하다."고 회고했다.

음지는 없고 양지만 있는 삶, 슬픔은 없고 기쁨만 있는 삶, 고통은 없고 즐거움만 있는 삶은 삶이 아니다. 그것은 인간의 삶이 아니다. 삶은 뒤얽힌 실타래이다. 슬픔과 기쁨의 혼합이다. 기쁨은 슬픔이 있기에 더욱 달콤하다. 슬픔과 기쁨이 반복된다. 죽음조차 삶을 보다 사랑스럽게 만든다. 삶의 뒤에 죽음이 있기 때문에 삶이 빛날 수 있다.

사람들은 쾌락의 고통을 모른다. 쾌락이 극에 달하면 고통이 생긴다. 부처의 키가 한 자[尺]라면 마귀의 키는 한 길[丈]이다. 불성佛性이 있으면 마성魔性도 있다. 모든 사람이 바라는 행복만이 계속되는 운명은 없다. 운명은 호전되었다가 다시 하강하고, 끝없이 하강했다가 다시 솟구치는 성격을 가지고 있다. 인간은 그 운명의 파도에 자신을 내맡길 수밖에 없다. 바로 《주역周易》의 가르침이다.

신체장애, 불행하지 않다

◆

중병이나 장애가 있는 사람도 적응이 되면 일반인과 비슷한 수준의 행복에 도달한다. 미국의 한 설문조사에 사지마비 환자의 80% 이상이 평균 혹은 그 이상으로 행복하다고 응답했다. 이들 중 90%는 '살아 있어서 행복하다'고 답했다.

사람들은 하반신이 마비된 사람들이 얼마나 행복한지 알면 깜짝 놀란다. 프린스턴 대학 심리학과 카네먼1934~ 교수는 그 이유를 장애상태가 이들의 삶을 구성하는 유일한 요소가 아니기 때문이라고 추론했다. 이들은 우정, 맛있는 음식, 놀이 등 온갖 종류의 즐거움을 느낀다.

마비된 부분만이 아닌 모든 측면에 관심을 가지고 살아가기 때문이다.

128명의 전신마비 환자들은 대부분 처음엔 자살을 생각했지만 1년 뒤에는 10%만이 자신의 삶이 가련하다고 생각했고, 90%는 멋진 삶을 살고 있다고 평가했다. 건강한 미국 일리노이 대학 학생들은 50%가 행복하고, 22%는 불행하며, 28%는 행복하지도 불행하지도 않다고 응답했다. 장애학생들의 응답도 1% 정도의 차이가 있을 뿐 거의 비슷했다.

1급 신체장애에 암을 극복하며 치열하게 살다간 고 장영희1952~2009 교수가 어느 잡지와 인터뷰를 한 뒤, "신체장애로 천형天刑 같은 삶을 극복하고 일어선 이 시대 희망의 상징 장영희"라는 기사 제목에 유감을 표명한 글이 있다. "나는 한번도 나의 삶을 천형이라고 생각해 본 적이 없다. 사람들은 신체장애가 비참할 거라고 생각하지만 그렇지 않다. 나름대로 삶의 방식에 익숙해져 큰 불편을 느끼지 않고 살아간다. 천형이라 불리는 내 삶에도 축복은 있다. 좋은 부모님과 형제를 비롯하여, 내 주위에는 늘 좋은 사람들이 있고, 대통령, 장관, 재벌보다 훨씬 보람 있고 멋진 선생이라는 직업과, 남의 말을 알아듣는 머리, 따뜻한 마음을 가진 인간으로, 천형은커녕 천혜天惠의 삶을 살고 있다."고 역설한 바 있다.

나는 행운아입니다

◆

루게릭병으로 몸을 가누지도 못하는 스티븐 호킹 박사1942~2018는 "이 세상 최고의 행운아"라 자칭自稱하고, 자동차 사고로 전신마비가 된

서울대 이상묵 교수1962~는 '머리를 다치지 않아 행운'이라고 말한다. 대학생 때 사고로 왼쪽 눈을 잃은 최초의 티베트불교 서양인 승려 로버트 서먼1940~ 컬럼비아 대학 교수는 '하나의 눈을 잃는 대신 천개의 눈을 얻었다'면서 한쪽 눈의 실명을 행운으로 여긴다.

호주의 닉 부이치치1982~는 작은 왼발 하나만 몸통에 붙은 채 태어나, 10살 때 욕조에 물을 받아 자살을 시도한 이후 3번이나 자살을 시도했었다. "너는 세상에서 가장 소중하고 특별하단다."라는 부모님의 다독임과, 엄청난 노력 끝에 왼발로 글씨를 쓰고, 타이핑하고 공을 던지며, 전화를 받고 면도를 하고, 드럼도 연주하게 되었다. 회계학과 재무설계학 2개의 학사학위를 받은 뒤, 전 세계를 돌며 동기부여 강사로 활동하며, 수많은 사람들에게 희망과 용기를 불어넣고 있다. 그는 "나에게 장애는 축복이었습니다. 나는 행복합니다."라고 말한다.

이들은 비록 몸은 불편하지만 자기 안에서 행복을 발견했다. 그 비결은 포기와 체념, 그리고 남다른 강한 회복탄력성resilience이다.* 현실을 받아들이고 인정하는 것이 체념과 포기이다. 포기하고 체념한 뒤에 행복해진 것이다. 우리들은 마음을 비우지 못해 불행해하는데 그들은 마음을 비워 행복해하는 것이다.

"마음은 모든 것의 근본[心爲法本]. 마음이 모든 것을 주재主宰하나니[心尊法本]." 법구경의 첫 문장이다. "펼치면 팔만대장경이지만 접으면 마음 하

---

* 역경과 시련과 실패를 오히려 도약의 발판으로 삼아 더 높이 튀어 오르는 마음의 근력(筋力), 즉 회복탄력성이 강한 그들은 절망하지 않고 좌절하지 않고 꿋꿋하게 살아가면서 세상에 이름을 드러낸 사람들이다. 물체마다 탄성이 다르듯이 사람에 따라 탄성이 다르다. 역경으로 밑바닥까지 떨어졌다가도 강한 회복탄력성으로 되튀어 오르는 사람들은 대부분 원래의 위치보다 더 높은 곳까지 올라간다. 지속적인 발전을 이루거나 커다란 성취를 이뤄낸 개인이나 조직은 실패나 역경을 딛고 일어섰다는 공통점이 있다. 시련이나 역경에 대해 어떤 의미를 부여하느냐에 따라 불행해지기도 하고 행복해지기도 한다. 세상을 긍정적으로 받아들이는 습관을 들이면 회복탄력성은 놀랍게 향상된다.

나로 귀결된다." "마음 밖에는 아무것도 없다[心外無物]." 즉, 일체유심조[一切唯心造], 모든 것은 마음이 만든다인 것이다. "몸에 허물없기는 쉬워도 마음에 허물없기는 어렵다." 소강절[邵康節], 1012~1077의 말이다. "참아라! 나의 마음아!" 호메로스B.C. 800?~B.C. 750의 《오디세이아》문구이다.

《장자莊子》에 있는 악출허樂出虛는 아름다운 음악소리는 빈곳에서 나온다는 말이다. 장자는 사람도 마음을 비워보라고 권한다. 마음을 비우면 진실이 보이며 진실된 소리가 나지만, 마음이 욕망으로 차 있으면 진실은 보이지 않고 진실된 소리도 나지 않는다고 가르친다.

고등학교 3학년 시절 국어 선생님의 말씀이 새삼 떠오른다. "체념은 패배주의가 아니다. 위대한 체념이 있다. 살아가면서 위대한 체념을 할 줄 알아야 한다." 선생님의 가르침은 중요한 행복의 방편이었던 것이다. 슬라보예 지젝1949~은 《죽은 신을 위하여》2007에서 '체념은 행복의 필요조건'이라고 말한다. 체념은 곧 마음 비우기이다. 철강왕 앤드루 카네기의 말이다. "행복의 비결은 포기할 것을 포기하는 것이다."

"주여! 제가 할 수 있는 건 최선을 다하게 해주시고, 제가 할 수 없는 건 체념할 줄 아는 용기를 주시며, 이 둘을 구분할 수 있는 지혜를 주소서!" 성 프란체스코1182~1226의 기도문이다.

◆ **나부끼는 것은 우리의 마음**

행복과 불행은 마음의 상태이다. "사람은 마음먹기에 따라 행복할 수 있고 불행할 수 있다." 링컨의 말이다. "고통과 기쁨은 형태가 없고, 사람의 마음에서 이루어진다. 마음이 생긴 즉, 갖가지 법이 생기고, 마음이 사라지면 토굴과 무덤*이 다르지 않다." 원효617~686의 일체유심론一切唯心論이다.

마음이 생기면 법이 생기고, 법이 생기면 이름과 모양이 생기고, 이름과 모양이 생기면 행복과 슬픔이 생긴다. 욕심貪, 분노瞋, 무지癡가 고통을 만들고, 이것들이 모두 마음에서 나온다. 선가禪家의 유명한 일화逸話의 주인공 6대조 혜능慧能, 638~713은 "나부끼는 것은 바람도 깃발도 아닌 우리의 마음"이라고 규정했다. 내가 원하는 것이 내 마음을 만들고, 내 마음이 나의 삶을 만든다. 불교에서 말하는 업業, karma은 마음에서 나온다. 마음이 사라지면 업도 사라진다. 업業은 생각이 만든다. 업은 생각으로 통제할 수 있고 없앨 수도 있다. 중요한 것은 움직이지 않는 흔들리지 않는 마음을 갖는 것이다.

※ 인구(人口)에 회자(膾炙)되는 원효의 해골물 전설은 허구이다. 원효가 의상과 함께 당에 유학을 가던 길에 직산(稷山; 현재의 충남 천안지역)의 옛무덤에서 날씨로 인해 이틀 밤을 지냈는데, "무덤인 것을 몰랐던 첫날밤은 편히 잤지만, 무덤인 것을 알고 난 둘째날 밤에는 꿈에 귀신이 나와 잠을 설쳐 크게 깨닫고 당유학을 포기했다."는 《종경록(宗鏡錄)》(961)과 《송고승전(宋高僧傳)》의 〈의상전〉(988)에 실린 토감우숙(土龕寓宿)의 이야기를 송의 덕홍(德洪)이 그의 저서 《임간록(林間錄)》(1107)에 원효가 당에 건너가(원효는 당에 가지 않았다) 홀로 길을 가다가 밤이 깊어 노숙을 하였는데, 갈증이 심하여 마신 물이 아침에 깨어 보니 해골에 고인 물이었음을 알고 토해내다가 크게 깨닫고 귀국하여 화엄(華嚴)을 널리 폈다고 해골물 이야기로 각색한 것이 사실인양 전파된 것이다.

5장

어떻게 살 것인가

◆

The Philosophy of money

2002년 노벨 경제학상을 받은 미국 프린스턴 대학 심리학과 다니엘 카네먼1934~ 교수는 실험대상자들에게 다음과 같이 물었다. "당신은 겉으로는 웃고 있지만 속으로는 울고 있지 않습니까?" 그는 이 질문을 포기해야 했다. 많은 사람들이 갑자기 큰 소리로 울기 시작했기 때문이다. 오늘도 무수히 많은 사람들이 겉으로는 웃고 속으로는 눈물을 흘리며 살아가고 있다.

도쿠가와 이에야스德川家康; 1543~1616는 삶을 '무거운 짐을 지고 먼 길을 걷는 것'으로 비유했다. 삶이 힘들다는 말이다. 붓다는 삶을 고해苦海로 비유하며 애착을 끊어버리라고 가르쳤다. 그러나 애착을 끊어버리라는 가르침은 비현실적이다. 그래서 우리 모두는 방황하며 살고 있다. 방황은 인간의 운명이다. 삶의 공허감을 느끼지 않은 사람은 아무도 없을 것이다. 왜 방황하고 왜 울면서 살아가고 있는가?

삶의 기술

◆

삶이 생각대로 되지 않는다고 느껴질 때가 많다. 삶은 괴롭지만 피할 길이 없다. 화복禍福은 새끼줄과 같이 얽혀 있다. 화속에 복이, 복속에 화가 깃들어 있다. 이利가 있으면 불리不利도 있다. "몸에 병 없기를 바라지 말라. 병이 없으면 방탕하기 쉽다. 병고病苦를 양약으로 삼아라. 세상살이에 근심과 곤란이 없기를 바라지 말라. 근심과 곤란이 없으면 업신여기는 마음과 사치하는 마음이 생기나니, 근심과 곤란으로 세상을 살아가라." 보왕삼매론寶王三昧論의 구절이다.

삶의 기술이란 삶에서 최고의 효율을 내고, 모든 면에서 최선의 결과를 얻어내는 비결이다. 생활 속에서 행복을 추출해내는 기술이다. "가장 배우기 어려운 기술은 세상을 살아가는 기술이다." 자신이 시력을 상실한 맹인교사로 시력과 청력을 모두 잃은 헬렌 켈러1880~1968의 가정교사 앤 설리번1866~1936의 말이다. 이렵지만 행복하게 살려면 삶의 기술을 배우고 터득해야 한다. 부모와 교사가 가르칠 수도 있고, 스스로의 노력으로 터득할 수도 있다.

삶은 선택이다. 당신은 당신과 함께 할 사람, 장소, 시간, 사건, 기회 등을 선택할 수 있다. 지금의 당신의 모습은 당신이 그렇게 선택했기 때문이다. 선택은 언제나 가치의 선택이다. "인간은 스스로의 선택에 의해 자신의 모습을 만들어간다." 사르트르1905~1980의 말이다. "모든 존재는 내가 만든 것이다." 우파니샤드의 구절이다.

당신의 삶은 당신의 생각에서 비롯된다. 당신의 생각은 곧 당신의 미래이다. 삶을 바꾸려면 생각을 바꿔야 한다. 당신의 생각을 바꾸는 날이 바로 당신의 삶이 바뀌는 날이다. 생각이 바뀌어야 행동이 바뀐다. 당신이 지금과 같은 행동을 계속하면, 당신의 삶도 더 나아질 수 없다. 만약 당신이 다른 뭔가를 원한다면 다른 뭔가를 행해야 한다. 당신의 삶은 선택, 확신, 행동으로 현실화된다.

생각대로 살지 않으면 사는대로 생각하게 된다. 우리는 우리의 삶에서 주로 세 가지를 통제할 수 있다. 자신의 생각, 마음속으로 그려보는 이미지, 자신의 행동이다. 이 세 가지를 어떻게 통제하느냐에 따라 우리의 삶이 결정된다. 자신의 삶이 마음에 들지 않는다면 생각을 바꿔야 한다. 나의 생각은 곧 나의 깨달음이다.

영국의 시인 윌리엄 헨리1871~1940는 "삶은 순간순간 새로워지는 것이다. 날마다 새롭고 또 새로워진다. 이것이 생명의 세계요, 창조적 진화의 세계다. 자연스럽게 산다는 것은 내가 나답게 사는 것이다. 나는 내 운명의 주인이고 내 영혼의 선장"이라고 읊었다.

삶의 주인이 되려면 항상 자기를 관조觀照해야 한다. 자신을 들여다보면 삶의 주인이 될 수 있다. 인생의 참된 묘미는 돈보다도 인생을 성찰하고 음미하며 평가하여 실천할 때 느낄 수 있다. 무엇보다 주위를 살피는 시선과 느낄 줄 아는 가슴이 필수적이다. 이것만 가지고 있으면 아무리 가난한 인생도 행복을 느낄 수 있다. 인생을 명예와 사랑으로 채우려고 노력하면 인생이 즐거워진다.

단순하고 간소한 삶

◆

"단순한 사람에게는 세상이 그의 왕국이요 현재가 영원이다. 남에게 어떻게 보일지에 대해 마음을 쓰지 않기 때문에 거리낌이 없다. 단순함은 현자들의 미덕이요, 성인들의 지혜다." 분자생물학자에서 승려로 변신한 《행복요리법》2004의 저자 마티유 리카르1946~의 말이다.

철학자이며 저술가인 앙드레 스퐁빌1952~은 이렇게 말한다. "단순한 사람은 과시할 것도 부끄러워할 것도 없이 산다. 단순함은 아무것도 첨가되지 않은 삶 그 자체이다. 단순함은 자유요, 유쾌함이며, 투명함이다. 공기처럼 상쾌하며, 공기처럼 자유롭다."

헨리 소로1817~1862는 《월든》1854에서 다음과 같이 역설한다. "나는 삶이 아닌 삶을 살고 싶지 않아 월든 호숫가로 갔다. 진정한 내 삶을 찾기 위해서였다. 우리는 타인들이 인정하는 것만을 생각하며 살아간다. 사람들은 크고 화려한 집에 살면서 그 집값을 지불하느라 죽도록 고생하고 인생의 절반을 고스란히 바친다."

이어서 그는 강조한다. "우리에게 절대적으로 필요한 것은 별로 많지 않다. 남아도는 부는 쓸데없는 것들만 사들인다. 자유를 소중히 여기면 좀 험하게 살아도 얼마든지 행복할 수 있다. 소박하게만 산다면 먹고사는 일은 힘겨운 일이 아니다. 간소하게, 간소하게, 간소하게 살아라! 단순화하라, 단순화하라, 단순화하라! 생각, 말, 행동을!"

법정法頂, 1932~2010은 《무소유》에서 이렇게 법문한다. "단순하고 간소한 삶을 통해 안팎으로 자유로워질 수 있다. 아무것도 갖지 않았을 때 온 세상을 가질 수 있다. 크건 작건 무엇인가를 가지면 그것의 노예가 되어 부자유해진다. 행복은 결코 차지하고 갖는 데에 있지 않다. 행복은 불필요한 것으로부터 얼마나 자유로운가에 있다. 적게 가지고도 자기다운 삶을 살고 있는 사람이 제대로 사는 사람이다."

"우리는 아무것도 세상에 가지고 온 것이 없으며 아무것도 가지고 갈 수 없다. 먹을 것과 입을 것이 있으면 그것으로 만족하라. 부자가 되려고 애쓰는 사람은 쉽게 유혹에 빠지고 올가미에 걸리고, 온갖 어리석은 욕심에 사로잡혀 파멸의 구렁텅이에 떨어지게 된다. 돈을 사랑하는 것이 모든 악의 뿌리이니라." 디모데전서 6장 7~10절

자발적 가난

◆

21세기 초 미국에서는 미국 사회를 상징하던 배금주의·물질주의 생활양식 대신에 새로운 반성윤리인 본질로의 회귀back to basics, 간소한 삶simple life, 자발적 가난voluntary poor 등이 주목을 받고 있다. 1950년대의 비트beat족, 1960년대의 히피hippy문화를 뿌리로 하여 1980년대에 시애틀에서 시작한 운동이 지속되고 있는 것이다.

가진 것을 기부하고, 복잡한 일상에서 벗어나 여행을 떠나거나 자연에서 단순하게 사는 탈물질주의적 가치관과 생활양식을 추구하는 간소한 삶이다. "적게 소유하면 더 풍요롭다. 물건을 소유하지 않을수록 행복해진다. 부를 좇는 삶이 오히려 불행하다. 필요 이상의 것은 낭비"라는 믿음으로 간소하고 자족적인 삶을 사는 '자발적 가난' 운동이다.

이는 독일 출생 영국 경제학자 에른스트 슈마허1911~1977가 《작은 것이 아름답다Small is Beautiful》1973에서 제시했던 삶의 양식life style이기도 하다. 이러한 생활양식이 최근 일본, 한국 등에도 확산되어 '최소한'을 뜻하는 미니멀minimal에서 나온 신조어 '미니멀리스트'가 2015년

'일본 유행어 대상大賞' 후보에 오른 바 있다.

자발적 가난은 이 시대의 거대한 흐름에서 벗어나 '다른 삶', 즉 자기 의지에 따른 자유로운 삶을 선택하는 것이다. 생존에 필요한 최소한의 소유만을 추구하는 절제된 삶이다. 자발적 가난은 삶에서 부의 의미를 새롭게 정의하는 것이다. 탐욕스러운 이기주의를 버리고 공허한 풍요가 아닌 질박한 삶을 선택한 것이다.

자발적 가난은 가난에 대한 두려움이 없는 자유로운 삶이다. 그 메시지는 "더 적은 것이 더 많은 것Less is More"이다. '자발적 가난'은 초라하지 않고 풍요롭다. 풍요로움은 물질적인 것만을 뜻하지 않는다. 정신적인 풍요로움이며 빈곤이 아니라 소박한 삶이다. 그것은 인간다운 삶의 박탈 또는 결핍을 뜻하는 빈곤과는 구별된다. 자발적 가난은 욕구의 절제에서 나온다. 꼭 필요한 최소의 것으로 욕구를 대체한다.

자발적 가난은 자유를 위해 선택한 삶의 양식이다. 이는 부와 명예에 얽매여 자아를 상실한 채 타인에게 운명을 내맡기는 삶으로부터의 해방이다. 적은 것에 만족하는 삶의 선택으로서 자족하려는 삶의 양식이다. 집착하지 않고 욕망으로부터 자유로워지는 것이다. 세상과 거짓 없이 소통하려는 노력이며 자연세계와 더불어 살기 위한 노력이다.

왜 자발적 가난인가? 자유롭게 살기 위해서이다. 불필요한 것들이 삶을 어지럽힐 때 자발적 가난을 선택한다. 자발적 가난의 잔잔한 기쁨은 경험한 자만이 알 수 있다. 자부심과 자긍심을 느끼게 하고 근심 걱정을 덜어 마음을 평안하게 한다. 호화스럽고 사치하는 삶에는 공허함이 따르지만, 간소하고 절제하는 금욕적인 삶에는 충만감이 따른다.

◆ 짬롱 시므앙(Chamlong Srimuang)

1985~1992년 방콕 시장을 역임한 짬롱1935~은 청렴하고 검소한 생활로 전 세계적으로 '미스터 클린'으로 불리고 한국에서도 유명하다. 한 살 때 아버지를 잃은 짬롱의 어린 시절은 가난의 연속이었다. 우편열차에 근무하는 계부繼父와 재혼하기 전까지 어머니는 농장의 하녀였고 행상을 했다. 가난한 학생들에게 의식주를 해결해 주는 육사陸士에 들어간 짬롱은 월급을 받는 생도대표와 대대장의 자리를 빼앗기지 않기 위해 열심히 공부하여 수석으로 졸업했다.

소위로 임관한 짬롱의 소망은 부자였다. 그는 야간에 학원강사, 가정교사로 부업을 했고, 미국 유학시절에도 군 TV 방송국 기술부에서 아르바이트를 했다. 땅, 집, 자동차는 약사 출신의 부인 씨리락 여사와 결혼 후 마련했지만, 재산이 불어날수록 치장과 관리에 돈과 시간을 쓰면서 마음이 불편하고 두려움이 커져갔다.

육신의 안락安樂과 영혼의 정화淨化를 저울질하며 부자에 대한 열망이 사라졌다. "세상에는 내 것은 아무것도 없다. 몸도 잠시 빌려온 것으로 때가 되면 반납해야 한다. 다만 늦고 빠름의 차이만 있다."는 불심佛心이 되살아났다.

짬롱은 예비역 소장으로 수상 비서시절 함께 근무했던 한 교수의 권유로 1985년 선거자금 4,500바트28만 원를 쓴 허수아비 선거운동※으로 방콕 시장이 된 뒤, 평생 애써 마련했던 집과 자동차를 팔아 기부하고, 월세방에서 수도승과 같은 삶을 살았다. 봉급을 기부하고 판공비도 시市 행정비로 썼다. 욕심을 버리자 마음이 평안해지고 두려울 것이 없었다. 자유로웠다.

※ 허수아비의 등과 가슴에 '짬롱을 뽑자!'고 매직펜으로 쓴 종이를 한 장씩 붙여 거리에 세워두었는데, 사람들이 허수아비를 만들어 보태면서 방콕은 허수아비로 넘쳤고, 허수아비는 짬롱의 상징이 되어 10명 후보 중 49%의 득표로 당선되었다.

스콧 니어링 부부의 삶

◆

스콧 니어링 부부는 '생활의 질보다 삶의 질'을 내세우고, 1932년 뉴욕을 떠나 돌집을 짓고 땅을 일구며 전화도 라디오도 없는 조용하고 단순한 삶을 선택했다. 1년의 반은 먹고 살기 위해 일하는 시간으로, 나머지 반은 연구, 여행, 글쓰기, 대화, 가르치기 등으로 51년을 살았다. 부와 명예의 기회를 버리고 시골에서 자급자족하며 살다간 그는 미국에서 가장 아름다운 삶을 살다간 지식인으로 꼽힌다.

펜실베이니아 주립대 경제학 교수시절 스콧은 "부자의 천국은 가난한 자의 지옥을 딛고 서 있다."며 자본주의를 맹비난하고, 학생들과 함께 공장 노동자들의 삶을 체험하는 등 실천적 사회주의 운동을 펼쳤다. 그는 펜실베이니아 대학과 옮겨간 톨레도 대학에서도 해직되었다. 기업의 후원이 필요한 대학들은 그를 부담스러워하였다. 반反자본주의자, 사회주의자, 공산주의자, 평화주의자, 자연주의자, 채식주의자 등 스콧을 지칭하는 말은 많다.

"나는 살아있는 생물은 어떤 것도 쓸데없이 죽이거나 해치지 않고, 소중히 지키고 가꾸며 자연의 질서를 지키고 보호하기 위해 노력한다."면서 자연과 조화를 이루며 살았고, 《조화로운 삶Living the Good Life》1970이라는 책도 펴냈다. 스콧은 100세1883~1983에 단식斷食으로 세상을 하직했고,* 헬렌은 91세1904~1995에 교통사고로 죽었다.

스콧은 부富를 철저히 경계했다. 필요한 것 이상의 돈을 벌려 하지 않았고, 돈과 양식이 충분하면 노동을 멈추고 여행을 떠나거나 악기를 연주하고 명상을 했다. 스콧은 그에게 전재산을 남기고 싶다는 자

---

* 스콧은 병원 한번 가지 않고 100세까지 건강을 유지했다. 《사랑과 아름다운 삶의 마무리》에서 헬렌이 묘사한 스콧의 죽음이다. "그가 100살이 되기 1개월 전 식탁에서 사람들에게 말했다. '나는 더 이상 먹지 않으렵니다.' 1983년 8월 24일 아침, 나는 조용히 그가 가는 것을 지켜보았다. 그는 점점 약하게 숨을 쉬더니, 마른 잎이 떨어지듯 숨을 멈추고 자유로운 상태가 되었다. 그는 '좋아'하며 갔다."

선가의 유언을 거절했으며, 갖고 있던 채권債券값이 크게 오르자 난롯 불에 태워버렸다. 그는 부와 안락에 젖어 서서히 타락하는 삶을 혐오 했다. 그는 말했다. "삶에서 중요한 것은 소유물이 아니라, 내가 어떤 사람이며 어떤 행위를 하느냐이다. 소유물은 장애물이나 짐이 될 수 있다. 가진 것으로 무엇을 하느냐가 진정한 가치를 결정짓는다." 말 그 대로 소유의 삶이 아닌 존재의 삶을 실천하면서 살다 간 부부이다.

세파에 시달리는 현대인들에게 이들의 삶은 부러움과 동경의 대상 이 될 것이다. 그러나 모든 사람에게 좋은 삶이라고 말할 수는 없다. 많 은 삶의 유형 가운데 하나이다. 누구나 은둔적 노장老莊의 삶이 맞는 것 은 아니다. 세상 속에서 부대끼며 떠들썩한 삶을 즐기는 사람에게는 고역스러운 삶이다. 삶에는 정답이 없다. 선호하는 삶의 방식은 사람 마다 모두 다르다.

날이 밝기를 고대하며 새벽같이 일어나 일터로 달려가는 정주영鄭周 永, 1915~2001, "세계는 넓고 할 일도 많다."는 김우중金宇中, 1936~2019, "일하라, 더욱 일하라, 끝까지 일하라!"고 다그쳤던 비스마르크1815~1898, 질풍노 도와 같이 몰아쳤던 오다 노부나가織田信長, 1534~1582를 비롯하여 조조, 징 기스칸, 나폴레옹 등에게 산골에서 "조용히 살아라!"고 하면 아마도 돌 아버릴 것이다. 디오게네스와 같은 삶이 있고, 정주영과 같은 삶이 있 다. 각자가 타고난 기질대로 살아야 행복하고 잘 산다고 할 수 있다.

◆ 돈꿰미를 호수에 쏟아버리다

방온龐蘊은 호남성 형주 출신으로 아버지는 형주 태수였다. 그는 집 근처에 암자를 지어 불도를 닦은 지 수년 만에 깨달음을 얻었다. 당唐 덕종 연간785~805에 수만의 돈꿰미를 배에 싣고 동정호洞庭湖로 저어나가 한가운데에 쏟아버렸다. 지켜보던 뱃사공이 "없는 사람에게 나눠주면 될걸, 그 아까운 재물을 왜 버리느냐?"고 묻자, 방온은 "내가 나쁘다고 버린 물건을 어떻게 남에게 줄 수 있느냐?"고 되물었다. 그리고 물 위에 떠내려가는 나뭇잎과 같은 생애를 살았다. 그에게는 아내와 1남 1녀가 있었고, 대나무 세공품을 만들어 저자거리에 내다 팔아 근근이 생계를 이어 나갔다. 방온거사는 인도의 유마維摩거사, 신라의 부설浮雪거사와 함께 세계 3대거사居士; 출가하지 않고 불교에 귀의한 남자로 꼽힌다. 그의 임종게臨終偈는 "있는 것들을 비우고, 없는 것들을 채우지 말라!"였다. "사람들은 재물을 중하게 여기지만, 나는 일순간이라도 고요함을 중히 여긴다. 재물은 사람의 마음을 어지럽힌다. 고요함에서 참다운 본성을 본다."

그는 스토아 철학자 에픽테토스55?~135?가 말한 "삶의 목적은 행복이며, 행복은 마음의 평온에서 온다."를 실천하여 행복을 추구했던 것이다.

진흙 속에서 꼬리를 끌며 살겠다

◆

노자, 장자, 열자와 같은 도가道家는 인간의 적극적인 노력과 발전을 부정하고, 소극적인 자기만족을 추구한다. 현실세계의 모든 현상을 숙명으로 돌리고 간단히 체념해버린다. 그들은 삶과 죽음도 차이가 없다고 주장한다. 삶이 오는 것이라면 죽음은 가는 것, 모두가 자연현상의 일면一面이어서 기뻐하거나 슬퍼할 게 못 된다. 선악의 판단도 초월된다. 자연의 섭리攝理는 절대적인 것이어서, 상대적인 선악의 개념이 적용될 수 없다는 것이다.

인간은 무의미한 가치기준을 스스로 세워놓고 성내고 기뻐한다. 이러한 어리석은 판단에서 벗어나려면 먼저 외물外物의 간섭을 받아서는 안 된다. 외물에 사로잡히면 이해득실이 마음을 지배하여 시비是非와 이해利害를 따지며 명리名利를 좇는다. 그런 사람은 잠시도 편안한 마음을 지닐 새 없이 일생을 마치게 된다. 무의미한 외물에서 벗어나면 자유로운 인간이 될 수 있다. 따라서 사람은 명리 따위로 아귀다툼할 것 없이 초연히 살아가야 한다는 것이다.

장자B.C. 369~B.C. 289는 "기존의 가치와 지식은 우리를 속박하고 불행하게 하므로, 이를 초월해야 행복해질 수 있다."고 설파했다. 장자는 세상의 가치를 초월하는 순간 눈앞에 자유로운 삶이 멋지게 펼쳐진다고 말한다. 초월의 세계, 진정한 행복의 세계를 안다는 것을 '앎이 아닌 앎非知의 知; 기존의 앎을 부정하는 새로운 앎'이라 했다. 이것을 깨닫는다면 저마다 본성대로 행복하고 자유롭게 살 수 있다는 것이다.

장자는 "차라리 진흙 속에서 꼬리를 끌며 살겠다.寧生曳尾塗中"는 유명한 일화를 남겼다. 초楚의 위왕威王이 장자의 명성을 듣고 재상으로 초빙하기 위해 대부大夫 2명을 보내 그의 뜻을 전했다. 장자는, "초의 궁전에 비단으로 싸인 3,000년 묵은 거북껍질이 있다고 들었소. 대부들께서는 저기 진흙 속에서 꼬리를 끌며 살아가는 거북이가 되겠소, 아니면 박제剝製가 되어 궁전의 장식물이 되겠소?"라고 물었다. 대부들은 말없이 돌아갔다.

오유지족(吾唯知足)의 삶

◆

사람들은 좀처럼 만족할 줄을 모른다. 가진 것만큼 행복해하지도 않는다. 가진 것이 많으면 근심 걱정도 많아진다. 디오게네스B.C. 404~B.

◆ 일본 교토의 료안지(龍安寺)는 불교의 선(禪)을 정원으로 표현한 흰 모래와 돌로만 꾸민 석정(石庭) 뒤에 다실(茶室)이 있고, 그 다실 앞의 수조(水槽)에 오유지족이 새겨져 있다.

C. 323는 소유물은 짐이라고 여겼다. 그는 물 마시는 컵 외에는 아무것도 지니지 않았다. 그러던 어느 날 한 소년이 손으로 시냇물을 떠 마시는 모습을 보고 "이 컵도 필요가 없구나!"라며 컵도 버렸다.

참된 해방은 소유로부터의 해방이다. 소유에 집착하는 한 자유는 없다. 버림은 자유의 추구이다. 버림은 번뇌를 끝내는 것이다. 장자B. C. 369~B.C. 289는 말했다. "삶의 의미를 깨달은 자는 삶에 도움이 되지 않는 것 때문에 애쓰지 않는다."

번뇌에서 벗어나려면 만족할 줄 알아야 한다. 만족하면 부유하고 즐거우며 안온하다. 만족할 줄 모르면 천국에 있어도 즐겁지 않다. 만족을 모르는 사람은 가난하고, 만족을 아는 사람은 부유하다. 지속적인 행복은 자족自足이다. 자족상태는 신의 경지이다.

오유지족吾唯知足, '나는 오직 만족을 알뿐이다.'라는 뜻이다. 붓다의 마지막 가르침을 담은 유교경遺敎經에 "만족을 모르는 사람은 비록 부유해도 가난하고, 만족을 아는 사람은 비록 가난해도 부유하다.[不知足者 雖富而貧, 知足之人 雖貧而富]"에서 유래한 말이다. 노자도 "만족하는 자가 부자이다. 만족할 줄 알면 욕됨이 없고, 그칠 줄 알면 위태롭지 않다.[知足者富 知足不辱 知止不殆]"고 설파했다.

만족은 지혜가 주는 부富이다. 가난에 만족하지 못하는 사람은 부유에도 만족하지 못한다. 문제는 물질이 아닌 정신에 있기 때문이다. 황금지붕이 아닌 초가지붕 아래에서도, 마른자리에 따뜻하게 몸을 눕힐 수 있으면 행복하다. 가난을 걱정하지 말고 분수에 안주하지 못한 것을 걱정하라[不患貧而患不安].

양배추를 가꾸며 살고 싶네!

◆

용맹스럽고 지혜로운 아테네의 장군 포키온B.C. 402~B.C. 318의 별명은 선인善人; the good이었다. 그리스를 석권한 알렉산더B.C. 356~B.C. 323 대왕이 그의 환심을 사려고, 많은 선물과 함께 아시아의 4개 도시를 주겠다는 말을 전해오자, 포키온은 "알렉산더가 진심으로 나를 존중한다면 정직하게 살도록 내버려두면 좋겠다."고 답했다.

황제의 자리에서 물러난 디오클레티아누스245~316에게 전우였던 막시미아누스250~310가 다시 황위에 복귀하기를 촉구하자, 디오클레티아누스의 답은 이랬다. "내 손으로 직접 심은 양배추와 멜론, 그리고 집 근처에 내가 만든 멋진 농장을 보면, 권력을 위해 지금의 이 행복을 포기하라는 말은 못할 걸세!"그렇기 때문에 로마인들은 디오클레티아누스가 다시금 정치적 임무를 수행해주기를 바랐던 것이다.

영국의 해군제독 콜링우드는 친구에게 이런 편지를 썼다. "연금신청은 다른 사람들이나 하라고 하게! 나는 가난에 초연해지려고 애쓰기 때문에 돈이 없어도 부자처럼 살 수 있네. 예전에 비해 비용이 많이 들지도 않고 나이 많은 정원사 스콧과 양배추를 가꾸며 살고 싶네."

험프리 데이비 경은 숱한 고생끝에 광부들을 위한 안전램프를 발명했는데, 특허를 출원하지 않고 모든 사람이 그의 발명품을 이용할 수 있게 했다. 한 친구가 그에게 "특허를 냈다면 해마다 5,000~1만 파운드의 수입이 생겼을 텐데…"라고 말하자 데이비 경은 이렇게 대답했다.

"그런 일은 생각해본 적도 없네. 내 삶의 목표는 인류에 공헌하는 걸세. 내게는 원하는 일을 하며 살아갈 만큼의 재산이 있네. 더 이상의 부는 일을 하는 데 방해가 될 뿐이야. 재산이 늘어난다고 명예나 행복도 따라서 늘어나는 것은 아니지 않은가? 물론 재산이 많으면 사두마차를 타고 다닐 수 있겠지. 하지만 험프리 경이 사두마차를 타고 다닌다는 소리를 들어서 무엇하겠나?"스마일즈②

인생 최고의 목표는 인격을 닦고 육신과 정신, 영혼과 양심을 지켜나가는 것이다. 이것이 궁극적인 삶의 목표이며 나머지는 단지 이 목표를 실현하기 위한 수단일 뿐이다. 성공적인 삶은 많은 재물, 높은 지위, 화려한 명성이 아니라, 인격을 닦고 이웃에 유익한 일을 하고 인간본연의 의무를 다하는 것이다. 돈도 어떤 의미에서는 힘이 되지만 지성, 공공심, 도덕성이 더 고결한 힘이다.

의사 장기려의 삶

◆

"작은 예수, 살아있는 성자, 바보 의사, 한국의 슈바이처"라는 별명과 함께 한국 의료사에 커다란 발자취를 남긴 장기려張起呂, 1911~ 1995 박사는 고향평북 용천에서 의료봉사를 하고 싶다며, 출세가 보장된 경성의전 교수 자리와 충남도립병원 외과과장을 마다하고, 가난한 사람들을 찾아다니며 진료하는 데 열熱과 성誠을 다했다.

항상 낮은 곳에서 병든 사람과 함께 하기를 자청하여 수술비가 없는 환자들을 자신의 월급으로 피를 사서 수술대에 오르게 하고, 자기 월급으로는 환자의 수술비를 감당할 수 없어 환자를 야밤에 탈출시키기도 했던 일이 알려지자, 그에게는 '돈없는' 환자들이 모여들었다.

사재를 털어 무의촌 진료를 다녔고, 한국 최초의 의료보험제도인 '청십자 의료보험'을 도입해 가난한 사람들에게 병원 문을 낮춰주었다.

기독교 신앙은 그에게 삶의 근거요 기초였다. 그는 삶의 목적을 오직 하나님을 기쁘게 하는 데 두었다. 30세 이전에는 지옥의 형벌이 무섭고, 천당의 향락이 탐스러워 신앙생활을 하는 순진한 신도였다. 그러나 그의 생애는 교회로 인해 행복했던 순간보다 슬프고 아팠던 날들이 더 많았다. 그는 "사랑받지 못한다고 슬퍼하지 말자. 자진해서 사랑하자. 그러면 사랑받는 자보다 더 환희로 충만하리라!"라는 다짐으로 마음의 상처를 달랬다.

그는 진실과 정직을 최고의 미덕으로 삼고, 사랑과 성실을 실천한 휴머니스트였다. 그는 항상 "내가 환자라면, 예수가 의사라면 이때 어떻게 했을까?"라는 자세로 역지사지易地思之; 恕하며 살았다. 세상 사람들은 선생을 가리켜 "바보가 아니라면 성자가 틀림없다."고 입을 모았다.

1995년 12월, 84세로 타계할 때까지 돈 잘 번다는 의사생활 45년을 했지만, 평생 집 한 채 갖지 못하고 고신의료원 10층의 24평 사택에 거주하며 소박한 삶을 살았다. 그의 옥탑방에는 낡은 의사 가운과 부인과 함께 찍은 액자속 사진뿐이었다. 그는 "늙어서 별로 가진 것이 없다는 것이 다소 기쁨이기는 하나, 죽었을 때 물레밖에 안 남겼다는 간디에 비하면 나는 아직도 가진 것이 너무 많다"며 겸손해했다.

"우리 주위에 병든 이웃과 가난한 이웃이 있다는 사실을 잊지 마세요!" 그에게는 천한 사람도 없고, 귀한 사람도 없었다. 누구든지 존귀했다. 그는 모든 사람을 선대善待하였고, 환자에 대한 애정과 연민의 정을 가졌던 선한 의사였다. 그는 인간이 버려야 할 세 가지로 교만, 욕심, 거짓을 꼽았다.

◆ "살짝 도망쳐 나가시오!"

경남 거창의 가난한 농부는 입원비가 밀려 퇴원할 수가 없었다. 궁여지책으로 그는 선생을 찾아가 하소연했다. "모자라는 돈은 벌어서 갚겠다고 해도 믿지 않습니다." 환자의 사정을 들어본 선생은 마침 주머니에 돈도 없고 하여 한 가지 묘안을 알려주었다. "그냥 살짝 도망쳐 나가시오. 밤에 문을 열어줄 테니." 농부는 원장의 말에 깜짝 놀라 더듬거렸다. "그렇지만 어찌 그럴 수가…" "할 수 없지 않은가? 낼 돈은 없고, 병원 방침은 통하지 않고, 당신이 빨리 집에 가서 일을 해야 가족들이 살 것 아니오?" 농부는 눈물을 흘리며 고마워했다. 그날 밤 선생은 서무과 직원들이 모두 퇴근하고 난 뒤, 병원의 뒷문을 슬그머니 열어놓았다. 밤이 이슥해지자 이불 보퉁이를 든 가족과 환자가 머뭇거리며 나타났다. 어둠 속에서 그는 농부의 거친 손을 잡았다. "얼마 안 되지만 차비요. 가서 열심히 일하시오!" 농부의 가족은 가슴이 먹먹하여 말이 나오지 않았다. 다음 날 아침이었다. "원장님, 106호 환자가 간밤에 도망쳤습니다." 간호원의 말을 듣고 서무과 직원이 원장실로 뛰어왔다. 그는 겸연쩍게 웃으며 말했다. "내가 도망치라고 문을 열어주었소."

◆ "얘야, 혼수이불을 고학생 녀석에게 갖다 주거라!"

홀로 데리고 내려온 둘째 아들 가용1935~이 결혼했을 때의 일이다. 며느리는 시아버지 예단으로 비단 이부자리를 마련했다. 하지만 선생은 푹신하고 따뜻해 보이는 이부자리를 보자 그가 다니는 교회에서 가끔 만나는 고학생의 모습이 떠올랐다. "얘야, 이 이불을 그 녀석에게 갖다줘야겠구나. 겨울에는 늘 감기를 앓는 아이거든…." "아버님 무슨 말씀이세요? 제 혼수가 아버님 보시기에 변변치 않다면…" 며느리는 입은 옷도 거지에게 잘 벗어주고 온다는 시아버지의 이야기를 남편으로부터 들었지만, 혼수까지 남에게 주자고 할 줄은 몰랐다.

며느리는 시아버지의 뜻을 무조건 거스르기가 좀 그랬다. "아버님께서 꼭 그러시기를 원하신다면, 새 이불은 아버님이 쓰시고, 지금 사용하시는 걸 주면 어떻겠어요?" 사리에 맞는 절충안이었지만, 선생은 오히려 며느리의 생각이 엉뚱하다는 얼굴이었다. "얘야, 이왕 주려면 쓰던 것보다는 새것으로 주는 게 예의가 아니겠니?" 며느리는 혼수이불을 고학생의 자취방으로 보냈다.

◆ "무거운 책보다는 돈이 낫지 않겠소?"

어느 날 사택에 스며든 도둑이 서재 앞에서 보자기를 펴놓고 책을 싸려고 했다. "젊은이, 그 책 가져가면 고물값밖에 더 받겠소? 그러나 나에겐 아주 소중한 것이라오. 내가 대신 그 책값을 쳐줄테니 책을 두고 가시오. 무거운 책보다야 가벼운 돈이 더 낫지 않겠소?" "원장님, 죽을죄를 지었습니다. 용서해주십시오." "이 돈을 가져가시오. 그리고 이 짓 말고 바르게 살 생각이 있으면 찾아오시오." 도둑은 돈을 받아 들고 허둥지둥 달아나버렸다.

넘치는 삶, 부족한 삶

◆

계영배戒盈杯란 신기한 술잔이 최인호1945~2013의 소설 《상도商道》를 통해 대중들에게 알려졌다. 과유불급過猶不及이란 말과 함께 지나친 욕심을 경계하는 신비한 술잔이다. 그런데 계영배의 가르침이 이미 오래전부터 있어왔다는 사실이 그 무게를 더해준다. 그 뿌리는 의기欹器였다. 의欹는 기운다는 뜻으로, 물이 가득 차면 뒤집어지고, 비었을 때는 기울어지며, 가운데에 이르면 바로 서는 그릇이다.

춘추시대B.C. 772~B.C. 403 노魯나라 환공桓公이 늘 옆에 이 그릇을 두었다. 넘치지도 모자라지도 않게 물을 채워두고 스스로 경계하기 위한 그릇으로 중용中庸*을 일깨워준다. 의기에 관한 이야기는 《순자荀子》의 유좌宥坐편에 있다. 공자가 환공의 사당廟을 둘러보면서, 그곳에 있는 기울어진 그릇攲器에 대해 묘지기에게 물었다.

"이것은 무엇에 쓰는 그릇이오?"

"옆에 두고 보는 그릇宥坐之器이라 합니다."

"이 그릇은 비워지면 기울고, 적당하면 바로 서며, 가득하면 엎어진다[虛則攲, 中則正, 滿則覆]고 들었다. 물을 가져다 부어봐라."

제자들이 물을 부으니 실제로 그와 같았다. 공자가 한숨지으며 말했다. "아! 가득 차고도 없어지지 않는 것이 어디 있을까?"

자로子路가 물었다. "가득 찬 것을 지속해가는 도리가 있는지요?"

"총명하고 신통한 지혜가 있으면 어리석음으로 지키고, 천하를 덮을 공로가 있으면 사양함으로써 지키고, 천하를 누를 정도로 용맹하고 힘이 있으면 겸손으로 지키고, 천하를 차지할 만큼 부귀하면 검약으로 지키는 것이다. 처세의 도리가 바로 이 그릇과 같다."

《채근담菜根譚》에도 "의기攲器는 가득 차면 엎어지고, 박만撲滿은 비어야 온전하다. 그러므로 군자는 무無에 거할지언정 유有에 거하지 않고, 모자란 곳에 머물지언정 모두 갖춘 곳에 머물지 않는다."며 과욕을 경계한 글이 보인다. 박만은 흙으로 만든 저금통으로, 돈이 가득 차면 깨뜨려 꺼내므로, 항상 비어 있어야 온전할 수 있다는 뜻이다.

이 그릇攲器이 조선조 말 거상 임상옥林尙沃, 1779~1855의 계영배戒盈杯로

---

* 정이천(程頤, 1033~1107)은 "중(中)은 치우치지 않음이요, 용(庸)은 변하지 않음이다. 중은 세상의 바른 도(道)이고, 용은 세상이 정한 이치(理致)"라고 풀이했다. 《논어(論語)》요왈편(堯曰篇)에 요(堯)가 순(舜)에게 선양(禪讓)하며 한 말이 윤집궐중(允執厥中), 즉, "진실로 그 가운데를 붙잡아라!"였다.

이어져 면면한 가르침이 되고 있다. 임상옥은 자서自書한《가포집》서
문에서 계영배가 자신의 삶에 큰 영향을 미친 것으로 서술하고 있다.
"나를 낳아준 사람은 부모이지만, 나를 이루게 해준 것은 하나의 잔이
었다." 즉, 7할을 넘으면 엎어져 버리는 계영배사이폰 원리를 옆에 두고, 돈
의 하인이 아닌 돈의 주인 노릇을 할 수 있었던 것이다. 가득 채움을
경계하면서 장사에 임했고, 거부가 되어 가진 재산을 이웃에 베풀고
멋지게 은퇴하여, 가객으로 시문詩文을 지으며 전원생활로 노년을 보
낸 지혜로운 삶을 살았다. 계영배는 임상옥을 기상奇商, 기인奇人, 상불商佛
로 만든 유좌지기이다.

◆ **불교의 중용(中庸)**

붓다가 35세에 득도한 후 녹야원鹿野苑]에서 5인의 고행자들에게 설법한 첫 번
째 주제가 중용이다. "가까이 해서는 안 될 두 가지 극단이 쾌락과 고행이다. 극
단을 버리고 중도中道를 취하라!" 이는 붓다가 직접 체험하고 깨달은 가르침이
다. 붓다는 출가하기 전까지 카빌라의 왕궁에서 무한의 쾌락을 누렸었고, 출가
한 뒤에는 극심한 고행으로 수행했었다. 그러나 이 두 가지 극단이 잘못임을 깨
닫고 중용中庸을 강조한 것이다.

거문고 악사 출신의 제자와 붓다의 대화이다. "거문고 줄이 느슨하면 그 소리
가 어떻더냐?" "소리가 제대로 나지 않습니다." "줄이 팽팽하면 어떻더냐?"
"소리가 제대로 나지 않습니다." "줄이 팽팽하지도 느슨하지도 않고 적당할 때
는 어떻더냐?" "여러 소리가 고르게 납니다." "도道를 배우는 것도 그와 같다.
마음을 너무 조이거나 느슨하지 않게 해야 도를 얻을 수 있다."

삶의 원동력은 의미에의 의지

◆

"왜 살아야 하는가? 어떻게 살아야 하는가?"라는 의문은 영원한 삶의 화두話頭이다. 오스트리아의 정신과 의사 빅터 프랭클Victor Frankl, 1905~1997은 1942~45년에 나치수용소에서 기아, 공포, 핍박 등 악몽같은 생활을 겪고 살아남은 극소수의 한 사람이다. 그는 그의 저서《삶의 의미를 찾아서》1946에서 "왜 사는지 그 이유를 아는 사람은 어떤 상황도 참아낼 수 있고, 어떻게 살아야 하는지 알 수 있다."는 니체의 말이 그를 수용소에서 살아남게 했다고 회고했다.

프랭클은 가혹한 시련을 겪었다. 누이를 제외한 부모와 형제, 아내의 가족 전부가 죽임을 당했다. 프랭클은 고통과 죽음의 문턱에서도 삶의 의미와 목표를 찾아 그 힘으로 시련을 견뎌냈다. 그는 "아무리 고통스러운 상황에서도 삶의 의미를 발견할 수 있다. 하지만 지독한 정신적 시련을 반드시 요하지는 않는다."고 말했다.

삶의 의지와 목표가 없는 사람은 삶을 끈질기게 살아나갈 수 있는 힘이 없었다. 그들은 이내 삶을 포기하고 말았다. 프랭클은 동료 수용자에 대하여 "슬프게도 그에게는 삶에 대한 의지가 없고, 추구해 나갈 목표가 없어 곧 파멸해 버리고 말았다. 인간은 미래가 있어야 살 수 있다."고 썼다. 전쟁이 끝나고 비엔나 의과대학의 신경정신과 교수가 된 그는 '의미에의 의지'를 바탕으로 의미요법logotherapy을 개발했다.

프랭클은 인간은 프로이드의 주장처럼 '쾌락에의 의지'도 아들러의 '권력우월성에의 의지'도 아닌 '의미에의 의지'로 움직인다고 주장했다. 그는 "사람들이 원하는 것은 '의미 있는 삶'이다. 의미는 삶의 가치이며 영적靈的 가치이다. 의미없는 삶은 빈껍데기이다. 의미를 찾지 못하면 허무주의에 빠져 극단의 경우 자살에 이르게 된다.”고 역설했다.

프랭클은 '의미에의 의지'를 다른 모든 동기를 압도할 수 있는 강력한 동기로 본다. 삶의 의미는 일상생활은 물론 극한 상황에서도 목숨을 부지하기 위해 반드시 필요한 것이다. 삶에 의미가 없다면 계속 살아야 할 이유가 없다. 프랭클은 “모든 존재는 의미가 있고, 어떤 상황에서도 의미는 존재하며, 의미를 추구할 자유가 있고, 그에 대한 책임이 있다.”고 강조한다.

고통과 불행속의 의미

◆

《한 말씀만 하소서!》1994. 작가 박완서1931~2011가 20대의 유망한 의사였던 아들이 죽은 후 겪은 고통을 기록한 책의 제목이다. 작가는 신에게 '아들을 돌려 달라!'고 애원하지 않는다. 그 대신 신에게 '한 말씀만 해달라!'고 절규한다. 자식의 죽음과 그 죽음으로 자신이 당하는 고통의 의미가 무엇인지 알려달라는, 아니면 적어도 그 죽음과 고통에 의미가 있다는 것만이라도 알려달라는 간청이다.

이렇게 사람들은 피할 수 없는 고통을 당할 때, 그 고통의 의미를 확인하고 싶어 한다. 그것은 자기가 겪는 고통이 의미가 있다고 믿을 때, 아픔이 줄어들고 그 고통을 견딜 수 있기 때문이다.

인간은 누구나 고통과 불행에 직면하면 “왜 나에게 이런 일이?”라는 의문을 제기한다. 그 이유를 모를 때 사람들은 “전생에 내가 무슨 죄를 지었기에?”라며 전생의 업보라는 이름으로 체념하고, 견뎌내는 것이 판에 박힌 고통해소법이다. 사람들이 고통에서 의미를 찾아내면 고통은 많이 줄어든다. 문제는 고통에 아무런 의미가 없다고 생각할 때이다.

프랭클은 어떠한 상황에서도 인간은 자기의 삶을 선택할 수 있다는 것을 경험으로 터득했다. 그는 절망적 상황에서도 인간은 의미를 찾을 수 있고, 고통 속에서 의미를 찾아 살아가는 것이 삶이며, 절망적일 때야말로 가장 열심히 의미를 찾아야 한다고 설파한다. 그는 고통과 죽음을 포함하여 모든 상황에서 의미를 찾을 수 있다고 주장한다.

"인간으로부터 다른 모든 것을 빼앗아 갈 수 있지만, 인간의 마지막 자유_{주어진 환경에서 자신의 태도를 결정할 수 있는}, 자신의 길을 선택할 수 있는 자유만은 빼앗아 갈 수 없다. 비참한 수용소 생활에서도 삶의 기쁨은 있다. 고된 노동에서 잠시 벗어나 다른 생각에 빠질 수 있는 시간이나 멀건 국물 속에서 고기 한 조각을 발견하는 기쁨…."

삶의 매 순간은 아무리 비참할지라도 고유한 의미를 지닌다. 삶을 살아가게 하는 동기는 매 순간에 그 의미를 찾으려는 의지에서 생긴다. 이때의 의미가 고통을 견딜 수 있게 해주는 힘이 된다는 것이 의미요법logotherapy의 핵심개념이다. 그는 인간이 삶의 고통에서 벗어날 수 있는 힘이 삶의 의미이며, 삶의 의미는 현실의 고통을 견디고 이겨낼 수 있는 동기로 작용한다고 주장한다.

삶의 의미는 사람마다 다르고 시기별로 달라진다. 만인 공통의 보편적인 삶의 의미는 없다. 각자가 설정한 목표와 의지에 따라 삶이 형성되므로 타인과 비교할 수 없는 것이다. 목표나 운명은 사람마다 다르기 때문에, 각자가 대응방식을 찾아야 하고, 각자에게 적합한 삶의 의미도 찾아야 한다. 상황이 달라지면 다른 의미를 찾아내야 한다.

우리가 운명을 만들어가기도 하지만, 운명을 받아들여야 할 상황도 있다. 상황마다 다른 대응이 필요하다. 상황은 다양해도 해법은 하나, 그에 대한 의미를 발견하는 것이다. 모든 상황에 의미가 있다. 매 순간의 삶에 존재하는 의미는 각자가 발견하고 추구해야 한다. 의미는 만드는 것이 아니라 발견하는 것이다. 삶의 의미와 목적을 찾는 것은 전적으로 각자의 책임이다. 어느 누구도 대신해줄 수 없다.

대통령 각하, 저는 인간을 달에 보내는 걸 돕고 있습니다

◆

'의미 있는 삶'에는 '의미 있는 일'이 포함된다. 삶을 의미있게 하는 것은 일work이며, 일을 하며 자신의 의무와 책임을 완수할 때 의미 있는 삶이 된다. 일은 대단히 중요한 삶의 요소이다. 누구라도 일을 통해 사회에 기여할 수 있다. 중요한 점은 일의 내용이 아니라 일을 수행하는 마음가짐이다. 의미는 일에서가 아니라 일을 하는 마음가짐에서 찾는 것이다. 따라서 거의 모든 일에서 의미를 찾을 수 있다.

서울대 심리학과 최인철1967~ 교수는 《나를 바꾸는 심리학의 지혜 프레임》2007에서 '의미 중심의 프레임'을 권한다. 하찮은 일도 의미를 부여하면 고상해진다. "책 한 권을 읽더라도 진리에 한 걸음씩 다가가고 있다고 생각하고, 청소를 할 때도 지구의 한 모퉁이를 깨끗하게 만든다고 의미를 부여하면 삶이 훨씬 행복해집니다." 내가 하는 일에 의미가 있느냐 없느냐는 그 일 자체가 아니라, 내가 그 일에 어떤 의미를 부여하느냐에 달려 있다.

2014년 8월 KBS 〈다큐멘터리 3일; 한 그릇의 쌀밥〉에서 전북 김제 전포마을의 이순자1951~ 씨는 "농사꾼으로 살아온 것에 대한 자부심 같은 것이 있느냐?"는 물음에 "내가 땀 흘려 농사지은 쌀이 다른 사람들의 배를 불리고, 건강을 유지하게 해준다는 것을 생각하면 이것도 참 소중한 직업이구나!"라는 생각을 한다고 답했다. 서울 중구 황학동 동묘東廟 벼룩시장에서 갖가지 헌옷을 무조건 개당 1,000원에 팔고 있는 조평하1958~ 씨는 "장롱속에서 잠자는 옷에 새 생명을 불어넣어 주는 일로 나름의 보람을 느낀다."고 말한다. 미항공우주국NASA을 방문한 존 F. 케네디 대통령이 빗자루를 든 잡역부에게 하는 일을 물었다. "대통령 각하, 저는 인간을 달에 보내는 걸 돕고 있습니다."

사는 동안 항상 의미를 발견하는 것은 아니다. 그러나 의미가 산발적이라고 하여 삶의 의미를 손상시키지는 않는다. 단 한순간의 의미로도 생애 전체를 의미로 가득 채울 수 있다. 얼마나 여러 번 의미를 찾았는가 혹은 얼마나 오래 머물렀느냐가 아니라, 경험한 의미가 얼마나 강렬했느냐가 결정적 요소이다.

의미 있는 삶이 되기 위해서는 자유가 매우 중요하다. 주어진 운명에 어떻게 대응할 것인가를 스스로 선택할 수 있는 자유이다. 여기의 자유는 신체의 자유가 아닌 영적 자유spiritual freedom이다. 비록 육신은 구속할 수 있어도 정신과 영혼은 구속할 수 없다. 인간은 암울한 시기에도 영적인 자유와 독립은 누릴 수 있다. 영적 자유는 정신건강을 위해서뿐만 아니라 생존을 위해서도 필수적 요소이다.

삶의 의미와 세 가지 가치

◆

프랭클은 삶의 의미를 가치value라는 용어로 설명한다. 우리는 가치에 기반을 두고 삶의 의미를 찾는다. 가치는 삶의 의미처럼 사람마다 상황마다 다르고 융통성이 있는 개념이다. 가치는 창조적 가치, 경험적 가치, 태도적 가치로 분류된다.

창조적 가치creative value는 자기를 표현하는 저술, 작품, 디자인 또는 타인에 대한 봉사 등으로 삶의 의미를 찾는 것이다. 경험적 가치experiential value는 자연이나 예술세계에 몰입함으로써 찾는다. 창조적 가치가 세상에 내어놓는 것이라면, 경험적 가치는 세상으로부터 받아들이는 것이다. 수용성도 창조성만큼 의미를 지닐 수 있다.

창조적 가치와 경험적 가치는 창조나 경험을 통해 인생의 고상함과 풍요로움을 느낀다. 그러나 삶은 고상하고 풍요로운 것만은 아니다. 고통, 질병, 죽음 등 여러 가지 외부적 어건이나 사건들이 삶을 위축시킨다. 아름다운 경험도 창조력을 발휘할 기회도 없는 부정적 상태에서는 태도적 가치attitudinal value로 대처한다.

태도적 가치는 우리의 힘으로 어떻게 할 수 없는변화시킬 수 없는 운명적 상황에 필요하다. 그런 상태에서는 오로지 수용受容뿐이다. 우리는 태도적 가치로 극한 상황에서도 의미와 목적을 가질 수 있다. 운명을 받아들이는 태도, 고통을 감내하는 인내, 비극 앞에서의 의연함 등이 인간의 완숙도를 측정하는 척도이다. 즉, 태도적 가치는 장자의 안명론安命論·순명론順命論, 그리고 에픽테토스와 스피노자가 권고한 '섭리대로 살아라!'와 같은 운명에 순응하는 삶이다.

그러나 프랭클의 태도적 가치에 대한 반론도 있다. 노신魯迅 ; 본명周樹人, 1881~1936은 《아Q정전》1921~1923에서 운명을 수용하는 태도를 노예적 삶이라고 비판했다. 루쉰은 순진하고 어수룩한 까닭에 늘 주변사람들에게 시달리지만, 스스로는 늘 독특한 '정신승리법'으로 의기양양한 아Q를 통해 중국인을 질타했다. 현실에 맞서지 않고 비참한 현실을 합리화하는 중국인의 모습을 아Q로 형상화한 것이다.

"… 건달들은 아Q를 놀려댔고, 마침내 때리기 시작했다. 놈들은 노란 변발을 휘어잡고 벽에 그의 머리를 쿵쿵 짓찧었다. 건달들은 의기양양하게 돌아갔다. 아Q는 잠시 선 채로, '자식에게 맞은 셈 치자, 요즘 세상은 개판이야 …'라면서 의기양양하게 돌아갔다."《아Q정전》은 노신이 중국인의 노예근성적 정신세계를 힐난한 작품이다.

삶의 의미와 존재가치

◆

어떤 사람이 살인죄로 종신형을 선고받았다. 그런데 그가 감옥에서 한 사람의 목숨을 구해 영웅이 되었고 특사로 석방되었다. 집에 왔을 때 아내는 다른 남자와 살고 있고, 딸은 자기에 대해 아무것도 모른다는 사실을 알게 되었다. 그는 그 집에서 원치 않는 존재였다. 그래서 죽는 것이 더 낫겠다고 결심했다. 자살기도는 실패로 돌아갔다.

그가 누워 있던 침대 머리맡으로 불려온 한 수도사아베 삐에르 신부가 이런 말을 했다. "당신의 사연은 끔찍합니다. 그러나 나는 당신을 도울 수가 없습니다. 우리 집은 부유하지만 나는 유산을 포기했고 이제 남은 것은 빚밖에 없습니다. 집 없는 사람들에게 집을 구해주려고 내가 가진 것을 다 썼습니다. 당신에게 줄 것이 아무것도 없습니다. 당신은 죽기를 원하는데 무엇으로 그것을 막겠습니까? 그러나 죽기 전에 나를 한번만 도와주십시오. 그 다음엔 당신이 하고 싶은 대로 하십시오."

이 말이 살인자의 삶을 바꿔버렸다. 누군가가 그를 필요로 했다. 그는 없어도 그만인 잉여인간이 아니었다. 그는 수도사에게 도와주겠다고 약속했다. 그러자 수도사는 자신의 진로를 새로운 방향으로 전환했다. 즉, 고통에 처한 사람을 만났을 때 그가 줄 수 있는 것은 아무것도 없었지만, 그 대신에 그들에게 무엇인가를 요구하게 된 것이다.

나중에 그 살인자는 수도사에게 이렇게 말했다. "만약 당신이 제게 돈이나 빵이나 일거리를 주셨다면, 아마 저는 범죄 인생을 벗어나지 못했을 것입니다. 그러나 당신은 저를 필요로 했습니다." 이렇게 해서 서로의 가슴에 불을 지펴준 완전히 다른 두 사람의 만남을 통해 극빈자를 위한 엠마우스Emmaus 운동이 시작되었다. 두 사람은 서로에게 그들의 삶을 이끌어갈 방향을 제시해주었다.

집 없이 떠도는 부랑자들이 심각한 도시문제가 되고 있는 러시아의 한 지방에서, 부랑자들에게 경찰 임무를 맡겨 재활효과를 톡톡히 본 사례가 있다. 거센 반대에도 불구하고 지자체는 부랑자들에게 치안을 맡겼더니 부랑자도 줄고 범죄도 줄었다. 8명은 재활교육이 필요없을 정도로 개선되었다. 인간에게 존재가치, 즉 삶의 의미는 돈, 빵, 일거리보다 더 중요한 요소임을 일깨우는 사례이다.

존 듀이1859~1592는 "중요한 존재가 되고 싶은 소망은 인간의 가장 간절하고도 원시적인 욕망"이라고 썼고, 윌리엄 제임스1842~1910는

"인간이 가장 갈망하는 것은 사람들로부터 받는 인정과 존중"이라고 썼다. 이것이 문명을 발전시켜온 원동력이 되었다. 오직 사람만이 다른 사람의 인정과 칭찬을 갈망한다. 주위사람들로부터 자신의 가치를 인정받는 것이다.

성찰하는 삶

1961년 4월 예루살렘에서 나치 독일의 유대인 학살 책임자 칼 아이히만1906~1962에 대한 재판이 있었다. 〈뉴요커〉의 특파원으로 재판을 취재한 한나 아렌트1906~1975는 법정에서 아이히만의 일거수일투족을 관찰하며 '악의 평범성banality of evil'을 발견했다. 아렌트는 나치의 학대를 피해 미국으로 망명한 독일계 유대인이다.

아이히만은 2차대전 직후 포로수용소를 탈출해, 아르헨티나에서 자동차 기계공으로 숨어 살다가, 1960년 이스라엘의 전범추적자Mossad에게 붙잡혀 비밀리에 압송된 세기적 재판의 주인공이었다. 이스라엘은 그를 반反유대주의의 상징으로 삼아 역사의 법정에서 단죄하려 했고, 이스라엘 건국의 정당성을 확보할 극적 무대로 삼으려 했다. 세계 언론도 '인간의 얼굴을 한 악마'를 보기 위해 취재에 열을 올렸다.

그러나 그 열기는 2주 만에 식어버렸다. 분명 정신이상자나 성격파탄자여야 할 아이히만은 너무도 평범했다. 그는 나치 친위대 장교이면서 유대인 여자를 정부情婦로 둘 정도로 반유대주의와 거리가 멀었다. 그는 나치의 정강政綱도 몰랐고, 히틀러의 《나의 투쟁》도 읽지 않았다. 친구의 권유에 등 떠밀려 친위대에 들어갔으며, "나는 명령에 따랐을 뿐이다."가 그의 답변이었다.

아렌트는 "아이히만은 자기발전에 각별히 근면한 것을 제외하고는 어떠한 동기도 갖고 있지 않았다. 그는 지극히 가정적인 평범한 사람이었다. 그저 상부의 명령을 따랐을 뿐 …. 그래서 양심의 가책을 느끼지 못했다. 그는 일상생활에서 아주 근면했고 무능하지도 어리석지도 않았다. 다만 자기가 무엇을 하고 있는지 깨닫지 못했다. 그가 엄청난 범죄자가 된 것은 순전히 '생각 없이 사는 것thoughtless life'이었다."고 쓰고, 아이히만의 죄를 '성찰省察, introspection의 부재不在'에서 찾았다. 아렌트는 '생각 없이 사는 것이 악'임을 지적한 것이다.

삶에는 성찰이 필요하다. 성찰은 자기 자신과 나누는 대화이며 반성이다. '삶을 음미'하는 것을 낙으로 삼았던 소크라테스는 "반성하지 않는 삶은 살 가치가 없다."고 설파했다. "삶은 반성을 통해서 이해할 수 있다." 키에르케고르1813~1855의 말이다. 반성하는 삶은 자신에 대해 깊이 생각하고 자기의 행위를 되돌아보는 삶이다. "얼마나 깊이 고뇌할 수 있는지가 인간의 위치를 결정짓는다." 니체의 말이다.

공자의 제자 증삼曾參의 삼성오신三省吾身은 자기의 행위나 생각을 하루에 3번 반성하는 일일삼성一日三省을 의미한다. "성인도 사유하지 않으면 광인이 된다."惟聖罔念作狂고 했다. 소인은 보고들은 것에 이끌리지만 대인은 늘 생각하고 반성해서 보고들은 것에 끌려가지 않는다. "배우기만 하고 깊은 생각이 없다면 깨닫지 못하고, 배우지 않고 멋대로 생각에 잠기면 위태롭게 된다."《논어》의 구절이다. 나옹선사는 "생각이 생기고 없어지는 것을 생사"라고 했다. 생각이 곧 삶이라는 말이다.

자신의 안으로 들어가라!

◆

자신과 나누는 무언_{無言}의 대화, 즉 사유는 내 마음mind의 눈을 뜨게 한다. 사유_{思惟}는 자신과의 대화이다. 가장 의미 있는 여행은 나의 내면을 향한 여행이다. 어디로 가야 하는지 알고 싶으면 자신의 안으로 들어가야 한다. 칼 융은 말했다. "밖을 보는 자는 꿈을 꾸고, 안을 보는 자는 깨어 있다." 인간 내면의 모순되는 2요소, 즉 천사의 일면과 악마의 일면 어느 쪽이 나를 지배하는가는 나의 사유에 달려 있다.

인간의 능력 중에 가장 고귀하고 고유한 것은 이성적 사유이다. 사유는 이해관계나 희망사항을 넘어서고, 과학적 발견이나 종교적 신념까지 점검해 볼 수 있는 인간 고유의 정신활동이다. 사유가 곧 삶의 본질이다. "사람들은 높은 산과 바다의 거센 파도, 굽이쳐 흐르는 강과 반짝이는 별들을 보며 경탄하지만, 정작 자신의 내면은 들여다보지 않는다." 아우구스티누스_{354~430}의 《고백록》에 있는 구절이다.

인간의 존엄성은 사유에 달려 있다. 사유=성찰는 가장 중요한 철학적 행위이다. 철학은 존재와 가치의 세계를 깊이 인식하려는 사유의 여행이다. 사유_{思惟}의 부재는 곧 철학_{哲學}의 부재이다. 철학은 좀 더 높고 넓게 깊게 생각하려는 시도이다. 인간사를 진지하게 들여다보며 반성하고 새롭게 시작하는 것이 삶의 철학이다.

철학은 우리의 생활과 행동에 대한 보편적 근거를 찾는다. 그리고 그 결과들을 반성한다. 지식_{知識}은 사유를 통해 지혜_{智慧}가 된다. 사유는 자신에게 묻고 답하는 것이다. 냉철한 통찰과 정밀한 분석으로 무엇이 인간의 실존적 문제인지 묻고 답해야 한다. 철학은 우리가 지금 어디에 있으며 어디로 가고 있는지, 또한 우리들은 누구이며 누구이어야 하는지를 사유한다.

인간은 성찰=사유을 통해 자신을 알 수 있고 기질을 변화시킬 수 있다. 지속적인 성찰은 감정과 행동을 분별하고 통제할 수 있게 해준다. 성찰은 통찰력을 길러준다. 통찰洞察은 우리의 생각과 현실의 거리를 좁혀준다. 성찰은 이 시대에 살아갈 수밖에 없는 숙명을 지혜롭게 받아들이게 한다. 세상을 바라보는 시각이 변하면 생각도 변하고 그것은 기질의 변화로 이어진다.

삶은 돈오頓悟와 점수漸修의 과정이다.* 돈오와 점수가 어우러져 인간은 성숙해진다. 돈오는 한번에 끝나지 않는다. 영원한 과정이다. 돈오와 점수는 자아성찰에서 나온다. 자아성찰은 자기혁신의 핵심이다. 자신의 내면으로 파고들어 숨겨진 자기모습과 때 묻지 않은 가치관, 억눌린 그림자를 볼 줄 아는 자기관찰자가 되어야 한다.

---

* 돈오(頓悟)는 갑자기 깨달음에 이르는 것이고, 점수(漸修)는 수행을 통해 점차 깨달음에 이르는 것이다. 지눌(知訥)은 돈오는 햇빛과 같이 갑자기 만법이 밝아지는 것이고, 점수는 거울을 닦는 것처럼 점차 밝아지는 것으로 비유했다.

어떻게 살 것인가에 대한 답을 찾아서

The Philosophy of money

돈이 우리의 삶을 강력히 지배하고 있다. 돈은 인간의 삶을 보호도 하고 파괴도 한다. 돈은 삶을 위협하는 권세權勢이며 인간을 유혹하는 마물魔物이다. 돈은 숭배와 저주의 대상이다. 돈은 우리의 행동양식과 인간관계를 다양하게 규정한다. 하루라도 돈 이야기를 안 하고 넘어가는 날이 없고, 인간관계·가족관계에서 일어나는 미세한 신경전에도 돈이 배어 있다.

그러나 우리는 돈에 대해 너무 모른다. 돈에 대한 가르침도 배움도 없다. 돈을 제대로 알면 우리의 삶이 흔들리지 않을 것이다. 돈을 안다는 것은 돈의 실체와 의미를 인식하는 것이다. 돈에 부여된 의미와 가치가 적절한지 성찰이 필요하다. 돈에 대한 철학함이 필요하다. "철학을 배우지 말고 철학함을 배워라!"고 설파한 칸트는 "'철학한다는 것'은 문헌의 연구가 아니라, 사물을 관조하고 통찰하고 사색하여 문제점을 드러내거나 해결방안을 내놓는 것"이라고 규정했다.

《돈의 철학》은 돈의 실체와 의미를 규명糾明하고, 돈과 인간의 관계를 천착하여, 돈에 대한 인생관 및 가치관의 수립을 돕기 위한 책이다.

돈이 판치는 세상에서 바람직한 삶이 무엇인지를 찾으려는 것이다. "어떻게 살아야 하는가?"라는 의문의 답을 찾기 위해서이다.

많은 사람들이 돈을 탐구했다. 그러나 모두가 장님 코끼리 만지듯 돈의 일면에 그쳤다. 돈이 펼치는 세계가 너무도 방대하여 누구도 돈의 실체를 단칼에 규명할 수는 없다. 이 책도 그러한 한계를 넘지 못했다. 돈을 삶과 결부시켜 돈의 실체와 의미를 부분적으로 조감해보았을 뿐이다.

《돈의 철학》은 돈이라는 어두운 동굴 속에 갇혀 있는 돈의 노예들을 인도하여 탈출시키려는 꿈을 안고 출발했다. 사람들의 정신세계와 행동양식을 바꾸려는 시도이다. 돈으로 겪는 혼란의 해소를 목표로 삼았다. 감히 말하자면 《파우스트》의 표지 그림에 숨겨져 있다는 '인간아! 내가 너를 인도하리라!*Adam te Dageram*'의 의도가 담겨 있다.

이 책을 통해 사람들이 돈에 대한 관점viewpoint을 정립할 수 있기를 원했다. 이 책을 통해 독자들이 삶의 진의真意를 파악하고, 보편타당한 인생관을 세워, 험난한 인생살이의 나침반이 되었으면 좋겠다. 이 책을 읽고 많은 사람이 지금까지와 다르게 살아야겠다고 생각을 바꾼다면 더 이상 바랄 것이 없겠다.

삶은 복잡하고 다양하다. 각자의 처한 환경과 가치관이 달라 사는 방법이 제각각이다. 우리 모두는 다르다. 내게 즐거운 일이 그에게는 따분할 수 있다. 삶에는 특정의 공식이 없고 정답이 없다. 각자의 마음가짐과 생활태도에 따라 그에 상응하는 삶을 살고 있다. 부자와 거지와 도둑은 각자의 마음가짐과 행동으로 부자로 거지로 도둑으로 산다.

영원한 진리는 없다. 동서고금을 회통하는 절대적 진리는 없다. 절대적 당위성도 없다. 모든 진리는 상대적이며 일면적이다. 비록 주마간산으로 접해본 정도이지만 저명한 철학자들의 통찰도 모두가 일면에 그친다. 플라톤, 헤겔, 칸트, 니체, 마르크스 등 모두가 각자의 대롱으로 세상을 보고 있다. 누구도 삶을 통섭統攝할 수 있는 통시적洞視的 철학을 제시하지 못하고 있다.

혹자는 "돈으로 행복을 살 수 있다."고 말하고, 혹자는 "돈으로 행복을 살 수 없다."고 말한다. 돈은 행복의 뿌리가 되기도 하고 불행의 씨앗이 되기도 한다. 돈에도 과유불급過猶不及이 적용된다. 많지도 적지도 않은 적당한 돈이 바람직하다. 그래서 "가난하게도, 부유하게도 마십시오. 먹고 살 만큼만 주십시오!"란 아굴의 기도가 가슴에 와 닿는다.

"천 칸의 큰 집도 잠자는 자리는 여덟 자뿐이고, 좋은 밭이 만 이랑이 되어도 하루에 먹는 것은 곡식 두 되뿐이다."《명심보감》의 구절이다. "나무는 잎이 떨어져 뿌리만 남은 뒤에야 꽃과 가지와 잎의 영화가 헛된 것임을 알 것이요, 사람은 관 뚜껑을 덮고 나서야 자손과 재물이 쓸데없는 것임을 알게 되리라!"《채근담》의 글귀이다.

선현들은 내 마음의 우상을 타파하고 사물적事物的 지식에 대하여 사리적事理的 지식을 우선시키라고 권한다. 비교프레임을 버리고 의미프레임으로 전환하라고 가르친다. 비교는 자신의 삶을 고단한 전시적 인생으로 바꿔버린다. 타인과의 비교를 통해 가난함과 부유함을 결정하는 것은 어리석은 짓이므로 '비교하지 마라!'고 역설한다.

돈을 보는 눈도 제각각이다. 각자 타고난 천품과 자라온 환경에 따라 돈을 보는 눈이 다르다. 돈이 적어도 부유한 사람이 많다. 돈이 없어도 부자라고 생각하면 부자가 된다. 부유와 빈궁은 의식의 문제다. 그것은 곧 돈에 대한 각자의 철학, 즉 가치관에 기초한다. 철학이나 가치관은 각자의 깨달음으로 정립된다. 이 책에 담긴 다양한 인물과 사건을 참조하여 스스로 돈에 대한 철학과 가치관을 확립하기 바란다.

'어떻게 살 것인가?'의 질문에 완전한 답은 없다. 아무도 완벽한 답을 제시하지 못한다. 그러나 붓다, 공자, 예수, 모하메트 등 위대한 스승들의 가르침은 간단명료하다. "착하게 살라!"이다. "가장 중요한 불교의 가르침은 무엇입니까?"에 대한 답은 "나쁜 일을 하지 말고 좋은 일만 하라[諸惡莫作 衆善奉行]!"는 것이다. 이것은 3살짜리 어린애도 다 아는 것이지만, 머리가 허연 노인들도 실천하지 못하는 것이다.

철학자 박이문1930~2017은 이렇게 말했다. "철학의 위대함은 착함이다." 칸트는 "무엇을 얼마나 얻느냐가 아니라 그것을 어떻게 얻느냐가 중요하다."고 역설했다. 그가 강조한 것은 삶의 목표가 아니라 삶의 태도이다. 칸트는 도덕적 삶을 의무로 규정하고, "도덕적으로=착하게 살아라!"고 주문한다. 이러한 의무의 이행에서 얻은 명예, 권력, 부귀라야 진정한 가치를 지닌다고 말한다. "인간의 가장 중요한 행위는 도덕을 지키려는 노력이다. 도덕성을 삶의 기준으로 삼고, 유지하는 것이 교육의 첫 번째 과제이다."아인슈타인의 말이다.

그리고 어떻게 사느냐에 대한 또 다른 답은 극단에 치우치지 않는 중용의 삶이다. 중용은 동서고금을 회통會通하는 바람직한 삶의 길이다. 공자, 붓다, 모하메트 등 모두 극단이나 편중을 피하고 절충과 균형의 중용을 강조했다. 수천 년 전부터 사람들은 의기敧器를 옆에 두고 모자라지도 않고, 넘치지도 않는 중용을 취하려 애를 썼다.

유대인의 지혜가 담긴 탈무드도 중용을 가르치고 있다. 탈무드는 "군대가 행진하는데 오른쪽은 얼음이 얼고 왼쪽은 불바다였다. 군대가 오른쪽으로 가면 얼어버리고 왼쪽으로 가면 타버릴 것이다. 가운데 길만이 춥지도 덥지도 않은 적당한 길"이라며 균형감각과 중용을 가르치고 있다.

아리스토텔레스도 바람직한 삶은 이성에 기초한 중용mesotes의 실천이라고 설파했다. "지혜로운 사람은 중용을 이성적으로 선택한다. 중용은 지나치지 않고 모자라지 않는 중심을 취하는 것이다. 그러나 중심은 상황에 따라 다르고, 각자의 인식을 전제로 하기 때문에, 찾기가 쉽지 않고 따라서 바람직한 삶도 어렵다."

아리스토텔레스의 결론은 중심을 찾기가 어려워 바람직한 삶도 어렵다는 것이다. 무엇이든 지나치지도 않고 모자라지도 않는 중심을 찾기가 말처럼 쉽지 않기 때문이다. 공자도 "중용을 가려서 한 달도 채 지키지 못했다."고 고백하며 중용의 실천이 어렵다고 한탄했다. 문제는 바람직한 삶의 방법을 몰라서가 아니고 실천이 어려운 것이다.

삶이 힘들고 어렵지만, 그래도 우리가 추구해야 할 바람직한 삶은 항상 중용을 염두에 두고 바르고 착하게, 즉 도덕적·윤리적인 삶을 사는 것이다. 인간은 바르고 착하게 살 때에 행복하다는 것이 선현들의 공통된 가르침이다. 도덕적·윤리적인 것이 우리의 삶을 자유롭게 하고, 행복으로 이끄는 최선의 길이라는 것이다.

"당신들은 돈지갑을 가득 채우고, 명성과 존경을 얻고자 허둥대고 있음을 부끄러워하지 않으며, 도덕적인 판단과 진리, 그리고 영혼의 정화淨化에는 조금도 관심이 없고, 또 노력도 하지 않는구려!" 소크라테스B.C. 470~B.C. 399가 젊은이들을 현혹시키고 신을 모독했다는 죄목으로 유죄판결220:280을 받아, 독배를 마시기 전에 아테네 시민에게 행한 연설의 한 구절이다.

그는 "인생은 사는 것이 중요한 것이 아니라 바르게 사는 것이 중요하다."고 강조했다. 그는 아테네 시민 각자가 물질적인 욕구를 채우고 세속적인 영달에 급급하지 말고, 도덕과 진리와 영혼의 정화에 더 많은 노력을 기울일 것을 역설했다. 인생의 가치는 얼마나 소유하느냐가 아니라 얼마나 바르고 착하게 삶을 사느냐에 있다는 것이다.

"인간은 배우에 불과하므로 절대자가 점지한 대로 살아라!"고 설파한 에픽테토스의 숙명론과 함께, 스피노자의 "섭리대로 살아라!"는 제언에도 귀 기울일 필요가 있다. 돈이 있으면 있는 대로, 없으면 없는 대로 마음을 다스리며 사는 것이다. 소유적 삶이 아닌 존재적 삶을 살라는 것이다. 행복한 삶은 주어진 것들에 만족하고, 나름의 보람을 느끼며 사는 것이다.

노숙자, 빈민, 죄수 등에게 정규대학 수준의 인문학을 가르치는 클레멘트 코스를 열심히 수강한 화를 잘 내는 덩치 큰 26세의 청년이 같은 직장의 한 여성의 고자질로 잔뜩 화가 났을 때 "소크라테스라면 이때 어떻게 했을까?"라고 자문自問하며 참아냈다. 성자의 삶을 살다 간 의사 장기려는 항상 "내가 환자라면 …, 예수가 의사라면 이때 어떻게 했을까?"라고 자문하면서 살았다. 우리도 한번 취해볼 만한 방법이다. "붓다라면, 공자라면, 예수라면, 모하메트라면 어떻게 했을까?"를 이 풍진 세상을 살아가는 기준으로 삼는 것은 어떻겠는가?

이는 곧 공자가 제자 자공子貢에게 종신토록 실천해야 할 한마디말로 전수했던 서恕: 如+心: 내 마음과 같이, 즉 "내가 원하지 않는 것은 남에게 행하지 말라[己所不欲 勿施於人]."와 예수의 "네가 대접받고 싶은 대로 남을 대접하라Do to others as you would have them do to you!"는 가르침의 또 다른 실천방법인 것이다.

한 시대70~80년대를 풍미했던 김태길, 안병욱, 김형석 등 3인의 저명한 철학교수들이 '인생의 노른자 시기'를 65~75세로 규정했다고 한다.* 지금 바로 '인생의 노른자 시기'를 살고 있는 나는 요즈음 어떤 생각이나 행위를 할 때 "신神이 저 높은 곳에서 내려다보고 있다."는 생각을 하면서 살고 있다. 이런 마음가짐이 내 가슴속의 양심良心의 명령이며, "착하게 살라!"는 지상명제의 토대라고 믿기 때문이다.

알고 보니 원래 도덕철학 교수였던 애덤 스미스도 《도덕감정론》1759에서 "공명정대한 관찰자the impartial spectator가 우리의 행동을 지켜보고 있는 것처럼, 각 개인이 도덕적인 행동을 해야 이 사회가 제대로 유지될 수 있다."고 설파하고 있다.

인간은 본능욕망과 이성양심이 충돌하는 야누스적 존재이다. 프로이드는 인간이 이드id; 온갖 욕망의 덩어리와 초자아super ego; 나를 내려다보는 도덕과 양심를 오가는 존재라면서, 초자아'하지 말아야 할 것'과 '하고 싶은 것'의 집합, 즉 위에서 나를 내려다보고 있는 도덕과 양심에 따라 살아야 한다고 역설했다. 우리는 항상 '이드'욕망와 '초자아'양심를 조율하여 균형 잡힌 자아ego를 확립하여 착하게 살아가야 한다는 것이 나의 믿음이다.

---

* 김형석(1920~) 연세대 철학과 명예교수의 인터뷰 기사 《조선일보》 2015. 6. 28.이다. "김태길(1920~2009), 안병욱(1920~2013) 교수와는 동갑인 데다 전공도 같아 친했지요. 생전에 이 분들과 우리 '인생에서 노른자의 시기'가 언제였을까?'로 대화한 적이 있어요. 답은 65세에서 75세까지였어요. 그 나이쯤에 생각이 깊어지고, 행복이 무엇인지, 세상을 어떻게 살아야 하는지를 알게 됐거든요." 서양에는 "65세가 되기 전에는 셰익스피어를 읽지 말라!"는 주장도 있다.

가라타니 고진,《트랜스크리틱》, 송태욱 역, 한길사, 2005.

강영수, "유대인의 商術",〈월간조선〉2005.4.

강재언,《조선통신사의 일본견문록》, 이규수 역, 한길사, 2005.

강현정, "골드미스 대상 마케팅 전략",〈SERI〉, 2007.8.3.

고 건 외,《나의 삶 나의 아버지》, 동아일보사, 2005년

고든, 존,《월스트리트 제국》, 강남규 역, 참솔, 2002,

고프, 자크,《돈과 구원》, 김정희 역, 이학사, 1998.

공병호,《부자의 생각 빈자의 생각》, 해냄, 2006.

구 구,《당신은 왜 가난한가?》, 박지민 역, 북폴리오, 2004.

귀르틀러, 데틀레프,《부의 세계사》, 장혜경 역, 웅진지식하우스, 2005.

금장태,《실천적 이론가 정약용》, 살림, 2005.

길버트, 다니엘,《행복에 걸려 비틀거리다》, 서은국 외 역, 김영사, 2006.

김교빈,《한국철학 에세이》, 동녘, 2003.

김문식·김정호,《조선의 왕세자 교육》, 김영사, 2003.

김비환,《맘몬의 지배》, 성균관대학교 출판부, 2004.

김상봉,《나르시스의 꿈》, 한길사, 2002.

김순희, "뒤뜰에서 만난 권력자들,"〈신동아〉2007.3.

김영수,《중국사의 수수께끼》, 랜덤하우스, 2007.

김재영,《부자의 지갑에는 남다른 철학이 있다》, 더난출판, 2005.

김학수,《끝내 세상에 고개를 숙이지 않는다》, 삼우반, 2005.

김학은,《돈의 역사》, 학민사, 1994.

김학주,《열자(列子)》, 명문당, 1977.

김현구,《일본이야기》, 창작과 비평사, 1996.

김형효,《마음혁명》, 살림, 2007.

남 산,《인연 닿는 대로 발길 닿는 대로》, 명상, 1998.

니어링, 헬렌,《아름다운 삶, 사랑 그리고 마무리》, 이석태 역, 보리, 1997.

니어링, 헬렌·스콧 니어링,《조화로운 삶》, 류시화 역, 보리, 2000.

니와 순페이,《중국고사에서 배우는 제왕학》, 이규은 역, 삶과꿈, 2001.

니체, 프리드리히,《신은 죽었다》, 강윤식 역, 휘닉스, 2004.

니혼게이자이신문,《경제의 심리학》, 송수영 역, 밀리언 하우스, 2005.

다카키 유코,《즐거운 돈》, 구혜영 역, 나무리, 2003.

도드, 니겔,《돈의 사회학》, 이택면 역, 일신사, 2002.

도몬 후유지, 《일본의 부자들》, 이강희 역, 사과나무, 2003.

드러커, 피터, 《드러커 100년의 철학》, 청림, 2004.

랜드럼, 진, 《위대함에 이르는 8가지 열쇠》, 김미형 역, 들녘, 2006.

러셀, 버틀란트, 《철학이란 무엇인가》, 그레이트북, 1994.

레빗 스티븐·스티븐 더브너, 《슈퍼 괴짜경제학》, 웅진지식하우스, 2009.

─────────────, 《괴짜경제학》, 웅진지식하우스, 2005.

로슨, 도리, 《세상을 바꾼 65개의 편지》, 자음과 모음, 2005.

로허, 짐·토니 슈워츠, 《몸과 영혼의 에너지 발전소》, 한언, 2004.

류보머스키, 소냐, 《행복도 연습이 필요하다》, 오혜경 역, 지식노마드, 2008.

리스, 거다, 《도박》, 김영선 역, 꿈엔들, 2006.

리카르, 마티유, 《행복 요리법》, 백선희 역, 현대문학, 2004.

리테어, 버나드, 《돈, 그 영혼과 진실》, 강남규 역, 참솔, 2004.

리프킨, 제러미, 《소유의 종말》, 이희재 역, 민음사, 2002.

리 허, 《전왕(錢王)》, 명진출판, 2004.

마든, 오리슨, 《富를 노래하라》, 신현돈 역, 다리미디어, 2003.

마르크스 엥겔스, 《공산당 선언》, 이진우 역, 책세상, 2005.

메넨, 오브리, 《예술가와 돈》, 박은영 역, 열대림, 2004.

몽테뉴, 《수상록(隨想錄)》, 박순만 역, 집문당, 1983.

뮐러, 클라우스, 《머니쇼크》, 이마고, 2008.

─────────, 《돈과 인간의 역사》, 이마고, 2004.

미키 기요시, 《生》, 이동주 역, 아침바다, 2003.

박원순, 《성공하는 사람들의 아름다운 습관, 나눔》, 중앙 M&B, 2002.

박완서, 《한 말씀만 하소서》, 세계사, 2004.

박이문, 《당신에겐 철학이 있습니까?》, 미다스북스, 2006.

박정자, 《로빈슨 크루소의 사치》, 기파랑, 2006.

박현모, 《세종실록 밖으로 행차하다》, 푸른역사, 2007.

박현주, 《돈은 아름다운 꽃이다》, 김영사, 2007.

방세, 카트린, 《욕망의 심리학》, 북폴리오, 2005.

백승영, "차라투스트라는 이렇게 말했다", 〈철학사상〉 서울대 철학사상연구소, 2003.

번스, 그레고리, 《만족》, 권준수 역, 2006.

번스타인, 피터, 《황금의 지배》, 김승욱 역, 경영정신, 2001.

법 정, 《아름다운 마무리》, 문학의숲, 2008.

──, 《무소유》, 범우사, 1999.

──, 《새들이 떠나간 숲은 적막하다》, 샘터, 1996.

──, 《물소리 바람소리》, 샘터, 1988.

──────, 《서있는 사람들》, 샘터, 1988.

브로델, 페르낭, 《물질문명과 자본주의 1~2》, 주경철 역, 까치, 1996.

블롬, 필립, 《수집》, 이민아 역, 동녘, 2006.

빈스방어, 한스, 《부의 연금술》, 제여매 역, 플래닛 미디어, 2006.

빌라르, 피에르, 《금과 화폐의 역사》, 까치, 2000.

사마천, 《사기열전》(上), 남만성 역, 을유문화사, 1988.

사사키 다케시, 《교양으로 읽어야 할 절대지식》, 이다미디어, 2004.

새퍼, 보도, 《보도 새퍼의 돈》, 북플러스, 2004.

색스, 조너선, 《차이의 존중》, 임재서 역, 말글 빛냄, 2007.

샤오춘성, 《교자서(教子書)》, 임대근 역, 예담, 2005.

석영중, 《도스토예프스키 돈을 위해 펜을 들다》, 예담, 2008.

세이노, "한국인이 쓴 '부자아빠 가난한 아빠'", 《신동아》2000.12.

세일즈, 지니, 《부자가 되려면 부자를 만나라》, 가야넷, 1999.

소로우, 헨리 데이빗, 《월든》, 강승영 역, 이레, 2006.

쇼리스, 얼, 《희망의 인문학》, 고병헌·이병곤·임정아 역, 이매진, 2006.

쇼펜하우어, 《쇼우펜하우어 철학에세이》, 김욱 역, 지훈출판사, 2005.

──────, 《행복의 철학》, 정초일 역, 푸른숲, 2001.

──────, 《인생론》, 최민홍 역, 집문당, 1985.

순 자, 《荀子》, 김학주 역, 을유문화사, 2002.

슈바니츠, 디트리히, 《교양: 사람이 알아야 할 모든 것》, 들녘, 2001.

스마일즈, 새뮤얼 ①, 《검약론》, 이은정 역, 21세기북스, 2006.

──────── ②, 《의무론》, 박상은 역, 21세기북스, 2006.

──────── ③, 《자조론》, 김유신 역, 21세기북스, 2006.

──────── ④, 《인격론》, 정준희 역, 21세기북스, 2005.

스펜스, 조너선, 《강희제》, 이준갑 역, 이산, 2001.

스탠리, 토마스·윌리엄 댄코, 《이웃집 백만장자》, 한국능률협회, 2002.

신영복, 《강의: 나의 동양고전 독법》, 돌베개, 2004.

아렌트, 한나, 《정신의 삶 1》, 푸른숲, 2004.

야블론스키, 루이스, 《돈의 감성지수》, 김형근 역, 에코리브르, 2001.

엄정식, 《철학이란 무엇인가》, 문학사상사, 1992.

──────, 《철학으로 가는 길》, 동서문학 출판부, 1990.

예종석, 《노블레스 오블리주》, 살림, 2006.

오자키 고요, 《금색야차(金色夜叉)》, 서석연 역, 범우사, 1992.

월쉬, 도날드, 《신과 나눈 이야기》, 아름드리, 1997.

웨더포드, 잭, 《돈의 역사와 비밀 그 은밀한 유혹》, 청양, 2001.

윌리엄스, 조너선, 《돈의 세계사》, 이인철 역, 까치, 1998.

유동범, 《천재들의 우화》, 바움, 2005.

유봉학, 《정조대왕의 꿈》, 신구문화사, 2001.

유상원, "상사의 옷차림과 업무처리시간", 〈이코노미스트〉, 2006.3.23.

유승훈, 《다산과 연암 노름에 빠지다》, 살림, 2006.

유호종, 《고통에게 따지다》, 웅진하우스, 2006.

이나미 리츠코, 《사치향락의 중국사》, 이은숙 역, 차림, 1997.

이명박, 《신화는 없다》, 김영사, 1995.

이나리, "아날로그 부자 VS 디지털 부자," 신동아, 2000.5.

이미숙, 《존경받는 부자들》, 김영사, 2004.

이민훈, "프라브족(The PRAV)의 특징", 〈SERI〉, 2007.8.3.

이정호, "악마는 프라다를 입는다", 〈SERI〉, 2007.8.3.

이종선, 《따뜻한 카리스마》, 랜덤하우스중앙, 2004.

이진우, 《니체의 인생 강의》, 휴머니스트, 2015

이희영, 《솔로몬 탈무드》, 동서문화사, 2004.

장영희, 《이 아침 축복처럼 꽃비가》, 샘터, 2010.

쟝위싱, 《중국 황제 어떻게 살았나?》, 허유영 역, 지문사, 2003.

저우종, 《중국 최고의 부자들》, 이지북, 2004.

전봉관, 《럭키경성》, 살림, 2007.

──, 《경성기담》, 살림, 2006.

──, 《황금광시대》, 살림, 2005.

정갑영, 《카론의 동전 한 닢》, 삼성경제연구소, 2005.

정영호 편역, 《여씨춘추》(상,하), 자유문고, 2006.

조성기, 《유일한 평전》, 작은 씨앗, 2005.

조일재, 《長恨夢》(한국신소설전집 9권), 을유문화사, 1968.

존슨, 폴, 《모던타임스 1》, 조윤정 역, 살림, 2008.

좀바르트, 베르너, 《사치와 자본주의》, 이상률 역, 문예출판사, 1997.

지강유철, 《장기려》, 홍성사, 2007.

짐멜, 게오르그, 《돈의 哲學》, 안준섭·장준영·조희연 역, 한길사, 1983.

짜오지엔민, 《죽림칠현, 뻬어난 속물들》, 곽복선 역, 푸른역사, 2007.

최병권·이정옥 엮음, 《세계의 교양을 읽는다》, 휴머니스트, 2003.

최용근, 《명동 30년》, 신세림, 2002.

최인철, 《나를 바꾸는 심리학의 지혜 프레임》, 21세기북스, 2007.

최인호, 《상도 5》, 여백, 2000.

취른트, 크리스티아네, 《책: 사람이 읽어야 할 모든 것》, 들녘, 2003.

칠코프스키, 카타리나, 《코코 샤넬, 내가 곧 스타일이다》, 솔, 2005.

코니프, 리처드, 《부자(富者)》, 이상근 역, 까치, 2003.

코스톨라니, 《돈 뜨겁게 사랑하고 차갑게 다루어라》, 미래의 창, 2001.

콜라이저, 조지, 《마인드 이노베이션》, 김정혜 역, 미디어윌, 2008.

콜리어, 피터, 《록펠러가의 사람들》, 씨앗을뿌리는사람, 2004.

콜린스, 짐, 《좋은 기업을 넘어… 위대한 기업으로》, 김영사, 2005.

쿼크, 조, 《정자에서 온 남자, 난자에서 온 여자》, 해냄출판사, 2007.

쿠라바야시 히데미츠, 《싫은 일은 절대로 하지 마라》, 한언, 2002.

퀴스텐마허, 베르너·로타르 자이베르트, 《단순하게 살아라》, 김영사, 2002.

크리칠리, 사이먼, 《죽은 철학자들의 書》, 김대연 역, 이마고, 2009.

클래이슨, 조지, 《바빌론 부자들의 돈 버는 지혜》, 강주헌 역, 국일미디어, 2002.

클린턴, 빌, 《Giving》, 김태훈 역, 물푸레, 2008.

킨들버그, 찰스, 《경제 강대국 흥망사 1500~1990》, 까치, 2004.

트위첼, 제임스, 《럭셔리 신드롬》, 최기철 역, 미래의 창, 2003.

파슨, 리차드·랄프 키즈, 《실패의 성공학》, 휘슬러, 2004.

팽철호, 《임기응변의 중국인》, 사회평론, 2003.

포사다, 호아킴, 《마시멜로 이야기》, 정지영 역, 한국경제신문, 2005.

포퍼, 칼, 《삶은 문제해결의 연속이다》, 허형은 역, 부글, 2006.

폴란, 스테판, 《다 쓰고 죽어라》, 노혜숙 역, 해냄, 2000.

프롬, 에리히, 《소유냐 존재냐》, 차경아 역, 까치, 2007.

프리드먼, 밀튼, 《돈의 이야기》, 김병주 역, 고려원, 1992.

프릭, 마쿠스, , 《돈이 주는 행복》, 송소민 역, 물푸레, 2005.

피츠제럴드 스콧, 《위대한 개츠비》, 김욱동 역, 민음사 2003.

하일브로너, 로버트, 《세속의 철학자들》, 장상환 역, 이마고, 2008.

한동철, 《부자도 모르는 부자학 개론》, 씨앗을뿌리는사람, 2005.

한비자, 《한비자》, 김원중 역, 현암사, 2003.

한비야, 《걸어서 지구 세 바퀴 반》(3권), 금토, 1998.

한상복, 《한국의 부자들》, 위즈덤 하우스, 2003.

핸즈, 질, 《30분에 읽는 마르크스》, 중앙M&B, 2004.

호가드, 리즈, 《영국 BBC 다큐멘터리 행복》, 이경아 역, 예담, 2006.

혼다 세이로쿠, 《억만장자 도쿄대학 교수 다 주고 떠나다》, 일본문화연구소 편역, 아침바다, 2005.

혼다 켄, 《부와 행복의 법칙》, 더난출판, 2005.

──, 《돈의 IQ·EQ》, 더난출판, 2004.

홍하상, 《이병철 VS 정주영》, 한국경제신문사, 2004.

황충호, 《제왕 중의 제왕, 당 태종 이세민》, 아이필드, 2008.

황 현, 《매천야록》, 허경진 역, 한양출판, 1995.

후지사와 고노스케, 《철학의 즐거움》, 유진상 역, 휘닉스, 2004.

힐, 나폴레옹 ①, 《상상력으로 부자가 된다》, 손풍삼 편역, 고려원, 1995.

――――― ②, 《습관이 인생을 좌우한다》, 손풍삼 편역, 고려원, 1995.

BBC(경제경영서 저자들의 모임), 《경제의 최전선을 가다》, 리더스북, 2007.

http://blog.naver.com/jhj7725/140038827001

http://kin.naver.com/userinfo/index.php?member_id=catholic_3

http://blog.naver.com/gogo_kingdom/110001225602

http://blog.naver.com/yhkwon121/110004728993

사진 · 그림 제공과 출처

23쪽 35쪽 셔터스톡, 49쪽 위키피디아, 74쪽 (좌)셔터스톡 (우)구글, 76쪽 (좌, 우)픽사베이, 83쪽 픽사베이, 122쪽 셔터스톡, 131쪽 셔터스톡, 155쪽 (좌)insider.com (우)gulfnews.com, 230쪽 구글, 263쪽 구글, 293쪽 게티이미지, 308쪽 구글, 347쪽 셔터스톡, 382쪽 (좌 상하 셔터스톡, 우 상하 구글)

돈의 철학

초판 1쇄 인쇄 2020년 3월 25일
초판 1쇄 발행 2020년 3월 30일

지은이 임석민
펴낸이 김선식

경영총괄 김은영
책임편집 박현미 **책임마케터** 최혜령, 박태준
콘텐츠개발5팀장 박현미 **콘텐츠개발5팀** 봉선미, 김다혜, 김누
마케팅본부장 이주화 **채널마케팅팀** 최혜령, 권장규, 이고은, 박태준, 박지수, 기명리
미디어홍보팀 정명찬, 최두영, 허지호, 김은지, 박재연, 배시영
저작권팀 한승빈, 이시은
경영관리팀 허대우, 하미선, 박상민, 윤이경, 권송이, 김재경, 최완규, 이우철
외부스태프 교정교열 박지혜 디자인 김희연

펴낸곳 다산북스 **출판등록** 2005년 12월 23일 제313-2005-00277호
주소 경기도 파주시 회동길 357 3층
전화 02-702-1724 **팩스** 02-703-2219 **이메일** dasanbooks@dasanbooks.com
홈페이지 www.dasanbooks.com **블로그** blog.naver.com/dasan_books
종이·출력·인쇄·후가공·제본 (주)갑우문화사

ISBN 979-11-306-2932-2 (13320)

© 임석민, 2020

다산북스(DASANBOOKS)는 독자 여러분의 책에 관한 아이디어와 원고 투고를 기쁜 마음으로 기다리고 있습니다.
책 출간을 원하는 아이디어가 있으신 분은 이메일 dasanbooks@dasanbooks.com 또는 다산북스 홈페이지 '투고원고'란
으로 간단한 개요와 취지, 연락처 등을 보내주세요. 머뭇거리지 말고 문을 두드리세요.